On y va!

SECOND EDITION

TROISIÈME NIVEAU

On y va!

SECOND EDITION

TROISIÈME NIVEAU

Jeannette Bragger
The Pennsylvania State University

Donald Rice
Hamline University

HH Heinle & Heinle Publishers,
A Division of Wadsworth, Inc., Boston, MA 02116

The publication of *On y va!*, Second Edition, was directed by the members of the Heinle & Heinle Secondary School Publishing team:

Editorial Director: **Janet Dracksdorf**
Production Editor: **Pamela Warren**
Marketing Manager: **Elaine Uzan Leary**
Developmental Editor: **Margaret Potter**

Also participating in the publication of the program were:

Publisher: **Stanley J. Galek**
Editorial Production Manager: **Elizabeth Holthaus**
Manufacturing Coordinator: **Jerry Christopher**
Project Managers: **Anita Raducanu, Sharon Inglis**
Student Interior Designers: **Marsha Cohen/Parallelogram, Susan Gerould/Perspectives**
TEE Interior Designers: **Maureen Lauran, Susan Gerould/Perspectives**
Illustrator: **Jane O'Conor**
Illustration Coordinator: **Len Shalansky**
Cover Design: **Corey, McPherson, Nash**

Manufactured in the United States of America

ISBN 0-8384-4172-6

10 9 8 7 6 5 4 3 2 1

Printed in the United States of America

Heinle & Heinle Publishers is a division of Wadsworth, Inc.

As you move on in your study of French, you will continue to rediscover how much you already know and to develop your ability to build on this prior knowledge. By now, you know how to talk about yourself, your family, your home, and your friends; you can get around town, find lodging, use the subway, give and get directions; you are able to make a variety of purchases in different kinds of stores; you know how to interact with others about leisure-time and vacation activities; you can talk about health and physical fitness; you are familiar both with Paris and with France; and you have learned to use the appropriate language in a variety of social interactions.

In Level Three of **On y va!**, your cultural knowledge will include the Francophone world with its varied customs and points of interest as well as some aspects of France's cultural past. You will discuss jobs and the workplace; you will learn how to talk about and to purchase clothing; you will be able to make travel plans using trains, planes, and cars; you will learn more about French food and about how to act appropriately both in a restaurant and at a family dining table. *Once again, the most important task ahead of you is NOT just to gain more knowledge about French grammar and vocabulary, but most importantly to USE what you do know as effectively and as creatively as you can.*

Communication in a foreign language means *understanding* what others say and *transmitting* your own messages in ways that avoid misunderstandings. As you learn to do this, you will make the kinds of errors that are necessary to language learning. DO NOT BE AFRAID TO MAKE MISTAKES! Instead, try to see errors as positive steps toward effective communication. They don't hold you back; they advance you in your efforts.

On y va! has been written with your needs in mind. It places you in situations that you (as a young person) might really encounter in a French-speaking environment. Whether you are working with vocabulary or grammar, it leads you from controlled exercises (that show you just how a word or structure is used) to bridging exercises (that allow you to introduce your own personal context into what you are saying or writing) to open-ended exercises (in which you are asked to handle a situation much as you might in actual experience). These situations are intended to give you the freedom to be creative and express yourself without anxiety. They are the real test of what you can DO with the French you have learned.

Learning a language is hard work, but it can also be lots of fun. We hope that you find your experience with **On y va!** both rewarding and enjoyable.

TABLE DES MATIÈRES

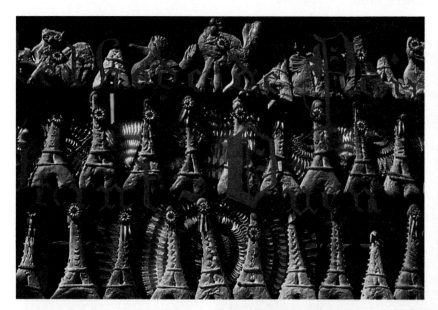

Acknowledgments

Creating a second language program is a long, complicated, and difficult process. We must express our great thanks first of all to our editor, Janet Dracksdorf—who patiently, sometimes nervously, but always very supportively guided both the original project and this revision from inception through realization. She and our production editor, Pam Warren, probably know *ON Y VA!* as well as we do. We would also like to thank our editorial production manager, Elizabeth Holthaus; our new developmental editor Peggy Potter, who came on board in mid-project; our project managers Anita Raducanu and Sharon Inglis; our copy editor Cynthia Fostle; our native reader Christiane Fabricant; our designers, Marsha Cohen, Sue Gerould, and Maureen Lauran; our cover designers, Corey, McPherson, Nash; our photographer, Stuart Cohen; and our illustrator, Jane O'Conor; as well as many other fine members of the Heinle and Heinle production staff. All of these people worked very closely and very ably with the actual book that you are now holding in your hands. We would be remiss, however, if we did not also point out the help of those behind the scenes—in particular, José Wehnes Q., Elaine Uzan Leary, and Sandra Spencer-Godfrey in Sales and Marketing, and, of course, the publisher, Stan Galek, and Charles Heinle himself.

We also wish to express our appreciation to Bernard Petit for creating the *ON Y VA!* video program; to André and Roby Ariew for the *ON Y VA!* software program; to Jim Noblitt for creating the excellent *Nouvelles Dimensions* multimedia program based on our materials; to Rebecca Kline, Kathleen Cook, Floy Miller, Charlotte Cole, and Marie-Jo Hofmann for their excellent work on the testing program; to Maria de Freitas Alves, Claire Jackson, and Mary Morrisard for annotations for the Teacher's Extended Edition; to Mary Kimball for new Cooperative Learning Activity suggestions and additional annotations for the Teacher's Extended Edition; to Toni Theisen for sample lesson plans and new video activity masters; to Cheryl Brown for additional sample lesson plans; and to Anita Raducanu, who provided additional editorial help.

Finally, as always, our special thanks to Baiba and Mary, who once again have cheerfully supported and encouraged us throughout another endeavor. As for Alexander (age 9) and his sister Hilary (age 4), we hope that they both will have the chance to learn French from *ON Y VA!* when they get to high school!

J.D.B.
D.B.R.

The publisher and authors wish to thank the following teachers who used the first edition of *ON Y VA!* and gave us suggestions for improvement. Their invaluable and detailed feedback has allowed us to make the second edition, both text and ancillary materials, an even better product.

Madeline Bishop, McMinnville High School, McMinnville, OR
Lynne Bowler, University High School, Irvine, CA
Bonna Cafiso, Shikellamy High School, Shikellamy, PA
Anne Curtis, Chattanooga State, Chattanooga, TN
Judy Davis, West Linn High School, West Linn, OR
Alice Dawn, Beaver Country Day School, Chestnut Hill, MA
Joyce Goodhue, Cherry Creek High School, Englewood, CO
Loye Hallden, Shikellamy High School, Shikellamy, PA
Laura Lanka, West Linn High School, West Linn, OR
Beverly Larson, Olentangy High School, Delaware, OH
Lynn Moore-Benson, Wellesley Middle School, Wellesley, MA
Caroline Ridenour, Los Angeles Baptist High School, North Hills, CA
Irene Tabish, Indiana Area Senior High School, Indiana, PA
Toni Theisen, Turner Middle School, Loveland, CO
Helen Van Praagh, Cheshire Academy, Cheshire, CT
Pat Warner, North Medford High School, Medford, OR

The publisher and authors wish to thank the following teachers who pilot tested the *ON Y VA!* program. Their valuable feedback on teaching with these materials greatly improved the final product. We are grateful to each one of them for their dedication and commitment to teaching with the program in a prepublication format.

David Hamilton
Lynn Nahabetian
Ada Cosgrove Junior High School
Spencerport, NY

Beth Harris
Alief ISD
Houston, TX

Beryl Hogshead
Elsik High School
Houston, TX

Joyce Goodhue
Verna Lofaro
Cherry Creek High School
Englewood, CO

Renée Rollin
Valentine Petoukhoff
Cherry Hill East High School
Cherry Hill, NJ

Linda Dodulik
Beck Middle School
Cherry Hill, NJ

Judith Speiller
Marta De Gisi
Mary D. Potts
Andrea Niessner
Cherry Hill West High School
Cherry Hill, NJ

Ann Wells
Carusi Junior High School
Cherry Hill, NJ

Sandy Parker
Michele Adams
Hastings High School
Houston, TX

Donna Watkins
Holub Middle School
Houston, TX

Janet Southard
Olle Middle School
Houston, TX

Yvonne Steffen
Hogan High School
Vallejo, CA

Cynthia DeMaagd
Holland Junior High School
Holland, MI

Galen Boehme
Kinsley High School
Kinsley, KS

Mary Harris McGhee
LSU Laboratory School
Baton Rouge, LA

Shirley Beauchamp
Pittsfield High School
Pittsfield, MA

Paul Connors
Lynn Harding
Randolph High School
Randolph, MA

Floy Miller
Boston Archdiocese Choir
School
Cambridge, MA

Geraldine Oehlschlager
Central Catholic High School
Modesto, CA

Mary Lee Black
Sacred Heart
Danville, VA

Nicole Merritt
San Mateo High School
San Mateo, CA

Jane Flood
Marge Hildebrandt
Somers High School
Lincolndale, NY

Joseph Martin
St. Ignatius High School
Cleveland, OH

Peter Haggerty
Sylvia Malzacher
Wellesley High School
Wellesley, MA

Lynn Moore-Benson
Linda Zug
Wellesley Middle School
Wellesley, MA

Analissa Magnelia
Turlock High School
Turlock, CA

The publisher and authors would also like to thank the countless teachers using the *ON Y VA!* program who have called or written us with comments and suggestions that have been invaluable to us in our efforts to produce a still better series in the second edition. In particular we would like to acknowledge the following teachers who have shared their professional experience and helped others to successfully implement the program:

John Boehner - Belleville H. S., West, IL
Susan Hayden - Aloha H. S., OR
Kathy Jany - Crystal Springs Uplands School, CA
Norah Jones - Rustburg H. S., VA
Yvette Parks - Norwood J. H. S., MA
Judith Redenbaugh - Costa Mesa H. S., CA
Lauren Schryver - San Francisco University H. S., CA
Jeannie Welch - The Meridien School, UT

Le Monde francophone

C a n a d a

Québec

Nouveau-
Brunswick

Québec
Montréal

St-Pierre-
et-Miquelon

A m é r i q u e
d u N o r d

Maine

Nouvelle-
Ecosse

Nouvelle-
Angleterre

E t a t s - U n i s

Louisiane

Océan Atlantique

La Nouvelle-
Orléans

Haïti

Les Antilles

Port-au-
Prince

Guadeloupe

Martinique

Cayenne

Océan
Pacifique

Guyane
Française

Wallis et
Futuna

Polynesie
Française

A m é r i q u e
d u S u d

Vanuatu

Tahiti

Nouvelle-
Calédonie

Pays et régions où le
français est langue officielle

Pays et régions où le
français est langue co-officielle

Pays et régions où le
français est langue administrative

Pays et régions où l'influence
culturelle française reste importante,
et où le français est encore une
langue courante

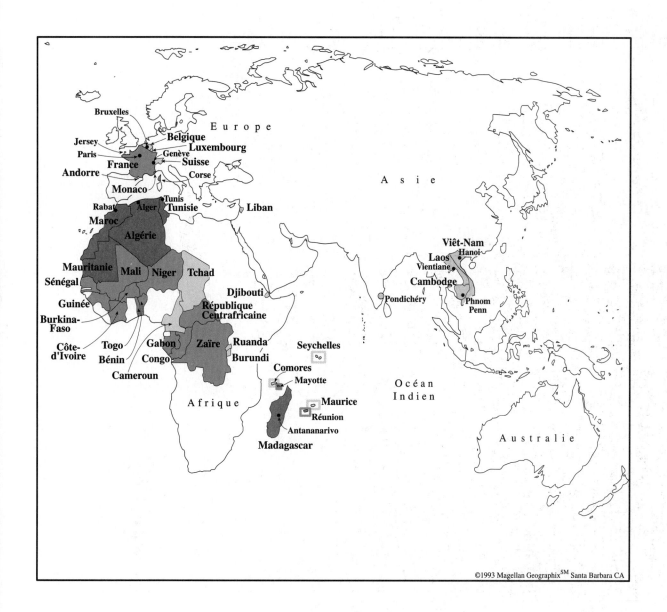

Bruxelles

Belgique

Jersey   **Luxembourg**

Paris   Genève   **Suisse**

France

Andorre   Corse

Monaco

E u r o p e

A s i e

Tunis

Rabat   Alger   **Tunisie**   **Liban**

Maroc

Algérie

Viêt-Nam

Hanoi

Laos

Vientiane

Cambodge

Mauritanie   **Mali**   **Niger**   **Tchad**

Sénégal

Pondichéry

Guinée   **Djibouti**

Burkina-   **République**
Faso   **Centrafricaine**

Phnom
Penn

Côte-   **Togo**   **Gabon**   **Zaïre**   **Ruanda**
d'Ivoire   **Bénin**   **Congo**   **Burundi**

Seychelles

Cameroun

Comores

Mayotte

O c é a n
I n d i e n

A f r i q u e

Maurice

Réunion

Antananarivo

Madagascar

A u s t r a l i e

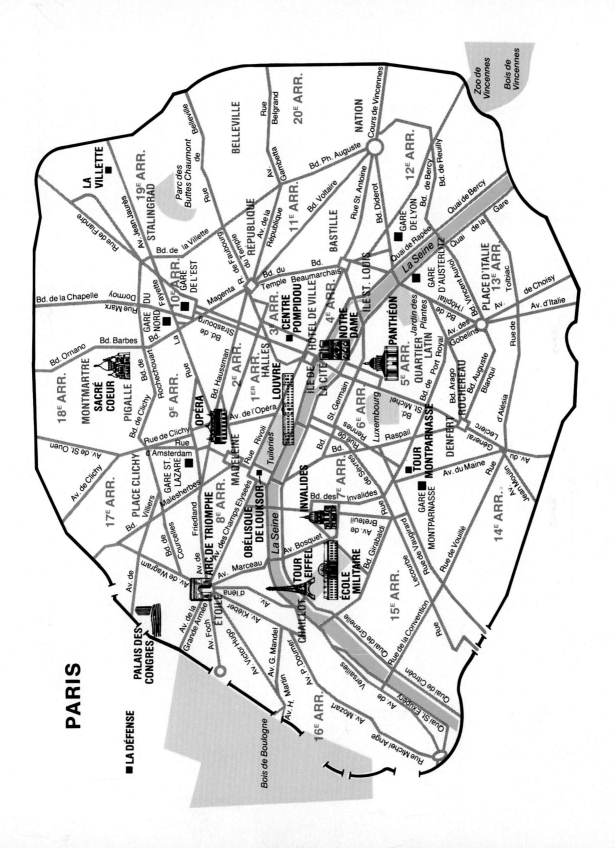

PARIS

■ LA DÉFENSE

■ PALAIS DES CONGRES

LA VILLETTE

19ᴱ ARR.

STALINGRAD

Parc des Buttes Chaumont

BELLEVILLE

Rue Belgrand

20ᴱ ARR.

NATION

Zoo de Vincennes

Bois de Vincennes

Cours de Vincennes

12ᴱ ARR.

Bd. Ph. Auguste

Av. Gambetta

Rue de Flandre

Av. Jean Jaurès

Bd. de la Villette

Bd. de Flandre

RÉPUBLIQUE

Av. de la République

11ᴱ ARR.

Bd. Voltaire

Rue St. Antoine

Bd. Diderot

Bd. de Reuilly

GARE DE LYON

Quai de Bercy

Gare

Bd. de Bercy

Bd. de la Chapelle

Rue Marx Dormoy

GARE DU NORD

GARE DE L'EST

10ᴱ ARR.

R. de Fayette

Magenta

Bd. de Strasbourg

Bd. du Temple

3ᴱ ARR.

CENTRE POMPIDOU

HOTEL DE VILLE

Beaumarchais

Bd.

BASTILLE

4ᴱ ARR.

NOTRE DAME

ILE ST. LOUIS

Quai de Rapée

La Seine

GARE D'AUSTERLITZ

Quai de la Gare

PLACE D'ITALIE

13ᴱ ARR.

Bd. Ornano

Bd. Barbès

GARE DU NORD

Bd. de Rochechouart

Bd. de la Chapelle

18ᴱ ARR.

MONTMARTRE

SACRÉ COEUR

PIGALLE

Bd. de Clichy

9ᴱ ARR.

Bd. Haussman

2ᴱ ARR.

1ᴱᴿ ARR.

HALLES

LOUVRE

ILE DE LA CITÉ

5ᴱ ARR.

PANTHÉON

QUARTIER LATIN

Jardin des Plantes

Bd. de Port Royal

Av. des Gobelins

Bd. Auguste Blanqui

Av. d'Italie

de Choisy

Tolbiac

Av. de St. Ouen

Av. de Clichy

17ᴱ ARR.

PLACE CLICHY

Bd. des Villiers

GARE ST. LAZARE

Rue d'Amsterdam

OPÉRA

Av. de l'Opéra

Rue Rivoli

Tuileries

Rue de Rennes

6ᴱ ARR.

St. Germain

Bd. St. Michel

Luxembourg

Raspail

DENFERT ROCHEREAU

Bd. Arago

Bd. Auguste Blanqui

d'Alésia

Av. du Gén. Leclerc

Malesherbes

MADELEINE

OBÉLISQUE DE LOUKSOR

La Seine

INVALIDES

Bd. des Invalides

7ᴱ ARR.

Rue de Sèvres

Bd.

TOUR MONTPARNASSE

Av. du Maine

GARE MONTPARNASSE

14ᴱ ARR.

Rue de Vouillé

Bd. de Courcelles

Av. de Wagram

Av. de Friedland

ARC DE TRIOMPHE

ÉTOILE

8ᴱ ARR.

Av. des Champs Elysées

Av. Marceau

Av. Bosquet

TOUR EIFFEL

CHAILLOT

ÉCOLE MILITAIRE

Av. de la Motte

Av. de Grenelle

15ᴱ ARR.

Rue de la Convention

Rue Lecourbe

Rue de Vaugirard

Jean Moulin

Av. du

Av. de la Grande Armée

Av. Foch

Av. Victor Hugo

Av. Kléber

d'Iéna

Av.

16ᴱ ARR.

Bois de Boulogne

Av. H. Martin

Av. P. Doumer

Av. G. Mandel

Rue Michel Ange

Av. Mozart

Av. de Versailles

Quai St. Exupéry

Quai de Citroën

Chapitre préliminaire
On revoit

Objectives

In this preliminary chapter, you will review:

- how to describe people and things;
- how to talk about daily routine, leisure-time activities, and the weather;
- how to make plans;
- the uses of the **passé composé** and the imperfect;
- information questions;
- pronominal verbs;
- the formation and use of adjectives.

PREMIÈRE ÉTAPE

Qu'est-ce que tu as fait pendant les vacances?

• •

Je m'appelle Armelle Dérain et j'habite à Paris. Ma famille a une maison de campagne en Bretagne et chaque année nous passons le mois de juillet dans la petite ville de Josselin. L'été dernier nous avons pris nos vacances comme d'habitude. Nous sommes partis le 2 juillet et nous avons fait le trajet en six heures. Nous avons eu de la chance parce qu'il a fait très beau ce jour-là.

Notre maison nous attendait et nous étions contents de la retrouver. Les premiers jours il y avait pas mal de travail à faire pour nous installer. Nous avons nettoyé les chambres, nous avons rangé nos affaires et nous avons fait des courses.

Mais après, nous nous sommes bien amusés. Mon frère et moi, nous avons retrouvé nos amis, nous avons fait quelques excursions à la plage et nous avons mangé beaucoup de bonnes choses.

À la fin de juillet nous avons refermé la maison et nous sommes rentrés à Paris. Maintenant je suis prête pour la rentrée des classes.

Je m'appelle Étienne Laforgue et j'habite à Lille avec ma famille. L'été dernier nous avons décidé de faire le tour de la Bretagne. Ma grand-mère habite à Quimper et j'ai des cousins à Locronan. Il n'a pas fait très beau quand nous avons quitté Lille et nous avons fait le long trajet jusqu'à St-Malo en une seule journée. Nous étions très fatigués quand nous sommes arrivés à l'hôtel Central à St-Malo et nous avons bien dormi cette nuit-là.

Le lendemain nous avons commencé à explorer la ville. Moi, je voulais surtout me promener sur les remparts et aller à la plage. Mais j'ai aussi visité le château avec mes parents.

De St-Malo nous avons fait le tour de la Bretagne. Nous avons visité l'église de Locmariaquer, nous avons vu les dolmens et les menhirs de Carnac, nous sommes allés à la maison de Renan à Tréguier et nous avons passé des journées splendides sur les plages du Val-André. Nous avons aussi rendu visite à ma grand-mère et à mes cousins.

Après un mois de voyage nous sommes rentrés à Lille et j'étais très content de retrouver ma chambre et mes amis.

Compréhension

A. **Les Dérain ou les Laforgue?** Décidez si les phrases suivantes s'appliquent à la famille Dérain ou à la famille Laforgue selon ce que vous avez appris dans les deux descriptions.

MODÈLE: Ils ont mangé beaucoup de bonnes choses.
les Dérain

1. Ils ont visité St-Malo.
2. Ils ont une maison de campagne.
3. Ils ont deux enfants.
4. Ils ont fait le tour de la Bretagne.
5. Ils sont partis au début de juillet.
6. Ils ont rendu visite à leur grand-mère et à des cousins.
7. Ils viennent du nord de la France.
8. Le jour de leur départ de Paris il a fait très beau.
9. Ils ont visité beaucoup de monuments.
10. Ils ont passé la plupart de leurs vacances en un seul endroit.

Bretagne Tonique

RÉVISION: *L'emploi du passé composé et de l'imparfait*

The following table outlines the uses of the **passé composé** and the imperfect. As you study it, keep in mind that:

1. Both the **passé composé** and the imperfect are past tenses.
2. Most French verbs may be put into either tense, depending on the context in which they appear.
3. As a general rule, the **passé composé** moves a story's action forward in time:

   Nous avons visité l'église de Locmariaquer, **nous avons vu** les dolmens et les menhirs de Carnac et **nous sommes allés** à Tréguier.

4. As a general rule, the imperfect tends to be more descriptive and static:

   Il faisait beau, le soleil brillait, nous jouions à la plage pendant que **nos parents visitaient** le château.

Imperfect	Passé composé
Description **Nous étions** très fatigués.	
Habitual action Autrefois **nous allions** toujours en Bretgagne.	*Single occurrence* L'été dernier **nous sommes allés** en Bretagne.
Indefinite period of time Quand **j'étais** jeune, **j'avais** un chien. **Il faisait** très beau.	*Definite period of time* En 1988, **j'ai passé** deux mois au Portugal. Hier, **il a fait** très beau.
Action repeated an unspecified number of times **Nous allions** souvent au magasin.	*Action repeated a specified number of times* **Nous sommes allés** au magasin deux fois dimanche après-midi.

Application

B. **Qu'est-ce que tu faisais? Où est-ce que tu étais?** Répondez aux questions en employant les éléments entre parenthèses. Utilisez l'imparfait.

MODÈLE: Qu'est-ce que tu faisais quand il a commencé à pleuvoir? (travailler dans le jardin)
Je travaillais dans le jardin quand il a commencé à pleuvoir.

1. Qu'est-ce que tu faisais quand Jean est rentré? (regarder la télé)
2. Où est-ce que vous étiez quand Marc a eu l'accident? (être à la plage)
3. Qu'est-ce que tu faisais quand elle a téléphoné? (mettre la table)
4. Qu'est-ce qu'il faisait quand il a vu son professeur? (jouer au foot)
5. Où est-ce qu'elles étaient quand tu es tombé(e)? (être dans la cuisine)
6. Qu'est-ce que vous faisiez quand Isabelle est arrivée? (manger)
7. Où est-ce que tu étais quand ta mère t'a appelé(e)? (se promener dans le parc)
8. Qu'est-ce qu'ils faisaient quand ils ont appris la nouvelle? (réparer la voiture)

C. **Mes vacances.** Utilisez les expressions et les verbes pour décrire vos dernières vacances. Employez le passé composé pour l'énumération des activités. Si vous n'êtes pas allé(e) en vacances, inventez les détails.

MODÈLE: l'été dernier / aller
L'été dernier, nous sommes allés à Boston

> PATRICE ET MARIE-AUDE BLONDEL, NÉE COURAGE
> ONT LA GRANDE JOIE
> DE VOUS ANNONCER LA NAISSANCE DE
> **ALEXANDRE**
>
> 10 RUE DE ROANNE
> 76500 ELBEUF
>
> 3 NOVEMBRE 1993
> CLINIQUE SAINT-ROMAIN
> 76000 ROUEN

1. l'été dernier / aller
2. le premier jour / descendre à l'hôtel (chez des amis, etc.)
3. le lendemain / aller
4. d'abord / visiter
5. puis / voir
6. ce soir-là / sortir
7. le jour après / acheter
8. ensuite / manger
9. après quelques jours / partir
10. enfin / rentrer

D. **Quand j'étais petit(e)...** Décrivez votre enfance aux camarades dans votre groupe. Où est-ce que vous habitiez? Quel temps faisait-il dans cette région? Où est-ce que vous alliez à l'école? Qu'est-ce que vous faisiez pendant vos vacances? Qu'est-ce que vous aimiez faire pendant le week-end? Employez l'imparfait dans votre description.

E. **L'été dernier.** Parlez de votre été à vos camarades. Faites une énumération de vos activités, parlez de ce que vous faisiez régulièrement, décrivez un voyage que vous avez fait, etc. Utilisez les descriptions d'Armelle et d'Étienne comme modèles. Attention à l'emploi de l'imparfait et du passé composé.

Rappel

> To ask for information, use the question forms **quand** *(when)*, **pourquoi** *(why)*, **qu'est-ce que** *(what)*, **où** *(where)*, **combien de** *(how much, how many)*, **qui** *(who)*, **avec qui** *(with whom)*, **comment** *(how)*, or a form of **quel** *(what, which)*.
>
> **Quand** est-ce que tu es rentré des vacances, Étienne?
> **Pourquoi** est-ce que vous avez visité Carnac?
> **Où** est-ce que tu as passé le mois de juillet?
> **Combien de** jours est-ce que vous avez passés à St-Malo?
> **Qui** a visité le château?
> **Avec qui** est-ce que vous êtes allés à Locmariaquer?
> **Comment** est-ce que vous êtes allés à Locmariaquer?
> **Quels** monuments est-ce que tu as vus?

Application

F. **Des questions.** Pour chaque chose que dit votre camarade, posez trois questions pour obtenir des renseignements supplémentaires. Votre camarade va inventer des réponses.

Follow-up questions are a conversational strategy to keep conversations going and to show interest in what the other person says.

MODÈLE: Cet été je suis allé(e) en France.
— *Quand est-ce que tu es parti(e)?*
— *Le 2 juillet.*
— *Quelles villes est-ce que tu as visitées?*
— *Paris et Grenoble.*
— *Avec qui est-ce que tu es allé(e) en France?*
— *Avec mes parents.*

1. Cet été j'ai fait du camping.
2. L'année dernière ma famille et moi, nous sommes allés en Bretagne.
3. Hier soir mes amis et moi, nous avons mangé au restaurant.
4. Le week-end dernier je suis resté(e) à la maison.
5. Notre professeur a passé l'été en France.
6. Mes parents viennent d'acheter une voiture.
7. Samedi dernier je suis allé(e) au centre commercial.

G. **Une interview.** Interviewez un(e) de vos camarades au sujet de ses vacances. Posez au moins six questions. Ensuite expliquez à la classe ce que votre camarade a fait pendant l'été.

Contexte: À l'hotel Central ▰▰▰▰▰

> 🏨 **Central,** 6 Gde-Rue ☏ 40.87.70 – 📶 📺 ☎ ⇔ – 🅰 25. AE ① VISA   DZ   **n**
> SC : **R** *(fermé en janv.)* carte 100 à 160 – ⌓ 25 – **46 ch** 210/340 – P 300/400.

— Bonjour, Monsieur.
— Bonjour, Madame. Qu'est-ce que je peux faire pour vous?
— J'ai réservé deux chambres pour trois nuits. Une chambre pour deux personnes et une chambre pour une personne.
— Sous quel nom, s'il vous plaît?
— Sous le nom de Laforgue.
— Voyons... Voilà... deux chambres pour trois nuits. Vous partez donc le 17. Bon. Vous avez dit avec ou sans salle de bains?
— Avec salle de bains.
— Très bien. Une chambre pour deux personnes à 250 francs par personne et une chambre pour une personne à 360 francs. Ça va?
— Oui. C'est parfait. Est-ce que le petit déjeuner est compris?
— Non, Madame. Vous payez un supplément de 25 francs.
— Bon. Et quand nous sortons... est-ce que nous vous remettons les clés?
— Oui, Madame. Nous fermons les portes à 23 heures. Si vous revenez plus tard, vous sonnez tout simplement.
— D'accord. Merci, Monsieur.

GRAND HOTEL du MONT-BLANC ★★NN

28, rue de la Huchette (Quartier Latin) 75005 PARIS

Téléphone standard : 033. 49-44

À vous! ▰▰▰▰▰

H. **À l'hôtel.** You and your family are checking into the Hotel Diana in Carnac. Because you're the only one in the family who speaks French, you make the arrangements at the desk. Get the number of rooms necessary for your family, decide if you want a bathroom in each room, find out the price, and ask if breakfast is included. Your classmate will play the desk clerk and use the Michelin guidebook entry below to give you the correct information.

The **P 553/995** represents the minimum and maximum price for **pension complète** (all three meals) with the room.

> 🏨 **Diana** Ⓜ, 21 bd Plage ☏ 52.05.38, ≤, 🍴 – 📶 📺 🛏wc 🚿wc ☎ Ⓟ   Z   **r**
> *31 mai-fin sept.* – SC : **R** 110/247 – ⌓ 33 – **33 ch** 260/456 – P 553/995.

RÉVISION: *Quelques verbes irréguliers*

dormir, sortir, partir

je **dors**	nous **dormons**	Past participles: **dormi**
tu **dors**	vous **dormez**	(avoir), **sorti** (être),
il, elle, on **dort**	ils, elles **dorment**	**parti** (être)

je **sors**	nous **sortons**	Imperfect stems:
tu **sors**	vous **sortez**	**dorm-, sort-, part-**
il, elle, on **sort**	ils, elles **sortent**	

je **pars**	nous **partons**
tu **pars**	vous **partez**
il, elle, on **part**	ils, elles **partent**

dire

je **dis**	nous **disons**	Past participle: **dit** (avoir)
tu **dis**	vous **dites**	
il, elle, on **dit**	ils, elles **disent**	Imperfect stem: **dis-**

mettre

je **mets**	nous **mettons**	Past participle: **mis** (avoir)
tu **mets**	vous **mettez**	
il, elle, on **met**	ils, elles **mettent**	Imperfect stem: **mett-**

Other verbs: **permettre, promettre, remettre**

savoir

je **sais**	nous **savons**	Past participle: **su** (avoir)
tu **sais**	vous **savez**	*(to find out)*
il, elle, on **sait**	ils, elles **savent**	Imperfect stem: **sav-**

pouvoir

je **peux**	nous **pouvons**	Past participle: **pu** (avoir)
tu **peux**	vous **pouvez**	
il, elle, on **peut**	ils, elles **peuvent**	Imperfect stem: **pouv-**

connaître

je **connais**	nous **connaissons**	Past participle: **connu**
tu **connais**	vous **connaissez**	(avoir) *(to meet)*
il, elle, on **connaît**	ils, elles **connaissent**	Imperfect stem: **connaiss-**

Other verb: **reconnaître** *(to recognize)*

venir

je **viens**	nous **venons**	Past participle: **venu** (être)
tu **viens**	vous **venez**	Imperfect stem: **ven-**
il, elle, on **vient**	ils, elles **viennent**	

Other verbs: **revenir** *(to come back, to return)*, **devenir** *(to become)*,
   venir de *(to have just)*

voir

je **vois**	nous **voyons**	Past participle: **vu** (avoir)
tu **vois**	vous **voyez**	Imperfect stem: **voy-**
il, elle, on **voit**	ils, elles **voient**	

Application

I. **Des questions.** Répondez aux questions suivantes selon votre
   situation personnelle et en utilisant le verbe indiqué dans la question.

> MODÈLE: Jusqu'à quelle heure est-ce que vous dormez samedi
>   matin?
>   *Je dors jusqu'à 10h.*

1. Est-ce que vous sortez souvent le soir?
2. Qu'est-ce que vous mettez comme vêtements pour aller à une fête?
3. Est-ce que vous connaissez une personne célèbre?
4. Savez-vous faire du ski?
5. Qu'est-ce que vous venez de faire avant votre cours de français?
6. Est-ce que vous êtes parti(e) en vacances cet été?
7. Est-ce que vous dites bonjour à vos professeurs tous les jours?
8. Est-ce que vous voyez vos amis le week-end?

J. **Est-ce que tu peux m'aider?** Suivez le modèle pour demander de
   l'aide à votre camarade.

> MODÈLE: —*Est-ce que tu peux m'aider avec mes devoirs (ce soir, etc.)?*
>   —*Non, je regrette. Je t'ai déjà dit que je ne peux pas t'aider.*
>   —*Pourquoi pas?*
>   —*Parce que je sors (je pars demain, je ne sais pas..., etc.).*
>   —*D'accord. Je comprends*

Contexte: La météo

Si vous avez l'intention de faire un voyage, il est toujours très important de consulter la météo. Regardez la carte et le texte du *Journal français d'Amérique* et ensuite faites l'exercice.

La météo

Dicton du mois: *Pâques et la météo:* S'il pleut le jour de Pâques, rien ne pousse de quarante jours (Bourbonnais). Pâques pleuvinou (pluvieux), sac farinou (plein de farine) (Ille-et-Vilaine). A Pâques le temps qu'il fera, toute l'année s'en rappellera (Vosges).

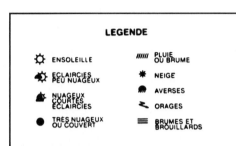

LEGENDE

☼ ENSOLEILLE	///// PLUIE OU BRUME
⚡ ECLAIRCIES PEU NUAGEUX	✳ NEIGE
☁ NUAGEUX COURTES ECLAIRCIES	♠ AVERSES
● TRES NUAGEUX OU COUVERT	⌁ ORAGES
	≡ BRUMES ET BROUILLARDS

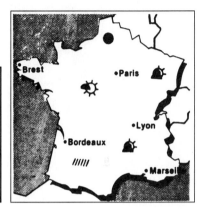

À vous!

K. **Quel temps est-ce qu'il va faire demain?** Your teacher has asked you to check the weather report for tomorrow. Using the weather map and the information provided, tell your classmates about the weather in different parts of France. Your classmates may ask you questions. Remember to use **il va faire** (as in **il va faire beau** and **il va faire du soleil**) when giving descriptions and **la température est de** + *degrees* when giving the temperature.

Contexte: Faisons des projets

— Qu'est-ce qu'on fait samedi soir?
— Je ne sais pas. Qu'est-ce que tu veux faire?
— On peut aller au cinéma.
— Si tu veux... Moi, je préfère organiser une soirée.
— D'accord. Bonne idée. Où est-ce qu'on a cette fête?
— Pourquoi pas chez moi? Moi, j'invite les amis et toi, tu achètes quelque chose à boire et à manger.
— D'accord. À quelle heure est-ce que ça commence?
— À huit heures.
— Tu as des cassettes et des disques? On pourrait danser.
— Bien sûr. À samedi soir, alors.

À vous!

L. **Une soirée pour la classe de français.** You and the members of your group are organizing a party for your French class. Decide where it's going to be, what day and time, who is going to do what, etc.

Maintenant parlons de vous!

M. **Le week-end dernier.** Tell your classmate about how you spent last weekend. Talk about your activities, the weather, how you felt, etc. Your classmate will ask you questions to get more details. Be careful to distinguish between the **passé composé** and the imperfect.

N. **Un endroit que je connais.** Describe to your friend a city, state, or country you know well. Tell when you went to this place, what it was like, what you did, whom you visited, how the weather was, etc. Your classmate will ask you questions to get more details. Be sure to distinguish between the **passé composé** and the imperfect when you talk about the past, and use the present tense when you say what the place is like.

LECTURE: *Bretagne et Bretons*

ar mor = la mer

L'Armorique, partie de la Gaule formant aujourd'hui la Bretagne, offre sur plus de 1 000 kilomètres de côtes très découpées, de la «Côte d'Émeraude» (Dinard), au nord, à la «Côte d'Amour», au sud, une cinquantaine de stations.

La Baule en est la reine. Sa plage de sable, longue de 10 kilomètres et large de 1 000 mètres à marée basse, est une des plus belles d'Europe. Chaque âge y trouve ses plaisirs; du Casino aux jeux de la plage, du palace à la pension de famille avec baignades et bains de soleil pour tous. «La saison» y commence à Pâques pour ne se terminer qu'en octobre.

Si on aime les sports nautiques, des ports de plaisance bien équipés y sont nombreux, au Pouliguen, par exemple; plus modestement, on ira à la marée basse sur les rochers à Pornichet, ou, entre La Baule et Le Croisic, ramasser des fruits de mer.

Vive les Bretons!

Aux Ve et VIe siècles, chassés de Grande-Bretagne *(Great Britain)* par les Angles et les Saxons, des Celtes débarquent en Armorique et l'appellent... Petite Bretagne *(Brittany)*.

Beaucoup de traditions celtiques sont encore vivantes, le respect dû aux saints surtout: des «petits saints» comme saint Thegonnec à la grande sainte Anne, patronne des mères de famille. Le jour du «Pardon», toute la population défile en procession devant eux et devant le Christ en croix du Calvaire.

Et la langue bretonne vit toujours. On l'enseigne dans les écoles, à l'Université. Elle est lisible dans les noms de lieux et les noms de personnes. Même si l'on n'est pas un cousin britannique *(a Briton)*, que l'on frappe à la porte d'un *Le Bihan* (le petit) ou d'un *Le Braz* (le grand), on sera toujours bien accueilli!

Compréhension

O. **Ce que je sais sur la Bretagne.** Use the map on page 3 and the information in the reading to tell what you know about the following topics. You may do this exercise in English.

1. the location of Bretagne in France
2. beaches
3. tourist attractions
4. sports
5. religion
6. language

DEUXIÈME ÉTAPE

Qu'est-ce que tu fais d'habitude?

Je m'appelle Colette Dujardin et j'habite en Alsace. Je suis née à Épinal et ma famille et moi, nous y habitons encore. Je passe mes journées comme tout le monde: je me lève, je mange quelque chose, je vais au lycée. Après mes classes je travaille dans la pharmacie de mon père. Je suis vendeuse et c'est un travail assez intéressant.

Tous les jours il y a des clients qui ont besoin de toutes sortes de choses. Certains arrivent avec des ordonnances de leur médecin. C'est mon père qui s'occupe de ces gens-là. Moi, je parle surtout avec des gens qui ont un rhume ou une grippe. Ils achètent des aspirines, des gouttes pour le nez, des pastilles pour la gorge ou des anti-histamines.

Moi, je ne suis presque jamais malade. Aujourd'hui, exceptionnellement, je ne suis pas allée à l'école parce que j'ai un peu de fièvre. Mon père dit que ce n'est pas grave, mais je me sens vraiment malade. J'ai mal à la tête, j'ai le nez pris et j'ai des courbatures. C'est peut-être une grippe. Je suis très fâchée parce que je vais manquer ma classe d'aérobic. Ce n'est vraiment pas une journée agréable!

Je m'appelle Xavier Bonnard et j'habite à Strasbourg. Ma journée typique est très occupée. Le matin je me réveille vers 6h30, mais je me lève en général à 7h. Je prends vite une douche, je m'habille, je mange du toast ou des céréales avec un café au lait, je me brosse les dents et je sors pour prendre l'autobus. Mon école n'est pas très loin de chez moi, mais je préfère prendre le bus parce que j'y retrouve mes amis.

À l'école j'ai un emploi du temps assez chargé. J'ai des cours d'allemand, d'anglais, d'histoire, de chimie, de géographie et de mathématiques.

Après l'école je vais à la maison des jeunes ou à la piscine. Quelquefois je fais du jogging. Je pense qu'il est très important de s'entraîner et d'être en bonne forme. À la maison des jeunes je prends des leçons de yoga et à l'école je fais du basket.

Je rentre à la maison vers 6h30. La famille mange ensemble entre 7h30 et 8h. Je fais mes devoirs, je regarde un peu la télé ou j'écoute des disques et je me couche vers 11h.

Compréhension ▬▬▬▬▬

A. **Une conversation.** Vous parlez avec Xavier et Colette de votre journée typique. Répondez à leurs questions. Un de vos camarades joue le rôle de Xavier et une camarade joue le rôle de Colette.

> MODÈLE: XAVIER: Moi, je me réveille à 6h30. À quelle heure est-ce que tu te réveilles?
> VOUS: *Je me réveille vers 7h.*

1. XAVIER: J'habite à Strasbourg en Alsace. Où est-ce que tu habites?
2. COLETTE: Moi, je suis née à Épinal, en Alsace. Où est-ce que tu es né(e)?
3. XAVIER: Avant d'aller à l'école le matin, je prends une douche, je m'habille et je mange quelque chose. Qu'est-ce que tu fais avant d'aller à l'école?
4. XAVIER: Je prends l'autobus pour aller à l'école. Comment est-ce que tu vas à l'école?
5. XAVIER: Pour le petit déjeuner je mange du toast ou des céréales avec du café au lait. Et toi, qu'est-ce que tu manges pour le petit déjeuner?
6. COLETTE: L'après-midi je travaille dans la pharmacie de mon père. Est-ce que tu as un travail? Qu'est-ce que tu fais?
7. COLETTE: Je ne suis presque jamais malade. Est-ce que tu es en bonne santé aussi? Quelle est la dernière fois que tu étais malade? Qu'est-ce que tu avais?
8. XAVIER: Je fais beaucoup de sports. Est-ce que tu es sportif(-ve)? Quels sports est-ce que tu fais?
9. COLETTE: Moi, je prends des classes d'aérobic. Et toi, est-ce que tu fais de l'aérobic aussi?
10. XAVIER: Nous sommes très occupés quand nous avons du temps libre. Qu'est-ce que tu aimes faire pendant le week-end?

RÉVISION: Les verbes pronominaux

Pronominal verbs may have two different meanings. They may express:

1. An action that reflects back on the subject:

Je me lave.	*I wash (myself).*
Elle se lève.	*She's getting up. (Literally: She's getting herself up.)*

2. An action in which two or more subjects interact:

    Nous nous téléphonons.   *We call each other.*
    Elles se regardent.   *They're looking at each other.*

    In either case, the subject (noun or pronoun) is accompanied by its corresponding reflexive or reciprocal pronoun—**me, te, se, nous,** or **vous**. This pronoun usually comes directly in front of the verb.

    Note how pronominal verbs are used in various tenses and in the negative:

    Present tense: Il se rase.
    Negative: Il *ne* se rase *pas.*

    Immediate future: Je vais me lever à 7h.
    Negative: Je *ne* vais *pas* me lever à 7h.

    Passé composé: Elle s'est maquillée.
    Negative: Elle *ne* s'est *pas* maquillée.

    Imperfect: Nous nous promenions souvent dans le parc.
    Negative: Nous *ne* nous promenions *pas* souvent dans le parc.

    Imperative: Levez-vous! (Lève-toi!)
    Negative: *Ne* vous levez *pas!* (*Ne* te lève *pas!*)

    Here are some of the most commonly used reflexive verbs:

se brosser les cheveux	s'habiller	se raser
se brosser les dents	se laver (la tête)	se regarder
se connaître	se lever	se retrouver
se coucher	se maquiller	se réveiller
se dépêcher	s'occuper de	se téléphoner
se disputer	se parler	se voir
s'endormir	se promener	

Cité des Sciences
et de l'Industrie
La Grande Halle
La Géode Le Parc
Cité de la Musique
Cinéma Arletty
Le Parc Le Zénith
Théâtre Présent

Application

B. **Ma routine.** Dites à quelle heure vous faites les choses suivantes. Utilisez le présent des verbes indiqués.

    MODÈLE: se réveiller
              Je me réveille à 6h.

    1. se réveiller
    2. se lever
    3. se laver la tête
    4. se brosser les cheveux
    5. se brosser les dents
    6. s'habiller
    7. se raser ou se maquiller
    8. se coucher
    9. s'endormir

C. **Et toi?** Employez les verbes de l'Exercice B pour poser des questions à votre partenaire. Votre partenaire va répondre à vos questions.

MODÈLE: — À quelle heure est-ce que tu te réveilles
le matin?
— *Je me réveille à 7h15.*

D. **Mon ami(e).** En utilisant les renseignements obtenus dans l'Exercice C, expliquez à la classe la routine de votre partenaire.

E. **Des comparaisons.** Comparez ce que vous avez fait le week-end dernier à ce que vous faites d'habitude. Employez les verbes donnés d'abord au présent et ensuite au passé composé.

MODÈLE: se lever
D'habitude je me réveille à 6h30, mais le week-end dernier je ne me suis pas levé(e) à 6h30. Je me suis levé(e) à 9h.

1. se réveiller
2. se lever
3. se laver la tête
4. se brosser les cheveux
5. se brosser les dents
6. s'habiller
7. se raser ou se maquiller
8. se coucher
9. s'endormir

F. **Un jour de vacances.** Parlez à votre camarade d'une journée typique pendant les vacances. Comment est-ce qu'un jour de vacances est différent de la routine typique? N'oubliez pas d'utiliser quelques verbes pronominaux.

G. **Questions personnelles.** Répondez aux questions. Attention aux temps des verbes.

1. Vous et vos amis, est-ce que vous vous téléphonez souvent?
2. Vous et vos amis, est-ce que vous vous retrouvez quelquefois au centre commercial?
3. Est-ce que vous vous disputez souvent avec vos parents?
4. Est-ce que vous allez vous promener demain?
5. Est-ce que vous vous êtes promené(e) hier?
6. Est-ce que vous allez vous coucher tôt ou tard ce soir?
7. À quelle heure est-ce que vous vous couchez d'habitude?
8. Est-ce que vous vous lavez la tête tous les jours?
9. Vous et votre professeur, est-ce que vous vous connaissez bien?
10. À quelle heure est-ce que vous vous êtes levé(e) ce matin?
11. Est-ce que vos amies se maquillent?
12. Est-ce que les garçons de votre âge se rasent?

RÉVISION: La formation et l'emploi des adjectifs

An adjective must agree in gender and number with the noun it modifies. This means that if the noun is feminine, the adjective is feminine; if the noun is masculine, the adjective is masculine; and if the noun is plural, the adjective is plural:

Le jardin est **grand.**   **Les châteaux** sont **grands.**
La maison est **grande**.   **Les voitures** sont **grandes**.

The feminine form of most adjectives is created by adding **-e** to the masculine form (**grand, grande; petit, petite; mauvais, mauvaise**). However, some adjectives have special endings:

Masculine singular	Feminine singular	Masculine plural	Feminine plural
roug**e**	roug**e**	roug**es**	roug**es**
lég**er**	lég**ère**	lég**ers**	lég**ères**
ennuyeu**x**	ennuyeu**se**	ennuyeu**x**	ennuyeu**ses**
viol**et**	viol**ette**	viol**ets**	viol**ettes**
italie**n**	italie**nne**	italie**ns**	italie**nnes**
sensationn**el**	sensationn**elle**	sensationn**els**	sensationn**elles**
sporti**f**	sporti**ve**	sporti**fs**	sporti**ves**

Note that **marron** and **orange** don't change form in the feminine or in the plural. **Costaud** does not change in the feminine.

The adjectives **beau, nouveau,** and **vieux** have to be learned separately:

Masculine singular	beau	nouveau	vieux
Masculine singular before a vowel	bel	nouvel	vieil
Masculine plural	beaux	nouveaux	vieux
Feminine singular	belle	nouvelle	vieille
Feminine plural	belles	nouvelles	vieilles

In French, most adjectives are placed *after* the noun. However, a few are placed *before* the noun and should be learned separately. These include **grand, vieux, bon, long, beau, autre, petit, nouveau, mauvais, joli**, and **jeune**. When two adjectives modify the same noun, each adjective occupies its normal position, either before or after the noun:

> J'ai acheté une voiture **neuve**.
> J'ai acheté une **belle** voiture.
> J'ai acheté une **belle** voiture **neuve**.
> J'ai acheté une **belle petite** voiture.

Application

H. Ajoutez les adjectifs entre parenthèses aux phrases suivantes. Attention à la forme et au placement des adjectifs.

MODÈLE: J'habite dans un appartement. (grand / ensoleillé)
J'habite dans un grand appartement ensoleillé.

1. Nous avons un chien. (petit)
2. J'adore la musique. (moderne)
3. Ce sont des livres. (vieux)
4. Je préfère les personnes. (sportif)
5. Je n'aime pas les personnes. (~~parasseux~~) *paresseux*
6. C'est un hôtel. (vieux)
7. C'est une église. (vieux)
8. C'est un ami. (nouveau)
9. C'est une fille. (jeune / ambitieux)
10. Ce sont des garçons. (timide / sérieux)

I. **Comment est...?** Faites une petite description de chacun de vos parents (*relatives*) en employant des mots des listes suivantes.

MODÈLE: *J'ai trois cousins. Mon cousin Jack est grand et sympathique. Etc.*

Parents: cousin / cousine / tante / oncle / grand-mère / grand-père / neveu / nièce / frère / sœur / père / mère / demi-frère (*stepbrother*) / demi-sœur / beau-père (*stepfather*) / belle-mère

Adjectifs: grand / petit / sympathique / désagréable / optimiste / pessimiste / joli / beau / vieux / jeune / sportif / ambitieux / timide / honnête / malhonnête / patient / impatient / généreux / paresseux / indépendant / discret / indiscret / heureux / triste / sérieux / frivole / actif / avare / réaliste / traditionnel / sincère / intellectuel

printemps musical

Festival de Luxembourg

Sous le haut patronage de la Ville de Luxembourg et du Ministère des Affaires Culturelles

J. **Mon voisin / ma voisine.** Regardez le (la) camarade de classe qui est assis(e) à côté de vous. Notez bien ses traits caractéristiques physiques—cheveux, yeux, taille, nez, visage, bouche. Fermez les yeux et essayez de faire une description de votre camarade. Ensuite, ouvrez les yeux et vérifiez votre description.

MODÈLE: *Mike est grand et mince. Il a les yeux verts et les cheveux roux. Il a une petite bouche et il a le visage ovale.*

Traits physiques
Taille: grand / petit / mince / svelte / costaud
Yeux: bleu / vert / gris / brun
Cheveux: blond / noir / roux / brun
Nez: petit / grand
Bouche: petit / grand
Visage: carré / ovale / rond

K. **Mes voisins.** Parlez à vos camarades des gens qui habitent dans la maison (ou dans l'appartement) à côté de vous. Énumérez d'abord les membres de la famille, ensuite faites une description physique de chaque personne et enfin faites une description de la personnalité de chaque personne.

L. **Mon (ma) meilleur(e) ami(e).** Faites le portrait de votre meilleur(e) ami(e). Indiquez son âge, faites une description physique et une description de sa personnalité, parlez un peu de sa famille, expliquez ce qu'il/elle aime faire pour s'amuser, etc. Les autres membres du groupe peuvent vous poser des questions.

MODÈLE: *Ma meilleure amie s'appelle Virginia. Elle habite dans un appartement avec ses deux frères, sa mère et son beau-père. Virginia est grande et mince. Elle a les yeux bleus et les cheveux bruns. Elle a le visage carré avec une petite bouche. Son nez est assez grand. Virginia est très sympathique. Elle est sportive aussi. Elle adore nager et faire du jogging. Etc.*

Contexte: À la pharmacie ▬▬▬▬▬▬▬▬

— Bonjour, Mademoiselle. Qu'est-ce que je peux faire pour vous?
— Je pense que j'ai un rhume. J'ai le nez bouché, j'ai mal à la gorge, je tousse. Mais je n'ai pas de fièvre.
— Oui, je pense que c'est un rhume. Depuis combien de temps est-ce que vous vous sentez mal?
— Euh... depuis deux ou trois jours, je pense.

— Depuis quand?

— Depuis lundi. Oui... ça fait trois jours. Est-ce que vous avez quelque chose contre la toux?

— Bien sûr. Je peux vous donner des pastilles. Et voilà des gouttes pour le nez.

— Merci. Et il me faut aussi un tube d'aspirines.

— Voilà, Mademoiselle. Reposez-vous et buvez beaucoup de liquides. Si votre condition ne change pas, consultez votre médecin.

— Merci, Monsieur.

À vous!

M. **Je suis malade.** Vous allez à la pharmacie pour acheter des médicaments. Expliquez au (à la) pharmacien(ne) vos symptômes. Votre camarade de classe va jouer le rôle du (de la) pharmacien(ne) et va suggérer des médicaments (aspirines, gouttes, pastilles, anti-histamines, sirops).

Rappel

Les expressions *depuis quand, depuis combien de temps* et *depuis*

Depuis quand est-ce que vous êtes malade?	*How long (Since when, Since what point in time)* have you been sick?
Je suis malade **depuis** samedi.	I've been sick *since* Saturday.
Depuis combien de temps est-ce que vous toussez?	*How long (For how long, For how much time)* have you been coughing?
Je tousse **depuis** trois jours.	I've been coughing *for* three days.

Use the present tense and **depuis** to answer questions that ask either **depuis quand** or **depuis combien de temps.** If an answer is negative, you must substitute the **passé composé** for the present tense.

> Je **n'ai pas été** malade **depuis** deux ans.   I *haven't been* sick *for* two years.

Application

N. **Des précisions.** Chaque fois que votre camarade de classe vous dit quelque chose, continuez la conversation en demandant des précisions avec les expressions **depuis quand** ou **depuis combien de temps.** Votre camarade va inventer une réponse.

MODÈLE: — Je fais de la danse classique.
>   — *Ah oui? Depuis combien de temps est-ce que tu fais de la danse classique?*
>   — *Depuis deux ans.*
> ou: — *Ah, oui? Depuis quand est-ce que tu fais de la danse classique?*
>   — *Depuis 1991.*

1. Nous habitons ici depuis assez longtemps.
2. Moi, j'ai un ordinateur.
3. Mon père est enrhumé.
4. Mes cousins jouent du piano ensemble.
5. Mon frère a une voiture neuve.

Maintenant, demandez des précisions à votre camarade en utilisant **depuis quand** ou **depuis combien de temps** avec les éléments donnés. Votre camarade va répondre selon sa situation personnelle ou inventer une réponse.

MODÈLE: étudier le français
>   — *Depuis quand est-ce que tu étudies le français?*
>   — *Depuis deux ans.*
> ou: — *Depuis combien de temps est-ce que tu étudies le français?*
>   — *Depuis 1991.*

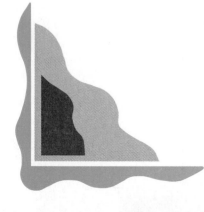

6. avoir une voiture
7. étudier l'espagnol
8. être enrhumé(e)
9. être rentré(e) des vacances
10. jouer du piano

Maintenant, utilisez **depuis quand** ou **depuis combien de temps** pour poser les questions que vous voulez à votre camarade.

Contexte: Des petits accidents ▪▬▬▬▬▬▬

— Oh, là, là, Philippe. Qu'est-ce que tu t'es fait?
— Ce n'est rien, Madame. Je me suis coupé, c'est tout.
— Mais Philippe, il faut faire attention! Tu as souvent des accidents.
— Oui, je sais. Mais ce n'est jamais très grave.
— D'accord, mais c'est embêtant. La semaine dernière tu as joué au foot et tu t'es foulé la cheville. Le mois dernier tu t'es fait mal à la jambe pendant ta classe de gymnastique. Et avant ça tu t'es cassé le bras quand tu faisais de la moto. Ce n'est pas normal, ça!
— Oui, je sais. Mais heureusement je ne suis jamais malade!

À vous! ▬▬▬▬▬▬▬▬

O. **Un petit accident.** Parlez à un(e) de vos camarades d'un accident que vous avez eu. Si vous n'avez jamais eu d'accident, vous pouvez parler de quelque chose qui est arrivé à une autre personne. Expliquez les circonstances sous lesquelles l'accident a eu lieu et parlez des conséquences.

Contexte: Nous mangeons bien ▬▬▬▬▬▬

LE PROF:	Alors, les élèves. Aujourd'hui nous allons parler des aliments qui sont bons et mauvais pour la santé. Qui commence?
ANGÈLE:	Moi, je mange beaucoup de légumes. Les légumes sont bons pour la santé.
LE PROF:	Tu as raison, Angèle. Et toi, Marc?
MARC:	Ma mère dit que le sel n'est pas bon. Elle l'utilise donc très rarement dans les plats qu'elle prépare.
LE PROF:	Ta mère a raison.
BERNARD:	Oui, et il faut manger la viande avec modération.
LE PROF:	Tu aimes la viande, Bernard?
BERNARD:	Je l'aime assez bien, mais je préfère le poisson.
LE PROF:	Et toi, Angèle, tu aimes les desserts?

ANGÈLE: Ah oui. Je les adore. Mais je sais qu'il faut manger moins de sucre, si possible.

LE PROF: C'est vrai. Il vaut mieux manger des fruits et limiter les desserts. Je pense que vous avez bien compris l'importance des aliments pour votre santé.

À vous!

P. **Ce que je mange d'habitude; ce que j'ai mangé hier.** Parlez à vos camarades des aliments que vous mangez d'habitude. Ensuite expliquez ce que vous avez mangé hier. Vos camarades vont décider si les aliments sont bons ou mauvais pour la santé.

MODÈLE: ÉLÈVE 1:   *D'habitude je mange quelque chose de sucré tous les jours. Mais hier, je n'ai pas mangé de dessert.*

ÉLÈVE 2:   *Le sucre n'est pas bon pour la santé. Il vaut mieux manger des fruits. Etc.*

Rappel

Les pronoms objet direct **le, la, l', les**

Remember that direct-object pronouns usually *precede* a conjugated verb or an infinitive:

Est-ce que tu cherches **Marc?**	Are you looking for *Mark?*
Oui, je **le** cherche.	Yes, I'm looking for *him.*
Elle veut acheter **la robe?**	Does she want to buy *the dress?*
Oui, elle veut **l'**acheter.	Yes, she wants to buy *it.*
Je prends **la voiture?**	Do I take *the car?*
Non, ne **la** prends pas.	No, don't take *it.*
Où sont **les clés?**	Where are *the keys?*
Les voilà.	There *they* are.

In the **passé composé,** the direct-object pronoun is placed immediately in front of the auxiliary verb (**avoir** or **être**):

Tu as écouté **la musique?**	Have you heard *the music?*
Oui, je **l'**ai écoutée.	Yes, I've heard *it.*

Note that the past participle agrees in gender and number with the preceding direct object.

Application

Q. Comment le trouvez-vous? Donnez vos impressions de chacun des éléments donnés. Utilisez un des adjectifs indiqués ou un autre qui exprime votre opinion. N'oubliez pas de répondre avec un pronom objet direct.

> MODÈLE: Comment trouvez-vous Alec Baldwin? (beau / sexy / ?)
> *Moi, je le trouve assez sexy.*
> ou: *Je ne le trouve pas très beau.*
> ou: *Moi, je le trouve très intelligent.*

Comment trouvez-vous...
1. Madonna? (intelligente / belle / radicale / ?)
2. Sylvester Stallone? (fort / macho / intellectuel / ?)
3. les films de Woody Allen? (amusants / intéressants / ennuyeux / ?)
4. la musique de Mozart? (belle / ennuyeuse / difficile à écouter / ?)
5. les disques de Billy Ray Cyrus? (très bien / trop traditionnels / ?)
6. les tableaux de Picasso? (beaux / bizarres / intéressants / ?)

R. Qu'est-ce que tu penses? Posez les questions suivantes à votre camarade de classe. Il (elle) va vous donner son avis en utilisant un pronom objet direct.

> MODÈLE: prof de français
> —*Qu'est-ce que tu penses de notre prof de français?*
> —*Je le (la) trouve très bien (très amusant[e]), etc.*

Qu'est-ce que tu penses...
1. des voitures de sport?
2. de la musique rap?
3. des films d'épouvante?
4. du film *The Last of the Mohicans?*
5. de tes cours cette année?

Maintenant parlons de vous!

S. Ma vie quotidienne. Parlez à vos camarades de votre vie de tous les jours. Parlez de votre routine, des choses que vous mangez, de vos activités préférées et des gens avec qui vous parlez. Vos camarades vont vous poser des questions pour obtenir plus de détails.

T. Pendant les vacances... Maintenant expliquez à vos camarades comment votre routine change pendant les vacances. N'oubliez pas de parler de ce que vous mangez quand vous êtes en vacances.

U. **Quand j'ai eu un rhume...** Parlez à votre camarade de la dernière fois que vous avez eu un rhume ou une grippe. Qu'est-ce que vous aviez comme symptômes (tousser, avoir mal à la gorge, avoir de la fièvre, etc.) et qu'est-ce que vous avez fait (rester au lit, consulter le médecin, prendre des médicaments, boire des liquides, etc.)? Utilisez l'imparfait et le passé composé selon le contexte.

V. **Le week-end dernier.** Parlez à vos camarades de votre week-end dernier. Quel temps est-ce qu'il a fait? Qu'est-ce que vous avez fait? Comment était votre week-end (ennuyeux, amusant, intéressant, etc.)?

LECTURE: *Quand les cigognes ne reviennent plus*

Quand les cigognes ne reviennent plus

C'est entre le 15 février et le 15 mars que les cigognes arrivent en Alsace pour s'installer sur leur nid, perché en haut d'une église ou d'une maison. Autrefois, leur retour s'annonçait dans les villages au son de la trompe, et c'était l'occasion de réjouissances. On retrouve dans la chronique de Colmar les dates d'arrivée des cigognes soigneusement consignées dès la fin du XIIIᵉ siècle. Une ordonnance de la ville de Strasbourg datant de 1423 défendait de tuer ces oiseaux sous peine d'amende.

Aujourd'hui, il est peu de villages qui ne déplorent leur disparition. Les cent soixante-quinze nids que l'on comptait au lendemain de la dernière guerre n'étaient plus que quarante en 1967, et neuf en 1977.

Plusieurs causes concourent à cette diminution. Le drainage des marais, la multiplication des câbles électriques—que les oiseaux heurtent en vol—l'emploi des poisons insecticides, et surtout la chasse, dont les cigognes sont victimes au cours de leur migration annuelle vers l'Afrique tropicale.

Afin d'assurer l'avenir de l'espèce, diverses méthodes ont été expérimentées: élevage artificiel de jeunes cigognes importées du Maroc, introduction d'adultes. À présent, on s'efforce de briser l'instinct migrateur des cigognes en les maintenant pendant l'hiver dans des enclos. De la sorte, les oiseaux échappent aux risques du voyage. La troisième année, ils peuvent reprendre leur vol et se reproduire aussi bien que les sujets sauvages. Est-ce en perdant leur liberté que les cigognes survivront en Alsace?

Compréhension ▰▰▰▰▰

W. **Les cigognes d'Alsace: Une tradition qui disparaît.** Answer the questions about the reading. You may use English.

1. In general, what is this reading about?
2. When do the storks traditionally return to Alsace?
3. How did the people of Alsace used to welcome the storks? What did they do to protect the birds?
4. How many nests were there after World War II?
5. How many nests were there in 1977?
6. What is contributing to the disappearance of the storks?
7. What measures are being taken now to protect the birds?
8. What question does the author ask at the end of the article?
9. What do you think we should do in this country to protect our wildlife?

Tél. (68) 61-19-51

Hôtel d'Alsace

19, PLACE DE LA GARE ROUTIÈRE
66000 PERPIGNAN

Le Moyen Âge et la Renaissance
Les Preux[1], les Pieux[2]... et les Humanistes

Pour les historiens, le Moyen Âge s'étend[3] de la fin du Ve siècle jusqu'au milieu du XVe, près de mille ans pendant lesquels on voit de nombreuses guerres[4], le développement de la féodalité[5] et de la chevalerie, un grand enthousiasme religieux et la constitution graduelle de la nation française.

Ensuite, pendant la seconde moitié du XVe, grâce aux[6] voyages de découverte[7] et sous l'influence de l'Italie, une nouvelle culture s'élabore[8] en France, une culture qui prend son essor[9] au XVIe siècle: on appelle cette époque la Renaissance.

476	*Chute[10] de l'Empire romain d'Occident*
496	*Clovis, premier roi[11] catholique des Francs, baptisé à Reims*
751	*Pépin le Bref, la monarchie de droit[12] divin*
800	*Charlemagne, empereur d'Occident*
885	*Siège de Paris par les Normands*
1066	*Guillaume le Conquérant, conquête de l'Angleterre*
1095	*Première croisade*
1226	*Louis IX (Saint-Louis), roi de France*
1337–1453	*Guerre de Cent ans, la France contre l'Angleterre*
1431	*Jeanne d'Arc, brûlée[13] à Rouen*
1515	*François Ier, roi de France*
1589	*Henri IV, roi de France*
1610	*Assassinat d'Henri IV*

François I

[1]brave   [2]pious   [3]stretches   [4]wars   [5]feudalism   [6]thanks to   [7]discovery
[8]develops   [9]expands rapidly   [10]fall   [11]king   [12]right   [13]burned

Charlemagne

Personnage légendaire, Charlemagne (Charles Ier le Grand) est couronné empereur des Romains en 800. Son rêve, c'est de refaire l'Empire romain; son empire réunit la région qu'occupent aujourd'hui la France, l'Allemagne et l'Italie. Souverain tout-puissant[1], il encourage aussi un renouveau[2] culturel, s'entourant[3] de savants[4], d'écrivains[5] et d'artistes.

[1]all-powerful [2]renewal [3]surrounding himself [4]scholars [5]writers

Trois grands personnages historiques: Charlemagne, Jeanne d'Arc et Henri IV

Jeanne d'Arc

Fille de paysans[6] très pieux, elle entend à l'âge de 13 ans ses «voix»[7] qui lui disent de délivrer la France des envahisseurs[8] anglais. Elle convainc le roi Charles VII de la mettre à la tête d'une armée. Après avoir obligé les Anglais à lever le siège d'Orléans (1429), elle est faite prisonnière, déclarée sorcière[9] par un tribunal ecclésiastique et brûlée vive à Rouen en 1431.

[6]peasants [7]voices [8]invaders [9]witch

Henri IV

Un des chefs du parti calviniste[10], il devient roi de France en 1589. Il met fin aux guerres de religion en abjurant[11] personnellement le protestantisme et puis en promulgant[12] l'édit de Nantes (1598), qui garantit le droit de religion aux protestants. Très populaire, il entreprend[13] la restauration du pouvoir royal qui va aboutir[14] au règne de Louis XIV (1643).

[10]protestant [11]renouncing [12]proclaiming [13]undertakes [14]end up

St-Sernin, Toulouse

L'architecture religieuse •
LES CATHÉDRALES

L'art roman

Au XIᵉ et au XIIᵉ siècles, le développement des ordres monastiques et la ferveur religieuse suscitée par les croisades s'accompagnent d'une renaissance artistique qui se manifeste dans les églises de style roman. L'architecture romane est caractérisée par des tours-clochers très solides, des murs épais, des contreforts et des arcs en plein cintre.

une tour-clocher

des contreforts

l'arc en plein cintre

L'art gothique

À la fin du XIIe siècle apparaît en France l'art gothique. Le développement des villes s'accompagne de la construction de vastes cathédrales qui s'élancent[1] vers le ciel dans un acte symbolique de foi.[2] Grâce aux nouvelles techniques de construction, les églises sont plus hautes, plus légères, plus élégantes. L'architecture gothique, qui atteint son plein rayonnement[3] au XIIIe et au XIVe siècles, est caractérisée par les flèches (qui remplacent les tours du style roman), par les arc-boutants (qui remplacent les contreforts), par l'arc brisé (appelé aussi arc en ogive) et par les vitraux.[4]

[1]reach up   [2]faith   [3]influence   [4]stained-glass windows

Notre-Dame de Paris

une flèche

des arcs-boutants

l'arc brisé (l'arc en ogive)

L'architecture civile •

LES CHÂTEAUX

Au Moyen Âge les seigneurs[1] féodaux habitent des châteaux construits principalement pour la protection. Entourées[2] d'un fossé et souvent d'un mur d'enceinte[3], avec des tours et des murs solides dans lesquels on pratique des créneaux pour pouvoir tirer à couvert[4] sur les assaillants[5], ces demeures[6] n'ont rien de confortable. On y entre par un pont-levis et le seigneur habite le donjon, la tour centrale.

[1]lords [2]Surrounded [3]outer wall [4]shoot from cover [5]attackers [6]residences

Le château fort

Beynat, Corrèze

un fossé et un pont-levis

le donjon

une tour, un mur, des créneaux

*des tourelles, des cheminées,
des lucarnes*

des panneaux, des médaillons

Le château de plaisance

Pendant la Renaissance, sous l'influence des architectes italiens et en réponse au développement de la vie de la cour[1], les châteaux changent de fonction. Ils se transforment en lieux dè séjour[2], maisons de campagne royales ou seigneuriales destinées à servir de décor pour les fêtes et les divertissements. Dans le style Renaissance, les tourelles remplacent les tours, les fenêtres s'élargissent[3], des statues et des bandes[4] sculptées viennent décorer les façades. On ajoute au toit[5] des cheminées et des lucarnes[6]. À l'intérieur la décoration est très riche: panneaux peints[7], plafonds à poutres apparentes[8] et à caissons[9], médaillons aux murs.

[1]court [2]pleasure sites [3]get wider [4]borders [5]roof
[6]dormer windows [7]painted panels [8]ceiling with exposed beams
[9]coffered ceiling

le Château de Chambord

Trois Poètes
Villon • Ronsard • Du Bellay

François Villon

*L*e plus grand des poètes lyriques du Moyen Âge, François Villon dépeint des thèmes universels (la pauvreté, la faim, la peur, la mort) en maniant les formes fixes les plus difficiles. Dans cette ballade célèbre, Villon reprend un thème traditionnel: Où sont les gens qui nous ont précédés?

François Villon
«Ballade des dames du temps jadis» former times

Dites-moi où, *n'*en quel pays	and
Est Flora[1], la belle Romaine,	
Archibiade et Thaïs,	
Qui *fut* sa cousine germaine;	was
Echo, parlant quand bruit on mène,	
Dessus rivière ou sur *étang,*	on / pond
Et qui *eut* beauté surhumaine.	had
Mais où sont les neiges *d'antan?*	yesteryear

Où est la très sage Héloïse,	
Pour qui fut *châtré,* puis moine,	castrated
Pierre Abélard à Saint-Denis?	
Pour son amour il *subit cette peine.*	underwent this punishment
Semblablement où est la reine	
Qui ordonna que Buridan	
Fût jeté en sac dans la Seine?	be
Mais où sont les neiges d'antan?	

La reine Blanche comme *lis,*	lily
Qui chantait à voix de *sirène;*	siren (mermaid)
Berthe au grand pied, Béatrix, Aélis,	
Eremberg, qui possédait le Maine,	
Et Jeanne la bonne Lorraine,	
Qu'Anglais brûlèrent à Rouen,	
Où sont elles, où, Vierge souveraine?	
Mais où sont les neiges d'antan?	

Envoi
Prince, ne demandez ni de cette semaine
Où elles sont, ni de cet an,
Sans que je vous redise mon refrain:
Mais où sont les neiges d'antan?

[1] Flora, Archibiade, and the others named in this poem are historical and mythological figures from Greek and Roman antiquity and the Middle Ages.

*L'*humanisme du XVIe siècle brille¹ particulièrement en poésie. Dans la poésie de Ronsard et de du Bellay, le lyrisme (l'expression des sentiments personnels) s'allie² avec le goût des formes fixes antiques telles que le sonnet, l'ode, l'élégie.

Pierre de Ronsard

¹shines ²joins

Pierre de Ronsard
«À sa maîtresse»

Ronsard adresse cette ode à une jeune Italienne, Cassandra Salviati, dont le poète est, dit-il, tombé *éperdument* amoureux.   madly

Mignonne, allons voir si la rose   Sweetheart
Qui ce matin avait *déclose*   opened
Sa robe de pourpre au soleil,
A point perdu, cette *vêprée*,   has not lost / time for evening prayers / folds / complexion similar to yours
Les *plis* de sa robe pourprée
Et son *teint au vôtre pareil*.

Las! voyez comme en peu d'espace,   Alas!
Mignonne, elle a dessus la place,
Las, las! ses beautés *laissé choir;*   let fall
O vraiment *marâtre* Nature,   cruel mother (stepmother) / lasts
Puisqu'une telle fleur ne *dure*
Que du matin jusques au soir!

Donc, si vous me *croyez*, mignonne,   believe
Tandis que votre âge *fleuronne*   is flourishing
En sa plus verte nouveauté,
Cueillez, cueillez votre jeunesse: Gather
Comme à cette fleur, la vieillesse
Fera ternir votre beauté.   Will cause to be tarnished (to fade)

Joachim du Bellay
«Heureux, qui comme Ulysse...»

Du Bellay a écrit ce sonnet pendant un séjour de quatre ans à Rome. Il y exprime la nostalgie pour son pays natal.

Heureux, qui comme *Ulysse*, a fait un beau voyage,   hero of the Odyssey
Ou comme *celui-là qui conquit la Toison*,   he who captured the Golden Fleece (Jason) / experience
Et puis est retourné, plein d'*usage* et raison,
Vivre entre ses parents le reste de son âge!

Quand *reverrai-je*, hélas, de mon petit village   will I see
Fumer la cheminée? et en quelle saison
Reverrai-je le *clos* de ma pauvre maison,   garden
Qui m'est une province, et beaucoup *davantage*?   more

Plus me *plaît* le séjour qu'ont bâti mes *aïeux*   pleases / ancestors
Que des palais romains le *front* audacieux;   Than / façade (forehead)
Plus que le marbre dur me plaît *l'ardoise* fine,   slate (typical of du Bellay's native Anjou)

Plus mon *Loire gaulois*, que le *Tibre* latin,   Loire River / Tiber River / du Bellay's birthplace / hill in Rome / sea / of Anjou
Plus mon petit *Liré*, que le mont *Palatin*,
Et plus que l'air *marin*, la douceur *angevine*.

Une «B» enluminée

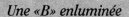
La Peinture et la Musique

La trahison de Judas,
Sainte-Chapelle, Paris

La peinture française naît[1] de l'art de la miniature (les manuscrits enluminés[2]) et du vitrail. C'est l'influence italienne qui va se manifester dans les grands portraits du XVe et du XVIe siècles.

[1]comes from (is born in)   [2]illuminated (decorated with a painted design)

Les vitraux qui ornent les cathédrales gothiques sont une véritable Bible en verre[6]. Parmi les plus connus sont ceux de la Sainte-Chapelle à Paris.

[6]glass

Deux genres «mineurs» •
LA MINIATURE ET LE VITRAIL

Les œuvres[3] littéraires du Moyen Âge nous parviennent[4] sur des manuscrits qui sont de véritables œuvres d'art par leurs enluminures faites à la main par des clercs[5] artistes. Les plus célèbres de ces miniatures sont les illustrations des *Très Riches Heures du Duc de Berry.*

[3]works [4]come [5]clerics

Le mois de mars, Les Très Riches Heures du Duc de Berry

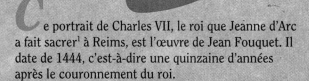

Jean Fouquet, *Charles VII*

C e portrait de Charles VII, le roi que Jeanne d'Arc a fait sacrer[1] à Reims, est l'œuvre de Jean Fouquet. Il date de 1444, c'est-à-dire une quinzaine d'années après le couronnement du roi.

[1]crowned

Deux portraitistes •
FOUQUET ET CLOUET

Jean Clouet, *François Ier*

Un poète-musicien: Guillaume de Machaut

Travaillant à Reims au XIVe siècle, Guillaume de Machaut est un des créateurs de la musique polyphonique (qui est chantée à plusieurs voix) française. Il est surtout connu pour sa *Messe Notre-Dame* et pour ses ballades, virelais et motets[2].

[2]short fixed-form songs of different sorts

Un siècle plus tard, Jean Clouet exécute ce portrait équestre[3] du roi François Ier. C'est pendant son règne que Léonard de Vinci et d'autres artistes italiens influencent la cour française.

[3]on horseback

C'est la France ou les États-Unis?

Unité 1
On cherche du travail

Objectives

In this unit, you will learn:

- to talk about employment opportunities;
- to name and describe articles of clothing;
- to express necessity;
- to participate in a job interview;
- to understand conversations about work;
- to read documents about the business world.

Chapitre 1
Le monde du travail

Qui l'a dit?

1. Moi, je veux continuer mes études à la Faculté de Droit.
2. Ce qui m'intéresse surtout, c'est les chiffres.
3. Et moi, j'adore les ordinateurs. Je vais être programmeur.

Roland   *Simone*   *Jean-Paul*

PREMIÈRE ÉTAPE

Point de départ

Les métiers et les professions

● ●

Services: le troisième âge de l'économie

Evolution de la structure de la population active en France (en %)

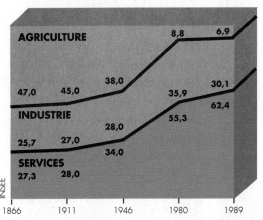

AGRICULTURE 8,8 6,9

47,0 45,0 38,0 30,1 35,9

INDUSTRIE 28,0 62,4 55,3

25,7 27,0 34,0

SERVICES

27,3 28,0

INSEE

1866   1911   1946   1980   1989

Métiers

5% d'actifs agriculteurs • Deux Français sur trois dans les services • 85% de salariés • Un actif sur quatre dépend de l'État • Un travailleur sur trois ouvrier, un homme sur deux • Moins de commerçants • Nombre de cadres doublé en 20 ans • Plus de créations d'entreprises et de faillites

Chef d'entreprise

Garçon de café

Ouvrier à la chaîne

Avocate

Fonctionnaire postal   *Dentiste*

Le nouveau paysage professionnel

Répartition de la population active selon la catégorie socioprofessionnelle (en %) et proportion de femmes :

	1989		1968	
	Total	**dont femmes**	**Total**	**dont femmes**
• Agriculteurs exploitants	5,3	4,4	11,5	12,8
• Artisans, commerçants et chefs d'entreprise	7,3	5,7	10,7	11,5
• Cadres et professions intellectuelles supérieures	9,6	6,3	5,1	2,5
• Professions intermédiaures	19,1	18,7	10,4	11,4
• Employés	28,1	49,0	21,2	38,8
• Ouvriers	29,6	14,3	39,3	22,5
• Autres catégories	1,0	1,6	1,8	0,5
Total	100,0	100,0	100,0	100,0
Effectifs (en milliers)	**24 062**	**10 521**	**19 916**	**7 208**

INSEE

Les métiers et les professions

Noms généraux

un boulot *(fam.) (work)*　　**un job**　　　　　　　　　　**une profession**
une carrière　　　　　　　　**un métier** *(trade, occupation)*　**un travail**
un emploi *(job)*　　　　　　**un poste** *(job)*

Métiers et professions

un(e) acteur (-trice)
un agent de voyages
un agent immobilier
　(real estate agent)
un agriculteur
　(un cultivateur, un fermier)
un(e) artisan(e)
un(e) artiste
　(un[e] [femme] peintre)
un(e) astronaute
un(e) avocat(e) *(lawyer)*
un(e) banquier(-ère) *(banker)*
un(e) cassier(-ère) *(cashier, teller)*
un(e) chanteur(-se)
un chef de cuisine
un(e) cinéaste *(film producer)*
un(e) commerçant(e)
　(merchant, shopkeeper)
un commercial
　(travelling salesperson)
un(e) comptable *(accountant)*
un(e) concessionnaire *(car dealer)*

un(e) couturier(-ère)
　(fashion designer)
une dactylo *(typist)*
un dentiste (une femme
　dentiste)
un détaillant *(retailer)*
un éboueur *(garbage collector)*
un écrivain (une femme
　écrivain) *(writer)*
un(e) employé(e) de bureau
　(office worker, clerical worker)
un(e) employé(e) de maison
　(housekeeper)
un(e) fabricant(e)
　(manufacturer)
un(e) gérant(e) *(manager)*
un(e) grossiste *(wholesaler)*
un(e) infirmier(-ère) *(nurse)*
un ingénieur (une femme
　ingénieur)
un(e) journaliste
un juge

un médecin (une femme
　médecin)
un(e) musicien(ne)
un(e) ouvrier(-ère) à la chaîne
　(assembly-line worker)
un(e) pharmacien(ne)
un policier, un agent de police
　(une femme policier, une
　femme agent de police)
un pompier (une femme
　pompier) *(firefighter)*
un(e) postier(-ère) *(postal*
　worker)
un professeur (une femme
　professeur)
un(e) programmeur(-se)
un(e) psychologue
un(e) rédacteur(-trice) *(editor)*
un(e) secrétaire
une vedette *(movie star)*
un(e) vendeur(-se)

Fonctions et métiers d'avenir

Six *fonctions* de l'entreprise devraient se développer particulièrement au cours des prochaines années :
• Gestion-finances : audit ; credit manager ; contrôleur de gestion ; analyste financier ; expert comptable.
• Commerce-marketing : ingénieur technico-commercial ; acheteur industriel ; chef de rayon de supermarché ; chargé d'études marketing ; merchandiser ; chef de produit.
• Maintenance-qualité : logisticien ; responsable de maintenance ; qualiticien.
• Informatique : cogniticien ; administrateur de base de données ; spécialiste de maintenance informatique ; architecte de réseau ; chef de projet analyste ; ingénieur système.
• Recherche-développement : chercheur industriel.
• Formation : responsable de formation

Le secteur tertiaire devrait poursuivre sa croissance, en particulier dans cinq *secteurs d'activité* :
• Professions juridiques : juriste d'entreprise ; avocat.
• Banques-assurances : agent immobilier ; exploitant ; analyste crédit.
• Santé : manipulateur électroradiologie ; conseillère en économie sociale et familiale.
• Enseignement : instituteur ; professeur de mathématiques.
• Publicité-communication : chef de publicité d'agence ; responsable de la communication.

Enfin, *cinq branches industrielles* apparaissent porteuses :
• Electronique-télécommunications : automaticien ; électrotechnicien ; concepteur de circuit intégré.
• Bâtiment-travaux publics : ingénieur d'étude de prix ; ingénieur méthodes du bâtiment.
• Froid-thermique : frigoriste ; thermicien.
• Industries des plastiques : plasturgiste.
• Aéronautique-espace : spécialiste télédétection.

Onisep

Les femmes ont «repris le travail»

Evolution du taux d'activité des hommes et des femmes
(en pourcentage de la population totale de chaque sexe)

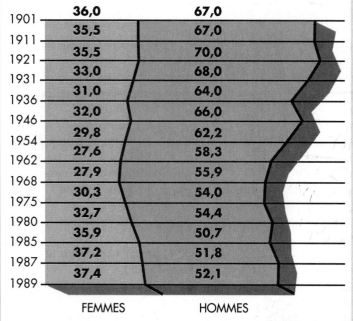

	FEMMES	HOMMES
1901	36,0	67,0
1911	35,5	67,0
1921	35,5	70,0
1931	33,0	68,0
1936	31,0	64,0
1946	32,0	66,0
1954	29,8	62,2
1962	27,6	58,3
1968	27,9	55,9
1975	30,3	54,0
1980	32,7	54,4
1985	35,9	50,7
1987	37,2	51,8
1989	37,4	52,1

Le nombre des travailleurs étrangers est à peu près stable depuis 1975

1 600 000 travailleurs étrangers

Répartition des étrangers de 15 ans et plus par nationalité et taux d'activité (1989):

	Nombre	Taux (1)
• Algériens	494 459	52,3%
• Tunisiens	132 307	57,6%
• Marocains	352 497	53,1%
• Ressortissants des pays d'Afrique noire	119 197	57,4%
• Italiens	241 192	43,0%
• Espagnols	213 094	47,6%
• Portugais	571 340	72,3%
• Ressortissants des autres pays de la CEE	158 114	56,1%
• Polonais	53 104	31,4%
• Yougoslaves	47 481	64,6%
• Turcs	131 632	49,4%
• Autres étrangers	333 148	55,2%
Total	**2 847 565**	**56,0%**

(1) Proportion d'actifs (actifs occupés + chômeurs) dans l'effectif total de chaque nationalité

INSEE, enquête sur l'emploi 1989

À vous!

A. **Vrai ou faux?** Indiquez si les phrases suivantes sont vraies ou fausses. Si elles sont fausses, corrigez-les.

1. Il y a plus de deux millions de travailleurs étrangers en France.
2. Depuis 1985, il y a pas mal d'emplois qui ont été créés en France.
3. Une femme sur deux travaille.
4. Le travail dans l'agriculture continue à augmenter.
5. Le travail dans le secteur des services augmente rapidement.
6. En 1989, moins de 6% des commerçants et chefs d'entreprise étaient des femmes.
7. En 1989, presque la moitié des femmes qui travaillaient étaient des employées.
8. En 1989, le plus grand nombre de personnes travaillaient comme ouvriers.
9. La technologie domine les métiers et les professions d'avenir.
10. Un fonctionnaire travaille pour une entreprise privée.

B. **Quelle est leur profession?** Identifiez la profession de chaque personne dans les dessins suivants.

MODÈLE: *Il est acteur.*

1.

2.

3.

4.

5.

6.

7.

8.

9.

10.

C. **Que font-ils dans la vie?** Parlez à vos camarades de classe du travail
    que font les membres de votre famille. Vos camarades vont vous poser
    des questions pour obtenir des renseignements supplémentaires.

MODÈLE: —*Que font tes parents?*
               —*Eh, bien. Mon père est éboueur et ma mère est*
                secrétaire.
               —*Pour qui est-ce que ta mère travaille?*
               —*Elle travaille chez...*
               —*Et ton père?*
               —*Il travaille pour l'État. Dans un sens, il est*
                fonctionnaire.

Structure

L'emploi du subjonctif pour exprimer la nécessité

Il faut que j'aille au centre commercial.	*I have to go* to the mall.
Tu as raison. **Il est nécessaire que tu achètes** une calculatrice.	You're right. *You have to buy* a calculator.

Il faut que and **il est nécesssaire que** are two expressions that
indicate necessity (someone must do something). Both of these
expressions are followed by a verb in the subjunctive mood.

The subjunctive mood is used in sentences that have more than
one clause and in which the speaker or writer expresses necessity.
For instance, the first sample sentence contains two clauses—**il faut
que** and **j'aille au centre commercial.** Note that the two clauses
are connected by **que** and that the subjunctive is used only in the
second clause—that is, after **que.**

The following endings are used with all verbs in the subjunctive
except **avoir** and **être: -e, -es, -e, -ions, -iez, -ent.** Before you can
use these endings, you must find out the correct verb stem.

Le présent du subjonctif des verbes en ***-er*** *et en* ***-ir***

The simplest way to find the subjunctive stem of an **-er** or **-ir** verb is
to drop the **-ons** ending from the present-tense **nous** form.

	parler **nous parlon̸s̸**	**réussir** **nous réussisson̸s̸**
(que)	je parl**e**	je réussiss**e**
	tu parl**es**	tu réussiss**es**
	il, elle, on parl**e**	il, elle, on réussiss**e**
	nous parl**ions**	nous réussiss**ions**
	vous parl**iez**	vous réussiss**iez**
	ils, elles parl**ent**	ils, elles réussiss**ent**

D. Remplacez les mots en italique par les mots donnés entre parenthèses et faites les changements nécessaires.

MODÈLE: Il faut que *tu* parles au professeur. (nous)
          Il faut que nous parlions au professeur.

1. Il faut que *j'*étudie mon français. (vous / elle / tu / nous / ils)
2. Il est nécessaire que *tu* finisses les devoirs. (je / nous / il / vous / elles)
3. Il faut que *nous* mangions des légumes. (tu / elle / vous / ils / je)
4. Il faut qu'*elle* achète un pull-over. (je / vous / tu / elles)
5. Il est nécessaire qu'*ils* téléphonent à leur grand-mère. (je / tu / nous / elles / vous / il)
6. Il faut que *je* cherche un appartement. (nous / ils / vous / elle / tu / je)

Le présent du subjonctif des verbes **avoir** *et* **être**

The present subjunctive forms of **avoir** and **être** are irregular.

	avoir	**être**
(que)	j' **aie**	je **sois**
	tu **aies**	tu **sois**
	il, elle, on **ait**	il, elle, on **soit**
	nous **ayons**	nous **soyons**
	vous **ayez**	vous **soyez**
	ils, elles **aient**	ils, elles **soient**

Le présent du subjonctif des verbes **aller** *et* **prendre**

Both **aller** and **prendre** have a second stem for the first- and second-person plural forms (**nous** and **vous**).

	aller	prendre
(que)	j'**aille**	je **prenne**
	tu **ailles**	tu **prennes**
	il, elle, on **aille**	il, elle, on **prenne**
	nous **allions**	nous **prenions**
	vous **alliez**	vous **preniez**
	ils, elles **aillent**	ils, elles **prennent**

Application

E. **D'abord...** Vous voulez aller au centre commercial pour acheter des vêtements, mais votre mère veut que vous fassiez d'abord autre chose. Jouez le rôle de la mère. Employez **il faut que** ou **il est nécessaire que** avec les éléments donnés.

MODÈLE: m'aider avec la vaisselle
   —*Je veux aller au centre commercial.*
   —*D'abord il faut que tu m'aides avec la vaisselle.*
   —*D'accord. Je vais faire la vaisselle.*

1. ranger ta chambre
2. aller à la boulangerie
3. aller trouver ta sœur
4. parler à ton père
5. aider ton frère avec son français
6. manger quelque chose
7. prendre une douche
8. finir tes devoirs de français

F. **Des objections.** Réagissez, selon le modèle, en donnant le contraire des phrases suivantes.

MODÈLE: Il ne va pas à Paris.
   Mais il faut qu'il aille à Paris!

1. Nous n'allons pas à la banque aujourd'hui.
2. Il n'étudie pas le japonais.
3. Elle n'est pas à l'heure.

4. Nous n'allons pas chez les Durand.
5. Je ne vais pas à l'école aujourd'hui.
6. Nous ne prenons pas le métro.
7. Il ne réussit pas à ses examens.
8. Je n'ai pas de patience.
9. Elles ne mangent pas leurs légumes.
10. Nous ne visitons pas les châteaux de la Loire.

Note grammaticale

Autres expressions pour exprimer la nécessité

To encourage an action, use any of these expressions followed by the subjunctive:

Il vaut mieux que tu **prennes** le train. — *It would be better for you to take the train.*

Il est préférable qu'il **aille** en France. — *It's preferable for him to go to France.*

Il est important que vous **étudiiez.** — *It's important for you to study.*

Il est essentiel qu'elle **mange** quelque chose. — *It's essential that she eat something.*

G. **Comment?** Vous allez faire un voyage en train avec un groupe de camarades. L'organisateur (l'organisatrice) du voyage vous explique ce qu'il faut faire, mais vous et vos camarades ne faites pas très attention. Suivez le modèle.

MODÈLE: il est préférable / voyager en groupe
L'ORGANISATEUR: *Il est préférable que vous voyagiez en groupe.*
ÉTUDIANT A: *Pardon?*
ÉTUDIANT B: *Il est préférable que nous voyagions en groupe.*

1. il est préférable / prendre le train de 8h
2. il est essentiel / être à la gare avant 7h
3. il faut / être à l'heure
4. il vaut mieux / prendre un taxi pour aller à la gare
5. il est nécessaire / avoir des réservations
6. il est important / apporter quelque chose à manger

H. **À mon avis...** Utilisez une des expressions que vous venez d'apprendre dans cette **étape** pour encourager les actions de vos amis.

MODÈLE: Je ne veux pas aller en ville, je vais regarder la télévision.
À mon avis, il vaut mieux que tu ailles en ville.

1. Je ne veux pas étudier, je vais jouer au football.
2. Nous n'allons pas prendre le métro, nous allons prendre un taxi.
3. Nous ne voulons pas apprendre une langue, nous allons étudier l'informatique *(computer science)*.
4. Je ne vais pas téléphoner à mes parents, je vais téléphoner à un ami.
5. Je ne veux pas manger les légumes, je vais manger la viande.
6. Nous ne sommes jamais à l'heure, nous sommes toujours en retard.
7. Je ne veux pas parler français, je vais parler anglais.
8. Je ne vais pas aller à la bibliothèque, je vais aller au cinéma.

I. **J'ai des ennuis.** *(I have problems.)* Vos amis ont besoin de conseils *(advice)* parce qu'ils ont de petits problèmes. Employez les expressions **il faut que, il est nécessaire que, il vaut mieux que, il est important que, il est essentiel que** et le subjonctif pour les aider.

MODÈLE: ne pas réussir aux examens de français
—*Je ne réussis pas aux examens de français.*
—*Il faut que tu étudies.*
ou: *Il est important que tu parles au professeur.*
—*Bon, d'accord. Je vais étudier (parler au prof).*

1. aller à une soirée et ne pas avoir de vêtements
2. avoir des difficultés dans le cours de maths
3. ne pas avoir assez d'argent pour acheter une voiture
4. ne pas être en bonne santé et maigrir
5. aller à Vail et ne pas savoir faire du ski

Relais

Qu'est-ce qu'ils font, tes parents?

Écoutez la bande que votre professeur va jouer pour vous. En particulier, faites attention aux expressions utilisées pour donner son avis *(opinion)*.

Dans cette conversation, trois amis parlent des métiers de leurs parents. Notez qu'ils ne sont pas toujours sûrs des détails et qu'ils expriment donc leurs opinions.

On s'exprime

Expressions pour demander et donner une opinion

Qu'est-ce que tu penses de son métier?

Je pense qu'il est très intéressant.

Et ce poste, **qu'est-ce que tu en penses?**

Je trouve qu'il a des possibilités.

Comment trouves-tu ton job?

Je le trouve assez bien, mais **à mon avis,** je ne suis pas assez payé.

À vous!

J. **Qu'est-ce que tu en penses?** Demandez l'avis de vos camarades sur des différents métiers. Vos camarades vont donner une opinion en employant les expressions ci-dessus et des adjectifs. Quelques adjectifs: **intéressant, ennuyeux, chouette, super, mal payé, bien payé, (trop) fatigant, flexible, amusant, compliqué, rasant** *(slang for "boring")*, **fantastique, difficile, facile, agréable, désagréable, idiot, dur** *(hard)*.

K. **Qu'est-ce qui t'intéresse?** Parlez à vos camarades des métiers qui vous intéressent. Expliquez pourquoi.

MODÈLE: —*Moi, je voudrais être programmeur(-se). C'est un métier qui est bien payé.*
—*Moi, l'argent n'est pas très important. Je préfère être instituteur(-trice). À mon avis, c'est une profession où je peux contribuer quelque chose à la société. Etc.*

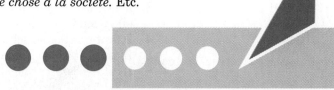

Structure

Le subjonctif des verbes **mettre, faire, pouvoir, savoir, sortir** *et* **partir**

Il faut que **je mette** la table.	I have *to set* the table.
Il vaut mieux que **tu fasses** tes devoirs.	It would be better *to do* your homework.
Il est important qu'**elle puisse** parler à Philippe.	It's important that *she be able* to talk to Philippe.
Oui, il faut qu'**elle sache** la vérité.	Yes, she has *to know* the truth.
Il faut que **je sorte** ce soir.	I have *to go out* tonight.
Et toi, il faut que **tu partes** pour Toulouse.	And you have *to leave* for Toulouse.

The following are the present-subjunctive stems for the verbs **mettre, faire, pouvoir, savoir, sortir,** and **partir:**

mettre	**mett-**	Il faut que je **mette** la table.
faire	**fass-**	Il faut que tu **fasses** tes devoirs.
pouvoir	**puiss-**	Il faut qu'il **puisse** donner son avis.
savoir	**sach-**	Il faut que nous **sachions** la vérité.
sortir	**sort-**	Il faut que vous **sortiez** plus souvent.
partir	**part-**	Il faut qu'elles **partent** immédiatement.

Application

L. Remplacez les mots en italique par les mots donnés entre parenthèses et faites les changements nécessaires.

 1. Il faut que *tu* mettes un pull-over. (je / vous / elle / nous / ils)
 2. Il est important qu'*elle* fasse attention. (je / vous / elles / nous / il)
 3. Il est essentiel qu'*ils* puissent aller à la pharmacie. (je / vous / tu / elle / nous)
 4. Il faut que *vous* sachiez la réponse. (tu / elles / nous / il / je)
 5. Il est préférable que *tu* sortes avec nous. (elle / vous / ils)
 6. Il est nécessaire que *nous* partions à l'heure. (il / vous / tu / elles / je)

M. **Il faut...** Expliquez ce que les personnes dans les dessins doivent faire pour résoudre leurs problèmes. Employez **il faut que** ou **il est nécessaire que** suivi du subjonctif.

MODÈLE: *Il faut qu'il étudie. Il est nécessaire qu'il parle à son professeur. Il faut qu'il fasse ses devoirs. Il faut qu'il sache les réponses. Il est nécessaire qu'il apprenne les formules.* Etc.

1. Qu'acheter?

2. Que faire?

3. Que faire?

4. Que faire?

N. **La semaine prochaine.** Expliquez à votre partenaire ce que vous devez faire la semaine prochaine. Employez les expressions **il faut que, il est nécessaire que, il est important que, il est essentiel que** et le subjonctif des verbes que vous avez appris pour indiquer vos obligations.

MODÈLE: *Il faut absolument que j'aille chez le dentiste. Il est nécessaire que j'achète un cadeau pour mon frère. Etc.*

Débrouillons-nous!

Exercice oral

O. **Pour être professeur...** You and your classmates are talking about the personality traits required for jobs. Select any of the professions you've learned and try to arrive at composite portraits of the kinds of people who would do well in such positions. Use expressions of necessity and make a group list of the adjectives that you associate with each profession you selected to talk about.

MODÈLE: —*Pour être professeur de français, il faut être très dévoué* (dedicated).
—*Oui, et à mon avis, il est essentiel qu'on ait énormément de patience.*
—*Tu as raison. Je pense aussi qu'il faut avoir beaucoup d'imagination. Etc.*

Exercice écrit

P. **Une lettre.** In your correspondence with a friend in France, the topic of jobs has come up. Write a short letter to your friend in which you mention a profession you'd like to have sometime in the future. To explain your choice, tell what kinds of things interest you, what kinds of things you like to do, and why that specific profession will suit you.

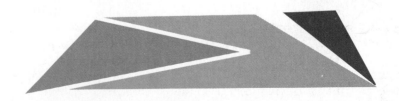

DEUXIÈME ÉTAPE

Point de départ
L'avenir des jeunes

● ●

Emplois hamburgers

jobs in fast-food places

... l'emploi des jeunes a aujourd'hui une caractéristique : la précarité.

Un quart des jeunes de 16 à 24 ans considérés comme des actifs n'occupe que des emplois précaires.

Essentiel, le diplôme ne suffit pas. Il doit être soutenu par de solides qualités personnelles.

Parmi elles, une bonne maîtrise des langues, au moins une sur le bout des doigts ; une aptitude à bouger, à changer d'entreprise, de secteur, à bousculer les manières de faire ; une polyvalence favorisée quand on est doublement compétent, capable de maîtriser aussi bien la technique que la gestion ; et enfin un talent à communiquer, à écouter, à convaincre.

65% de ces jeunes interrogés souhaitent créer leur société.

Leurs atouts pour réussir: la volonté (62%), l'intelligence (25%), la chance (20%), la débrouillardise (15%), le goût du risque (10%), l'opportunisme (4%), un physique avantageux (1%). Éternel clivage: pour 52% des garçons, ce qui compte le plus, c'est la réussite professionnelle; pour 50% des filles, la réussite affective, mais, globalement, 59% considèrent que le plus important, c'est la réussite professionnelle; 21% pensent que c'est plutôt gagner beaucoup d'argent.

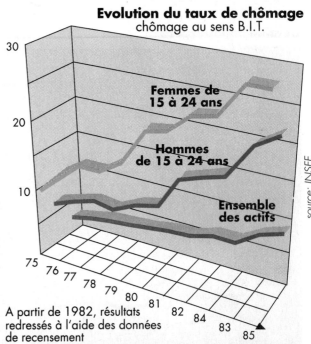

Evolution du taux de chômage
chômage au sens B.I.T.

Femmes de 15 à 24 ans

Hommes de 15 à 24 ans

Ensemble des actifs

source: INSEE

A partir de 1982, résultats redressés à l'aide des données de recensement

Le monde du travail: les ennuis et les problèmes

l'angoisse *(f.)* *(anxiety)*
angoissé(e) *(anxious, distressed)*
l'automatisation *(automation)*
automatisé(e) *(automated)*
avoir le cafard *(fam.)*
    (to be depressed)
avoir le moral à zéro *(to be*
    completely demoralized)
décevant(e) *(disappointing)*
déçu(e) *(disappointed)*
défavorable *(unfavorable)*
déprimant(e) *(depressing)*
déprimé(e) *(depressed)*
des ennuis *(m.pl.)*
    (problems, worries)
se faire des soucis *(to worry)*
faire face à (une situation,
    un problème) *(to cope with)*

l'incertitude *(f.* uncertain
un inconvénient *(disadvantage)*
s'inquiéter *(to worry)*
l'insécurité *(f.)*
insuffisamment qualifié(e)
mal payé(e)
le manque de *(the lack of)*
la menace du chômage
    (the threat of unemployment)
précaire *(precarious)*
(un job) sans avenir
    ([a job] without a future)
le stress
le taux de chômage
    (unemployment rate)

À vous!

A. **Les jeunes et le travail.** Répondez aux questions suivantes selon ce que vous avez appris des textes ci-dessus.

1. Qu'est-ce qui caractérise l'emploi des jeunes aujourd'hui? Qu'est-ce que ça veut dire exactement? (Citez des exemples de personnes que vous connaissez.)

2. Quelles qualifications est-ce qu'il faut avoir pour réussir dans une profession? Est-ce que vous pouvez en ajouter des qualifications qui ne sont pas citées dans la lecture?

3. Selon un sondage, 65% des jeunes Français aimeraient créer leur propre société. Est-ce que vous pensez que les jeunes Américains aient les mêmes ambitions? Pourquoi, pourquoi pas?

4. Selon la lecture, quels traits de personnalité semblent les plus importants pour la réussite professionnelle?

5. Étudiez la table de l'«*Évolution du taux de chômage*». Comment peut-on expliquer la différence entre les jeunes femmes et les jeunes hommes? Comment s'explique la différence entre les jeunes et l'ensemble des actifs?

B. **On s'inquiète.** Indiquez à vos camarades de classe pourquoi vous vous inquiétez pour votre avenir. Utilisez des expressions de la liste ci-dessus et ajoutez d'autres mots que vous connaissez.

MODÈLE:　—*J'ai vraiment le cafard. Je n'ai pas eu le job que je voulais chez MacDo.*
　　　　　—*Pourquoi tu veux travailler?*
　　　　　—*Je dois gagner de l'argent pour aller à l'université.*
　　　　　—*Moi aussi, je m'inquiète. Mon père (ma mère) est au chômage et je voudrais l'aider un petit peu. Etc.*

C. **Qu'est-ce que vous en pensez?** Choisissez quelques métiers (voir la **Première étape**) et parlez des avantages et des inconvénients de chaque métier. Essayez de ne pas voir tout au négatif! Parlez, par exemple, du temps libre, de la flexibilité du travail, du salaire général, des problèmes, des ennuis, etc.

Reprise

D. **Qu'est-ce qu'il faut que je fasse?** Parce que vous êtes connu(e) pour votre bon sens *(common sense)*, vos amis vous demandent toujours des conseils. Pour chaque problème qu'ils posent, proposez des solutions. Employez **il faut que** avec le subjonctif dans vos réponses.

MODÈLE:　Chaque fois que je demande à Francine de sortir avec moi, elle trouve une raison pour refuser. Je ne comprends pas pourquoi elle ne veut pas sortir avec moi.
　　　　　À mon avis, il faut que tu trouves quelqu'un d'autre. Il est évident que Francine ne s'intéresse pas à toi.

1. Je dépense *(spend)* mon argent trop rapidement. Quand j'ai un peu d'argent à la banque, j'achète toujours quelque chose. Je sors souvent avec mes amis et je mange au fast-food trois fois par semaine. J'adore les vêtements *(clothes)*. Mes amis pensent que je suis matérialiste. Qu'est-ce que je peux faire?
2. J'ai beaucoup de difficultés dans mon cours d'algèbre. Mon professeur pense que je ne travaille pas assez. Je suis sûr(e) que je ne suis pas doué(e) pour *(talented in)* l'algèbre. Je ne comprends pas les explications en classe et je ne comprends pas le livre. Tous mes amis ont une calculatrice. Est-ce que c'est la solution à mon problème?

3. Je suis très paresseux(-se). [lazy] Quand je suis à la maison je ne veux pas faire les devoirs. Le week-end, je reste au lit jusqu'à midi. Je sors rarement avec mes amis. Je ne sais pas ce que je veux faire dans la vie. J'aime l'argent, mais je ne veux pas travailler trop dur *(hard)*. Qu'est-ce que je dois faire?

4. Il me faut absolument gagner de l'argent pour aller à l'université, mais je ne sais pas comment trouver un poste. Qu'est-ce que vous me conseillez de faire?

E. **Fonctions et métiers d'avenir.** Regardez la liste des fonctions et métiers d'avenir à la page 33 et choisissez cinq métiers, en ordre de priorité, qui vous intéressent. Ensuite, expliquez à vos camarades de classe pourquoi ces métiers vous semblent intéressants.

1. Source why are they important

Structure

> ## L'emploi de l'infinitif pour exprimer la nécessité
>
> Qu'est-ce que nous devons faire avant de partir?
>
> D'abord, **il faut acheter** les billets.
>
> First, *we have to buy* the tickets.
>
> Ensuite, **il est important de réserver** les chambres d'hôtel.
>
> Then *it's important to reserve* the hotel rooms.
>
> Enfin, **il est essentiel de faire les valises**.
>
> Finally, *it's essential to pack.*
>
> The expressions of necessity you learned in the **Première étape** can be used with an infinitive if there is no confusion about who is going to carry out the action. In the example above, the question **«Qu'est-ce que nous devons faire avant de partir?»** establishes that *we* is the subject of all of the things that have to be done.
>
> To use an infinitive with an expression of necessity, drop the **que** and, in some cases, add the preposition **de,** as follows:
>
> **il faut** + *infinitive*
> **il vaut mieux** + *infinitive*
> **il est nécessaire de** + *infinitive*
> **il est préférable de** + *infinitive*
> **il est important de** + *infinitive*
> **il est essentiel de** + *infinitive*

If you want to say that something should not be done, put **ne pas** in front of the infinitive.

Il vaut mieux **ne pas parler** en classe.	It's better *not to talk* in class.
Il est préférable de **ne pas sortir** ce soir.	It's preferable *not to go out* tonight.

The negative of the expression **il faut** is an exception to this rule and is formed by placing **ne** before **faut** and **pas** directly after it:

Il **ne faut pas aller** au cinéma ce soir!	You *must not go* to the movies tonight!

Application

F. Remplacez les mots en italique par les mots entre parenthèses et faites les changements nécessaires.

1. *Il est important d'*écouter le professeur. (il faut / il est nécessaire de / il est essentiel de)
2. Pour réussir dans une profession, *il faut* aller à l'université. (il est important de / il est préférable de / il vaut mieux)
3. *Il est important de* ne pas voir tout en noir. (il est préférable de / il vaut mieux / il faut)
4. *Il est nécessaire d'*étudier plusieurs langues étrangères. (il faut / il vaut mieux / il est préférable de / il est important de)

G. **Qu-est-ce qu'il faut faire?** Vos amis et vous, vous voulez préparer un bon dîner français pour vos parents. Utilisez les éléments donnés avec des expressions de nécessité pour expliquer ce qu'il faut faire comme préparatifs.

MODÈLE: faire les courses
Il faut faire les courses.

1. consulter notre professeur de français
2. composer le menu
3. acheter de la viande et des légumes
4. choisir les boissons

5. nettoyer *(to clean)* la maison
6. faire la cuisine
7. mettre la table
8. préparer les invitations

H. **Des préparatifs.** Décidez ce qu'il faut faire pour vous préparer pour chacune des activités suivantes: un voyage, une fête, un examen, un pique-nique. Utilisez les expressions de nécessité avec des infinitifs.

MODÈLE: un voyage
Il faut acheter les billets d'avion. Il est nécessaire de réserver les chambres d'hôtel. Il faut faire les valises. Il est important de faire nos adieux à nos amis. Etc.

Relais

Qu'est-ce que tu vas faire après le bac?

détention

Écoutez la bande que votre professeur va jouer pour vous. En particulier, faites attention aux expressions utilisées pour gagner du temps.

Philippe Maillet est un lycéen qui n'a pas encore décidé ce qu'il veut faire après son bac. Il discute de quelques possibilités avec ses parents.

On s'exprime

Expressions pour gagner du temps

Ben...	*Well,*
Euh...	*Umm,*
Eh bien...	*Oh well; well,*
Bon alors...	*Well then,*
Voyons...	*Let's see,*

À vous!

I.   **Voyons...** Utilisez une expression d'hésitation pour répondre aux questions de vos camarades de classe ou pour leur donner des conseils.

   MODÈLE: Est-ce que tu vas continuer tes études?
   Euh... je ne sais pas. Je n'ai pas beaucoup d'argent et je vais peut-être chercher un travail avant de continuer mes études.

1. Est-ce que tu es doué(e) pour les langues?
2. À ton avis, est-ce que le français est difficile à apprendre?
3. Je pense commencer des études de japonais. Qu'est-ce que tu en penses?
4. À ton avis, est-ce qu'il faut apprendre plusieurs langues pour faire un métier dans le tourisme?
5. À ton avis, à qui est-ce que je dois parler si je veux poursuivre mes études de français?
6. Quelle langue est-ce que je devrais étudier, à ton avis, si je veux travailler pour le gouvernement?
7. Moi, je veux devenir interprète. Mes parents veulent que je fasse de la médecine. Qu'est-ce que je fais?
8. Qu'est-ce que tu penses, toi? Est-ce qu'il vaut mieux trouver un poste tout de suite après l'école secondaire ou est-ce qu'il est préférable d'aller à l'université?

J.   **Euh... je ne suis pas sûr(e) encore.** Parlez à votre camarade de ce que vous pensez faire après l'école secondaire. Présentez deux possibilités: (1) ce qui vous intéresse vraiment et (2) ce que vous devriez probablement faire pour gagner votre vie. Pour indiquer votre hésitation, utilisez des expressions pour gagner du temps.

MODÈLE: — *Qu'est-ce que tu vas faire après l'école secondaire?*
— *Euh... je ne suis pas sûr(e) encore. Ce que j'aime vraiment, c'est voyager. J'aimerais bien trouver un métier dans le tourisme.*
— *Est-ce qu'on peut gagner de l'argent à faire ça?*
— *Ben... bien sûr. Mais c'est peut-être assez difficile. Il vaut peut-être mieux continuer mes études de droit. Mais c'est très cher et je ne sais pas si je veux vraiment être avocat(e). Etc.*

Débrouillons-nous!

Exercice oral

K. **Des qualifications.** Choisissez trois métiers et faites une liste des qualifications essentielles pour réussir dans chacun de ces métiers. Parlez de la formation (cours, etc.), de l'expérience nécessaire (travail d'été, etc.) et des qualités personnelles. Quand vous aurez terminé, partagez les listes des qualifications avec un autre groupe.

Exercice écrit

L. **Ce que je pense faire à l'avenir.** To get to know your interests better, your French teacher would like you to write a paragraph explaining what kind of work you'd like to do in the future. Talk about your interests, if you're planning to go to a university, what you're going to study, and what kinds of jobs interest you. Use expressions of necessity when appropriate and some of the vocabulary you've learned to express your worries and concerns.

Lexique

On s'exprime

Pour exprimer la nécessité

il est essentiel de (que)
il est important de (que)
il est nécessaire de (que)
il est préférable de (que)
il faut (que)
il vaut mieux (que)

Pour donner une opinion

Je pense que...
Je trouve que...
À mon avis...

Pour demander une opinion

Qu'est-ce que tu penses
(vous pensez) de... ?
Qu'est-ce que tu en penses
(vous en pensez)?
Comment trouves-tu
(trouvez-vous)... ?

Pour gagner du temps

Ben...   Bon alors...
Euh...   Voyons...
Eh bien...

Thèmes et contextes

Les métiers et les professions (noms généraux)

un boulot   un job   une profession
une carrière   un métier   un travail
un emploi   un poste

Les métiers et les professions

un(e) acteur(-trice)
un agent de voyages
un agent immobilier
un agriculteur
  (un cultivateur, un fermier)
un(e) artisan(e)
un(e) artiste (un[e] [femme]
  peintre)
un(e) astronaute
un(e) avocat(e)
un(e) banquier(-ère)
un(e) caissier(-ère)
un(e) chanteur(-se)
un chef de cuisine

un(e) cinéaste
un(e) commerçant(e)
un commercial
un(e) comptable
un(e) concessionnaire
un(e) couturier(-ère)
une dactylo
un dentiste (une femme dentiste)
un détaillant
un éboueur
un écrivain (une femme écrivain)
un(e) employé(e) de bureau
un(e) employé(e) de maison
un(e) fabricant(e)

un(e) gérant(e)
un(e) grossiste
un(e) infirmier(-ère)
un ingénieur (une femme
  ingénieur)
un(e) journaliste
un juge
un médecin (une femme médecin)
un(e) musicien(ne)
un(e) ouvrier(-ère) à la chaîne
un(e) pharmacien(ne)
un policier, un agent de police (une
  femme policier, une femme agent
  de police)

un pompier (une femme
  pompier)
un(e) postier(-ère)
un professeur (une femme
  professeur)
un(e) programmeur(-se)
un(e) psychologue
un(e) rédacteur(-trice)
un(e) secrétaire
une vedette
un(e) vendeur(-se)

Les ennuis et les problèmes

l'angoisse *(f.)*
angoissé(e)
l'automatisation *(f.)*
automatisé(e)
avoir le cafard *(fam.)*
avoir le moral à zéro
décevant(e)
déçu(e)
défavorable
déprimant(e)
déprimé(e)
des ennuis *(m.pl.)*
se faire des soucis
faire face à (une situation,
  un problème)

l'incertitude *(f.)*
un inconvénient
s'inquiéter
l'insécurité *(f.)*
insuffisamment qualifié(e)
mal payé(e)
le manque de
la menace du chômage
précaire
(un job) sans avenir
le stress
le taux de chômage

Vocabulaire général

Noms	*Adjectifs*	*Verbes*
un avis	dévoué(e)	être doué(e) pour
le bac (le baccalauréat)	dur(e)	nettoyer
le bon sens	rasant(e)	
un conseil		
la vérité		
un vêtement		

Chapitre 2

On pose sa candidature

VITTEL un des leaders sur le marché de l'eau minérale plate (Grande Source, Hépar), leader sur le segment des boissons aromatisées (Vittelloise) et très présent avec sa gamme de boissons rafraîchissantes (Ricqlès, Lemtea) recherche un

ANIMATEUR RÉGIONAL BRETAGNE

A 27/29 ans, de formation commerciale supérieure type BAC + 4/BAC + 3, vous bénéficiez d'une expérience réussie chez un grand de l'agro-alimentaire et souhaitez confirmer une première expérience de l'encadrement.

Rattaché à votre Directeur Régional vous serez responsable de l'animation, de la motivation et de la formation d'une équipe de 10 responsables de secteur, ainsi que du suivi de clients pilotes de votre région.

Notre structure, dans un environnement vente/marketing innovant, vous donnera tous les moyens pour réussir et évoluer avec nous.

Entretiens prévus à Nantes et Paris.

Merci d'adresser CV, photo, lettre en précisant votre rémunération actuelle à notre Conseil MERCURI, 14 bis rue Daru, 75378 PARIS Cedex 08, sous la réf. 42.5734 EX (portée sur lettre et enveloppe)

Mercuri U

CONTESSE

BIOLARIUM
LE BRONZAGE EN LIBRE SERVICE 7 JOURS SUR 7

C'est un nouveau concept, une idée qui colle aux années 90. Pour satisfaire une clientèle à la mode, à l'affût de toute nouveauté, pour offrir jeunesse et forme à ceux qui aiment se sentir bien.

CRÉEZ UN BIOLARIUM

- Apport personnel 250 000F.
- Sans-personnel.
- Rentabilité exceptionnelle.
- Assistance totale possible.

Recherché d'emplacement et de financement. Etude de marché. Agencement.

Ecrire ou téléphoner à **SIMEX**, 26, lotissement le Grand Pin 83120 Sainte MAXIME/MER Tél : 72-04-34-35.

otc

...prépare aujourd'hui...

RESPONSABLE du RECRUTEMENT
TRILINGUE

Chargé de la **zone C.E.I./Europe de l'Est**, vous conduirez également au sein de nos structures internationales des missions tant en France qu'en Europe.
Parfaitement bilingue russe, vous parlez tout aussi bien anglais (ou allemand) et vous souhaitez valoriser **une première expérience significative en entreprise au contact de ces pays.**
Diplômé de l'enseignement supérieur, **vos qualités relationnelles et votre force de conviction** seront vos meilleurs atouts pour réussir dans un environnement stimulant.

Pour nous faire part de votre aptitude à relever les défis, merci d'adresser votre dossier complet (lettre manuscrite, CV et photo) à **PUBLIVAL/3038** - 27, route des Gardes 92190 MEUDON, qui nous le transmettra.

Quels jobs offrent-ils?

1. Quelqu'un qui veut travailler en Russie et en Angleterre.
2. Quelqu'un qui se spécialise en ventes.
3. Quelqu'un qui s'intéresse à acheter son propre commerce.

PREMIÈRE ÉTAPE

Point de départ

Les petites annonces

Une carrière rafraîchissante aux extraits naturels de réussite.

SCHWEPPES FRANCE, filiale du groupe international CADBURY SCHWEPPES, aujourd'hui N°2 sur le marché des soft drinks en France, commercialise les marques INDIAN TONIC, OASIS, GINI, DRY, SEVEN UP, CANADA DRY ... ■ Nous développons notre activité Distributeurs Automatiques de Boissons en recrutant des :

COMMERCIAUX

Paris - Lyon - Lille

Vous serez responsable de la prospection et de la négociation pour la mise en dépôt gratuite de distributeurs automatiques de boissons fraîches en boîtes auprès d'une clientèle variée : collectivités, entreprises etc... ■ Âgé de 25/30 ans, et doté d'une formation commerciale (BTS/DUT), vous avez obligatoirement une première expérience significative de la vente sur le terrain. ■ Autonome et "battant", vous recherchez un travail en équipe et vous êtes motivé par le développement d'une activité nouvelle en très forte expansion.
Merci d'adresser CV, photo et prétentions sous la réf. VN 96/137 AJ à : AXOR - 39, rue Taitbout 75009 PARIS - Les entretiens auront lieu à Paris, Lyon et Lille.

Rapide, classique, à thèmes...
Au royaume magique, la restauration tient un premier rôle.

Lorsqu'Euro Disney ouvrira en 1992, 30 000 visiteurs par jour viendront découvrir le parc à thèmes et le complexe hôtelier qui comprendront une soixantaine de restaurants allant du fast food au restaurant classique haut de gamme en passant par le restaurant à thème.
Pour construire le parc et l'animer, 12 000 personnes rejoindront Euro Disney d'ici à son ouverture.

MANAGERS RESTAURANTS

Vous êtes bilingue, vous avez déjà une expérience de la restauration en contexte européen ou international. Vous savez gérer un restaurant et encadrer des équipes de 50 personnes environ.
Assisté de 2 personnes, vous définirez les objectifs et motiverez vos équipes pour offrir à notre clientèle un service parfait où l'accueil, la courtoisie, le sourire comptent autant que la qualité de la nourriture.

MANAGER CAFETERIA / RESTAURANT D'ENTREPRISE

Votre mission : assurer chaque jour les repas de nos 12 000 "cast members"; elle nécessite une solide expérience dans le domaine de la restauration d'entreprise. Vous gérerez la sous-traitance et développerez le respect de la qualité et de l'image Disney auprès de nos fournisseurs. Vous organiserez l'animation de nos restaurants.

Merci d'adresser lettre manuscrite, CV et photo sous réf. ZR/1108/01/1EX à Euro Disney, Service Recrutement, BP 110, 94350 Villiers-sur-Marne.

3615 tous nos emplois EURODISNEY

Euro Disney RESORT

les professionnels de l'imagination
©Disney

Pharmaciens

h/f

Amiens - Marseille - Pau - Rouen

Implantés sur toute la France, nous sommes l'un des 1er groupes français de grands magasins.
Notre politique de diversification nous a amenés à créer dès 1988 des espaces de dermo-cosmétologie.
Basé sur le conseil et le service, cet espace privilégié est géré et animé par un pharmacien.

Jeune diplômé(e), vous êtes motivé(e), prêt(e) à prendre des initiatives et possédez le sens du commerce ainsi que des qualités relationnelles certaines.
Après une formation pointue, vous gèrerez et animerez votre Boutique avec l'ambition de répondre aux préoccupations de soin et de beauté de votre clientèle.

Merci d'adresser votre candidature sous référence 6760/EX à **LBW**, 30 bis rue Spontini, 75116 Paris, qui transmettra.

Soft Side Story

ILFORD FP4   0 83 6   ILFORD 4

Scènes de la vie quotidienne chez Microsoft

MICROSOFT, c'est l'histoire d'un étudiant génial qui fonda son entreprise à 20 ans et, en fait, avec les fameux MS-DOS, Word, Windows, Excel... le numéro 1 mondial du logiciel pour micro-ordinateurs. Apporter toujours plus de satisfaction aux clients ; tel est le rôle des

Techniciens Support client

Leur mission : répondre à toutes les questions que se posent utilisateurs, revendeurs, distributeurs et constructeurs. Quelle que soit votre formation et votre spécialité, diplômé ou non, c'est votre personnalité qui fera la différence. En assurant l'assistance téléphonique et télématique de nos logiciels d'application PC et Macintosh, vous deviendrez bientôt un véritable génie de la micro-informatique. Merci d'adresser votre dossier de candidature sous réf. 43 à MICROSOFT France – Direction des Ressources Humaines – 12, avenue du Québec – 91957 Les Ulis Cedex.

Microsoft®
Nous civilisons la micro-informatique.

Darjeeling

À vous!

A. **Les petites annonces.** Answer the questions based on what you learned from the job ads.

1. **Cadillac Plastic**
   a. What does this company do?
   b. What job are they offering? How do you know?
   c. What kinds of qualifications do they prefer?
   d. For which parts of France are these job offers?

2. **Peaudouce**
   a. What do you think this company sells? Is it possible to know for sure just by reading the ad?
   b. What job is being offered and in what part of France?
   c. What qualifications are required?
   d. What responsibilities does the job entail?

3. **Schweppes**
   a. What position is being offered in this ad?
   b. Specifically, in which sector of soft-drink distributions will this person work?
   c. How does the title of this ad connect Schweppes with the position that is being advertised?

4. **Euro Disney**
   a. What do you find out about Euro Disney from this ad?
   b. What kinds of positions are they offering?
   c. What qualifications are they requiring for the job of restaurant manager?
   d. What are the responsibilities of the cafeteria manager?

5. **Pharmaciens**
   a. In what kinds of establishments are the pharmacies located?
   b. What will this pharmacist do?
   c. What kinds of personal traits are they looking for?

6. **Microsoft**
   a. Whose story is told in this ad?
   b. What job are they offering?
   c. What will this person do?
   d. Is a diploma required for this job?
   e. What is the one qualification they're looking for?

B. **Je cherche un poste.** Complétez le dialogue avec des mots logiques que vous trouvez dans les offres d'emploi des petites annonces.

—Je cherche un _____ comme _____ .
—Est-ce que tu as déjà travaillé dans _____ ?
—Oui, pendant trois ans j'étais _____ .
—Est-ce que tu as déjà envoyé ton _____ à quelqu'un?
—Oui, et j'ai une _____ demain à 13 heures.
—Quelles _____ sont nécessaires pour ce poste?
—Il faut parler couramment _____ et surtout il est indispensable de _____ .

Note culturelle

En France, on peut trouver des offres d'emploi dans les petites annonces des magazines comme *L'Express* et *Le Point*. Ces deux magazines sont les équivalents de *Time* et *Newsweek* aux États-Unis. Si l'on cherche un poste, on peut également consulter les journaux de grande distribution comme *Le Monde*, *Le Figaro* et *France-Soir*. Les dernières nouvelles financières et commerciales sont présentées dans le journal *Les Échos* et le magazine *L'Expansion*.

Question: Quand on cherche un poste aux États-Unis, comment est-ce qu'on s'y prend? C'est-à-dire, où est-ce que l'on trouve les offres d'emploi?

Bon pour un abonnement à
L'EXPRESS
donnant droit à 50 % de réduction et
à une pendulette offerte en cadeau.

Reprise

C. **Qu'est-ce qu'il faut pour réussir?** Discutez avec vos camarades des traits de personnalité (énergie, volonté, ambition, etc.) et des qualifications (formation, expérience, etc.) qu'il faut avoir si on veut réussir dans une profession. Expliquez pourquoi chacune de ces qualifications est nécessaire en citant les conditions de marché du travail aujourd'hui (chômage, automatisation, technologie, etc.).

D. **Des projets pour le week-end.** Votre ami(e) et vous, vous faites vos projets pour le week-end. Chaque fois que votre ami(e) présente deux possibilités, vous exprimez votre préférence. Utilisez les expressions de nécessité **(il faut, il est préférable de, il est important de, il est nécessaire de, il vaut mieux, il est essentiel de)** et l'infinitif du verbe principal.

MODÈLE: aller au centre commercial / aller à la Fnac
— *On va au centre commercial ou à la Fnac?*
— *Il vaut mieux aller à la Fnac.*

1. aller au cinéma / aller au théâtre
2. manger au Quick / manger au Macdo
3. faire un pique-nique / aller à la plage
4. sortir avec des amis / rester à la maison
5. regarder le match de football / regarder le match de base-ball
6. faire du vélo / jouer au tennis
7. prendre le métro / y aller à pied
8. faire les devoirs / regarder la télé

Structure

---

*Les pronoms objet indirect **lui** et **leur***

Tu parles **au professeur** aujourd'hui?	Are you talking *to the teacher* today?
Oui, je **lui** parle dans quelques instants.	Yes, I'm talking *to him (to her)* in a few minutes.
Quand tu **lui** parles, dis-**lui** que je vais être en retard.	When you talk *to him (to her)*, tell *him (her)* that I'm going to be late.

Est-ce qu'il achète quelque chose **pour ses parents?**	Is he buying something *for his parents?*
Oui, il **leur** achète des vêtements.	Yes, he's buying *them* clothes.

Lui and **leur** are third-person, indirect-object pronouns that replace nouns used as indirect objects. In French, a noun used as an indirect object is introduced by the preposition **à** (or **pour** in the case of **acheter**). The indirect-object pronoun therefore replaces **à** + *person*.

    Lui replaces **à** + *feminine or masculine singular noun*. Only the context makes it clear whether **lui** represents a male or a female.

    Leur replaces **à** + *masculine or feminine plural noun*. Again, only the context tells whether **leur** represents males or females. (It may also represent a group of both males and females.)

    Note that these two pronouns are used only with people, not with things.

Lui and **leur** take the following positions in sentences:

Present tense:	**lui** + *conjugated verb*	Elle ne **lui** parle pas.
	leur + *conjugated verb*	Il **leur** raconte une histoire.
Imperative:	*command form* + **lui**	Donnez-**lui** cette cassette!
	command form + **leur**	Montre-**leur** les photos!

These verbs that you've already learned take an indirect object (noun or pronoun):

acheter (pour)	expliquer	prêter *(to lend)*
apporter	montrer	raconter
apprendre	obéir	téléphoner
donner	parler	

Application

E.   Remplacez les mots en italique par les pronoms **lui** ou **leur**.

    MODÈLE: Je téléphone souvent *à ma grand-mère.*
                   Je lui téléphone souvent.

1. Ils achètent toujours quelque chose *pour les enfants.*
2. Je parle *à mon amie* une fois par jour.
3. Elle ne prête pas ses disques *à son frère.*

4. Tu racontes toujours des histoires *à tes parents.*
5. Est-ce que vous montrez vos photos *à vos amis?*
6. J'apprends *à Suzanne* à jouer aux échecs.
7. Pour son anniversaire, nous achetons une voiture *pour Marc.*
8. Nous obéissons toujours *à nos professeurs.*

MODÈLE: Prête ton blouson *à ta sœur.*
         Prête-lui ton blouson!

9. Apportez des fleurs *à votre grand-mère!*
10. Donne les clés *à ton père!*
11. Téléphone *à tes amis* avant de partir!
12. Obéissez toujours *à vos parents!*
13. Montrons notre ordinateur *à Jacques!*
14. Apprends *aux enfants* à chanter!
15. Parlez des États-Unis *à Simone!*
16. Prête les vidéos *à Paul et à Jean!*

F. **Rarement, souvent ou jamais?** Répondez aux questions en indiquant si vous faites les choses suivantes **rarement, souvent, ne... jamais, quelquefois** ou **de temps en temps.** Employez **lui** ou **leur** dans vos réponses.

MODÈLE: Est-ce que tu parles à tes grands-parents?
           Oui, je leur parle souvent.
      ou: *Non, je leur parle rarement.*
      ou: *Non, je ne leur parle jamais.*

1. Est-ce que tu téléphones à tes amis?
2. Est-ce que tu obéis à tes parents?
3. Est-ce que tu parles à ton professeur de français?
4. Est-ce que tu racontes des histoires à ton (ta) meilleur(e) ami(e)?
5. Est-ce que tu prêtes de l'argent à tes amis?
6. Est-ce que tu achètes des cadeaux pour ton ami(e)?
7. Est-ce que tu montres tes devoirs à tes camarades de classe?
8. Est-ce que tu apportes une pomme à ton professeur?

G. **Moi et mes parents.** Vous et votre camarade de classe, vous discutez des rapports que vous avez avec les membres de votre famille. Chacun d'entre vous contribue au moins une phrase avec les éléments données. Employez **lui** ou **leur** dans les phrases.

MODÈLE: (parents) parler / problèmes
           — *Moi, je leur parle souvent de mes problèmes.*
           — *Ça dépend. Quelquefois je leur parle de mes problèmes.*

1. (parents) montrer / examens
2. (parents) montrer / notes
3. (frère) prêter / cassettes
4. (sœur) donner / conseils
5. (père) obéir
6. (mère) obéir
7. (parents) présenter / amis
8. (parents) acheter / cadeaux d'anniversaire

Relais

Tiens! Ça a l'air intéressant!

Écoutez la bande que votre professeur va jouer pour vous. En particulier, faites attention aux expressions utilisées pour indiquer qu'on est d'accord.

Simone et François Maillet consultent les petites annonces. Ils parlent des perspectives d'emploi pour François.

On s'exprime

Expressions pour indiquer qu'on est d'accord

On va au cinéma?

> **D'accord. (D'acc., O.K.)**
> **Oui, pourquoi pas?**
> **C'est d'accord.**
> **Oui. C'est décidé. On y va.**

Ce film était ridicule!

> **Tu as raison. (Vous avez raison.)**
> **Je suis d'accord.**
> **C'est vrai.**

Expressions pour indiquer qu'on n'est pas d'accord

On va au cinéma?

> **Non. Moi, je préfère...**
> **Si tu veux. Mais moi, je préfère...**
> **Moi, j'aime mieux...**
> **Ça ne me tente pas.**

Ce film était ridicule!

> **Je ne suis pas (du tout) d'accord.**
> **Pas du tout! Il était...**
> **Au contraire! Il était...**

À vous!

H. **Où aller?** Vos amis et vous, vous avez décidé de faire du shopping, mais vous n'êtes pas d'accord où aller. Chaque fois que quelqu'un propose un grand magasin, quelqu'un d'autre en propose un autre.

MODÈLE: On va aux Galeries Lafayette? (au Printemps)
Non, moi, je préfère aller au Printemps.
ou: *Moi, j'aime mieux aller au Printemps.*

1. Alors, on va au Printemps. (au Prisunic)
2. Bon, c'est d'accord. On va au Prisunic. (au Monoprix)
3. Pourquoi pas? On va au Monoprix. (à Auchan)
4. C'est d'accord. On va à Auchan. (au Mammouth)
5. O.K. On va au Mammouth. (à la Redoute)
6. D'accord. On va à la Redoute. (au Carrefour)
7. Je veux bien. On va au Carrefour. (à la Samaritaine)
8. Pourquoi pas? On va à la Samaritaine. (au Bazar de l'Hôtel de Ville)
9. D'acc. On va au BHV. (aux Galeries Lafayette)
10. Oui. C'est décidé. On va aux Galeries Lafayette! (au Prisunic)

I. **Un job chez Bongrain Gérard.** Avec votre camarade de classe, discutez du job de chef de secteur offert dans l'annonce à la page 64. Parlez de l'entreprise et des qualifications qu'il faut avoir pour ce job. Discutez également des traits personnels nécessaires pour réussir dans le domaine des ventes.

Débrouillons-nous!

Exercice oral

J. **Qu'est-ce qu'ils offrent?** Regardez les trois offres d'emploi ci-dessous et discutez-en avec votre camarade de classe. Mentionnez les qualifications nécessaires, les responsabilités du job, ce que la société offre à ses employés et d'autres renseignements indiqués dans les annonces.

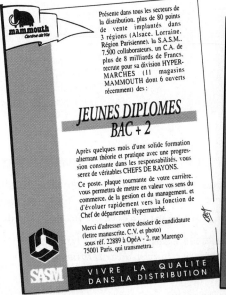

Exercice écrit

K. **Le travail qui m'intéresse.** Regardez les offres d'emploi dans cette étape (entre les pages 55 et 66) et écrivez une composition sur le genre de travail qui vous intéresse.

MODÈLE: *J'ai regardé les petites annonces dans* **On y va!** *et je m'intéresse surtout aux ventes. J'aimerais bien travailler pour une société de technologie. Je suis très forte en communication, je compte aller à l'université pour étudier le marketing,... Etc.*

DEUXIÈME ÉTAPE

Point de départ
Une lettre de candidature

• •

François Maillet
5, boulevard Raymond IV
31000 Toulouse

Kodak Pathé
Ressources Humaines
26, rue Villiot
75594 Paris

In France, job applications **(lettres de candidature)** are usually handwritten rather than typed. Some companies use handwriting experts to analyse the writing in order to get more information about the applicants.

Madame,

Suite° à votre annonce parue dans l'Express du 21 mars, je me permets de solliciter le poste d'ingénieur commercial actuellement vacant dans votre filiale de Toulouse.

Suite: In response

J'ai 30 ans. Je suis marié et père de deux enfants. J'ai trois ans d'expérience dans les ventes. Je parle couramment l'anglais et l'allemand. Après l'obtention de ma licence, j'ai passé une année aux U.S.A. à Pennsylvania State University où j'ai suivi des cours de gestion, de comptabilité et de marketing. Avec mon diplôme en marketing, je crois avoir toutes les qualifications souhaitées.

Je serais à votre disposition sans délai après réception de votre lettre d'engagement. J'ai quitté mon dernier poste parce qu'il manquait° de possibilités d'avancement et ne me donnait aucune occasion d'utiliser mon anglais ni° de travailler à l'étranger. Les occasions de voyages offertes par la firme Kodak me paraissent° très attrayantes.°

ni: nor
paraissent: seem
attrayantes: attractive

Ci-joint vous trouverez mon curriculum vitae mentionnant les études que j'ai effectuées et les postes que j'ai occupés. Pour d'autres renseignements à mon sujet, je vous serais très obligé de bien vouloir vous adresser aux cinq personnes dont j'ai donné les noms dans mon curriculum vitae.

Dans l'espoir que ma candidature soit susceptible de retenir votre attention, je vous prie d'agréer, Madame la Directrice, l'expression de mes sentiments distingués.

François Maillet

P. J. 1 curriculum vitae.

À vous!

A. Find the French equivalents of the following formulas used in job application letters.

1. Dear Madam
2. I am applying for the job
3. I am 30 years old
4. I believe I have all the necessary qualifications
5. Enclosed you will find
6. I will be available
7. Sincerely yours
8. Enclosures

B. **Une lettre de candidature.** Écrivez une lettre de candidature en utilisant comme modèle la lettre de François. Choisissez un poste offert dans les petites annonces de la **Première étape** de ce chapitre.

Reprise

C. **Voilà ce que je veux faire.** Choisissez une des offres d'emploi de la **Première étape** et expliquez à vos camarades pourquoi vous vous intéressez à ce poste.

D. **Quand...?** Imaginez la raison pour laquelle vous faites les choses suivantes. Utilisez les pronoms **lui** ou **leur** dans vos réponses.

MODÈLE: Quand est-ce que vous téléphonez à vos parents?
          Je leur téléphone quand je vais rentrer tard le soir.

1. Quand est-ce que vous parlez à votre mère (père, ami[e])?
2. Quand est-ce que vous téléphonez à vos amis?
3. Quand est-ce que vous achetez des cadeaux pour vos amis?
4. Quand est-ce que vous prêtez de l'argent à vos amis?
5. Quand est-ce que vous parlez à votre professeur de français?
6. Quand est-ce que vous donnez vos vidéos à votre ami(e)?

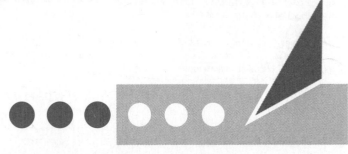

Structure

---

*Les pronoms objet indirect **lui** et **leur** avec le **passé composé** et avec l'infinitif*

— Qu'est-ce que tu as acheté **pour tes parents?**

— Je **leur** ai acheté des livres. Mais pour Noël je vais **leur** acheter des vêtements.

— Et **pour ta sœur?**

— Je **lui** ai acheté une calculatrice. Pour Noël je voudrais **lui** acheter un bracelet.

What did you buy *for your parents?*

I bought *them* books. But for Christmas I'm going to buy *them* clothes.

And *for your sister?*

I bought *her* a calculator. For Christmas I'd like to buy *her* a bracelet.

In the **passé composé,** the indirect-object pronouns **lui** and **leur** are placed directly in front of the helping verb in both the affirmative and the negative:

Je **lui** ai acheté un disque.
Nous ne **leur** avons pas prêté la vidéo.

In the construction *conjugated verb + infinitive,* **lui** and **leur** are placed in front of the infinitive in both the affirmative and the negative:

On va **lui** apporter des fleurs.
Ils n'aiment pas **leur** prêter des livres.

When two object pronouns are used in the same sentence, the order depends on whether the pronouns go before of after the verb. Before the verb, the order is **me, te, se, nous, vous, le, la, les, lui, leur (Je le lui ai donné.** *I gave it to him.*). After the verb, the direct-object pronoun precedes the indirect-object pronoun (**Donne-le-lui!** *Give it to him!*).

Application

E. Remplacez les mots en italique.

1. Je lui ai donné *un stylo.* (une cassette / les clés / un bracelet / des chaussures / un pull / une caméra / un poster)
2. Il ne leur a pas prêté *les disques.* (les livres / le stylo / d'argent / ses vidéos / sa montre / le sac à dos / sa radio / ses raquettes de tennis)
3. Est-ce que tu vas lui acheter *un vélo?* (une calculatrice / une auto / des boucles d'oreilles / des bottes / un pull / une chemise / un feutre)
4. Non, je ne vais pas leur acheter *de vélo.* (de calculatrice / d'auto / de boucles d'oreilles / de bottes / de pull / de chemise / de feutre)

F. **Histoire d'un crime.** Quelqu'un vient de cambrioler *(rob)* un magasin. Vous êtes le témoin *(witness)* et vous répondez aux questions de la police. Employez **lui** ou **leur** dans vos réponses.

MODÈLE: Est-ce que vous avez parlé aux cambrioleurs? (oui)
Oui, je leur ai parlé.

1. Qu'est-ce que vous avez dit aux cambrioleurs? (de sortir)
2. Qu'est-ce que vous avez dit aux cambrioleurs? (que nous n'avons pas beaucoup d'argent)
3. Qu'est-ce que vous avez donné au jeune homme? (tout notre argent)
4. Est-ce que vous avez obéi aux cambrioleurs? (oui, bien sûr)
5. Qu'est-ce que vous avez montré à la jeune femme? (les bijoux)
6. Quand est-ce que vous avez téléphoné aux agents de police? (tout de suite après le crime)
7. Qu'est-ce que vous avez raconté à l'agent de police? (toute l'histoire)

G. **Oui et non.** Répondez aux questions à l'affirmatif et au négatif. Employez les pronoms **lui** et **leur** dans vos réponses et suivez les modèles.

MODÈLES: Est-ce que tu as téléphoné à Mireille? (hier matin / aujourd'hui)
Oui, je lui ai téléphoné hier matin, mais je ne lui ai pas téléphoné aujourd'hui.

Est-ce que vous allez donner la clé aux enfants? (l'argent)
Oui, nous allons leur donner la clé, mais nous n'allons pas leur donner l'argent.

1. Est-ce qu'ils ont parlé à leur professeur? (hier / aujourd'hui)
2. Est-ce que vous avez apporté le portefeuille à Simone? (le sac)
3. Est-ce qu'elle a appris les verbes aux élèves? (le vocabulaire)
4. Est-ce que tu vas montrer ton examen à François? (ma note)
5. Est-ce qu'il va parler à ses parents? (demain / aujourd'hui)
6. Est-ce que tu as raconté une histoire à Yves? (hier soir / ce soir)
7. Est-ce qu'elles vont téléphoner à leurs grands-parents? (la semaine prochaine / demain)
8. Est-ce que vous allez donner le pendentif à Sylvie? (le bracelet)
9. Est-ce que tu as acheté une montre pour Jean? (de bague)
10. Est-ce qu'il a prêté la chaîne stéréo à ses amis? (le magnétoscope)

Relais

Un coup de fil

Écoutez la bande que votre professeur va jouer pour vous. En particulier, faites attention aux expressions pour indiquer le doute ou l'incertitude.

François Maillet est au téléphone avec la directrice du personnel chez Kodak. C'est le moment qu'attendait François, car c'est l'appel qui l'invite à une interview.

On s'exprime

Expressions pour indiquer le doute ou l'incertitude

Je ne suis pas sûr(e).	I'm not sure.
Je ne suis pas convaincu(e).	I'm not convinced.
..., je pense.	. . . , I think.
Je ne pense pas.	I don't think so.
Tu penses? (Vous pensez?)	Do you think so?
J'en doute.	I doubt it.

À vous!

H. **Exercice de compréhension.** Répondez aux questions selon ce que vous avez compris du dialogue.

1. Qui est la dame qui parle avec François?
2. Pourquoi est-ce qu'elle est au téléphone avec lui?
3. À quelle heure et quel jour est l'interview?
4. Où se trouvent les bureaux de Kodak?
5. Et François, qu'est-ce qu'il doit faire quand il arrive dans le bâtiment?
6. Est-ce que François connaît quelqu'un chez Kodak?
7. Qui est Michel Dufour?
8. Quel est le ton de la conversation (avec ou sans formalités, léger, aimable, hostile)?

I. **Prenons rendez-vous.** Vous êtes le (la) secrétaire dans une grande entreprise et vous êtes au téléphone avec un(e) candidat(e) pour un poste (votre camarade de classe va jouer le rôle du [de la] candidat[e]). Expliquez à la personne que vous voulez fixer un rendez-vous pour une interview. Expliquez où se trouvent vos bureaux, comment y arriver, quel jour et à quelle heure aura lieu le rendez-vous. Le (la) candidat(e) va vous poser des questions et va indiquer qu'il (elle) n'est pas sûr(e) où se trouvent vos bureaux.

J. **Des doutes.** Utilisez une expression de doute ou d'incertitude pour réagir à ce que vous dit votre camarade de classe. Ensuite faites continuer un peu la conversation.

MODÈLE: —Tu penses que tu vas aller à l'université?
          —*Je ne suis pas sûr(e). Peut-être, si je gagne assez d'argent en été. Et toi? Tu y vas?*
          —*Je ne pense pas. Je vais travailler pendant deux ou trois ans avant de continuer mes études.*
          —*C'est une bonne idée, je pense.*

1. Tu vas trouver un travail pour l'été prochain?
2. Tu vas continuer tes études de français à l'université?
3. À quels jobs est-ce que tu t'intéresses?
4. Tes parents sont d'accord avec toi?
5. Est-ce que tu veux te marier un jour?
6. Tu penses avoir des enfants?

Débrouillons-nous!

Exercice oral

K. **Un coup de fil.** Vous êtes chef du service personnel. Lisez la lettre de candidature d'un(e) de vos camarades de classe (Exercice B). Ensuite, téléphonez-lui et invitez-le (la) à une interview. Dans votre conversation, n'oubliez pas de vous mettre d'accord sur la date, l'heure et l'endroit du rendez-vous.

Exercice écrit

L. **J'ai rangé ma chambre.** Your possessions had been piling up in your room for many years. You finally decided to give away (**donner**) and to lend **(prêter)** some things to different people. Afterward, to keep track of what you gave away and what you loaned, you make a list. Use the pronouns **lui** and **leur** for your list.

MODÈLE: à Krista
Krista: Je lui ai donné des balles de tennis et je lui ai prêté ma raquette.

1. à mes ami(e)s *(give two names)*
2. à mon petit frère (à ma petite sœur)
3. à ma cousine (à mon cousin)
4. à mes cousins *(give their names)*
5. à mon (ma) camarade *(give one name)*
6. à mon voisin
7. à mes parents
8. à mon (ma) petit(e) ami(e) *(give a name)*

Lexique

On s'exprime

Pour indiquer qu'on est d'accord

D'accord. (D'acc., O.K.)   Tu as raison. (Vous avez raison.)
Oui, pourquoi pas?   Je suis d'accord.
C'est d'accord.   C'est vrai.
Oui. C'est décidé.

Pour indiquer qu'on n'est pas d'accord

Non. Moi, je préfère...   Je ne suis pas (du tout) d'accord.
Si tu veux. Mais moi, je préfère...Pas du tout!
Moi, j'aime mieux...   Au contraire!
Ça ne me tente pas.

Pour indiquer le doute ou l'incertitude

Je ne suis pas sûr(e).   Je ne pense pas.
Je ne suis pas convaincu(e)   Tu penses? (Vous pensez?)
..., je pense.   J'en doute.

Chapitre 3
Une interview

Les modes changent avec le temps. Lisez les trois descriptions de vêtements et décidez à quelle photo correspond chaque description.

1. Cette tenue de Christian Dior représente la mode des années quarante. La jupe ample et la veste serrée à la taille mettent l'accent sur la silhouette féminine.
2. C'est une tenue qui représente les années quatre-vingts. Elle comprend une jupe longue, un chemisier et un gilet autrichien.
3. C'est la mode des années vingt. Cette robe pour l'après-midi est simple et laisse beaucoup de liberté pour les mouvements. La silhouette est transformée par la taille qui descend vers les hanches.

A.   B.   C.

PREMIÈRE ÉTAPE

Point de départ
On s'habille

• •

La mode de printemps et d'été

un foulard

un débardeur

des lunettes *(f.pl.)* de soleil

un chemisier

un bustier

une marinière

une jupe

un bikini

une robe

un short

un pantalon

une salopette

un bermuda

un gilet

un sweat

un jogging

une veste

un T-shirt

un gilet

un blouson

une cravate

un polo

un maillot de surf

une chemise

une ceinture

un jean

un short

un pantalon

un bermuda

un maillot de bain

un pull-over

Les tissus *(fabrics)*

en laine *(wool)*	Il a acheté un pantalon **en laine.**
en maille jersey	C'est un chemisier **en maille jersey.**
en coton	Je vais mettre une robe **en coton.**
en acrylique	Elle n'aime pas les vêtements **en acrylique.**
en polyester	Les pantalons **en polyester** se lavent bien.
en soie *(silk)*	Je viens d'acheter une robe **en soie.**
en toile *(canvas, sailcloth)*	Est-ce que tu as une veste **en toile?**
à rayures, rayé *(striped)*	J'aime les chemises **en rayures (rayées).**
imprimé *(print)*	Il veut un bermuda **imprimé.**
à fond *(background)*	Elle a acheté une robe **à fond** blanc et **à pois** bleus.
à pois *(polka dots)*	
uni *(solid-colored)*	Je préfère les vêtements **unis.**

La mode d'automne et d'hiver

un complet *(man)*

une écharpe

un bonnet

un béret

un pardessus *(man)*

un anorak

un jogging

un pull-over

un manteau

—un tailleur

des gants *(m.pl.)*

un gilet

une chemisette

des chaussettes *(f.pl.)*

un chandail

un pantalon en laine

À vous!

A. **Que portent-ils au printemps et en été?** Identifiez les vêtements que portent les personnes dans les dessins.

MODÈLE: Mireille porte...
Mireille porte un short et un chemisier.

1. Michel porte...

2. Monique porte...

3. Massyla porte...

4. Véronique porte...

5. M. Maillet porte...

6. Mme Thibaudet porte...

B. **Que portent-ils en automne et en hiver?** Identifiez les vêtements que portent les personnes dans les dessins suivants.

MODÈLE: François
          François porte un pantalon et un anorak.

1. Mireille

2. M. Bergerac

3. Hervé

4. Martine

5. Aymeric

C. **Comment est-ce qu'ils s'habillent?** Donnez les traits caractéristiques d'un garçon et d'une fille (d'un homme et d'une femme) que vous connaissez. Ensuite expliquez comment chacun s'habille.

MODÈLE: *Mon frère est très sportif. Il adore jouer au football, il fait du jogging et il joue au basket et au base-ball. Il n'est pas très à la mode. Il porte toujours la même chose. À la maison, il porte un jogging ou un jean avec un sweat. Pour aller en classe, il porte un jean et un polo. Quelquefois il met un pantalon, une chemise et un blouson en laine. Mais c'est très rare!*

Reprise

D. **Une interview.** Vous cherchez un job dans une colonie de vacances pour enfants. Votre camarade de classe est le directeur (la directrice) de cette colonie et vous pose des questions. Dans vos réponses, employez les pronoms d'objet indirect **lui** et **leur** quand c'est possible.

MODÈLE: Est-ce que vous avez parlé de ce job à vos parents?
Oui, je leur ai parlé de ce job.

1. Est-ce que vous avez parlé de ce job à vos professeurs?
2. Est-ce que vous pouvez apprendre quelque chose aux enfants?
3. Est-ce que vous avez montré notre brochure à votre père?
4. Est-ce que vous avez expliqué les responsabilités du job à votre mère?
5. Est-ce que vous savez raconter des histoires aux enfants?
6. Est-ce que vous allez donner un prix à l'enfant qui est le premier?
7. Est-ce que vous allez prêter vos cassettes aux enfants?

E. **Un job d'été.** Votre camarade de classe s'intéresse à avoir un job pour l'été. Mais il (elle) ne sait pas très bien ce qu'il veut ou peut faire. Posez-lui des questions sur ses intérêts, sur sa personnalité, sur son expérience et sur sa formation. Ensuite suggérez un job qu'il pourrait faire.

Structure

All of these verbs follow the same pattern: verb + **à** + noun + **de** + infinitive.

> ### *Les pronoms **lui** et **leur** avec les verbes **dire, demander, proposer, permettre** et **promettre***
>
> | | |
> |---|---|
> | Nous permettons **aux enfants** de sortir. | We allow *the children* to go out. |
> | Nous **leur** permettons de sortir. | We allow *them* to go out. |
> | Nous avons permis **aux enfants** de sortir. | We allowed *the children* to go out. |
> | Nous **leur** avons permis de sortir. | We allowed *them* to go out. |
> | Nous allons permettre **aux enfants** de sortir. | We're going to allow *the children* to go out. |
> | Nous allons **leur** permettre de sortir. | We're going to allow *them* to go out. |
>
> The verbs **dire, demander, proposer, permettre,** and **promettre** are followed by the preposition **à** plus an indirect-object noun. This noun is followed by the preposition **de** plus an infinitive.
>
> **J'ai dit à Paul de faire attention.** I *told Paul to be careful.*
>
> When the indirect-object noun is replaced by an indirect-object pronoun, the pronoun is placed before the conjugated verb in the present tense and the **passé composé.**
>
> **Il lui dit de manger. Tu lui as demandé d'acheter du pain?**
>
> In the immediate future, the pronoun is placed before the infinitive.
>
> **Je vais lui proposer d'aller en France.**

Application

F. Remplacez les mots en italique et faites les changements nécessaires.

1. Je vais demander à Michel de *m'aider*. (m'accompagner / aller à la poste / acheter un pull / téléphoner à son grand-père / nous inviter)
2. Nous avons dit aux enfants de *parler français*. (rester à la maison / faire les devoirs / écouter des disques / ranger leur chambre)
3. Elle leur a permis de *sortir*. (acheter des tennis / manger au restaurant / aller au match de football / prendre la voiture)
4. Ils lui ont promis d'*aller au zoo*. (faire une promenade / sortir ce soir / aller au cinéma / acheter un vélo)

G. Substituez les pronoms **lui** ou **leur** au complément d'objet indirect dans les phrases suivantes.

MODÈLE: J'ai demandé à ma mère de m'aider.
Je lui ai demandé de m'aider.

1. Nous avons proposé à nos amis de sortir.
2. Est-ce que tu as dit à ton frère de ranger sa chambre?
3. Je vais permettre à Simone de prendre le métro.
4. Est-ce que vous allez proposer aux enfants de vous accompagner?
5. Elles ont dit à Hervé d'acheter des bottes.
6. J'ai demandé à Sylvie de faire les courses.

H. Cause et effet. Chaque fois que vous faites ou dites quelque chose, quelqu'un d'autre réagit d'une manière inattendue. Employez les éléments donnés et **lui** ou **leur** pour inventer des situations.

MODÈLE: (mon père) demander / donner
Je lui ai demandé 20 dollars. Il m'a donné 10 dollars.

1. (parents) demander / dire
2. (mère) promettre / permettre
3. (parents) demander la permission / permettre
4. (amis) proposer / dire
5. (amie) dire / demander
6. (frère) promettre / demander

VITA

VITA EDUCATION

donnez-lui toutes ses chances

Relais

Qu'est-ce que je vais mettre pour mon interview?

Écoutez la bande que votre professeur va jouer pour vous. En particulier, faites attention aux expressions utilisées pour montrer son enthousiasme.

C'est vendredi et François Maillet se prépare pour aller à son interview. Il consulte sa femme Simone pour décider de ce qu'il va mettre.

On s'exprime

Expressions pour montrer son enthousiasme

C'est vachement bien!	It's great!
Chouette!	Great!
Fantastique	Fantastic!
Incroyable!	Unbelievable!
Sensationnel! (Sensass!)	Sensational!
Super!	Super!

Because all of the expressions given above are adjectives, they can be used with **c'est** or **il/elle est, ils/elles sont:**

C'est chouette!
Elle est sensationnelle.

À vous!

I. **Qu'est-ce que vous en pensez?** Faites d'abord une brève description des vêtements que vous voyez dans la photo. Ensuite employez une expression pour indiquer votre enthousiasme.

J. **Regarde ce garçon (cette fille)!** Vos amis et vous, vous êtes à la terrasse d'un café et vous faites des commentaires sur les gens qui passent. Vous parlez surtout de leurs vêtements. Si vous voulez, inspirez-vous des vêtements portés par vos camarades dans d'autres groupes. Mais attention: Ne soyez pas méchants!

Débrouillons-nous!

Exercice oral

K. **Il (elle) est fantastique!** You've just met someone who you think is absolutely great. Tell your friends about this person. Talk about the person's appearance (what the person was wearing) and his/her personality. Show your enthusiasm by using some appropriate expressions.

Exercice écrit

L. **Portrait de mon ami(e).** Write a letter to your French friend describing the person you just met in Exercise K. Talk about his/her physical characteristics, the clothes he/she wears, and his/her personality. You can also talk about what the person likes to do for fun and what classes he/she is taking. Because you want to make sure that your French friend understands just how much you like this person, use some appropriate expressions to indicate your enthusiasm.

DEUXIÈME ÉTAPE

Point de départ
Un curriculum vitae

• •

CURRICULUM VITÆ

Nom:	Maillet
Prénom:	François
Date Et Lieu De Naissance:	le 17 juillet 1962 à Avignon
Domicile:	160, av. de Fronton, 31200 Toulouse
Téléphone:	61.48.02.09
Expérience:	Commercial chez Philon Pharmaceutique (Toulouse), 1983–1988
	Chef des ventes (Philon), 1989 au présent
Études:	Étudiant en licence de sciences économiques (gestion) à Paris I, 1980–81
	Étudiant en marketing à Pennsylvania State University (U.S.A.), 1981–1983
	Étudiant de langue à l'université de Marburg (Allemagne), juillet et août 1983
Diplômes:	Bac B 1978 (à l'âge de 16 ans)
	DEUG de Gestion 1980 à Paris I
	MBA 1983 à Pennsylvania State University
Stages:	1 mois au service des ventes chez Caussinus Constructions (Toulouse), juillet 1981
Langues:	Anglais (lu, écrit, parlé couramment)
	Allemand (lu, parlé)
Divers:	Connaissance de la culture américaine
	Excellent contact humain, bonne présentation
Références:	Le professeur Michaud à Paris I
	Le professeur Bayard à Paris I
	Le professeur Mark à Pennsylvania State University
	Le chef des ventes à Caussinus Constructions
	Le directeur des ventes à Philon

À vous!

A. **Les accomplissements de François Maillet.** Answer the questions according to what you learned from François' résumé.

1. Where was François born?
2. Where does he live now?
3. In what two fields of study did François specialize?
4. In your opinion, how has François' education prepared him for a career in business?
5. What job experience does François have?
6. Given François' education and work experience, what types of jobs do you think he's best suited for?

B. **À mon avis...** Selon ce que vous savez sur François Maillet, décidez si oui ou non il doit poser sa candidature pour les postes suivants. Donnez une raison pour votre réponse.

MODÈLE: pharmacien
À mon avis, il ne doit pas poser sa candidature parce qu'il n'a pas fait des études de chimie.

1. commerçant
2. commercial
3. comptable
4. concessionnaire
5. détaillant
6. ingénieur
7. gérant
8. programmeur
9. journaliste
10. avocat

Reprise

C. **Échange.** Posez les questions suivantes à votre camarade de classe. Il (elle) va vous répondre. Utilisez **lui** ou **leur** dans les réponses.

1. Est-ce que tes parents permettent à ton frère (à ta sœur) de sortir le soir pendant la semaine?
2. Est-ce que tu dis bonjour à tes amis le matin?
3. Est-ce que tu prêtes de l'argent à ton (ta) meilleur(e) ami(e)?
4. Est-ce que tu donnes des cadeaux à tes amis pour leur anniversaire?
5. Est-ce que tu permets à tes parents d'entrer dans ta chambre?
6. Est-ce que tu permets à ton (ta) meilleur(e) ami(e) de regarder ton journal intime?

D. **Ça dépend.** Répondez aux questions en donnant votre opinion. Utilisez les pronoms d'objet direct (**le, la, l', les**) et les pronoms d'objet indirect (**lui, leur**) dans vos réponses.

MODÈLE: Est-ce que les enfants doivent obéir à leurs parents?
Ça dépend. En général, ils doivent leur obéir.

1. Est-ce que les élèves doivent faire leurs devoirs tous les soirs?
2. Est-ce qu'on peut permettre aux jeunes de sortir tous les soirs?
3. Est-ce qu'on doit permettre aux enfants de regarder beaucoup de télévision?
4. Est-ce qu'on doit rendre visite à ses grands-parents?
5. Est-ce qu'on doit téléphoner au médecin quand on est malade?
6. Est-ce qu'il faut prendre son parapluie quand le ciel est couvert?
7. Est-ce qu'il faut raconter les secrets à quelqu'un d'autre?
8. Est-ce qu'on doit juger les autres selon leur apparence?
9. Est-ce qu'il faut apprendre la grammaire française?

E. **Il faut que tu portes...** An exchange student from Niger has arrived at your school. She doesn't know what clothes to wear for various occasions. Use the expressions of necessity you've learned to tell her what girls wear to (1) an informal party, (2) a dance, (3) school, (4) a football game, (5) a movie, and (6) a restaurant with a date.

MODÈLE: *—Qu'est-ce que je mets pour aller à une soirée?*
—Pour aller à une soirée, il faut que tu mettes une jupe avec un chemisier.

Structure

L'infinitif après les verbes conjugués

Nous **aimons jouer** au tennis.   We *like to play* tennis.
Ils **ont commencé à chanter.**   They *began to sing*.
J'**ai décidé d'apprendre** le   I *decided to learn* French.
  français.

When a conjugated verb is followed by an infinitive, the infinitive may follow the verb directly or it may be introduced by either the preposition **à** or the preposition **de**. No convenient rule will help you to distinguish among the three possibilities. Learning the differences takes some memorization and a lot of practice. Here are the most common verbs that you're likely to use with infinitives.

Verbe conjugué + infinitif

> Je **dois aller** à la bibliothèque.
> Il **va acheter** une cravate.
> Nous **aimons faire** du ski.

The most common verbs followed *directly* by an infinitive are:

adorer	falloir (il faut)
aimer (bien)	penser
aimer mieux	pouvoir
aller	préférer
détester	savoir
devoir	valoir mieux (il vaut mieux)
espérer	vouloir

Verbe conjugué + *à* + infinitif

> J'ai **appris à nager**.
> Ils **ont commencé à jouer** aux cartes.
> Nous **continuons à étudier** le russe.

The following verbs require **à** before the infinitive:

apprendre à	hésiter à
commencer à *to begin*	inviter à
continuer à	réussir à *to be successful*

Verbe conjugué + *de* + infinitif

> Elle **est obligée de nettoyer** sa chambre tous les samedis.
> Nous **avons refusé de** lui **parler.**
> Je vais **essayer de** l'**aider.**

The following verbs require **de** before the infinitive:

choisir de	éviter de *(to avoid)*
décider de	finir de
essayer de *(to try)*	oublier de
être obligé(e) de	refuser de

Note that the direct- and indirect-object pronouns are placed directly before the infinitive in these constructions:

> J'ai refusé de **lui** téléphoner.

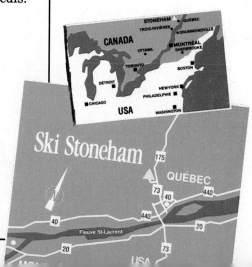

Application

F. Employez les verbes entre les parenthèses pour construire trois phrases avec l'activité donnée. Employez les temps des verbes que vous voulez. Attention aux prépositions!

MODÈLE: jouer du piano (aimer / apprendre / refuser)
J'aime jouer du piano.
Elle a appris à jouer du piano.
Nous refusons de jouer du piano.

1. changer de l'argent (être obligé[e] / hésiter / vouloir)
2. parler français (adorer / savoir / apprendre)
3. jouer aux cartes (éviter / préférer / aimer mieux)
4. aller en France (espérer / pouvoir / décider)
5. acheter une ceinture (oublier / vouloir / choisir)
6. téléphoner à papa (devoir / essayer / hésiter)

G. Terminez les phrases en employant un infinitif. Attention aux prépositions!

MODÈLE: J'ai oublié...
J'ai oublié d'envoyer mon curriculum vitae.

1. Nous espérons...   5. Nous avons appris...
2. Il faut...   6. Je suis obligé(e)...
3. J'ai décidé...   7. Il vaut mieux...
4. Elle nous ont invités... 8. Je dois...

On s'exprime

Expressions pour indiquer ce qu'on veut faire

J'ai décidé de...   **Je tiens (tenais) à...** *(I insist [insisted] on)*
J'aimerais...   **Je veux...**
Je préfère...   **Je voudrais...**

Expressions pour indiquer ce qu'on ne veut pas faire

Ça ne m'intéresse pas (du tout)!
Jamais de la vie! *(Not on your life!)*
Je ne veux pas...
Je refuse (absolument) de...
Non, absolument pas!

Relais

Une interview

Écoutez la bande que votre professeur va jouer pour vous. En particulier, faites attention aux expressions utilisées pour indiquer ce qu'on veut faire et ce qu'on ne veut pas faire.

François vient d'avoir des interviews avec Mme Sarcelles et ses collègues chez Kodak. Il a fait de son mieux pour impressionner tout le monde et il espère évidemment avoir une réponse favorable en ce qui concerne le poste. L'interview avec Mme Sarcelles a duré une heure et François se rappelle les extraits qui lui ont semblé les plus intéressants.

À vous!

H. **Vous êtes François.** En vous basant sur les renseignements données dans l'interview, répondez comme François. Est-ce que vous vous intéressez aux sujets suivants?

MODÈLE: les finances
Je ne m'intéresse pas aux finances.

1. les ventes
2. les achats
3. les langues étrangères
4. le monde des affaires
5. la comptabilité
6. le marketing
7. les besoins du consommateur
8. l'informatique
9. l'étude des marchés
10. la production
11. la promotion
12. la gestion
13. la publicité
14. les voyages

I. **Une interview.** Vous êtes le patron (la patronne) d'une des entreprises représentées dans les petites annonces dans le **Chapitre deux** (pages 56–66). Interviewez un(e) de vos camarades de classe qui se présente comme candidat(e) au poste annoncé. Posez des questions qui portent sur les intérêts du (de la) candidat(e), sur sa formation, etc.

Débrouillons-nous!

Exercice oral

J. **Qu'est-ce tu vas faire dans la vie?** Vous allez écrire un article sur une personne dans votre cours de français. Avant d'écrire cet article, vous allez l'interviewer pour obtenir des renseignements à son sujet. Posez des questions pour apprendre ce que fait votre camarade maintenant et ce qu'il (elle) va faire à l'avenir.

Exercice écrit

K. **Portrait de...** Maintenant écrivez l'article sur votre camarade. Utilisez les renseignements que vous avez obtenus dans l'Exercice J.

Lexique

On s'exprime

Pour montrer son enthousiasme

C'est vachement bien!
Chouette!
Fantastique!

Incroyable!
Sensationnel (Sensass!)
Super!

Pour indiquer ce qu'on veut faire

J'ai décidé de...
J'aimerais...
Je préfère...

Je tiens (tenais) à...
Je veux...
Je voudrais...

Pour indiquer ce qu'on ne veut pas faire

Ça ne m'intéresse pas (du tout)!
Jamais de la vie!
Je ne veux pas...

Je refuse absolument de...
Non, absolument pas!

Thèmes et contextes

Les tissus (m.pl.)

en acrylique
en coton
en laine
en maille jersey
en polyester
en soie
en toile
à fond (+ *color*)

à pois
à rayures
clair
foncé
imprimé(e)
rayé(e)
uni(e)

Les vêtements

un anorak
un béret
un bermuda
un bikini
un blouson
un bonnet
un bustier
une chaussette
une chemisette
un chemisier
une cravate
un débardeur
un gilet
un jean (un blue-jean)

un jogging
une jupe
un maillot de surf (de bain)
un manteau
une marinière
un pantalon
un pardessus
un pull-over
une robe
un short
un sweat(shirt)
un tailleur
un T-shirt
une veste

MISE AU POINT

LECTURE: *Bonnes manières: Le guide du parfait Européen*

It's not important that you recognize every word in this reading. Simply try to understand the gist of the text. Remember to rely on cognates and guessing to get the main ideas.

Le concept de l'unification européenne reste assez abstrait vu depuis les États-Unis. Mais de temps à autre, un événement, un détail, un ouvrage, nous aident à avoir une vision plus concrète de cette réalité. Récemment, un guide a été édité établissant les règles de courtoisie communes à tout Européen — et même, on pourrait dire, à toute personne qui se réclame d'une culture européenne. Ce *Guide des bonnes manières et du protocole en Europe,* réalisé par Jacques Gandouin, recense aussi les particularismes propres aux douze pays de la CEE, permettant ainsi à tous et chacun d'éviter les impairs en affaires, diplomatie, amours ou société.

On devient un interlocuteur plus avisé si l'on sait, par exemple, qu'un Français met les mains sur la table, alors qu'un Anglo-saxon les place sur les genoux, ou si on se souvient qu'en Allemagne on offre à son hôtesse des fleurs sans cellophane, alors qu'en France, on aurait l'air de les avoir volées de la salle à manger de son hôtel.

Le guide n'oublie pas qu'en Europe, toutes les têtes couronnées ne sont pas tombées à la suite de révolutions, et qu'il existe un protocole tout spécial dans les pays monarchiques. En Grande-Bretagne ou en Belgique, vous ne devez jamais poser de question à la reine Elizabeth II ou au roi Baudoin 1er, sauf s'ils vous y invitent. En Belgique aussi, nous dit l'auteur, « la personne qui escorte le monarque se tient toujours à sa gauche, en vertu d'un usage médiéval qui voulait que le roi soit protégé, car en cas d'agression, il tirait l'épée de la main droite ». Autre survivance du Moyen Âge: se déganter lorsqu'on sert la main de quelqu'un. À cette époque, une pointe enduite de poison aurait pu se dissimuler dans les gants fort épais.

Après avoir passé en revue, avec humour et avec sérieux, les «usages communément admis dans la CEE», du « comportement général de l'homme civilisé », aux déjeuners et plans de table, en passant par « les hochets de vanité », les décorations, l'auteur présente, dans une seconde partie de son ouvrage, les diversités de chacun des Douze. Dans cette section, il laisse la parole à un intervenant de chaque pays qu'il charge d'expliquer les us et coutumes nationaux.

Manuel pratique pour les Européens à qui il est destiné. On souhaiterait, cependant, en voir paraître une traduction américaine à l'intention de ces Américains pour qui, même avant l'heure de l'unification européenne, le continent était une masse homogène sans la moindre distinction culturelle.

This article was taken from the *Journal Français d'Amérique,* 20 avril–3 mai 1990.

Compréhension

A. **Est-ce que vous avez compris?** Choisissez les meilleures réponses d'après ce que vous avez lu dans l'article.

1. Dans cet article, il s'agit...

   a. de l'unification européenne.
   b. du rapport économique entre les États-Unis et l'Europe.
   c. de la diplomatie.
   d. des règles de courtoisie des pays européens.

2. Pour les Américains, le concept de l'unification européenne est...

   a. concret.
   b. abstrait.
   c. irréel.
   d. négatif.

3. La CEE, c'est...

   a. la Communauté évangélique européenne.
   b. la Communauté ecclésiastique européenne.
   c. la Communauté économique européenne.
   d. la Communauté d'entreprises européennes.

4. Dans la CEE, il y a...

   a. douze pays.
   b. onze pays.
   c. treize pays.
   d. quatorze pays.

5. Dans son livre, Jacques Gandouin insiste...

   a. qu'il y a seulement une culture en Europe.
   b. qu'il y a un mélange entre coutumes généralement acceptées et coutumes particulières à chaque pays.
   c. qu'il est facile de comprendre la culture européenne.
   d. que la culture européenne est comme la culture américaine.

6. En France, lorsqu'on est à table, on met...

   a. une main sur la table, l'autre main sur les genoux.
   b. les deux mains sur les genoux.
   c. les deux mains sur la table.

7. En France, on offre des fleurs...

    a. qu'on a volées de la chambre d'hôtel.
    b. avec cellophane.
    c. sans cellophane.
    d. pour la salle à manger.

8. Ce manuel de Gandouin est utile parce qu'il...

    a. permet d'éviter des faux pas culturels.
    b. est amusant.
    c. est très sérieux.
    d. est traduit en anglais et en japonais.

Reprise

B. **Des leçons particulières.** *(Private tutoring.)* Vous interviewez quelqu'un qui va donner des leçons de français aux élèves dans votre cours de français. Un(e) de vos camarades de classe va jouer le rôle de la personne qui offre des leçons particulières. Posez-lui des questions sur sa formation, sur son expérience et sur sa personnalité (**Est-ce que vous êtes patient(e)?** Etc.). Quand vous aurez terminé, votre groupe décide si oui ou non vous allez accepter cette personne. Expliquez pourquoi (pourquoi pas).

C. **Questionnaire.** Posez les questions suivantes à un(e) autre élève.

Demandez à votre partenaire ce qu'il (elle)...

1. espère faire à l'avenir.
2. apprend à faire.
3. hésite à faire.
4. évite de faire.

5. est obligé(e) de faire.
6. sait très bien faire.
7. refuse de faire.
8. aime faire.

Révision

In this **Révision,** you will review the following grammatical structures:

- the use of the present subjunctive to express necessity;
- the present-subjunctive forms of **-er** and **-ir** verbs and irregular verbs;
- the use of the infinitive to express necessity;
- the indirect-object pronouns **lui** and **leur;**
- the use of the infinitive after a conjugated verb.

L'emploi du subjonctif pour exprimer la nécessité

Les expressions qui indiquent la nécessité

The subjunctive is used with all of the following expressions of necessity:

> **il faut que**
> **il est nécessaire que**
> **il vaut mieux que**
> **il est préférable que**
> **il est important que**
> **il est essentiel que**

Le présent du subjonctif

il faut que

je parle	**nous parlions**
tu parles	**vous parliez**
il, elle, on parle	**ils, elles parlent**

il est essentiel que

je réussisse	**nous réussissions**
tu réussisses	**vous réussissiez**
il, elle, on réussisse	**il, elles réussissent**

il est important que

j'aie	**nous ayons**
tu aies	**vous ayez**
il, elle, on ait	**ils, elles aient**

il vaut mieux que

je sois	**nous soyons**
tu sois	**vous soyez**
il, elle, on soit	**ils, elles soient**

il est préférable que

j'aille	**nous allions**
tu ailles	**vous alliez**
il, elle, on aille	**ils, elles aillent**

il est important que

je prenne	**nous prenions**
tu prennes	**vous preniez**
il, elle, on prenne	**ils, elles prennent**

il faut que

je mette	nous mettions
tu mettes	vous mettiez
il, elle, on mette	ils, elles mettent

je fasse	nous fassions
tu fasses	vous fassiez
il, elle, on fasse	ils, elles fassent

je puisse	nous puissions
tu puisses	vous puissiez
il, elle, on puisse	ils, elles puissent

je sache	nous sachions
tu saches	vous sachiez
il, elle, on sache	ils, elles sachent

je sorte	nous sortions
tu sortes	vous sortiez
il, elle, on sorte	ils, elles sortent

je parte	nous partions
tu partes	vous partiez
il, elle, on parte	ils, elles partent

D. **Qu'est-ce que je vais faire?** Votre ami a découvert que son calendrier pour la semaine prochaine est très chargé *(full)*. Le pire est *(what's worse)* qu'il a accepté de faire plusieurs choses à la fois. Regardez son calendrier et donnez-lui des conseils pour ce qu'il faut changer. Employez une expression de nécessité et le subjonctif des verbes convenables.

MODÈLES: *Il faut que tu changes ton rendez-vous avec le dentiste.*
Il est essentiel que tu téléphones à Suzanne.
Il vaut mieux que tu ailles au restaurant samedi soir.

lundi	mardi	mercredi	jeudi	vendredi	samedi	dimanche
4h 1) dentiste 2) médecin 5h15 1) Jean au café 2) Maman gare	4h 30 1) Galeries Lafayette avec Marie 2) biblio avec Suzanne 8h 1) cinéma avec Paul 2) rendez-vous avec Sylvie	6h 1) papa au bureau 2) Fnac avec Michel	6h 30 1) travailler 2) Quick 9h 1) devoirs de français 2) sortir avec copains	5h 1) shopping avec Maman 2) copains au café 7h 30 1) restaurant 2) dîner chez Monique	2h 1) centre commercial avec amis 2) excursion à Versailles en famille	2h 1) dîner en famille 2) dîner avec amis 8h 1) étudier pour l'exam de français 2) cinéma avec copains

E. **Qu'est-ce qu'il faut mettre?** Employez une expression de nécessité avec le verbe convenable pour donner des conseils à vos amis au sujet des vêtements et des accessoires qu'il faut mettre pour chaque occasion.

MODÈLE: Je *(garçon)* vais aller à un bal avec Françoise.
Il faut que tu mettes un costume avec une cravate.

1. Je *(fille)* vais accompagner Paul au théâtre.
2. Nous *(filles et garçons)* allons dîner chez le professeur de français.
3. Paul et Isabelle vont à un concert de rock.
4. Chantal et Marie-France vont à l'opéra avec leurs parents.
5. Je *(garçon)* vais aller à la fête d'anniversaire de mon cousin.
6. Nous *(filles)* allons passer la journée à voir les monuments de Paris.

F. **Qu'est-ce qu'on fait pour...** Expliquez en détail ce qu'il faut faire pour accomplir les choses suivantes. Employez les expressions de nécessité et les verbes convenables.

MODÈLE: Qu'est-ce qu'il faut que je fasse pour organiser une soirée?
D'abord, il faut que tu fasses une liste des invités. Ensuite il faut que tu achètes la nourriture et les boissons. Puis il est nécessaire que tu téléphones à tes invités. Il faut aussi que tu parles à tes parents, que tu choisisses la date de la soirée... Etc.

1. Qu'est-ce qu'il faut que je fasse pour avoir des bonnes notes?
2. Qu'est-ce qu'il faut que nous fassions pour préparer un bon dîner?
3. Qu'est-ce qu'il faut qu'ils fassent pour organiser une excursion à Paris?
4. Qu'est-ce qu'il faut que nous fassions pour arranger un voyage en France?
5. Qu'est-ce qu'il faut que je fasse pour organiser une soirée?

L'emploi de l'infinitif pour exprimer la nécessité

When the subject of the sentence is clear, you can use an expression of necessity with an infinitive (without **que**). Notice, however, that some of the expressions you've learned take the preposition **de** before the infinitive:

Il faut apprendre le français.
Il vaut mieux aller à la bibliothèque.
Il est nécessaire d'avoir un permis de conduire.
Il est préférable de rester à la maison.
Il est important de passer du temps en famille.
Il est essentiel d'étudier pour les examens.

With the exception of **il faut,** the negative **ne pas** is placed directly in front of the infinitive:

Il **ne** faut **pas** oublier les clés!
Il vaut mieux **ne pas** aller à la bibliothèque.
Il est préférable de **ne pas** sortir ce soir.

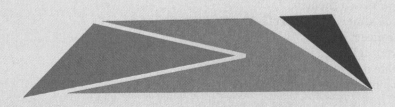

G. **Qu'est-ce qu'il faut faire...?** Pour chacune des situations suivantes, indiquez ce qu'il faut faire. Employez les expressions de nécessité avec le subjonctif des verbes qui conviennent.

MODÈLE: Quels vêtements est-ce qu'il faut mettre quand on va à la plage?
Il faut mettre un short, un T-shirt et des sandales. Il est important d'apporter un maillot de bain.

1. Quels vêtements est-ce qu'il faut mettre pour aller au théâtre?
2. Quels vêtements est-ce qu'il faut mettre pour aller à un match de basket?
3. Qu'est-ce qu'il faut faire avant de partir en vacances?
4. Qu'est-ce qu'il faut faire pour réussir à l'école?
5. Qu'est-ce qu'il faut faire pour organiser une excursion au musée?
6. Qu'est-ce qu'il faut faire pour mieux connaître une personne?

POURQUOI?

Vous êtes au rayon des vêtements dans un grand magasin en France. Vous demandez au vendeur de vous montrer un anorak bleu foncé, taille 12. Vous cherchez un anorak qui soit assez grand pour porter par-dessus un gros pull. Pourquoi est-ce que le vendeur ne vous comprend pas?

a. Il n'a pas compris votre français.
b. Il ne sait pas quelle taille vous donner.
c. Le vendeur ne sait pas ce que c'est qu'un anorak.
d. On ne peut pas acheter d'anoraks dans les grands magasins en France.

Les pronoms   objet indirect *lui* et *leur*

The indirect-object pronouns **lui** and **leur** stand for people and replace indirect-object nouns. In French, the indirect-object noun is generally introduced by the preposition **à.**

Est-ce que tu téléphones souvent **à tes amis?**
Oui, je **leur** téléphone souvent.
Non, je ne **leur** téléphone pas souvent.

Est-ce qu'elle a prêté son auto **à Philippe?**
Oui, elle **lui** a prêté son auto.
Non, elle ne **lui** a pas prêté son auto.

Est-ce qu'ils vont parler **à leur professeur?**
Oui, ils vont **lui** parler.
Non, ils ne vont pas **lui** parler.

The most common verbs that take an indirect object are:

acheter	dire	obéir	promettre
apporter	donner	parler	proposer
apprendre	expliquer	permettre	raconter
demander	montrer	prêter	téléphoner

H. **Échange: Êtes-vous généreux(-se)?** Posez les questions à un(e) camarade pour déterminer s'il (elle) est généreux(-se) ou pas. Employez les pronoms **lui** et **leur** dans vos réponses.

1. Est-ce que tu prêtes souvent de l'argent à tes amis?
2. Est-ce que tu achètes des cadeaux d'anniversaire pour les membres de ta famille?
3. Quel cadeau est-ce que tu as acheté pour ta mère (père, grand-mère, grand-père, sœur, frère) pour son dernier anniversaire?
4. Est-ce que tu donnes des conseils à ton (ta) meilleur(e) ami(e)?
5. Est-ce que tu donnes des jouets aux organisations charitables à Noël?
6. Est-ce que tu téléphones à tes amis quand ils sont malades?
7. Est-ce que tu montres beaucoup d'affection aux membres de ta famille?
8. Est-ce que tu prends le temps d'expliquer les règles de grammaire à un(e) camarade de classe?
9. Est-ce que tu prends le temps de saluer ton professeur de français?

Si vous avez répondu *oui* à toutes ces questions, vous êtes vraiment une personne très généreuse!

L'infinitif après les verbes conjugués

When you use a conjugated verb and an infinitive, the infinitive may follow the conjugated verb directly or it may be preceded by **à** or **de.**

The most common verbs followed *directly* by an infinitive are:

adorer	falloir (il faut)
aimer	penser
aimer mieux	pouvoir
aller	préférer
détester	savoir
devoir	valoir mieux (il vaut mieux)
espérer	vouloir

The following verbs require **à** before the infinitive:

apprendre à	hésiter à
commencer à	inviter à
continuer à	réussir à

The following verbs require **de** before the infinitive:

choisir de	éviter de *(to avoid)*
décider de	finir de
essayer de *(to try)*	oublier de
être obligé(e) de	refuser de

I. **Questions personnelles.** Employez les éléments donnés pour poser des questions à votre camarade de classe. Ensuite, vous allez parler de votre camarade à la classe entière. Attention aux prépositions!

MODÈLE: apprendre / faire dans les cinq dernières années
   —*Qu'est-ce que tu as appris à faire dans les cinq dernières années?*
   —*J'ai appris à parler français.*
ou: *J'ai appris à nager.* Etc.

1. apprendre / faire l'année dernière
2. refuser / faire à la maison
3. vouloir / faire à l'avenir
4. aimer / faire le week-end
5. décider / faire après l'école secondaire
6. aller / faire l'année prochaine

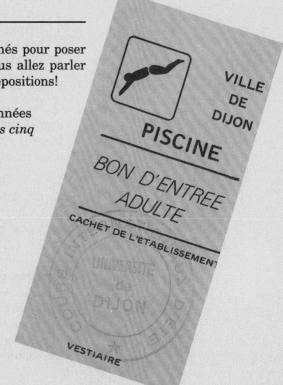

VILLE DE DIJON

PISCINE

BON D'ENTREE ADULTE

CACHET DE L'ETABLISSEMENT

UNIVERSITÉ de DIJON

VESTIAIRE

Point d'arrivée

Activités orales et écrites

J. **Cherchons un poste.** In this two-day project, you will consult the job ads in this unit, write an application letter, and have an interview with a prospective employer.

1. Look at the job ads in this unit or create an ad for a job you'd like.
2. As homework, write a letter of application for the job you've selected. Follow the model letter in the unit.
3. Show your letter to a classmate, who will interview you for the job and decide if you will be hired.

K. **Des conseils.** One of your classmates explains that he/she has one of the following problems. Use expressions of necessity and the subjunctive to give some advice for solving the problems.

1. I can't find a summer job.
2. I'm bored. **(Je m'ennuie.)** Every day I do the same things. My life isn't interesting.
3. I can't decide on what profession to choose. I like management, but I prefer French.
4. I'm always tired, but when I go to bed I can't fall asleep.

L. **Qu'est-ce qu'il faut mettre?** With your classmates, decide what's appropriate to wear to an interview for each of the following jobs. Discuss clothing for both men and women, using expressions of both agreement and disagreement.

1. babysitter
2. manager at a large corporation
3. cashier at a fast-food restaurant
4. salesperson for a soft-drink company

M. **Quelles questions est-ce que nous allons poser?** You and the members of your group are personnel recruiters who must hire someone for one of the following jobs. First, develop a list of interview questions. Then interview two job applicants. Finally, select and announce the more qualified candidate. The applicant who gets the job should express enthusiasm.

List of jobs: **professeur de français, mannequin, secrétaire, gérant(e), commerçant(e), chef de rayon de supermarché, programmeur(-se), agent immobilier, chef de publicité, instituteur(-trice) niveau école primaire, vendeur(-se) de grand magasin, employé(e) de bureau de poste**

N. **Mon portrait.** Tell your classmate what kind of person you are (personality traits) and what kinds of activities you like. Your classmate will then suggest what kind of job will suit you and explain why. When you're done, reverse roles.

O. **Un mannequin.** Find a picture of a fashion model (male or female) in a magazine and write a complete description of what he/she is wearing. Remember to talk about fabrics, colors, prints, etc.

Expansion culturelle

Deux jeunes Français

Je m'appelle Roland Berthier. J'ai 17 ans et j'habite dans la ville de Vesoul en Haute Saône. Je suis au lycée de Vesoul et j'ai beaucoup d'amis. J'adore lire et je préfère les pièces de théâtre. Mon rêve c'est de devenir vedette de cinéma. Je sais que c'est très difficile, mais mes parents connaissent des gens qui pourront m'aider à poursuivre cette carrière. Entretemps je joue quelquefois des rôles dans les théâtres de la ville et je vais souvent au cinéma. Moi, j'adore les vêtements et je suis content que les styles changent régulièrement. J'essaie toujours d'acheter ce qui est à la mode et mes amis sont comme moi. À mon avis, l'apparence joue un rôle très important dans l'idée qu'on a d'une personne. Je trouve, par exemple, qu'on me respecte plus parce que je suis toujours très bien habillé et parce que je sais les vêtements qu'il faut mettre à chaque occasion. Par exemple, je sais quand il faut se mettre sur son 31 *(to get dressed up)*. Je vois même que mes amis font des efforts pour m'imiter. Je préfère dépenser mon argent pour les vêtements et pour le cinéma.

SAINT LAURENT
rive gauche

Je m'appelle Nicole Fernand et j'habite dans le Midi de la France dans une ville qui s'appelle Saint-Raphaël. J'ai 16 ans et je suis au lycée. Un jour j'espère aller à l'université pour étudier le droit. Je voudrais bien être avocate. Pour le moment je prends mes études très au sérieux parce que je sais qu'il faut réussir au bac si je veux entrer un jour à la faculté de droit. Je me prépare aussi un peu pour ma carrière: Ma mère est avocate et pendant les vacances je travaille dans son bureau. J'y apprends beaucoup de choses. À part ça, j'aime m'amuser aussi avec mes amis. Les vêtements, ça ne m'intéresse pas beaucoup. C'est-à-dire que j'aime être bien habillée, mais je préfère les vêtements simples et confortables. Je trouve ridicules les changements rapides dans la mode et je refuse de dépenser des fortunes pour plaire aux autres. C'est l'intérieur de la personne qui compte, sa personnalité et ses sentiments. L'apparence est superficielle et souvent trompeuse.

Expansion

Et vous?

P. **Je suis comme...** Maintenant vous connaissez un peu Roland et Nicole. À qui est-ce que vous ressemblez en ce qui concerne votre carrière, vos études et vos attitudes envers les vêtements et l'apparences? Parlez de vos goûts, de ce qui est important pour vous et des vêtements que vous aimez porter.

Le Dix-Septième Siècle

«L'État, c'est moi»

En France, pendant plus d'un demi-siècle, tout s'ordonne[1] autour d'un seul personnage: le roi Louis XIV, «le Roi-Soleil», symbole de la monarchie absolue. Préparé par le travail de deux premiers ministres puissants, Richelieu et Mazarin, le règne[2] personnel de Louis XIV s'étend de 1661 à 1715. Pendant cette période, la France domine l'Europe, du point de vue militaire ainsi que du point de vue culturel.

[1]is organized [2]reign

Hyacinthe Rigaud, *Louis XIV*

1610	*Assassinat d'Henri IV*
	Régence de Marie de Médicis (Louis XIII)
1624	*Richelieu, Premier ministre de Louis XIII*
1642	*Mort de Richelieu*
1643	*Mort de Louis XIII*
	Régence d'Anne d'Autriche (Louis XIV); Mazarin, Premier ministre
1648–53	*La Fronde: révolte des nobles et du Parlement contre le pouvoir royal*
1661	*Louis XIV, roi de France*
	Mort de Mazarin
1668	*Colbert, secrétaire d'État à la maison du roi*
1715	*Mort de Louis XIV*

LE PALAIS de VERSAILLES

Sous la direction personnelle du roi lui-même, une armée d'architectes, d'artistes et d'ouvriers[1] mettent plus de 30 ans à construire, à 14 km au sud-ouest de Paris, un énorme palais royal, magnifique exemple de l'architecture classique. Le château et ses jardins reflètent le goût du grandiose qui caractérise le règne du Roi-Soleil.

[1]workers

L'architecture classique

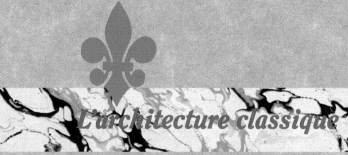

Le style classique est caractérisé par la symétrie et la simplicité des lignes. S'inspirant des grands bâtiments de l'Antiquité grecque et romaine, il y ajoute un goût pour le grandiose et pour le majestueux.

Le palais du Louvre

LA COUR DU ROI

Afin de mieux dominer les nobles, Louis XIV fait de Versailles le centre de leur vie. Pour avoir la faveur du roi, il faut être vu à la cour. De 8h du matin jusqu'à 1h du matin, la vie est réglée[1] selon une étiquette très sévère. Dans ses Mémoires, le duc de Saint-Simon décrit avec précision la vie à la cour.

Le lever du roi

À huit heures, le premier valet de chambre en quartier, qui avait couché seul[2] dans la chambre du Roi, et qui s'était habillé, l'éveillait. Le premier médecin, le premier chirurgien[3], et sa nourrice[4] entraient en même temps. Elle allait le baiser; les autres le frottaient[5], et souvent lui changeaient de chemise, parce qu'il était sujet à suer[6]. Au quart, on appelait le grand chambellan[7], en son absence le premier gentilhomme de la chambre d'année, avec eux les grandes entrées. L'un de ces deux ouvrait le rideau qui était refermé, et présentait l'eau bénite[8] du bénitier du chevet du lit[9]. [...] Celui qui avait ouvert le rideau et présenté l'eau bénite présentait le livre de l'office du Saint-Esprit[10], puis passaient tous dans le cabinet du Conseil. Cet office fort court dit, le Roi appelait; ils rentraient. Le même lui donnait sa robe de chambre, et ce pendant[11] les secondes entrées ou brevets d'affaires[12] entraient; peu de moments après, la chambrette[13] aussitôt, ce qui était là de distingué; puis tout le monde, qui trouvait le Roi se chaussant[14]; car il se faisait presque tout lui-même, avec son adresse et grâce. [...]

Dès qu'il était habillé, il allait prier[15] Dieu à la ruelle[16] de son lit, où tout ce qu'il y avait de clergé se mettait à genoux, les cardinaux sans carreau[17]; tous les laïques[18] demeuraient debout[19], et le capitaine des gardes venait au balustre[20] pendant la prière, d'où le Roi passait dans son cabinet. [...] Il y donnait l'ordre à chacun pour la journée; ainsi on savait, à un demi-quart d'heure près, tout ce que le Roi devait faire.

[1]ruled [2]had slept alone [3]surgeon [4]nurse (nanny) [5]rubbed [6]to sweat [7]chamberlain (in charge of the king's living quarters)
[8]holy water [9]bedside [10]service of the Holy Spirit [11]during this time [12]officers of the court [13]nobles with special privileges
[14]putting on his shoes [15]to pray to [16]space between his bed and the wall [17]without anything to kneel on [18]lay people
[19]standing [20]railing

10h messe[1] dans la chapelle

11h Conseil du Roi (sauf le jeudi, audiences particulières, et le vendredi, confesse)

1h dîner au petit couvert (seul dans sa chambre, mais regardé par de nombreux courtisans); le repas est préparé en face du château et amené jusqu'à la chambre du Roi par un cortège[2] (maître d'hôtel, cuisiniers, gardes)

après-midi chasse[3] ou tir[4] ou promenades dans les jardins; travail avec ses ministres ou conversation avec sa seconde femme (Mme de Maintenon)

soir concert, jeux de cartes ou de billets, théâtre

10h dîner au grand couvert (avec la famille royale): soupe, gibier[5], jambon, salade, mouton, pâtisseries, fruits et œufs durs

La chambre du roi, Versailles

Le coucher du roi

Après souper, le Roi se tenait quelques moments debout, le dos au balustre du pied de son lit, environné[6] de toute la cour; puis, avec des révérences aux dames, passait dans son cabinet, où en arrivant il donnait l'ordre. Il y passait un peu moins d'une heure avec ses enfants légitimes et bâtards[7], ses petits-enfants légitimes et bâtards, et leurs maris ou leurs femmes, tous dans un cabinet, le Roi dans un fauteuil, Monsieur[8] dans un autre, qui dans le particulier vivait avec le Roi en frère, Monseigneur[9] debout ainsi que tous les autres princes, et les Princesses sur des tabourets[10]. [...] La conversation n'était guère que[11] de chasse ou de quelque autre chose aussi indifférente. Le Roi, voulant se retirer, allait donner à manger à ses chiens, puis donnait le bonsoir, passait dans sa chambre à la ruelle de son lit, où il faisait sa prière comme le matin, puis se déshabillait. Il donnait le bonsoir d'une inclination de tête, et, tandis qu'on sortait, il se tenait debout au coin de la cheminée, où il donnait l'ordre au colonel des gardes seul; puis commençait le petit coucher, où restaient les grandes et secondes entrées ou brevets d'affaires. Cela était court. Ils ne sortaient que[12] lorsqu'il se mettait au lit.

[1]mass [2]procession [3]hunting [4]shooting [5]game [6]surrounded [7]illegitimate [8]the king's brother [9]the dauphin (the heir to the throne) [10]stools [11]was hardly about anything other than [12]only

L'HÔTEL DE RAMBOUILLET

La vie des nobles se partage[1] entre Versailles et les hôtels aristocratiques de Paris. Ce sont dans les salons tenus[2] par des grandes dames que nobles et écrivains s'amusent à des jeux de société, se livrent à[3] des divertissements littéraires et cultivent l'art de la conversation. Parmi les plus populaires des salons, il y a celui[4] de la marquise de Rambouillet, «l'incomparable Arthénice» (anagramme de son prénom, Catherine). Là se cultive la préciosité–un effort conscient pour se distinguer de l'ordinaire, pour s'élever au-dessus[5] du commun dans sa façon de parler et de sentir[6]. En littérature, les précieux aiment la galanterie, l'amour romanesque et l'ingéniosité de l'expression.

[1]is shared [2]held (organized) [3]indulge in [4]the one (salon) [5]above [6]feeling

La marquise de Rambouillet

Une lettre de Paris

Une noble parisienne, Mme de Sévigné, habituée des salons précieux et notamment de l'hôtel de Rambouillet, écrit à ses cousins provinciaux pour leur parler des dernières nouvelles de la cour et de la ville.

Mme de Sévigné, d'après la peinture de Louis Ferdinand

À Paris, ce lundi 15 décembre 1670

Je m'en vais vous mander[1] la chose la plus étonnante, la plus surprenante, la plus merveilleuse, la plus miraculeuse, la plus triomphante, la plus étourdissante[2], la plus inouïe[3], la plus singulière, la plus extraordinaire, la plus incroyable, la plus imprévue[4], la plus grande, la plus petite, la plus rare, la plus commune, la plus éclatante[5], la plus secrète jusqu'aujourd'hui, la plus brillante, la plus digne d'envie[6]: enfin une chose dont on ne trouve qu'un exemple dans les siècles passés, encore cet exemple n'est-il pas juste; une chose que l'on ne peut croire à Paris (comment la pourrait-on croire à Lyon?) [...] Je ne puis me résoudre[7] à la dire; devinez[8]-la: je vous le donne en trois. Jetez-vous votre langue aux chiens[9]? Eh bien! il faut donc vous la dire: M. de Lauzun épouse dimanche au Louvre, devinez qui? Je vous le donne en quatre, je vous le donne en dix, je vous le donne en cent. Mme de Coulanges dit: «Voilà qui est bien difficile à deviner; c'est Mme de La Vallière. — Point du tout, Madame. — C'est donc Mlle de Retz? — Point du tout, vous êtes bien provinciale. — Vraiment nous sommes bien bêtes[10], dites-vous, c'est Mlle Colbert. — Encore moins. — C'est assurément Mlle de Créquy. — Vous n'y êtes pas. Il faut donc à la fin vous le dire: il épouse, dimanche, au Louvre, avec la permission du Roi, Mademoiselle, Mademoiselle de..., Mademoiselle..., devinez le nom: il épouse Mademoiselle, ma foi[11]! par ma foi! ma foi jurée! Mademoiselle, la Grande Mademoiselle; Mademoiselle, fille de feu Monsieur; Mademoiselle, petite-fille de Henri IV; Mlle d'Eu, Mlle de Dombes, Mlle de Montpensier, Mlle d'Orléans, Mademoiselle, cousine germaine du Roi; Mademoiselle, destinée au trône; Mademoiselle, le seul parti[12] de France qui fût digne de Monsieur. [...]

[1]to inform about
[2]stunning [3]unheard of [4]unexpected
[5]dazzling [6]worthy of envy [7]bring myself to [8]guess
[9]Do you give up? [10]stupid [11]my goodness! [12]the only match

Le style précieux

En exagérant leur désir d'éviter les mots «bas», les précieux ont cherché des périphrases qui nous font sourire[1] aujourd'hui (et dont des écrivains tels que Molière se moquaient à l'époque). Pouvez-vous associer la périphrase au mot qu'elle remplace?

[1] smile

1. le supplément du soleil
2. l'empire de Vulcain
3. la belle mouvante
4. les chers souffrants
5. le conseiller des grâces
6. les commodités de la conversation
7. l'ameublement de la bouche
8. le paradis des oreilles
9. le flambeau de la nuit
10. le miroir de l'âme

a. la main
b. les yeux
c. la musique
d. le miroir
e. la lune
f. la chandelle
g. les pieds
h. la cheminée
i. le fauteuil
j. les dents

L'art classique

Nicolas Poussin, *Éliézer et Rébecca*

*L*e classicisme est le nom donné aux tendances artistiques qui se manifestent en France au XVIIe siècle. Le style classique est caractérisé par l'ordre, par l'harmonie et par le goût des sujets antiques.

Un peintre: Poussin

François Girardon,
Le tombeau du cardinal Richelieu

Un compositeur: Lully

Né en Italie mais naturalisé français, Jean-Baptiste Lully devient surintendant de la Musique à la cour de Louis XIV. Il crée l'opéra français, compose des ballets et des divertissements pour les comédies de Molière (notamment *Le Bourgeois gentilhomme*).

JEAN BAPTISTE LULLI
Né à Florence, mort à Paris en Mars. 1687, âgé de 54 ans.

LA FONTAINE

Peut-être le plus connu de tous les poètes français, Jean de La Fontaine est l'auteur des *Fables* (1668). En imitant les fables d'Ésope et du fabuliste romain Phèdre, il réussit à en faire de véritables «comédies en vers.» La plupart, telle «Le Corbeau et le Renard», ont comme héros des animaux personnifiés. Il y en a d'autres pourtant qui ont pour sujet les hommes, paysans ainsi que courtisans (par exemple, «La Mort et le Bûcheron»).

François de Troy, *Jean de La Fontaine*

Le Corbeau *et le* Renard

Crow / Fox

Maître Corbeau, sur un arbre perché,	
Tenait en son *bec* un fromage.	beak
Maître Renard, par l'odeur *alléché,*	tempted
Lui tint à peu près ce langage:	Spoke to him more or less in this manner:
«Hé! bonjour, Monsieur du Corbeau,	
Que vous êtes joli! que vous me semblez beau!	
Sans mentir, si votre *ramage*	No lie / singing voice
Se rapporte à votre *plumage,*	is as beautiful as / feathers
Vous êtes le *phénix des hôtes de ces bois».*	the most perfect inhabitant of these woods / is carried away with
À ces mots le Corbeau *ne se sent pas de* joie;	
Et pour montrer sa belle voix,	
Il ouvre un large bec, *laisse tomber* sa *proie.*	drops / prey
Le Renard s'en saisit, et dit: «Mon bon Monsieur,	
Apprenez que tout flatteur	
Vit aux dépens de *celui* qui l'écoute:	the one
Cette leçon vaut bien un fromage, sans doute».	
Le Corbeau, *honteux* et confus,	ashamed
Jura, mais un peu tard, qu'on ne l'y *prendrait* plus.	Swore / would catch

La Mort *et le* Bûcheron

	Death / Woodcutter
Un pauvre Bûcheron, tout couvert de *ramée,*	leafy boughs
Sous le *faix du fagot* aussi bien que des ans	weight of his load of sticks
Gémissant et *courbé,* marchait *à pas pesants,*	Moaning / bent over / with heavy steps
Et *tâchait* de gagner sa *chaumine enfumée.*	tried / little thatched cottage with smoke coming from the chimney
Enfin, n'en pouvant plus d'effort et de douleur,	
Il met bas son fagot, il *songe* à son *malheur.*	thinks / unhappiness
Quel plaisir a-t-il eu depuis qu'il est au monde?	
En est-il un plus pauvre en *la machine ronde*?	the Earth
Point de pain quelquefois, et jamais de repos:	No
Sa femme, ses enfants, les soldats, les *impôts,*	taxes
Le *créancier* et la *corvée*	creditor / forced labor
Lui font d'un malheureux la *peinture achevée.*	very portrait
Il appelle la Mort. Elle vient *sans tarder,*	without delay
Lui demande ce qu'il faut faire.	
«C'est, dit-il, afin de m'aider	
À *recharger* ce bois; *tu ne tarderas guère*».	to load again / you won't be long in coming
Le *trépas* vient tout *guérir;*	death / to cure
Mais ne bougeons d'où nous sommes:	
Plutôt souffrir que mourir,	Rather
C'est la *devise* des hommes.	motto

Pierre Mignard, *Portrait de Molière*

MOLIÈRE

Au XVIIe siècle le genre littéraire par excellence, c'est le théâtre. Et le plus grand homme de théâtre français, c'est Jean-Baptiste Poquelin, dit Molière. Acteur, metteur en scène[1], auteur, directeur de troupe, c'est surtout dans le domaine de la comédie que Molière s'impose. Ses grandes comédies — *Tartuffe, Le Misanthrope, L'Avare, Le Bourgeois gentilhomme, Les Femmes savantes, Le Malade imaginaire* — ont pour sujet un personnage à la fois stéréotype et compliqué qui incarne un vice universel (l'hypocrisie, l'avarice, l'ambition, etc.). Voici une scène, tirée du *Bourgeois gentilhomme,* qui illustre le génie comique de Molière.

[1]director

M. Jourdain, riche bourgeois, désire ressembler en tous points à un homme de qualité. Il fait donc venir chez lui des maîtres (de musique, à danser, d'armes, de philosophie) pour lui apprendre l'art d'être noble. Le maître de philosophie essaie de lui apprendre la logique, mais il la trouve trop *rébarbative*.

forbidding, daunting

MAÎTRE DE PHILOSOPHIE: Que voulez-vous donc que je vous apprenne?

M. JOURDAIN: Apprenez-moi *l'orthographe*.

spelling

MAÎTRE DE PHILOSOPHIE: Très volontiers.

M. JOURDAIN: Après, vous m'apprendrez l'almanach, pour savoir quand il y a de la lune et quand il n'y en a point.

MAÎTRE DE PHILOSOPHIE: Soit. Pour bien *suivre votre pensée* et traiter cette matière en philosophe, il faut commencer, selon l'ordre des choses, par une exacte connaissance de la nature des lettres et de la différente manière de les prononcer toutes. Et là-dessus j'ai à vous dire que les lettres sont divisées en voyelles, ainsi dites voyelles parce qu'elles expriment les *voix;* et en consonnes, ainsi appelées consonnes parce qu'elles sonnent avec les voyelles, et ne font que marquer les diverses articulations des voix. Il y a cinq voyelles ou voix: A, E, I, O, U.

to follow your thinking

voices

M. JOURDAIN: J'entends tout cela.

MAÎTRE DE PHILOSOPHIE: La voix A se forme en ouvrant fort la bouche: A.

M. JOURDAIN: A, A. Oui.

MAÎTRE DE PHILOSOPHIE: La voix E se forme en rapprochant la mâchoire d'en bas de celle d'en haut: A, E.

M. JOURDAIN: A, E; A, E. Ma foi, oui. Ah! que cela est beau!

MAÎTRE DE PHILOSOPHIE: Et la voix I, en rapprochant encore *davantage* les *mâchoires* l'une de l'autre, et *écartant* les deux coins de la bouche vers les oreilles: A, E, I.

more

jaws / spreading

M. JOURDAIN: A, E, I, I, I, I. Cela est vrai: vive la science!

MAÎTRE DE PHILOSOPHIE: La voix O se forme en rouvrant les mâchoires et rapprochant les lèvres par les deux coins, le haut et le bas: O.

M. JOURDAIN: O, O. Il n'y a rien de plus juste. A, E, I, O, I, O. Cela est admirable! I, O, I, O.

MAÎTRE DE PHILOSOPHIE: La voix U se forme en rapprochant les dents sans les joindre entièrement, et allongeant les deux *lèvres* en dehors, les approchant aussi l'une de l'autre sans les joindre tout à fait: U.

lips

M. JOURDAIN: U, U. Il n'y a rien de plus véritable. U.

MAÎTRE DE PHILOSOPHIE: Vos deux lèvres s'allongent comme si vous *faisiez la moue*, d'où vient que, si vous la voulez faire à quelqu'un et vous moquez de lui, *vous ne sauriez que* lui dire que U.

were pouting

you need only

M. JOURDAIN: U, U. Cela est vrai. Ah! *que* n'ai-je étudié plus tôt pour savoir tout cela!

why

M. Jourdain et la servante

MAÎTRE DE PHILOSOPHIE: Demain nous verrons les autres lettres, qui sont les consonnes.

M. JOURDAIN: Est-ce qu'il y a des choses aussi curieuses qu'à celles-ci?

MAÎTRE DE PHILOSOPHIE: Sans doute. La consonne D, par exemple, se prononce en donnant du bout de la *langue* au-dessus des dents d'en haut: DA.

tongue

M. JOURDAIN: DA, DA. Oui. Ah! les belles choses! les belles choses!

MAÎTRE DE PHILOSOPHIE: L'F, en *appuyant* les dents d'en haut sur la lèvre de dessous: FA.

leaning

M. JOURDAIN: FA, FA. C'est la vérité. Ah! mon père et ma mère, que je vous veux de mal!

MAÎTRE DE PHILOSOPHIE: Et l'R, en portant le bout de la langue jusqu'au haut du *palais;* de sorte qu'étant *frôlée* par l'air qui sort avec force, elle lui cède et revient toujours au même endroit, faisant une manière de tremblement: R, RA.

palate / brushed

M. JOURDAIN: R, R, RA; R, R, R, R, R, RA. Cela est vrai. Ah! l'*habile* homme que vous êtes! et que j'ai perdu de temps! R, R, R, RA.

clever

MAÎTRE DE PHILOSOPHIE: Je vous expliquerai à fond toutes ces curiosités. [...]

C'est la France ou les États-Unis?

Unité 2
On voyage!

Objectives

In this unit, you will learn:

- to organize a trip;
- to make arrangements to travel by train, car, or plane;
- to express doubt and uncertainty;
- to ask and answer questions about people and things;
- about French attitudes toward vacations and travel.

Chapitre 4
On fait un voyage

B.

A.

C.

D.

Où sommes-nous? Identifiez le panneau *(sign)* qui correspond à chaque photo.

1. Voie A
2. Buffet de la gare
3. Billets grandes lignes
4. Salle d'attente

PREMIÈRE ÉTAPE

Point de départ
Les gares de Paris

• •

La SNCF (Société Nationale des **Chemins de Fer** Français) **gère** le système **ferroviaire** français. Son centre géographique et administratif est Paris. La capitale a six gares, chacune desservant une région bien délimitée du pays et de l'Europe. Par conséquent, quand vous voulez prendre le train à Paris, il faut savoir non seulement votre destination mais aussi la gare d'où partent les trains pour cette région. Les cartes reproduites ci-dessous vous montrent le **réseau** ferroviaire et son rapport avec les six gares de Paris.

Railroads/manages
rail

network

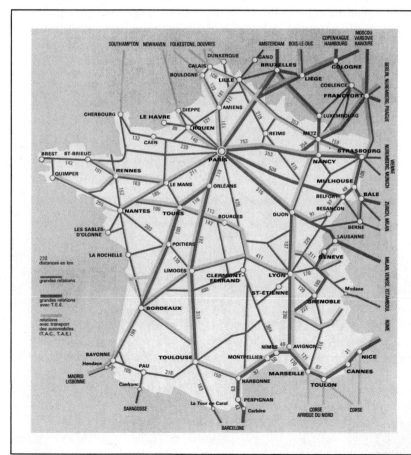

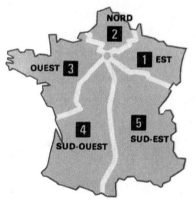

Gare du Nord:
region nord (Lille, la Belgique, l'Angleterre)
Gare de l'Est:
region est (Strasbourg, la Suisse, l'Allemagne)
Gare de Lyon:
region sud-est (Lyon, Grenoble, Marseille, la Côte d'Azur, l'Italie; le TGV)
Gare d'Austerlitz:
region sud-ouest (Orléans, Tours, Toulouse, Bordeaux, l'Espagne; le TGV-Atlantique)
Gare Saint-Lazare:
region ouest (la Normandie—Rouen, le Havre)
Gare Montparnasse:
region ouest (Nantes; la Bretagne— Saint-Malo, Rennes, Brest)

À vous!

A. **De quelle gare est-ce qu'on part?** After spending a week together in Paris, several American families are heading off to visit different parts of France and Europe. Get them started in the right direction by telling each family which station to go to.

1. John and his parents are going to spend a week in Nantes.
2. Lisa and her brother want to travel to Italy.
3. Jennifer and her cousins are heading for the beaches of southern France.
4. Michael and his grandparents want to visit Bordeaux.
5. Craig and his father are going to London.
6. Linda and her mother want to visit Grenoble.
7. Betsy and her family are going to visit some friends in Le Havre.
8. Mary and her mother want to spend a week in Strasbourg.

B. **C'est très loin?** For Americans, who are used to calculating distances in miles, kilometers do not have a lot of meaning. A simple formula for converting kilometers to miles is to divide by 8 and then multiply by 5. Using the distances indicated in **kilomètres** on the rail map on page 115, calculate how far it is in miles between the following cities.

MODÈLE: Paris–Dijon
          315 km = approximately 200 miles (197)

1. Paris–Nancy
2. Paris–Nîmes
3. Paris–Brest (via Rennes)
4. Paris–Toulouse
5. Quimper–Limoges (via Nantes)
6. Paris–Nice (via Dijon et Lyon)

Note culturelle

Puisque la France est un pays relativement petit, on prend beaucoup plus souvent le train que l'avion. Le réseau ferroviaire français, qui est un des plus efficaces et des plus sophistiqués du monde, joue en France un rôle pareil au rôle joué par les lignes aériennes aux États-Unis. Les Français sont très fiers de leurs trains, qui sont très confortables et ponctuels. La SNCF est sous le contrôle du gouvernement depuis 1938. Avec ses 35 000 km de voies ferrées *(tracks)* et ses 11 500 trains, elle transporte plus de 610 millions de voyageurs et plus de 250 millions de tonnes de marchandises tous les ans. Les trains express dépassent les 120 km *(75 miles)* à l'heure. Le nouveau TGV (Train à grande vitesse) est un des plus rapides du monde; il fait plus de 270 km *(175 miles)* à l'heure.

Structure

Les noms de ville et les prépositions

Brest, Rennes et **Carnac** sont des villes en Bretagne.	*Brest, Rennes,* and *Carnac* are cities in Brittany.
Je ne suis jamais allé **à Brest.**	I've never been *to Brest.*
À Rennes, il y a une jolie cathédrale.	*In Rennes* there is a lovely cathedral.
On peut voir des monuments préhistoriques **à Carnac.**	You can see prehistoric monuments *at Carnac.*

You have probably noticed that names of cities in French are usually not preceded by an article. To indicate *to, in,* or *at* with the name of a city, simply use the preposition **à.**

There are, however, a few exceptions—that is, cities whose names do include a definite article. Among the most widely known of these cities are:

> **le Havre** (a seaport in Normandy)
> **le Caire** (a city in Egypt)
> **la Nouvelle-Orléans**

After the preposition **à,** the article in the names of these cities follows the basic rule for contractions—**à + le = au, à + la = à la.**

Où est **le Havre?**	Where is *Le Havre?*
Mes parents ont habité **au Caire** pendant cinq ans.	My parents lived *in Cairo* for five years.
Je voudrais aller **à la Nouvelle-Orléans.**	I would like to go *to New Orleans.*

Application

C. **Barb est américaine. Elle habite à Chicago.** Vous montrez à vos parents les photos de quelques jeunes personnes que vous avez rencontrées pendant votre séjour en Europe. Indiquez la nationalité de chaque personne et la ville où il ou elle habite.

MODÈLE: Barb / américain / Chicago
Barb est américaine. Elle habite à Chicago.

1. Laurent / français / Bordeaux
2. Samantha / allemand / Berlin
3. Luis / mexicain / Mexico
4. Francine / français / le Havre
5. Jim / américain / la Nouvelle-Orléans
6. Sacha / suisse / Genève
7. Fatima / égyptien / le Caire
8. Léopold / sénégalais / Dakar
9. Sophia / italien / Rome
10. Gerald / australien / Sydney

D. **Tu connais...?** Demandez à un(e) camarade de classe s'il (si elle) connaît les villes suivantes. Votre camarade vous indiquera s'il (si elle) est jamais allé(e) à cette ville.

MODÈLE: San Francisco
— *Tu connais San Francisco?*
— *Oui, je suis allé(e) à San Francisco il y a cinq ans (en 1986).*
ou: — *Non, je ne suis jamais allé(e) à San Francisco.*

1. Paris
2. Londres
3. New York
4. Moscou
5. Montréal
6. Rome
7. la Nouvelle-Orléans
8. Beijing
9. Dallas
10. le Caire

Relais

Où aller?

Écoutez la bande que votre professeur va jouer pour vous. En particulier, faites attention aux expressions utilisées pour proposer quelque chose.

Trois jeunes personnes, Henri, Mireille et Jeanne, parlent de leurs vacances. Ils veulent se mettre d'accord sur une région à visiter.

On s'exprime

Voici des expressions pour proposer quelque chose et pour répondre affirmativement:

Si on allait: What if we went

> **Si on allait...?**
> **Pourquoi pas** + *infinitif*?
> **J'ai une idée. Allons...**

> **Bonne idée.**
> **D'accord.**
> **Je veux bien.**

À vous!

E. **Je propose...** Proposez à vos camarades de classe les destinations suivantes. Utilisez à tour de rôle *(in rotation)* les expressions **Si on allait...?**, **Pourquoi pas aller...?** et **J'ai une idée. Allons...**

MODÈLE: Bordeaux, Nice, Grenoble
 — *Si on allait à Bordeaux?*
 — *Pourquoi pas aller à Nice?*
 — *J'ai une idée. Allons à Grenoble!*

1. Lille, Rouen, Toulouse
2. Madrid, Rome, Genève
3. le Caire, Abidjan, Dakar
4. Beijing, Moscou, Tokyo
5. Chicago, Los Angeles, la Nouvelle-Orléans

F. **Où aller?** Vous faites des projets de voyage avec vos amis. Vous n'aimez pas les deux premières suggestions, mais vous vous mettez d'accord *(agree)* sur la troisième. Suivez le modèle.

MODÈLE: dans le Midi, trop chaud / en Bretagne, l'année dernière / en Alsace
PIERRE: *Pourquoi pas aller dans le Midi?*
MARIE: *Non, il fait trop chaud. J'ai une idée. Allons en Bretagne.*
GEORGES: *Non, je suis allé en Bretagne l'année dernière. Si on allait en Alsace?*
MARIE: *Oui. Bonne idée.*
PIERRE: *Je veux bien.*
GEORGES: *Bien, c'est décidé. On va en Alsace.*

1. dans les Alpes, trop froid / en Champagne, l'été dernier / dans le Midi
2. en Espagne, trop chaud / en Angleterre, l'année dernière / en Suisse
3. à New York, trop de monde / à Minneapolis, trop froid / à Dallas
4. en Normandie, les vacances de Pâques / dans le Midi, trop de monde / en Alsace
5. à Rome, trop chaud / à Londres, trop de monde / à Amsterdam
6. au Caire, l'année dernière / à Tunis, l'année dernière / à Casablanca

Structure

Les autres expressions géographiques et les prépositions

Quand est-ce que vous partez **pour l'Europe?**	When are you leaving *for Europe?*
Tu vas **en Espagne?**	Are you going *to Spain?*
Non, on va passer un mois **au Portugal.**	No, we're going to spend a month *in Portugal.*
Et vous, vous allez rester **aux États-Unis?**	What about you? Are you going to stay *in the United States?*

You have learned that most city names in French appear without an article. Most other geographical expressions are preceded by a definite article, including continents (**l'Europe**), countries (**la France**), provinces (**la Normandie**), rivers (**le Rhône**), and mountains (**les Pyrénées**).

> **La France** a une population de 55 millions de personnes.
> J'adore **la Suisse.**
> Elle connaît très bien **les États-Unis.**

However, when you wish to express the idea of going *to* somewhere or of being *in* or *at* a place, the definite article either disappears (**en France, en Alsace**) or is combined with the preposition (**au Maroc, aux États-Unis**).

	Feminine country or masculine country beginning with vowel	Masculine country beginning with consonant	Plural country
to, in, at	**en**	**au**	**aux**

1. The great majority of geographical names ending in **-e** are feminine: **la France, la Bretagne, la Chine, la Russie.** Two exceptions are **le Mexique** and **le Zaïre.**
2. Geographical names ending in a letter other than **-e** are usually masculine: **le Canada, le Japon, le Danemark, Israël, les États-Unis.** Remember, however, that masculine expressions beginning with a vowel or a vowel sound use **en** to allow for liaison: **en Israël, en Iran.**

Israël is a rare exception to the rule that names of countries are preceded by a definite article: **Israël se trouve au Moyen-Orient.**

Application

G. **Où est-ce qu'on parle...?** En employant les pays entre parenthèses, indiquez où on parle les langues suivantes. Vous pouvez trouver le genre du nom de ces pays d'après leur dernière lettre. Attention aux exceptions!

MODÈLE: Où est-ce qu'on parle allemand? (Allemagne / Suisse)
On parle allemand en Allemagne et en Suisse.

1. Où est-ce qu'on parle français? (France / Tunisie / Canada / Maroc)
2. Où est-ce qu'on parle anglais? (Angleterre / Australie / États-Unis)
3. Où est-ce qu'on parle chinois? (Chine)
4. Où est-ce qu'on parle espagnol? (Espagne / Pérou / Argentine / Mexique)
5. Où est-ce qu'on parle japonais? (Japon)
6. Où est-ce qu'on parle suédois? (Suède)
7. Où est-ce qu'on parle portugais? (Portugal / Brésil)
8. Où est qu'on parle russe? (Russie)

Les pays du monde

L'Europe	L'Asie	L'Amérique du Nord
l'Allemagne *(f.)*	la Chine	le Canada*
l'Angleterre *(f.)*	l'Inde *(f.)*	les États-Unis *(m.pl.)*
la Belgique*	le Japon	le Mexique
le Danemark	le Viêt-nam*	
l'Espagne *(f.)*		**L'Amérique Centrale et**
la France*		**l'Amérique du Sud**
la Grèce		
l'Italie *(f.)*		l'Argentine *(f.)*
les Pays-Bas *(m.pl.)*		le Brésil
le Portugal		la Colombie
la Russie		le Nicaraguá
la Suède		le Pérou
la Suisse*		le Vénézuéla

Supplementary vocabulary:
Feminine countries—
l'Arabie Saoudite, l'Autriche, la Bolivie, la Bulgarie, la Finlande, la Hollande, l'Indonésie, la Jordanie, la Norvège, la Pologne, la Roumanie, la Thaïlande, la Turquie.
Masculine countries—
le Chili, le Cuba, le Guatémala, le Kenya, le Liban, le Nigéria, le Pakistan, les Pays-Bas, le Panama, le Soudan.

*Pays francophone = où le français est une langue officielle

L'Afrique	**Le Moyen-Orient**	**Le Pacifique Sud**

l'Afrique du Sud *(f.)*   l'Égypte *(f.)*   l'Australie *(f.)*
l'Algérie* *(f.)*   l'Iran *(m.)*   la Nouvelle-Zélande
le Cameroun*   Israël *(m.)*   les Philippines *(f.pl.)*
la Côte-d'Ivoire*   la Libye
le Maroc*   la Syrie
le Sénégal*
la Tunisie*
le Zaïre*

*Pays francophone = où le français est une langue officielle

H. Où se trouve...? Indiquez dans quels pays se trouvent les villes suivantes.

> MODÈLE: Paris
> *Paris se trouve en France.*

1. Madrid
2. Montréal
3. Rome
4. Berlin
5. Tokyo
6. Londres
7. la Nouvelle-Orléans
8. Moscou
9. Lisbonne
10. Bruxelles
11. Mexico
12. Jérusalem
13. Beijing
14. Dakar
15. Copenhague
16. Buenos Aires
17. Manille
18. Calcutta
19. Genève
20. le Caire

I. Est-ce que tu as jamais visité...? Quand on vous demande si vous avez jamais visité les pays suivants, répondez aux questions ci-dessous en suivant le modèle.

> MODÈLE: la Suisse
> — *Est-ce que tu as jamais visité la Suisse?*
> — *Oui, je suis allé(e) en Suisse avec ma famille (des amis, un groupe de...).*
> ou: — *Non, je n'ai jamais visité la Suisse, mais je voudrais bien aller en Suisse un jour.*
> ou: — *Non, et je n'ai vraiment pas envie d'aller en Suisse.*

1. la France
2. l'Angleterre
3. le Japon
4. le Mexique
5. la Chine
6. Israël
7. la Côte-d'Ivoire
8. le Canada

Exercice oral

J. **Organisons un voyage!** You and two classmates are planning a short vacation trip starting in Paris. To begin, each of you proposes one of the places listed below. When someone objects to each suggestion, you agree on a fourth destination (also chosen from the list below). Then decide which station your train will leave from. (See p. 109.)

Possible destinations: Madrid / Rome / Munich / Nice / Strasbourg / Zurich / Londres / Lisbonne

Exercice écrit

K. **Pourquoi pas y aller avec nous?** Write a short note to a friend, describing the trip that you and your classmates planned in **Exercise J** and inviting your friend to join you. Follow the outline given below and use appropriate expressions to begin and end the letter.

1. Tell where you are planning to go.
2. Tell who is going with you.
3. Tell where you are planning to leave from.
4. Invite your friend to accompany you.

DEUXIÈME ÉTAPE

Point de départ
Train + vélo

● ●

emporter: to bring
gratuitement: free
chargement: loading
fourgon: baggage car
remettre: to hand over
enregistrer: to check
enlèvement: pick-up
livraison: delivery
location: rental

La SNCF offre de nombreux services à ses voyageurs. Lisez l'extrait suivant d'une brochure destinée aux gens qui aiment faire des voyages en train et des excursions à vélo.

SNCF

■ *VOUS POUVEZ EMPORTER GRATUITEMENT VOTRE BICYCLETTE EN BAGAGE A MAIN.*

Dans plus de 2000 trains de petits parcours, vous pouvez emporter, tous les jours, votre vélo comme un bagage à main. Vous assurez vous-même le chargement dans le fourgon à bagages, et le déchargement de votre vélo.
Attention, le chargement est autorisé dans le fourgon dans la limite de la place disponible. Dans certains types d'autorails, la capacité du fourgon est limitée à 3 bicyclettes.
Pour vos déplacements en groupes, renseignez-vous à l'avance dans votre gare. Ces trains sont repérés dans les documents horaires (fiches horaires, Ville à Ville...) par le pictogramme ci-dessous.
Sur Minitel, composez le 3615 code SNCF ou le 36 26 50 50 (accès direct), ces trains sont indiqués (mention V comme vélo emporté) lorsque vous choisissez votre train, à la rubrique Horaires.

Les services d'accueil et de vente des gares sont en outre, à votre disposition pour vous les indiquer.
En banlieue de Paris, vous pouvez voyager en emportant votre vélo :
● les samedis, dimanches et jours de fête,
● les mercredis en dehors des périodes horaires de 6 h 30 à 9 h 30 et de 16 h 30 à 19 h.
Toutefois, certains trains désignés dans les indicateurs de banlieue ne sont jamais accessibles.
A noter : La SNCF n'est pas responsable des vélos transportés en bagages à main.

■ *VOUS POUVEZ REMETTRE VOTRE VÉLO AU SERVICE BAGAGES SNCF*

ENREGISTREMENT
L'enregistrement de votre bicyclette ou d'un tandem dont le poids maximum n'exède pas 30 kg peut s'effectuer dans plus de 1000 gares. Mieux encore : la SNCF pratique dans un grand nombre de localités l'enlèvement* à votre domicile.

La SNCF vend dans la plupart des gares ouvertes au service Bagages enregistrés des emballages pour bicyclettes. Votre vélo sera bien protégé et vous paierez un droit d'enregistrement moins élevé.

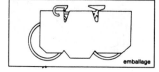
emballage

*LES BAGAGES ENREGISTRÉS : prix au 18/05/90

Droit d'enregistrement
● Bicyclette emballée _____ 68 F
● Bicyclette non emballée _____ 90 F
● Taxe d'enlèvement ou de livraison à domicile par vélo ou tandem _____ 45 F
● Prix de vente d'un emballagé pour bicyclette _____ 15 F
● Responsabilité de la SNCF par bicyclette enregistrée, la limite est de 2550 F maximum

■ *PRÉSENT DANS 241 GARES, LE SERVICE TRAIN + VÉLO VOUS PROPOSE EN LOCATION 3 TYPES DE BICYCLETTES*

	1/2 journée	Journée	3ᵉ au 10ᵉ jour par journée	à partir du 11ᵉ jour par journée
Vélo type traditionnel	30 F	40 F	30 F	20 F
Vélo type randonneur ou "tous chemins"	40 F	50 F	40 F	30 F

À vous!

A. **On va faire du vélo aussi?** Answer the following questions on the basis of the information given in the **Guide du train et du vélo.**

  1. What is the least expensive way to have a bike ready for you at the end of your train trip? How can you tell if it's possible to do this on the train you're planning to take? Are you guaranteed of a place for your bike?
  2. If you want to check the bike through, as baggage, how much will you have to pay? Why are there two prices? How much extra will it cost if you have the bike delivered to the place you are staying?
  3. Imagine that you're planning to rent a bike for five days. What's the lowest total amount you can pay?

Reprise

B. **On quitte la France.** Vos amis vont prendre le train à Paris pour voyager dans d'autres pays européens. Quand ils annoncent leur destination, vous indiquez dans quel pays se trouve chaque ville et de quelle gare partent les trains pour cette ville. Suivez le modèle.

MODÈLE: Madrid (Austerlitz)
— *Je prends le train pour aller à Madrid.*
— *Madrid se trouve en Espagne. Les trains pour l'Espagne partent de la Gare d'Austerlitz.*

  1. Londres (Nord)   5. Genève (Est)
  2. Amsterdam (Nord)   6. Bruxelles (Nord)
  3. Venise (Lyon)   7. Lisbonne (Austerlitz)
  4. Barcelone (Austerlitz)   8. Munich (Est)

C. **Les villes du monde.** Pour chaque ville indiquée sur la carte à la page 120, précisez le pays où elle se trouve et la langue qu'on y parle.

MODÈLE: *Paris se trouve en France. À Paris, on parle français.*

Structure

Les expressions géographiques et les prépositions (suite)

—Jean-Michel et Martine arrivent **d'Alger.**

—C'est vrai? Mais ils sont français, n'est-ce pas?

—Oui. Mais la famille de Jean-Michel est **du Maroc** et la famille de Martine est **d'Algérie.**

—Jean-Michel and Martine are arriving *from Algiers.*

—Is that right? But they're French, aren't they?

—Yes. But Jean-Michel's family is *from Morocco* and Martine's family comes *from Algeria.*

To express the idea of *from* with a city, a feminine country, or a masculine country beginning with a vowel or vowel sound, use **de (d').** To express the idea of *from* with a masculine country beginning with a consonant, use **du** or, in the plural, **des.**

	City	Feminine country or masculine country beginning with vowel	Masculine country	Plural country
from	**de (d')**	**de (d')**	**du**	**des**

Application

D. **Un congrès mondial.** *(An international meeting.)* Voici la liste des délégués à un congrès international de jeunes. Précisez le nombre de délégués qui viennent des pays suivants.

MODÈLE: la France   12
       Il y a douze délégués de France.

1.	l'Algérie	3	9.	l'Iran	4
2.	l'Allemagne	10	10.	Israël	7
3.	la Belgique	5	11.	l'Italie	6
4.	le Cameroun	2	12.	le Mexique	5
5.	le Canada	10	13.	les Philippines	1
6.	la Côte-d'Ivoire	6	14.	la Russie	10
7.	le Danemark	2	15.	la Suisse	7
8.	les États-Unis	8			

E. **D'où vient ta famille?** Demandez à deux camarades de classe d'où vient la famille de leur père et de leur mère. Ensuite, expliquez à un(e) autre élève ce que vous avez appris.

MODÈLE: — *D'où vient ta famille?*
            — *La famille de mon père vient d'Angleterre et la famille de*
              ma mère vient de Grèce.
            — *Ah, Heather est d'origine anglaise et grecque.*

Relais

Quel est notre itinéraire?

Écoutez la bande que votre professeur va jouer pour vous. En particulier, faites attention aux expressions utilisées pour fixer un itinéraire.

Jeanne, Henri et Mireille fixent le calendrier de leur voyage en Bretagne et en Normandie.

On s'exprime

Voici des verbes pour fixer un itinéraire:

partir	On **part** le matin du 4 avril.
prendre	On **prend** le train jusqu'à Toulouse.
coucher	On **couche** la première nuit à Toulouse.
repartir	On **repart** le lendemain matin *(the next morning)*.
passer	On **passe** deux jours à Carcassonne.
reprendre	On **reprend** le train à Montpellier.
rentrer	On **rentre** à Paris le soir du 8 avril.

À vous!

F. **Non. Moi, je voudrais...** Vous organisez un voyage avec un(e) camarade. Chaque fois que vous proposez quelque chose, votre ami(e) a une autre idée. Vous n'êtes pas difficile; vous acceptez la suggestion de votre camarade.

MODÈLE: passer deux jours à Colmar / trois jours
          — *On peut passer deux jours à Colmar.*
          — *Non. Moi, je voudrais passer trois jours à Colmar.*
          — *Bon, d'accord. On va passer trois jours à Colmar.*

1. partir le 5 juillet / le 3 juillet
2. prendre le train jusqu'à Nancy / jusqu'à Strasbourg
3. louer des vélos à la Gare de Strasbourg / emporter nos vélos dans le train
4: coucher la première nuit à Strasbourg / à Obernai
5. repartir le lendemain matin / le lendemain après-midi
6. passer deux jours à Haut-Kœnigsbourg / un jour
7. visiter d'abord Colmar et ensuite Ribeauville / d'abord Ribeauville et ensuite Colmar
8. rester en France / aller en Suisse
9. reprendre le train à Mulhouse / à Bâle
10. rentrer le 10 juillet / le 11 juillet

G. **Une semaine dans le sud-ouest de la France.** Renée et son frère Alain parlent d'un voyage qu'ils vont faire. Consultez le plan, puis complétez leur dialogue.

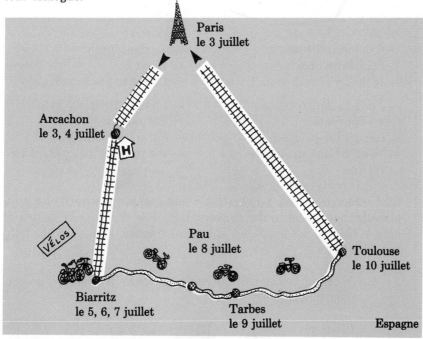

ALAIN: Quel jour est-ce qu'on part?
RENÉE: _____
ALAIN: Jusqu'où est-ce qu'on prend le train?
RENÉE: _____
ALAIN: J'emporte mon vélo?
RENÉE: _____
ALAIN: Où est-ce que nous allons coucher les deux premières nuits?
RENÉE: _____

ALAIN: D'accord. Et ensuite on va à Biarritz. On y va à vélo?

RENÉE: Non. C'est trop loin. On prend le train. Combien de jours est-ce que tu veux passer à Biarritz?

ALAIN: _____

RENÉE: Est-ce que tu as envie d'aller en Espagne?

ALAIN: Non, _____. Ensuite une nuit à Pau et une nuit à Tarbes.

RENÉE: Quel jour est-ce qu'on rentre à Paris?

ALAIN: _____

RENÉE: Où est-ce qu'on reprend le train pour rentrer?

ALAIN: _____

Structure

Le pronom **y**

—On **y** va?   —Shall we go?

—Où?   —Where?

—À la bibliothèque.   —To the library.

—Pour faire quoi?   —What for?

—Je dois **y** chercher un livre.   —I have to get a book *there*.

—J'habite en Bretagne avec mes parents.   —I live in Brittany with my parents.

—Depuis longtemps?   —For a long time?

—Nous **y** habitons depuis six ans.   —We've been living *there* for six years.

Like other pronouns, **y** is used to avoid repeating a word or a phrase already mentioned in the conversation. The object pronoun **y** refers only to things, not to people. It is most frequently used in the following situations:

1. To complete the verb **aller** (in this case, it often has no equivalent in English):

     Allons-**y!**   Let's go!

     Tu **y** vas à pied?   Are you going to walk?

     Elle veut bien **y** aller aussi.   She wants to go, too.

2. To replace a prepositional phrase of location (in this case, the English equivalent is often *there*):

     —Mes gants de travail sont **sur la table?**   —Are my work gloves *on the table?*

— Non, ils n'**y** sont pas, Maman.	— No, they aren't *there*, Mom.
— Ta mère travaille **chez Peugeot?**	— Your mother works *for Peugeot?*
— Oui, elle **y** travaille depuis des années.	— Yes, she's been working *there* for years.
— Elle prend l'autobus pour aller **à son travail?**	— Does she take the bus to go *to work?*
— Non, elle **y** va à vélomoteur.	— No, she goes *(there)* by motorbike.

In a sentence, **y** takes the same position as the direct and indirect object pronouns:

■ Before the verb in simple tenses (**J'y vais tous les jours.**), in compound tenses (**Elle y est allée aussi.**), and in negative commands (**N'y allez pas!**)

■ Before the infinitive when used with conjugated verb + infinitive (**On peut y visiter la Tour Magnan.**)

■ After the verb in affirmative commands (**Allons-y! Vas-y!**)

When **y** is used with the familiar affirmative command form of **aller**, an **s** is added if liaison is needed: **Va à la banque! Vas-y!** but: **N'y va pas!**

Application

H. **On y va?** Quand un(e) camarade propose de faire quelque chose, répondez affirmativement ou négativement, comme vous le voulez, en utilisant une des expressions suivantes: **Oui. Allons-y! / Non, je ne veux pas y aller. / Non, je ne peux pas y aller.**

MODÈLE: J'ai grand-faim. On va au Quick?
          Oui. Allons-y!
   ou: *Non. Je ne veux pas y aller.*
   ou: *Non, je ne peux pas y aller.*

1. J'ai grand-soif. On va au café?
2. Il est midi. On va manger quelque chose à la briocherie en face du lycée?
3. Moi, je voudrais voir un film. On va au cinéma ce soir?
4. Je dois chercher un livre à la bibliothèque. Tu viens avec moi?
5. Il fait très chaud. Je voudrais bien aller nager à la piscine.
6. J'ai des courses à faire en ville. Tu veux m'accompagner?

I. **La famille de Pascale Mounier.** Vous vous renseignez au sujet de la famille d'une amie française. D'abord, vous voulez savoir si les personnes dont *(about whom)* elle parle habitent ou travaillent ou sont ou vont **depuis longtemps** à l'endroit *(place)* qu'elle mentionne.

MODÈLE: Mon oncle Patrick habite à Grenoble. (dix ans)
— *Il y habite depuis longtemps?*
— *Ça fait dix ans qu'il y habite.*

1. Mes grands-parents habitent à Poitiers. (soixante ans)
2. Ma sœur Annick habite à Limoges. (six mois)
3. Mon père travaille dans une banque. (cinq ans)
4. Ma mère travaille chez IBM. (sept ans)
5. Mon petit frère est à l'école maternelle *(nursery school)*. (trois semaines)
6. Mes cousins vont au lycée Pasteur. (deux ou trois ans)

Les membres de la famille de Pascale sont en vacances dans des endroits différents. Vous voulez savoir **comment ils y sont allés** et **combien de temps ils vont y passer.**

MODÈLE: Ma tante Élise est à Nice. (en voiture / trois semaines)
— *Comment est-ce qu'elle y est allée?*
— *Elle y est allée en voiture.*
— *Combien de temps est-ce qu'elle va y passer?*
— *Elle va y passer trois semaines.*

7. Mes grands-parents sont en Yougoslavie. (en avion / quinze jours)
8. Ma sœur Annick est en Bretagne. (par le train / deux mois)
9. Mon oncle est en Espagne (en voiture / trois semaines)
10. Mes cousins sont en Grèce. (en bateau / un mois)

J. **Ils y sont?** Bernard a perdu certaines de ses affaires. Répondez à ses questions en utilisant les mots entre parenthèses.

MODÈLE: Mes gants, ils sont sur la chaise? (Non)
Non, ils n'y sont pas.

1. Mes clés, elles sont sur la chaise? (Non)
2. Mon stylo, il est sur le bureau? (Oui)
3. Mon pull, il est dans le placard? (Oui)
4. Mes disques, ils sont à côté de la chaîne stéréo? (Non)
5. Mon vélo, il est derrière la porte? (Non)

MODÈLE: Qu'est-ce que j'ai laissé sur le bureau? (des livres et un stylo)
Sur le bureau? Tu y as laissé des livres et un stylo.

6. Qu'est-ce que j'ai laissé sur le lit? (des chaussures, un pull-over et des clés)
7. Qu'est-ce que j'ai laissé dans le placard? (un pantalon et un sac à dos)
8. Qu'est-ce que j'ai laissé sous la fenêtre? (un vélo)
9. Qu'est-ce que j'ai laissé dans le panier? (des papiers)
10. Qu'est-ce que j'ai laissé derrière la chaise? (une radio-cassette)

Débrouillons-nous!

Exercice oral

K. **Un itinéraire.** You are planning a week's trip with two classmates to visit the **châteaux de la Loire.** You start and end in Paris. Using the map of the Loire valley, decide:

1. what day you are going to leave
2. to what city you're going to take the train
3. whether you're going to bring bikes or rent them
4. which **châteaux** you want to visit and in what order
5. where you want to spend the nights
6. when you are planning to return to Paris
7. from where you are going to take the train back to Paris

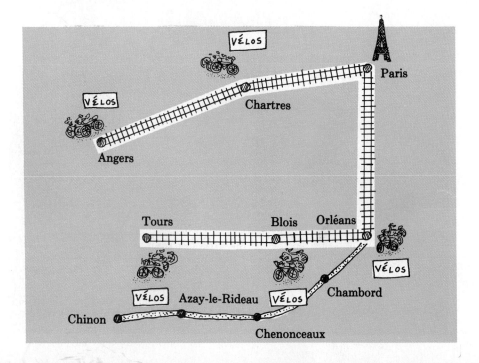

Exercice écrit

L. **Une lettre à votre professeur.** You and your two classmates have just returned from the trip you planned in Exercise K. Write a letter to your French teacher telling about your visit to the château country of France. Begin and end your letter appropriately.

Lexique

On s'exprime

Pour proposer un voyage

J'ai une idée. Allons...!
Pourquoi pas aller...?
Si on allait...?

Pour parler d'un voyage

arriver à (de)
partir pour (de)
passer par

Pour répondre affirmativement à une suggestion

Allons-y!
Bonne idée!
D'accord.
Je veux bien.

Pour organiser un itinéraire

coucher à
emporter son vélo
louer un vélo
passer... jours à
prendre le train jusqu'à

rentrer (à)
repartir (pour)
reprendre le train à (pour)
visiter

Vocabulaire général

Noms

un(e) délégué(e)
le lendemain

Adverbes

quelque part
seulement
tôt

Autres expressions

C'est décidé.
C'est super!
trop de monde

Chapitre 5
On prend le train

Omnibus

Corail

Quel train vont-ils prendre? Associez les voyageurs et les trains qu'ils vont prendre.

1. François Maillet est un homme d'affaires. Il est obligé de voyager entre Toulouse et Paris deux ou trois fois par mois.

2. Charles et Lucie Benoist partent en vacances avec leurs quatre enfants—Michel, Brigitte, Anne-Marie et Jean-Yves. Ils vont passer le mois de juillet au bord de la mer.

3. Michel Kerguézec et sa sœur Sophie habitent à Locmariaquer. Ils prennent le train une fois par mois pour rendre visite à leur grand-mère, qui habite à Nantes.

TGV

Point de départ

L'horaire des trains

l'horaire des trains:
train schedule (timetable)

• •

La SNCF prépare des petits horaires qui indiquent les départs et arrivées de trains entre la plupart des villes principales de la France. Étudiez l'horaire des trains entre Brest (qui se trouve en Bretagne) et Bordeaux (au sud-ouest de la France).

Numéro du train		3730	3032	3708	7580/1	3473	8666	3474	8676	8674	3716	3040	3529	3533	3718	3736	3044	3479	3525	3734	3734	6088	3481
Notes à consulter		1	2	3	4/5	6	4/5	7	8/9	10/4	7/27	5	11	12	13	14	5	15	16	15	17/18	19	20/21
Brest	D					08.19		11.36	11.36											17.02		18.00	
Quimper	A					09.39		13.00	13.09											18.25		19.19	
Quimper	D	05.46		07.10			10.36			13.17			14.53	15.14						18.43	18.43		19.35
Lorient	D	06.31		08.00			11.23			14.07			15.44	15.56						19.41	19.41		20.31
Auray	D	06.51		08.27			11.49			14.30			16.07	16.16						20.09	20.09		20.56
Vannes	D	07.04		08.42			12.04			14.45			16.23	16.29						20.26	20.26		21.12
Redon	A	07.36		09.19			12.39			15.24			17.03	17.03						21.07	21.07		21.51
Redon	D		07.46	09.26			12.41				15.38				17.08					21.09	21.09		21.53
Nantes	A		08.44	10.18			13.36				16.25				18.00					22.06	22.06		22.41
Nantes	D				10.32	13.51						16.50	17.00			18.08	18.51			23.05		23.05	
La Roche-sur-Yon	A				11.12	14.35						17.37	17.46			18.49	19.34			23.58		23.58	
La Rochelle	A				12.18	15.41						18.44	18.55			19.53	20.37			01.26		01.26	
Rochefort	A				12.41	16.09						19.12	19.24			20.17	21.01			02.20		02.20	
Saintes	A				13.09	16.39						19.43	19.56			20.46	21.31			02.57		02.57	
Bordeaux St-Jean	A				14.25	18.06						21.19	21.35			22.02	22.48			05.01		05.01	

Tous les trains offrent des places assises en 1re et 2e cl. sauf indication contraire dans les notes.

Notes:

1. Circule tous les jours sauf les dimanches et fêtes et les 31 octobre, 12 novembre, 30 avril et 7 mai.

2. Circule tous les jours sauf les dimanches et fêtes. Autorail.

3. Circule tous les jours sauf le 22 avril. Corail 🎧

4. Train acheminant les bicyclettes gratuitement en bagages en main.

5. Circule tous les jours. Autorail.

6. Circule tous les jours sauf les 30 octobre, 29 avril et 6 mai.

7. Circule tous les jours. Corail ✕

8. Circule tous les jours sauf les samedis.

9. Train acheminant les bicyclettes gratuitement en bagages à main sauf les lundis.

10. Circule les samedis.

11. Circule les vendredis sauf les 11 novembre et 1er juin. Circule les 10 novembre et 30 mai. 🎧

12. Circule les dimanches sauf les 30 octobre, 22, 29 avril et 6 mai. Circule les 1er novembre, 23 avril, 1er et 8 mai. 🎧

13. Circule les 1er, 13 novembre, 23 avril, 1er et 8 mai.

14. Circule tous les jours sauf les dimanches et fêtes et sauf les 31 octobre, 30 avril et 7 mai.

Symboles

A	Arrivée
D	Départ
🛏	Couchettes
🛋	Voiture-Lits
✕	Voiture restaurant
⊗	Grill-express
▣	Restauration à la place
🍷	Bar
🎧	Vente ambulante
TEE	Trans Europ Express
IC	Intercités
	Train grande vitesse

À vous!

A. **Un horaire.** Answer the following questions about the Brest–Bordeaux timetable.

1. How many direct trains are there daily between Quimper and Bordeaux?

2. How long does it take to go from Quimper to Bordeaux? from Nantes to Bordeaux? (Give the fastest times.)

3. If you are in Brest and want to go to Bordeaux, how long will it take you (approximately)? Are there direct trains?

4. Which train between Quimper and Bordeaux offers the most complete meal service?
5. Why is it important to consult the notes at the bottom of the schedule?

B. **Des renseignements.** Consultez l'horaire pour répondre aux questions de vos amis.

MODÈLE: Je veux arriver à Redon à 7h45. Quel train faut-il prendre de Quimper?
Il faut prendre le train de 5h46.

1. Je veux arriver à Nantes pour le dîner. J'ai rendez-vous à 7h du soir. Quel train faut-il prendre de Redon?
2. Je vais à Bordeaux, mais je dois déjeuner à Nantes avant de partir. Quel train est-ce que je peux prendre?
3. Je veux quitter Vannes à 8h30, à destination Rochefort. Combien d'arrêts *(stops)* est-ce qu'il y a entre Vannes et Rochefort?
4. Je veux arriver à Nantes avant 10h du soir. Quels trains est-ce que je peux prendre de Quimper?

Note culturelle

La SNCF divise l'année en trois périodes: **les jours bleus, les jours blancs** et **les jours rouges.** On encourage les voyageurs à choisir, de préférence, **les jours bleus;** il y a moins de voyageurs et les billets coûtent moins cher. Les prix sont plus élevés pendant **les jours blancs** (au début et à la fin du week-end) et surtout pendant **les jours rouges** (à l'époque des vacances et des fêtes).

Reprise

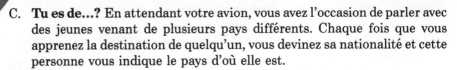

C. **Tu es de...?** En attendant votre avion, vous avez l'occasion de parler avec des jeunes venant de plusieurs pays différents. Chaque fois que vous apprenez la destination de quelqu'un, vous devinez sa nationalité et cette personne vous indique le pays d'où elle est.

MODÈLE: Munich / allemand
    — *Où est-ce que tu vas?*
    — *À Munich.*
    — *Tu vas à Munich? Tu es allemand(e)?*
    — *Oui, je suis d'Allemagne.*

1. Londres / anglais
2. Tokyo / japonais
3. Dakar / sénégalais
4. Mexico / mexicain
5. Bruxelles / belge
6. Milan / italien
7. Moscou / russe
8. Montréal / canadien
9. Beijing / chinois
10. Nashville / américain
11. le Caire / égyptien
12. Jérusalem / israëlien

D. **Nous pouvons tout faire!** *(We can do everything!)* Trois amis parisiens ont huit jours de vacances. Jouez le rôle d'un(e) des amis et essayez de vous mettre d'accord avec les deux autres pour organiser un voyage où vous visitez les villes qui vous intéressent. Utilisez chaque fois que c'est possible le pronom **y** pour remplacer le nom d'une ville. Vous pouvez consulter la carte de la région Grenoble-Genève.

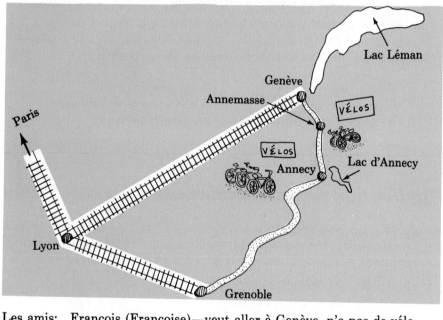

Les amis: François (Françoise)—veut aller à Genève, n'a pas de vélo
Jean (Jeanne)—veut aller à Grenoble, a un vélo tout neuf
Denis (Denise)—veut aller à Annecy, a un vieux vélo

Quelques questions à poser: Quel jour est-ce qu'on part?
On prend le train jusqu'où?
On emporte des vélos ou on loue des vélos?
Qui veut aller à...?
Où est-ce qu'on va d'abord?
Où est-ce qu'on couche la première nuit?
Combien de nuits est-ce qu'on passe à...?
Quand est-ce qu'on rentre à Paris?

Structure

> *L'emploi du subjonctif pour exprimer le doute et l'incertitude*
>
> | | |
> |---|---|
> | **Je doute qu'elle puisse** venir. | *I doubt (that) she can* come. |
> | Oui, mais **il est possible que tu aies** tort. | Yes, but *it's possible (that) you may be* wrong. |
>
> As you learned in **Chapter 1,** the subjunctive may be used to express necessity. The French also use the subjunctive to express uncertainty or doubt about whether things are true or in fact will occur. The following expressions of possibility, impossibility, uncertainty, and doubt are usually followed by the subjunctive:
>
> | | |
> |---|---|
> | **douter que** | **il est possible que** |
> | **il est impossible que** | **il n'est pas possible que** |
> | **il est peu probable que** | **ne pas penser que** |

Application

E. **Je suis un peu sceptique.** Vous êtes de nature pessimiste. Utilisez les expressions données entre parenthèses et le subjonctif pour exprimer vos doutes et vos incertitudes à l'égard des activités de vos amis.

MODÈLE: Michel est sincère. (je ne pense pas)
              Je ne pense pas qu'il soit sincère.

1. René comprend très bien les devoirs. (il n'est pas possible)
2. Éric va à la bibliothèque tous les soirs. (je doute)
3. Jean-Claude peut se coucher à 1h du matin s'il le veut. (je ne pense pas)
4. Christiane sait faire de la planche à voile. (il est impossible)
5. Henri est plus intelligent que sa sœur. (il est peu probable)
6. Micheline réussit aux examens sans étudier. (il est impossible)

Note grammaticale

Les expressions de doute et d'incertitude

When expressions of doubt and uncertainty are used to refer to a sentence or an idea already mentioned, they may be used without **que**. In these cases, **il** becomes **ce** and the verb **douter** is preceded by the pronoun **en**.

> Paul vient? Non, **je ne pense pas.**
> Le train va être à l'heure? **C'est possible.**
> Marie va se marier? Non, **ce n'est pas possible.**
> Les parents de Georges vont lui acheter une voiture?
>   **J'en doute.**

F. **Comment?** Vous parlez avec vos amis de leurs activités et de leurs possessions. Quelqu'un pose une question; une personne y répond en utilisant l'expression suggérée. Une deuxième personne n'entend pas; la première personne se répète en utilisant cette fois le subjonctif.

MODÈLES: Anne-Marie n'est pas là. Elle est malade? (c'est possible)
       ÉLÈVE 1: *C'est possible.*
       ÉLÈVE 2: *Comment?*
       ÉLÈVE 1: *Il est possible qu'elle soit malade.*

         Georges va téléphoner à Caroline? (je ne pense pas)
       ÉLÈVE 1: *Je ne pense pas.*
       ÉLÈVE 2: *Comment?*
       ÉLÈVE 1: *Je ne pense pas que Georges téléphone à Caroline.*

1. Chantal va à la soirée avec Henri? (ce n'est pas possible)
2. Jean-Michel sort avec la cousine de Raoul? (c'est impossible)
3. Marcelle va inviter ses parents? (c'est peu probable)
4. Philippe a une Jaguar? (j'en doute)
5. Éric va demander à Janine d'aller au cinéma? (c'est possible)
6. Nous pouvons nous retrouver chez Yvonne après le film? (je ne pense pas)

G. **C'est possible? Ce n'est pas possible?** Préparez une série de phrases au sujet de votre vie, de vos activités, de vos projets, etc. Quelques-unes des phrases peuvent être vraies; d'autres peuvent être des exagérations. Vos camarades de classe vont donner leur réaction à vos phrases en utilisant les expressions **il est possible que, il n'est pas possible que, je doute que,** etc.

MODÈLES: — J'ai deux chiens et un chat.
              — *Il est possible que tu aies deux chiens et un chat.*

              — Je vais me marier à l'âge de 15 ans.
              — *Il n'est pas possible que tu te maries à l'âge de 15 ans.*
ou: *Je doute que tu te maries à l'âge de 15 ans.*

Relais

Au guichet

Écoutez la bande que votre professeur va jouer pour vous. En particulier, faites attention aux expressions utilisées pour faire une réservation.

Henri va à la Gare Montparnasse pour acheter des billets de train et pour réserver des places.

On s'exprime

Voici des expressions pour faire une réservation:

Je voudrais réserver trois places pour Lille.
J'ai besoin de deux places, première classe, non-fumeur.
Est-il possible d'avoir une place dans le train de 14h35?

À vous!

H. **Au guichet.** Achetez des billets de train en employant les renseignements donnés. Un(e) de vos camarades va jouer le rôle de l'employé(e).

MODÈLE: 4 / Genève / aller-retour / 2^e
           ÉLÈVE 1:   *Je voudrais (J'ai besoin de) quatre billets pour Genève.*
           ÉLÈVE 2:   *Aller-simple ou aller-retour?*
           ÉLÈVE 1:   *Aller-retour.*
           ÉLÈVE 2:   *Première ou deuxième classe?*
           ÉLÈVE 1:   *Deuxième, s'il vous plaît.*

   1. 1 / Rouen / simple / 1ère   3. 2 / Bordeaux / aller-retour / 2e

   2. 3 / Lille / aller-retour / 2e   4. 4 / Cannes / simple / 2e

I. **Réservons nos places!** Vous avez déjà vos billets et maintenant vous voulez réserver vos places. Faites des réservations en utilisant les renseignements donnés. Un(e) de vos camarades va jouer le rôle de l'employé(e).

  MODÈLE: 3 / départ (18 sept., 13h25) / non-fumeur /
               retour (30 sept., 9h)

          ÉLÈVE 1: *Je voudrais réserver trois places, s'il vous plaît.*
          ÉLÈVE 2: *Quand est-ce que vous voulez partir?*
          ÉLÈVE 1: *Le 18 septembre. Est-il possible d'avoir des places
                     dans le train de 13h25?*
          ÉLÈVE 2: *Oui. Fumeur ou non-fumeur?*
          ÉLÈVE 1: *Non-fumeur.*
          ÉLÈVE 2: *Et pour le retour?*
          ÉLÈVE 1: *Retour le 30 septembre, le train de 9h, si c'est
                     possible.*

   1. 2 / départ (28 août, 8h45) / non-fumeur / retour (4 sept., 10h15)
   2. 4 / départ (12 juin, 11h25) / non-fumeur / retour (19 juin, 15h30)
   3. 1 / départ (3 juillet, 22h) / fumeur / retour (31 juillet, 21h00)
   4. 3 / départ (25 mai, 12h05) / non-fumeur / retour (10 juin, 18h30)

Débrouillons-nous!

Exercices oraux

J. **Est-il possible?** Demandez à un(e) camarade si les renseignements suivants au sujet des trains français sont exacts ou non. Votre camarade va donner son opinion en utilisant des expressions comme **il est possible, je ne pense pas,** etc.

  MODÈLE: On peut manger un dîner complet à sa place dans le TGV.
           — *Est-il possible qu'on puisse manger un dîner complet à sa
             place dans le TGV?*
           — *Oui, c'est possible.* ou: *Non, j'en doute.*

   1. Les enfants de moins de quatre ans peuvent voyager dans le train sans payer.
   2. Dans certains trains, votre voiture peut vous accompagner.
   3. Les billets de train sont plus chers que les billets d'avion.
   4. Il y a un train qui va de Paris à Rome sans s'arrêter.

5. Dans certains trains, on peut regarder une pièce de théâtre ou écouter un concert ou regarder un film.
6. L'employé au guichet de la gare sait parler deux ou trois langues.

K. **Faisons nos réservations!** Imagine that you and several members of your family wish to take the train from Paris to the city of your choice—Bordeaux, Brest, Lille, Marseille, or Grenoble. Go to the appropriate Paris train station. Buy tickets and make reservations for the trip.

Exercice écrit

L. **Vous laissez un mot.** Write a note to your French family in Bordeaux (or Brest, Lille, etc.) giving the important information about the tickets you bought in Exercise K. Tell them the price, your time of departure and time of arrival, etc.).

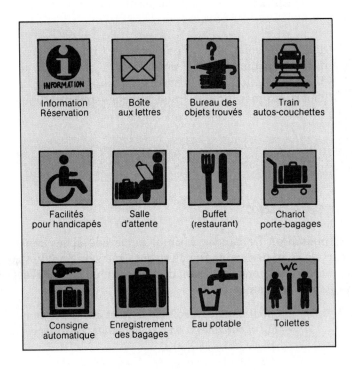

DEUXIÈME ÉTAPE

Point de départ

Comment bien voyager

• •

The SNCF publishes a **Guide pratique du voyageur** with hints about traveling by train in France. Here is a general outline of what to do.

tarifs: fares
assis: seated
repérer: to locate
quai: platform
composter: to validate

Comment bien voyager

1. VOUS AVEZ DÉCIDÉ DE PRENDRE LE TRAIN. VOUS CHOISISSEZ VOTRE HORAIRE EN PÉRIODE BLEUE OU BLANCHE, VOUS VOYAGEREZ PLUS CONFORTABLEMENT...

2. ...ET VOUS DISPOSEREZ DE TARIFS RÉDUITS PLUS NOMBREUX.

3. VOUS ACHETEZ VOTRE BILLET. N'OUBLIEZ PAS DE PRENDRE UNE RÉSERVATION. VOUS SEREZ AINSI SÛR D'ÊTRE ASSIS.

4. LE JOUR DE VOTRE DÉPART, ARRIVEZ QUELQUES MINUTES EN AVANCE POUR PRENDRE TRANQUILLEMENT VOTRE TRAIN.

5. DANS LA GARE, DIRIGEZ-VOUS VERS LE TABLEAU GÉNÉRAL DES TRAINS AU DÉPART POUR REPÉRER LE NUMÉRO DE VOTRE QUAI.

Voie	Départ	Destination	Nature	N° train
02	15ʰ15	LE HAVRE	Corail expr.	314
10	15ʰ22	ROUEN	rail expr.	410
07	15ʰ30	CHERBO		201

6. N'OUBLIEZ PAS DE COMPOSTER VOTRE BILLET AVANT D'ACCÉDER AU QUAI. C'EST CE QUI REND VOTRE BILLET VALABLE.

7. REPÉREZ LE NUMÉRO DE VOTRE VOITURE (INDIQUÉ SUR LA RÉSERVATION) SUR LE TABLEAU DE COMPOSITION DES TRAINS OU A L'EXTÉRIEUR DE LA VOITURE.

8. VOTRE PLACE EST INDIQUÉE A L'INTÉRIEUR DES COMPARTIMENTS SUR LES VOLANTS MARQUE-PLACE. LE VOYAGE COMMENCE.

À vous!

A. **Nicole a pris le train.** Voici ce que Nicole Matignon a fait pour se préparer à voyager par le train. Utilisez les suggestions proposées par le

Guide pratique du voyageur pour rétablir l'ordre chronologique des activités de Nicole.

5 a. Elle a regardé le tableau général des trains et elle a vu que son train allait partir de la voie G.

3 b. Elle a pris une réservation pour le 12 avril, en période bleue.

9 c. Elle a trouvé sa place dans le compartiment 17.

1 d. Elle a consulté un horaire.

6 e. Elle a composté son billet.

8 f. Elle est montée dans le train.

4 g. Elle a pris un taxi pour arriver à la gare une demi-heure avant le départ de son train.

2 h. Elle a acheté son billet.

7 i. Quand le train est entré en gare, elle a cherché la voiture n° 17.

Reprise

B. **Prenons les billets!** Jouez le rôle des personnes mentionnées ci-dessous. Allez à la gare, achetez les billets et faites les réservations. Votre camarade, qui joue le rôle de l'employé(e), peut consulter l'horaire des trains pour vous aider.

1. **Françoise:** Paris–Genève
   départ: 10 novembre, retour: 17 novembre (avant 6h du soir)
   voyage avec deux enfants (13 ans, 10 ans) et sa mère
   veut dépenser le moins d'argent possible

2. **M. Legentil:** Paris–Genève
   départ: 16 mars (arrivée pour l'heure du déjeuner, retour: 16 mars (fin de l'après-midi)
   voyage seul, veut voyager aussi confortablement que possible

PARIS → GENÈVE

Nº du TGV		EC 921	EC 923	EC 925	EC 927	EC 929
Restauration		▭	▭		▭	▭ 1/2
Paris-Gare de Lyon	D	7.35	10.36	14.32	17.42	19.13
Mâcon TGV	A	9.15		16.13		
Bourg-en-Bresse	A			16.33		21.11
Culoz	A			17.21		
Bellegarde	A	10.37	13.34	17.46	20.43	22.18
Genève	A	11.08	14.05	18.16	21.13	22.46

GENÈVE → PARIS

Nº du TGV		EC 920	EC 922	EC 924	EC 926	EC 928
Restauration		▭	▭	▭	▭	▭
Genève	D	7.09	10.04	13.01	16.50	19.29
Bellegarde	D	7.35	10.31	13.28	17.17	19.56
Culoz	D					20.23
Bourg-en-Bresse	D				18.26	
Mâcon TGV	D			14.54	18.47	
Paris-Gare de Lyon	A	10.39	13.36	16.38	20.31	23.09

C. **Mais qu'est-ce que vous allez faire pendant les vacances?** Sophie refuse de dire ce qu'elle va faire pendant les vacances avec sa famille. Ses amis essaient de deviner *(guess)*, mais sans succès. Donnez les réponses de Sophie en utilisant les expressions **je doute, je ne pense pas, il est possible, il n'est pas possible, il est impossible, il est peu probable.**

MODÈLE: Vous avez l'intention d'aller en Afrique.
Je ne pense pas que nous allions en Afrique.
ou: *Il n'est pas possible que nous allions en Afrique.*

1. Vous allez visiter les États-Unis.
2. Vous espérez faire un voyage en Chine.
3. Vous allez quitter la France.
4. Vous avez l'intention d'aller au bord de la mer.
5. Vous voulez passer les vacances chez les grands-parents.
6. Vous allez louer un châlet dans les montagnes.
7. Un moment! Vous allez prendre des vacances, n'est-ce pas?

Structure

L'emploi de l'indicatif pour indiquer la certitude

On dit que Jacques et Hélène se sont mariés à Bruxelles.
Oh, je ne sais pas. **Il est vrai que Jacques est allé** en Belgique. Et **il est probable qu'Hélène** l'a accompagné. Mais **je suis sûre qu'elle veut** se marier en France.

They say that Jacques and Hélène got married in Brussels.
Oh, I don't know. *It is true that Jacques went* to Belgium. And *it is likely that Hélène went* with him. But *I'm sure that she wants* to be married in France.

As you have already learned, the subjunctive is used to express uncertainty or doubt. On the other hand, to suggest certainty or a strong probability that something is true, the indicative is used. The following expressions of certainty or probability are followed by the indicative:

être certain(e) que
être sûr(e) que
il est certain que
il est clair que
il est évident que

il est probable que
il est sûr que
il est vrai que
penser que

Just like expressions of uncertainty and doubt, expressions of probability and certainty, when used to refer to a whole sentence or to a previously mentioned idea, can be used without **que.** In these cases, **il** becomes **ce,** and the expressions **être certain** and **être sûr** are preceded by **en.** With the verb **penser,** you say either **je pense** or **je pense que oui.**

— Paule vient?
— **Oui, je pense. (Je pense que oui.)**

— Le train va être à l'heure?
— **C'est probable.**

— Jean-Jacques a gagné de l'argent à la loterie?
— **C'est vrai.**

— Il va partir?
— **J'en suis sûr(e).**

Application

D. **Comment?** Vous parlez à nouveau avec vos amis de leurs activités et de leurs possessions. Quelqu'un pose une question; une personne donne une réponse affirmative en utilisant l'expression suggérée. Une deuxième personne n'entend pas; la première personne se répète en utilisant cette fois un verbe à l'indicatif.

MODÈLES: Anne-Marie n'est pas là. Elle est malade. (c'est probable)
ÉLÈVE 1: *C'est probable.*
ÉLÈVE 2: *Comment?*
ÉLÈVE 1: *Il est probable qu'elle est malade.*

Georges va téléphoner à Caroline? (j'en suis sûr[e])
ÉLÈVE 1: *J'en suis sûr(e).*
ÉLÈVE 2: *Comment?*
ÉLÈVE 1: *Je suis sûr(e) que Georges va lui téléphoner.*

1. Chantal va à la soirée avec Henri? (je pense que oui)
2. Jean-Michel veut sortir avec la cousine de Raoul? (c'est évident)
3. Marcelle a invité ses parents? (c'est vrai)
4. Philippe a une Jaguar? (j'en suis certain[e])

5. Éric va demander à Janine d'aller au cinéma? (c'est probable)
6. Nous pouvons nous retrouver chez Yvonne après le film? (j'en suis sûr[e])

E. **Opinions contradictoires.** Vos amis réagissent de façon très différente à ce que vous déclarez. Utilisez les expressions entre parenthèses en faisant attention à l'emploi de l'indicatif ou du subjonctif.

MODÈLE: Henri est très malade. (je pense / je ne pense pas)
— *Oui, je pense qu'il est très malade.*
— *Mais non, je ne pense pas qu'il soit (très) malade.*

1. Les garçons vont faire la vaisselle. (je suis sûr[e] / je doute)
2. Nous allons être en retard. (il est possible / il est probable)
3. Anne-Marie sait la vérité. (il est évident / il est peu probable)
4. Éric comprend très bien. (je suis certain[e] / je ne pense pas)
5. Nous pouvons le faire. (je pense / je doute)
6. Marcelle va inviter beaucoup de gens. (il est possible / il est impossible)
7. Philippe a 21 ans. (il est vrai / il n'est pas possible)
8. Le train part de la Gare d'Austerlitz. (je suis sûr[e] / je ne pense pas)

F. **À mon avis...** *(In my opinion . . .)* Voici une série d'idées. Donnez votre opinion en employant une expression de certitude ou d'incertitude, de possibilité ou de probabilité. Ensuite, un(e) de vos camarades de classe va indiquer s'il (si elle) partage *(shares)* votre opinion.

MODÈLE: La guerre est inévitable.
— *Moi, je pense que la guerre est inévitable.*
— *Je suis d'accord avec toi. Il est évident que la guerre est inévitable.*
ou: — *Non, je ne suis pas d'accord avec vous deux. Il n'est pas vrai (je ne pense pas) que la guerre soit inévitable.*

1. L'inflation est un grand problème économique.
2. Les émissions télévisées sont rarement de bonne qualité.
3. La communication entre parents et enfants est toujours difficile.
4. Le français est une langue assez facile à apprendre.
5. Les Américains sont généralement en bonne santé.
6. On peut réussir si on travaille beaucoup.
7. Le président _____ est un bon président.
8. Le meilleur acteur de cinéma est _____.
9. La meilleure actrice de cinéma est _____.

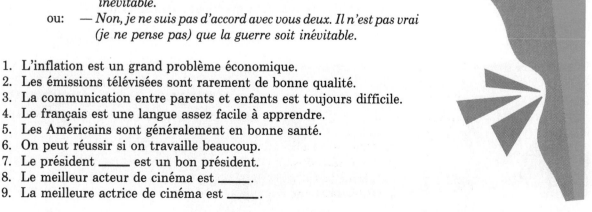

Relais

Le départ

Écoutez la bande que votre professeur va jouer pour vous. En particulier, faites attention aux expressions utilisées pour se renseigner à la gare.

C'est le jour du départ pour les vacances. Mireille, Jeanne et Henri arrivent à la gare Montparnasse pour prendre le train pour Rennes.

On s'exprime

Voici des expressions pour vous renseigner à la gare:

À quelle heure part le prochain *(next)* **train pour Bourges?**
Le train a-t-il du retard? Est-il à l'heure?
De quelle voie part le train pour Nantes?
Où est la voie B? C'est de ce côté-ci? C'est de l'autre côté?
Est-ce qu'il faut composter *(validate)* **son billet?**
Où est la voiture numéro 15?

À vous!

G. **Le tableau des trains.** Il est 14h38 et vous venez d'arriver à la gare d'Austerlitz. Répondez aux questions en consultant le tableau des trains.

1. A quelle heure part le prochain train pour Montereau?
2. De quelle voie part ce train?
3. Vous allez à Lyon. Combien de temps allez-vous attendre avant le départ de votre train?
4. Quel est le nom de la principale gare de Marseille?
5. Le train qui part à 6h17 de l'après-midi, va-t-il directement à Lyon?
6. Il y a un train qui va en Italie. A quelle heure part-il?

H. **Dis-moi...** Vous voyagez avec un(e) ami(e) qui a tout arrangé. Vous arrivez à la gare et lui posez des questions. Il (elle) vous répond d'après les renseignements suggérés. Vous voulez savoir:

a. à quelle heure part votre train
b. de quelle voie il part
c. le numéro de la voiture
d. si vous avez beaucoup de temps ou s'il faut vous dépêcher

MODÈLE: 13h27 / B / 11 / 13h (13h25)

VOUS:	*À quelle heure part notre train?*
VOTRE AMI(E):	*(Il part) à 13h27.*
VOUS:	*De quelle voie part-il?*
VOTRE AMI(E):	*(Il part) de la voie B.*
VOUS:	*Quel est le numéro de notre voiture?*
VOTRE AMI(E):	*C'est la 11.*
VOUS:	*Nous avons beaucoup de temps, non?*
VOTRE AMI(E):	*Oh, oui. Il est seulement 13h.* ou: *Mais non. Il est déjà 13h25. Dépêchons-nous!*

1. 9h44 / F / 18 / 9h25
2. 11h40 / 1 / 14 / 11h37
3. 15h51 / 3 / 12 / 15h50
4. 18h21 / C / 16 / 18h05

Débrouillons-nous!

Exercices oraux

I. **Tu es sûr(e)?** You and a classmate are going on a train trip. When you get to the station, verify as much as you can about the trip (time of departure, track, car where your reserved seats are, time before departure, whether the train is on time or not). Each time you get an answer, ask your friend if he/she is absolutely certain.

J. **On dit que...** You and other members of your group are talking about your teacher, your French class, other students, etc., in a humorous (but not mean) way. Each time someone makes a statement, other people react, using expressions such as **c'est possible, c'est probable, c'est vrai, j'en doute, j'en suis sûr(e),** etc.

Exercice écrit

K. **Un départ difficile.** Write a paragraph describing what happened when you took the train for the first time in France. Follow the suggestions below.

1. Tell where you wanted to go.
2. Tell at what time and from what station your train was scheduled **(devait)** to leave.
3. Tell how you got to the train station.
4. Tell at what time you got to the train station.
5. Explain that in France it is necessary to validate your ticket.
6. Tell how you went to the wrong platform **(se tromper de quai).**
7. Explain that you finally got on the train.
8. Say that you arrived at your destination right on time.

Lexique

On s'exprime

Pour acheter un billet de train

    un aller-simple
    un aller-retour
    les jours bleus (blancs, rouges)

Pour faire une réservation

    Est-il possible d'avoir une place...?
    fumeur / non-fumeur
    première classe / deuxième classe
    J'ai besoin d'une place...
    Je voudrais réserver une place...?

Pour se renseigner à la gare

À quelle heure part le train pour...?
                    arrive le train de...?
De quelle voie part le train pour...?
Le train pour (de)... a-t-il du retard?
                    est-il à l'heure?
Où est la voiture numéro...?
Où se trouve la voie...? De ce côté-ci? De l'autre côté?

Pour exprimer le doute et l'incertitude

douter (que)
il est impossible (que)
il est peu probable (que)
il est possible (que)
il n'est pas possible (que)
ne pas penser (que)

Pour exprimer la probabilité et la certitude

être certain(e)
être sûr(e)
il est certain
il est clair
il est évident

il est probable
il est sûr
il est vrai
penser

Thèmes et contextes

La gare

composter un billet
le contrôleur
un coup de sifflet
le quai
le tableau général des trains
trouver sa place (sa voiture)
la voie

Les trains

un arrêt
le calendrier des trains
un Corail
l'horaire *(m.)* des trains
un omnibus
le TGV (Train à grande vitesse)

Vocabulaire général

Autre expression

Nous y sommes!

Chapitre 6

En voiture ou en avion?

A.

B.

Associez chaque description à une des photos.

1. Les Français aiment beaucoup la course d'automobile. Les Vingt-Quatre Heures du Mans sont une des plus célèbres courses automobiles.

2. Sur un monoplan qu'il a construit lui-même, Louis Blériot a effectué, en 1909, la première traversée de la Manche en aéroplane.

3. Construit en coopération par la France et la Grande-Bretagne, l'avion de transport long-courrier supersonique Concorde peut faire le voyage Paris–New York en trois heures et demie.

C.

PREMIÈRE ÉTAPE

Point de départ

La carte routière

• •

La société Michelin, qui fabrique des pneus, publie une série de cartes détaillées de chaque région de la France. Avec l'aide de la légende, étudiez le fragment de la carte qui représente le triangle Nîmes-Arles-Avignon (dans le sud de la France).

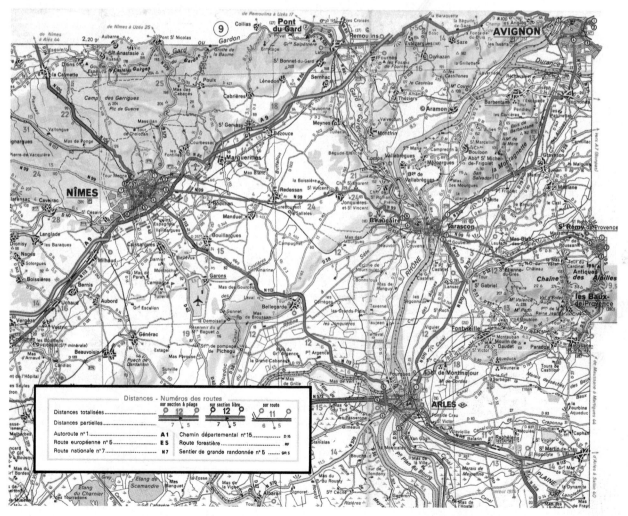

Note culturelle

La France possède le réseau routier *(road system)* le plus dense du monde. En particulier, plus de 700 000 km de chemins ruraux donnent accès à un nombre impressionnant de petits villages et de régions agricoles. Pourtant, ce n'est qu'à partir de 1958 que la France a comencé à faire construire des autoroutes qui facilitent les déplacements sur de grandes distances. Il y a actuellement environ 5 000 km d'**autoroutes à péage** *(four-lane, divided tollways)* dans le pays. On y trouve des **aires de repos** *(rest stops)* et des stations-service tous les 10 à 15 km. La vitesse y est limitée à 130 km *(80 miles)* à l'heure.

Puisque les autoroutes ne représentent qu'un pourcentage assez petit du réseau routier, on voyage la plupart du temps sur des **routes nationales** (dont un grand nombre sont à quatre voies *[four lanes]*) et sur des **routes départementales.** La vitesse maximale sur une route à quatre voies (non-autoroute) est de 110 km *(70 miles)* à l'heure. Sur les autres routes la vitesse maximale est de 90 km *(55 miles)* à l'heure. Les Français ont tendance à conduire assez vite. Dans le but de réduire le nombre de fatalités dues aux accidents de la route, on a rendu obligatoire l'emploi d'une ceinture de sécurité aux sièges avant *(front seats)*. En plus, les enfants âgés de moins de dix ans doivent voyager dans les sièges arrière.

À vous!

A. **Regardons la carte!** You are traveling with your family in southern France. You have picked up a rental car in **Nîmes** and are heading northeast on route A9 in the direction of **Avignon.** Because you speak and read French, you are the navigator. Answer your family's questions on the basis of the map in the **Point de départ.**

1. You are near the **Nîmes** interchange on A9. Your father asks, "How far is it to **Avignon** on the **autoroute**?"
2. Your mother says, "I'd like to go to **Arles.** How far is it from here? How would we go?"
3. Your sister says, "We studied Roman ruins in school. I'd like to see the old aqueduct called the **Pont du Gard.** Is that anywhere around here? How could we get there?"
4. Your grandmother, who is reading a guidebook of the region, adds, "It says here that there is a wonderful medieval city, built on top of a pile of rocks, and it's not too far from **Arles.** Can we get to **Les Baux** from here?"

5. You remember reading in **On y va! (Premier niveau)** about the festival at **Tarascon.** Tell your family where Tarascon is located in relation to Arles and Nîmes.

6. Finally, your mother says, "Whatever we do, we have to be at **Avignon** tonight in time for dinner. Which is the shorter way to get to Avignon from here—via Nîmes or via Arles?"

B. **La signalisation routière.** Some of the signs you see along French roads look like American road signs; others are quite different. Try to find the signs that have the following meanings.

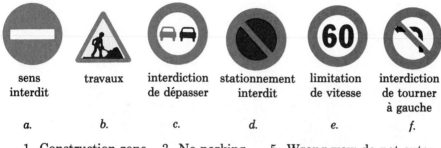

sens interdit	travaux	interdiction de dépasser	stationnement interdit	limitation de vitesse	interdiction de tourner à gauche
a.	*b.*	*c.*	*d.*	*e.*	*f.*

1. Construction zone   3. No parking   5. Wrong way; do not enter
2. Speed limit   4. No left turn   6. No passing

Reprise

C. **Nous avons pris le train pour aller à Grenoble.** Vous racontez à un(e) ami(e) votre voyage à Grenoble. En vous inspirant des dessins à la page suivante, décrivez votre départ de la Gare de Lyon.

MODÈLE:

Nous sommes partis de la Gare de Lyon.

1.   2.   3.   4.

5.   6.   7.

D. Qu'est-ce que vous en pensez? *(What do you think about it?)* Donnez
votre réaction aux déclarations suivantes en utilisant une expression telle
que **je(ne) pense (pas) que, il est (im)possible que, je doute que, il est
(peu) probable que, je suis sûr (certain) que, il est vrai (évident)
que,** etc.

1. L'état du Texas est plus grand que la France.
2. Le professeur a vingt-cinq ans.
3. En l'an 2000 une femme va être présidente des États-Unis.
4. Nous pouvons envoyer un astronaute sur la planète Mars.
5. En général, les garçons sont sportifs et les filles sont
   intellectuelles.
6. Un jour nous allons savoir guérir *(cure)* les personnes qui ont le cancer.
7. Les jeunes Américains sont trop matérialistes.
8. Il y a trop de violence à la télévision américaine.

Structure

Les pronoms interrogatifs (personnes)

—**Qui** a téléphoné?   —*Who* called?
—Georges et Marianne.   —Georges and Marianne.

—**Qui** cherchez-vous?   —*Who(m)* are you looking for?
—Nous cherchons M. Rance.   —We're looking for Mr. Rance.

—**À qui** parlais-tu?   —*To whom* were you talking?
         (Who[m] were you talking *to?)*
—À Jean-Jacques.   —(To) Jean-Jacques.

To ask a question about the identity of a person, French uses a form of the pronoun **qui.** The exact form of **qui** depends on how it is used in the sentence.

Question word = subject of the sentence (that is, the question word is followed by a verb without a specified subject):

    Qui est à la porte?

Question word = object of the sentence (that is, the question word is followed by both a subject and a verb):

    Qui cherche-t-elle? *(inversion)*
    Qui est-ce qu'elle cherche?

Question word = object of a preposition (that is, the question word is followed by a subject and a verb that requires a preposition. Note that the preposition is placed before the question word.):

    À qui a-t-elle téléphoné? *(inversion)*
    À qui est-ce qu'elle a téléphoné?

Application

E. **À la gare.** Voici des questions qu'on pourrait entendre à la gare. Complétez-les en utilisant les mots suggérés.

MODÈLE: Vous cherchez quelqu'un? (qui)
            Qui cherchez-vous?

1. Vous cherchez quelqu'un? (qui est-ce que)
2. Quelqu'un va prendre le train de 12h15? (qui)
3. Vous voulez téléphoner à quelqu'un avant de partir? (à qui est-ce que)
4. Tu voyages avec quelqu'un? (avec qui)
5. Quelqu'un a fait les réservations? (qui)
6. Tu regardes quelqu'un? (qui est-ce que)
7. Ce monsieur regarde quelqu'un? (qui est-ce que)
8. Quelqu'un va composter les billets? (qui)
9. Tu vas donner ta place à quelqu'un? (à qui est-ce que)
10. Tu vas aider quelqu'un à monter dans le train. (qui est-ce que)

F. **Au Foyer International.** Votre classe visite la France pendant les vacances de Pâques. On vous héberge *(lodge)* dans une résidence pour étrangers *(foreigners)* à Paris. Voici des phrases ou des questions que vous entendez au Foyer. Utilisez les mots donnés pour faire continuer la conversation en posant une question. Employez une forme appropriée de **qui**.

MODÈLE: La porte de la salle de bains est fermée à clé. (être dans la salle de bains)
            Qui est dans la salle de bains?

1. Je voudrais prendre une douche, mais il n'y a pas de savon. (prendre le savon)
2. Bonjour, Madame. Oui, c'est ici le Foyer International. (vous / chercher)
3. Allô. Allô. Ici le Foyer International. (vous / vouloir parler à)
4. Ah, Marilyn n'est pas là. (elle / sortir avec)
5. Nous allons passer huit jours dans le Midi. (nous / descendre *[stay]* chez)
6. Je n'ai pas d'argent! (je / pouvoir demander de l'argent à)
7. Tu as deux billets pour le concert? (tu / aller inviter)
8. Moi, j'ai deux billets pour le théâtre. (vouloir y aller avec moi)

G. **Pour te connaître un peu mieux.** Vous voulez connaître un peu mieux un(e) de vos camarades de classe. Vous lui posez des questions en utilisant les expressions suivantes et une forme appropriée de **qui**.

MODÈLE: faire la vaisselle
— *Qui fait la vaisselle chez toi?*
— *Ma mère fait (mes frères font, etc.) la vaisselle.*

admirer beaucoup
— *Qui est-ce que tu admires beaucoup?*
— *J'admire beaucoup mes parents (mon professeur, etc.).*

1. habiter avec
2. préparer les repas
3. faire la lessive
4. faire la vaisselle
5. aimer parler à
6. sortir le plus souvent avec
7. aimer le plus
8. aimer le moins
9. se disputer avec
10. s'amuser avec

Relais

Sur la route

Écoutez la bande que votre professeur va jouer pour vous. En particulier, faites attention aux expressions utilisées pour parler du temps qu'il fait pour faire quelque chose.

Martine Lambert part en vacances avec ses deux enfants—Christian, 14 ans, et Colette, 10 ans. Ils habitent à Bordeaux. Ils vont passer huit jours chez le frère de Martine à Lyon.

On s'exprime

Voici des expressions pour parler du temps qu'il faut pour faire quelque chose:

—**Il faut combien de temps pour faire cet exercice?**
—**Il faut (compter) une demi-heure.**

—**On met combien de temps à faire Paris–Lille (en voiture)?**
—**On met deux heures et demie à faire le voyage (en voiture).**

À vous!

H. **Paris–Brest, c'est un long voyage?** Vous écoutez des jeunes Français qui parlent des vacances. Ils vont tous partir en voiture. Vous ne connaissez pas très bien la géographie de la France et vous voulez savoir si leur voyage va être long.

> MODÈLE: Paris–Nantes (400 km / 4, 4½ heures)
> — *Paris–Nantes, c'est un long voyage?*
> — *Non, pas très long. Nantes est à 400 km de Paris.*
> — *Combien de temps faut-il pour aller de Paris à Nantes en voiture?*
> ou: — *Combien de temps est-ce qu'on met pour faire Paris–Nantes en voiture?*
> — *Oh, il faut compter quatre heures, quatre heures et demie.*
> ou: — *On met quatre heures, quatre heures et demie à faire le voyage en voiture.*

1. Paris–Marseille (780 km / 8 heures)
2. Paris–Strasbourg (460 km / 5 heures)
3. Lyon–Grenoble (310 km / 3½, 4 heures)
4. Nantes–Bordeaux (330 km / 4, 4½ heures)
5. Dunkerque–Montpellier (1100 km / 13 heures)
6. Marseille–Toulouse (410 km / 4½, 5 heures)

I. **Des voitures en panne.** Vous et votre famille française voyagez en voiture. Chaque fois que la voiture croise un automobiliste en difficultés, quelqu'un fait une remarque. Indiquez l'image qui correspond à ce qu'on dit.

a.   b.   c.   d.

1. Tiens! Regarde! Ils ont une panne d'essence. Ils n'ont pas fait le plein avant de partir.
2. Oh, là, là! Une panne de moteur. Ils ont besoin d'un mécanicien.
3. Regarde ce pauvre monsieur! Son pneu est crevé. Il faut qu'il change la roue.
4. Ces gens-là, ils ne sont pas tombés en panne. Ils se sont trompés de route!

Exercice oral

J. **Tu veux y aller avec nous?** Invite a French exchange student visiting
your school to go on a car trip with your family. A classmate will play the
role of the exchange student and ask you questions about the distance, the
time the trip takes, and the route. After hearing your answers, he/she will
decide whether to accept your invitation.

Exercice écrit

K. **Une panne.** Write a postcard to a friend, describing a car trip that you
took with your French family. During the trip, you had a car problem—a
flat tire, a breakdown, or an empty gas tank. Begin and end your card
appropriately.

DEUXIÈME ÉTAPE

Point de départ
Roissy–Charles de Gaulle

• •

En général, les avions venant des États-Unis arrivent à l'aéroport Charles de Gaulle à Roissy, à 25 km au nord de Paris. Il y a plusieurs moyens de faire le trajet entre l'aéroport et la ville de Paris—l'autocar **(Bus Air France)**, l'autobus **(Bus . . . RATP)**, le train **(Roissy Rail)** et bien entendu le taxi. Lisez cette brochure qui offre des renseignements aux touristes.

navette: shuttle bus
porte: door, gate
trajet moyen: average trip
environ: about

LES LIAISONS PARIS-AÉROPORTS
PARIS ◄———► AÉROPORT CHARLES DE GAULLE

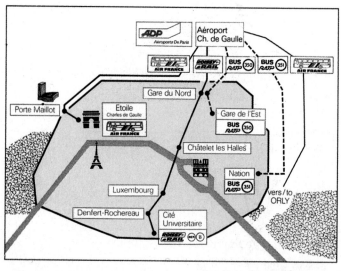

ROISSY RAIL de 5 h 25 à 23 h 25 Paris/CDG
de 5 h 10 à 23 h 45 CDG/Paris
Toutes les 15 mn
Départ de Paris vers CDG :
Toutes les stations de la ligne B du RER
Départ de CDG vers Paris :
CDG 2A porte A5
CDG 2B porte B6
CDG 1 porte 28 ou 30 niveau arrivée

Trajet moyen : 35 mn
35 F Gare du Nord en 1re classe
(navette comprise)
39,20 F métro, RER, toutes stations
(navette comprise)
23 F Gare du Nord en 2e classe
(navette comprise)
25,80 F métro, RER, toutes stations
(navette comprise)

BUS 350 RATP de 5 h 30 à 22 h 55 PARIS/CDG
de 5 h 59 à 23 h 51 CDG/PARIS
Toutes les 15/20 mn en semaine
(20 à 25 mn le dimanche)

Départ : Gare du Nord
Gare de l'Est

Départ : CDG 1 niveau boutiquaire
CDG 2A porte A5
CDG 2B porte B6

Trajet moyen : 50 mn – 28,20 F ou 6 tickets

BUS 351 RATP de 5 h 55 à 20 h 20 PARIS/CDG
de 6 h 10 à 21 h 10 CDG/PARIS
Toutes les 30 mn

Départ : Place de la Nation

Départ : CDG 1 niveau boutiquaire
CDG 2A porte A5
CDG 2B porte B6

Trajet moyen : 40 mn – 28,20 F ou 6 tickets

TAXI Compter environ 135 F du centre de Paris
pour CDG 1 environ 150 F pour CDG 2
(tarif jour novembre 1987)

LES TRANSPORTS :

BUS AIR FRANCE de 5 h 45 à 23 h
Paris/CDG 2A/CDG 2B/CDG 1

de 6 h à 23 h CDG/Paris
Toutes les 12 mn

Départ de Paris vers CDG :
PLACE CHARLES-DE-GAULLE - ÉTOILE
(Avenue Carnot)
PORTE MAILLOT (près agence AF)

Départ de CDG vers Paris :
CDG 2A porte A5
CDG 2B porte B6
CGD 1 porte 36 niveau arrivée

Trajet moyen : 40 mn – 35 F

Note culturelle

Comme les chemins de fer, les lignes aériennes françaises sont sous le contrôle du gouvernement. Les deux principales lignes aériennes sont **Air France** (compagnie internationale) et **Air Inter** (compagnie intérieure). Vous avez sans doute entendu parler d'Air France, mais Air Inter est moins connu aux États-Unis. C'est pourtant la vingtième compagnie mondiale pour le nombre de passagers transportés: plus de 10 millions. Elle dessert une soixantaine de villes en France et en Corse.

Il y a quatre aéroports à Paris—**Roissy–Charles de Gaulle, Orly–Ouest, Orly–Sud** et **Le Bourget.** Les avions en provenance des États-Unis et d'Europe arrivent en général à Charles de Gaulle. Les lignes intérieures utilisent Orly–Ouest tandis que les vols d'Afrique et d'Asie arrivent à Orly–Sud. Le Bourget est réservé aux avions des particuliers *(private planes)* et aux expositions.

À vous!

A. **En arrivant à Paris...** *(Upon arriving in Paris . . .)* Answer the following questions on the basis of the information provided in the brochure.

1. What is the most expensive way to go from the Charles de Gaulle Airport into the center of Paris?
2. What is the least expensive way?
3. What is the fastest way?
4. Which way will probably take the most time?
5. When you arrive in Paris, where do you go to get the airport bus? a city bus? the shuttle bus to take you to the train?
6. When you are ready to leave Paris and want to get to Charles de Gaulle Airport, where can you go to get the airport bus? a city bus? the train?
7. If you were arriving in Paris with your family, which means of transportation would you recommend? Why?

Reprise

B. **Un voyage en voiture.** Élisabeth et Jean-Paul Mermet sont allés de Toulouse (dans le sud de la France) à Caen (en Normandie) en voiture. De retour à Toulouse, leurs amis leur posent des questions au sujet du voyage. Jouez le rôle d'Élisabeth ou de Jean-Paul et répondez aux questions d'après l'image.

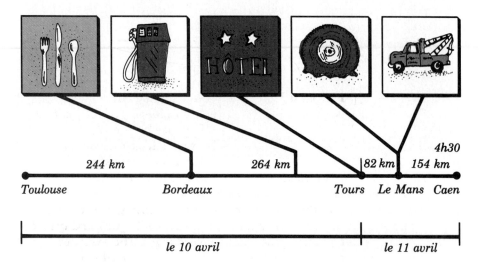

1. Quelle est la distance entre Toulouse et Caen?
2. Combien de jours est-ce que vous avez mis à faire le voyage?
3. Combien de kilomètres avez-vous faits le premier jour?
4. Combien de fois est-ce que vous vous êtes arrêtés le premier jour? Pourquoi?
5. Où est-ce que vous avez couché?
6. Et le second jour, vous êtes tombés en panne. C'est ça? Où?
7. Quel était le problème?
8. Votre père a changé la roue?
9. Alors, qui vous a dépanné?
10. À quelle heure est-ce que vous êtes enfin arrivés à Caen?

C. **Qui a téléphoné?** Pendant que vous étiez en ville, une amie a téléphoné. Votre père (mère) lui a parlé et veut vous donner son message, mais vos petits frères font beaucoup de bruit et vous avez de la difficulté à entendre. Faites répéter votre père (votre mère) en utilisant une forme convenable de **qui.** Un(e) camarade de classe va jouer le rôle de votre père (mère).

MODÈLE: VOTRE PÈRE (MÈRE): Juliette a téléphoné.
                          VOUS: *Qui a téléphoné?*
        VOTRE PÈRE (MÈRE): *Juliette.*

1. Elle a rencontré Jean-Jacques ce matin.
2. Son cousin Georges va venir la semaine prochaine.
3. Il veut aller au théâtre avec toi et Juliette.
4. Il a envie de voir aussi ton amie Martine.
5. Il faut que tu téléphones d'abord à Martine et ensuite à Juliette.
6. Georges et Jean-Jacques ont des billets pour un concert.
7. Ils vous invitent, toi et Juliette.
8. Ils n'ont pas de billet pour Martine.

Structure

Les pronoms interrogatifs (choses)

—**Qu'est-ce qui** se passe?   —*What* is going on?
—Éric et Marie se plaignent.   —Éric and Marie are complaining.
—**Que** veut-il?   —*What* does he want?
—Il veut sortir ce soir.   —He wants to go out tonight.
—**De quoi** a-t-elle besoin?   —*What* does she need?
—Elle a besoin d'une voiture.   —She needs a car.

To ask a question whose answer identifies a thing, you may use three possible pronouns in French—**qu'est-ce qui? que?** and **quoi?** All three are equivalent to the English word *what*. The exact form of the pronoun depends on how the word is used in the sentence.

Question word = subject (that is, the question word is followed by a verb without a specified subject):

    Qu'est-ce qui fait ce bruit? *(What is making that noise?)*

Question word = object (that is, the question word is followed by a subject and a verb):

    Que cherche-t-il? *(inversion)*
Qu' **Qui est-ce que** Mme Rainier a trouvé?

Question word = object of a preposition (that is, the question word is followed by a subject and a verb that requires a preposition. The preposition is placed before the question word.):

    À quoi s'intéresse-t-elle? *(inversion)*
    De quoi est-ce que tes amis ont besoin?

The interrogative adjective **quel (quelle, quels, quelles)** also means *what*. **Quel (quelle, quels, quelles)** is used when you already know the specific category to which your answer belongs. For example, **Quel est le nom de l'auteur?** (The answer must be an author's name.) **Quelle est leur adresse?** (The answer must be a street address.)

Application

D. Remplacez les mots en italique.

1. Qu'est-ce qui *se passe?* (est sur la table / t'intéresse / ne va pas / fait ce bruit / s'est passé)
2. Que *cherches-tu?* (veut-il / regardes-tu / font-ils / voulez-vous)
3. Qu'est-ce que *tu cherches?* (vous voulez / Marc aime faire / tu as acheté / vos parents vont regarder)
4. *De* quoi *avez-vous besoin?* (avec . . . écrivez-vous / à . . . vous intéressez-vous / de . . . ont-ils peur / de . . . a-t-elle envie)
5. *Sur* quoi est-ce qu'*on met la bouteille?* (de . . . vous avez besoin / à . . . ils s'intéressent / de . . . tu as peur / avec . . . vous allez travailler)

E. **À la gare.** Voici quelques questions qu'on pourrait entendre à la gare. Utilisez les mots suggérés pour les compléter.

MODÈLE: Vous désirez quelque chose? (qu'est-ce que)
          Qu'est-ce que vous désirez?

1. Vous voulez quelque chose? (qu'est-ce que)
2. Il y a quelque chose qui ne va pas? (qu'est-ce qui)
3. On vous a donné quelque chose? (qu'est-ce que)
4. Vous avez besoin de quelque chose? (de quoi)
5. Il y a quelque chose sur notre siège *(seat)?* (qu'est-ce que)
6. Quelque chose indique le numéro de la voiture? (qu'est-ce qui)
7. Il faut signer quelque chose? (qu'est-ce que)
8. Vous avez laissé votre valise sur quelque chose? (sur quoi est-ce que)

F. **À l'aéroport.** Vous êtes à l'aéroport et vous attendez l'arrivée de quelques amis. En attendant *(while waiting)*, vous entendez des phrases et des questions. Imaginez la suite *(continuation)* des conversations en utilisant les éléments donnés et un pronom interrogatif approprié— **qu'est-ce qui? que? qu'est-ce que? . . . quoi? . . . quoi est-ce que?**

MODÈLE: Vous avez soif? (vous / vouloir boire)
          Qu'est-ce que vous voulez boire?

1. Ah, vous allez à Rome? (vous / faire)
2. Il vous faut quelque chose? (vous / avoir besoin de)
3. Tiens! Il y a beaucoup de monde *(people)* à l'aéroport ce matin. (se passer)
4. Ce pauvre garçon-là est tout pâle et il tremble. (il / avoir peur de)
5. Tu vas à la boutique sous-douane *(duty-free shop).* (tu / aller acheter)

6. Elle n'a pas bonne mine, ta tante. (ne pas aller)
7. Tu as faim? (tu / vouloir manger)
8. Je m'excuse, Madame. Je n'ai pas bien compris. (vous / chercher)

G. **Pour te connaître un peu mieux (suite).** Vous continuez à poser des questions à un(e) camarade de classe. Cette fois vous utilisez les expressions suggérées et la forme convenable d'un pronom interrogatif qui demande une chose pour réponse **(que, qu'est-ce qui,** ou **quoi).**

MODÈLE: prendre pour le petit déjeuner
— *Que prends-tu pour le petit déjeuner?* ou:
— *Qu'est-ce que tu prends pour le petit déjeuner?*
— *Je prends du jus et des céréales.*
écrire tes devoirs avec
— *Avec quoi écris-tu tes devoirs?* ou:
— *Avec quoi est-ce que tu écris tes devoirs?*
— *Avec un stylo.*

1. manger pour le déjeuner d'habitude
2. mettre tes livres dans, pour aller à l'école
3. aimer comme films
4. se passer chez toi le dimanche soir
5. porter pour aller en ville
6. avoir besoin de, pour faire tes devoirs
7. t'intéresser davantage *(more)*—la musique ou les sports
8. acheter récemment
9. avoir peur de
10. regarder le plus souvent à la télé

Relais

L'arrivée en France

Écoutez la bande que votre professeur va jouer pour vous. En particulier, faites attention aux expressions utilisées pour récupérer des bagages perdus.

En route pour Paris dans un avion Air France, Anne Steele fait la connaissance de deux Français—M. et Mme Maurel. Anne a un peu peur parce que c'est son premier voyage en France et son premier vol en avion. Mais les Maurel lui expliquent ce qu'il faut faire à l'aéroport: aller au contrôle des passeports, récupérer à la livraison des bagages les valises qu'on a enregistrées *(checked),* passer par la douane *(customs).* Enfin, Anne et ses deux compagnons quittent l'avion.

On s'exprime

Voici quelques expressions pour récupérer des bagages perdus:

—**Vous avez perdu votre sac de voyage (sac à main, sac à dos)?**
—**Oui, je l'ai laissé dans l'avion.**

—**Vous avez perdu votre valise?**
—**Oui, je l'ai enregistrée, mais je ne l'ai pas retrouvée.**

—**Dans quel avion? Sur quel vol?**
—**Air France, vol 060.**

—**De quelle couleur est-il (elle)?**
—**Il (Elle) est bleu(e).**

—**En quelle matière est-il (elle)?**
—**Il (Elle) est en tissu (en cuir *[leather]*, en plastique).**

—**Il (Elle) possède des signes distinctifs?**
—**Il (Elle) a une étiquette avec mon nom.**

—**Qu'est-ce qu'il (elle) contient?**
—**Il (Elle) contient des vêtements (des documents).**

BAGAGE
043
de : C.B.E. de DIJON
à : Paris Lyon
pour :
CODE D'ACHEMINEMENT
X X X
Train :
NOMBRE DE COLIS   DATE
01   12/08/92

À vous!

H. L'arrivée à l'aéroport. Vous expliquez à un(e) ami(e) ce qu'il faut faire quand on arrive à l'aéroport Charles de Gaulle. Utilisez les expressions suivantes, mais rétablissez l'ordre convenable. Employez aussi les expressions **d'abord, ensuite, puis** et **enfin.**

MODÈLE: *D'abord, tu vas quitter l'avion. Puis tu...*

passer par la douane / montrer ton passeport et ton visa / quitter l'avion / prendre le bus Air France pour aller à Paris / aller à la porte 36 / aller à la livraison des bagages / aller au contrôle des passeports / récupérer les valises enregistrées

I. Vous avez perdu quelque chose? Expliquez à l'employé(e) que vous avez perdu les bagages illustrés dans les dessins. Puis répondez aux questions de l'employé(e) au sujet de ces bagages. Votre camarade de classe va jouer le rôle de l'employé(e) en s'inspirant des questions suggérées ci-dessous.

Questions de l'employé(e): Qu'est-ce que vous avez perdu? Dans quel avion? (Sur quel vol?) De quelle couleur est-il (elle)? En quelle matière est-il (elle)? Est-ce qu'il (elle) possède des signes distinctifs? Qu'est-ce qu'il (elle) contient?

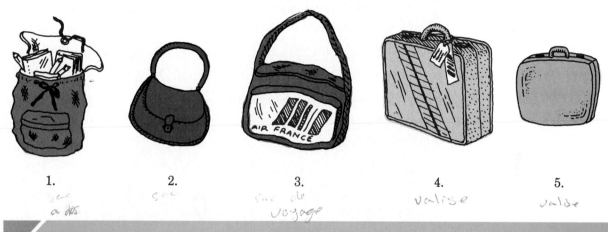

1.

2.

3.

4.

5.

Débrouillons-nous!

Exercice écrit

J. **Je vais te retrouver...** *(I'll meet you . . .)* Your French pen pal is coming to visit you in the United States. He/she will be coming by plane—either flying directly to where you live or changing planes (and going through customs) at a major city before reaching your local airport. In a letter, explain to him/her what to do upon arrival at the airport (in your city and/or in the major city).

Exercice oral

K. **À l'aéroport.** Play the role of your French pen pal and recount what actually happened when you arrived at the airport in the United States.

Lexique

On s'exprime

Pour voyager en voiture

... est à... kilomètres de...
Il faut combien de temps pour aller de... à...?
Il faut (compter)... heures pour...
On met combien de temps à faire... –...?
On met... heures pour...

Pour récupérer des baggages perdus

contenir des documents (vêtements)   la matière
enregistrer, mais ne pas retrouver   en cuir
laisser dans la cabine   en plastique
un sac à dos   en tissu
une étiquette   un sac de voyage
un sac à main   une valise

Thèmes et contextes

Les voyages en avion

un avion   enregistrer des bagages
la boutique sous-douane   une ligne (aérienne)
le contrôle des passeports   la livraison des bagages
la douane   un vol (à destination de,
                                     en provenance de)

Les voyages en voiture

l'autoroute *(f.)* à péage   prendre de l'essence *(f.)*
la carte routière   la route départementale
changer la roue   la route nationale
faire le plein (d'essence)   le service de dépannage
faire... kilomètres à l'heure   une station-service
une panne d'essence (de moteur)   *(pl.* stations-service)
un pneu (crevé)   tomber en panne

Vocabulaire général

Adjectif   *Autres expressions*
gentil   davantage
                                   de quelle couleur?
                                   en quelle matière?
                                   environ

MISE AU POINT

LECTURE: *La réservation TGV: obligatoire*

Vos parents et leurs amis font des projets de voyage en France. Ils ont envie de prendre un des trains les plus rapides du monde, le TGV. On leur a envoyé le **Guide du voyageur TGV,** mais ils ne savent pas lire le français. Ils vous demandent donc de les aider. Lisez l'extrait de la brochure, puis faites les exercices qui suivent.

LA RESERVATION TGV : OBLIGATOIRE   LA RESERVATION TGV : OBLIGATOIRE   LA RESERVATION TGV : OBLIGATOIRE

Dans le TGV, pour votre plus grand confort,
tous les voyageurs sont assis.
Pour qu'il n'y ait pas plus de passagers que de places assises,
la réservation est **obligatoire**.

Deux solutions sont envisageables :

1. VOUS POUVEZ ORGANISER VOTRE DÉPART AVANT VOTRE ARRIVÉE À LA GARE

Achetez alors votre billet et réservez votre place à l'avance :

• **Par correspondance** : à partir de 6 mois avant la date de votre départ.

• **Au guichet** des 1500 gares et des agences de voyages agréées assurant la réservation : dans les 2 mois qui précèdent votre départ et jusqu'à la limite du temps qui vous est nécessaire pour rejoindre la gare de départ.

• **Par téléphone en gare** : à partir de 2 mois avant votre départ. Un numéro de dossier vous est communiqué ainsi que la date limite de retrait de vos places.
Vous pouvez effectuer ce retrait dans le point de vente de votre choix (gare ou agence de voyages) équipé d'un terminal.
Il vous suffit de fournir au vendeur les trois éléments suivants :

– le numéro de dossier
– votre nom
– la date de départ.

En cas de non-retrait dans le délai fixé, les attributions de places seront annulées automatiquement par le système de réservation.

• **Par MINITEL** : à partir de 2 mois avant votre départ. Les places commandées par MINITEL sont retirées dans les mêmes conditions que celles réservées par téléphone.

Pour la restauration à la place en 1re classe, la réservation est nécessaire afin de vous assurer un service de qualité. Vous pouvez réserver votre repas (sauf par MINITEL) en même temps que votre place, jusqu'à une heure avant le départ du TGV de sa gare d'origine.

2. VOUS N'AVEZ PAS PU ORGANISER VOTRE DÉPART AVANT VOTRE ARRIVÉE À LA GARE

POUR DÉPART IMMÉDIAT

• **Vous n'avez pas de billet**
Au guichet de la gare de départ, un vendeur SNCF vous délivre en une seule fois et jusqu'au dernier moment (quelques minutes avant votre départ) :

– votre billet,
– votre réservation TGV et le supplément éventuel (cf. page 7).

Pour permettre à un plus grand nombre de voyageurs n'ayant pas leur billet d'emprunter le premier TGV offrant des places disponibles, une procédure de "réservation rapide au guichet" a été mise en place. Elle consiste à attribuer une place dans ce premier TGV possible mais, comme la demande est tardive, elle ne permet pas automatiquement le choix entre "fumeurs", "non fumeurs", "coin-fenêtre", "coin-couloir".

• **Vous avez déjà votre billet ou une carte d'abonnement**
Un système de réservation rapide "libre-service" est à votre disposition.

Sur le quai ou sur le parcours d'accès au train, des distributeurs marqués "TGV réservation rapide" vous permettent d'obtenir des places dans le premier TGV ayant des places disponibles et partant

dans l'heure et demie qui suit la demande (1). Mais, comme votre demande est tardive, cette attribution de places ne permet pas le choix entre "fumeurs", "non fumeurs", "coin-fenêtre", "coin-couloir" et "repas à la place".

Pour vous permettre de partir plus tôt, et si vous avez préalable-

(1) Certains TGV étant à supplément, le distributeur vous aura préalablement offert de rechercher votre place, soit dans tous les TGV, avec et sans supplément, partant dans l'heure et demie qui suit, soit dans les seuls TGV sans supplément.

A. **We need your help.** Answer your parents' questions about making
   reservations to take the TGV.

   1. Do you have to have a reservation?
   2. Can you make reservations in advance? How?
   3. Do you have to make reservations in advance? Are there any
      problems if you decide to take the TGV at the last minute?
   4. What about the meals? Do you have to reserve them, too?

Reprise

B. **Tout s'est bien passé à l'aéroport!** Gwen Chambers est allée en France pour la première fois. Jouez le rôle de Gwen et racontez comment tout s'est passé sans difficulté à son arrivé à l'aéroport.

MODÈLE: *Nous sommes arrivés à Charles de Gaulle à 7h30 du matin. Je...*

C. **Au dîner.** Vous dînez avec votre famille française. En utilisant les expressions données, formez les questions que posent les différents membres de la famille.

MODÈLE: Le téléphone sonne. Mme Cathelat va répondre. Un peu plus tard elle revient pour annoncer que c'était sa mère. (M. Cathelat: ta mère / vouloir)
Qu'est-ce que ta mère voulait?
ou: *Qu'est-ce qu'elle voulait, ta mère?*

1. Mme Cathelat dit que son frère a eu un accident. (Jacques: se passer)
2. M. Cathelat dit qu'il a reçu une lettre de sa sœur. (Mme Cathelat: ta sœur / avoir besoin de)
3. Jacques dit qu'il va sortir ce soir. (M. Cathelat: tu / faire)
4. Chantal dit qu'elle va passer les vacances au Maroc. (Jacques: on / pouvoir voir au Maroc)
5. Jacques dit qu'il va coucher samedi soir à la plage avec ses copains. (Mme Cathelat: vous / dormir sur)
6. Mme Cathelat dit qu'elle a dépensé beaucoup d'argent au grand magasin. (Chantal: tu / acheter)
7. M. Cathelat dit qu'il n'est pas content de son travail. (Mme Cathelat: ne pas aller bien)
8. Chantal dit qu'elle n'aime pas les langues, qu'elle n'aime pas les sciences, qu'elle n'aime pas les beaux-arts. (Jacques: tu / s'intéresser à)

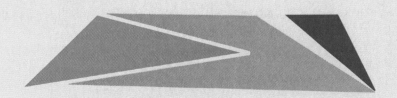

Révision

In this **Révision,** you will review:
- making plans to travel by train, plane, and car;
- the use of prepositions with geographical expressions;
- the pronoun **y;**
- the use of the subjunctive and the indicative to express doubt and certainty;
- the interrogative pronouns used to ask questions about people and things.

Comment faire des projets pour voyager en train, en avion ou en voiture

D. **Faisons des projets!** Vous êtes à Paris avec un(e) camarade de classe. Vous avez décidé de faire un voyage en Espagne. Il faut maintenant arranger les détails.

- Comment est-ce que vous y allez—en avion, en train, en voiture?
- Combien de temps est-ce que vous allez y passer?
- Quelles villes est-ce que vous allez visiter?

En utilisant les indications données, prenez les décisions nécessaires pour fixer votre itinéraire.

Horaires des trains
  Paris–Madrid

départ Paris–Austerlitz	14 24	17 45	20 00
arrivée Madrid	9 02	10 00	16 08
départ Madrid	12 40	18 10	22 05
arrivée Paris–Austerlitz	7 15	10 27	15 57

  aller-retour   820F

  Paris–Barcelone

départ Paris–Austerlitz	7 38	9 39	21 00
arrivée Barcelone	20 57	23 29	8 37
départ Barcelone	9 40	16 32	20 55
arrivée Paris–Austerlitz	23 49	7 48	8 36

  aller-retour   700F

Horaires des avions
  Paris–Madrid

départ Paris–Orly	11h05	18h30
arrivée Madrid	12h55	20h20

  Madrid–Paris

départ Madrid	9h15	16h45
arrivée Paris–Orly	11h10	18h40

  aller-retour   1755F

Les expressions géographiques et les prépositions

	City	Feminine country or masculine country beginning with vowel	Masculine country	Plural country
to, in, at	à	en	au	aux
from	de (d')	de (d')	du	des

E. **Échange scolaire.** Des jeunes gens venus de plusieurs régions du monde se réunissent à Paris avant de partir pour passer l'année dans un grand nombre de pays différents. En lisant les étiquettes qu'ils portent, indiquez pour chaque personne: (a) d'où il (elle) vient, (b) dans quelle ville il (elle) va et (c) dans quel pays se trouve cette ville.

MODÈLE: Isabelle Gourbet / Normandie / Berlin
              Isabelle Gourbet vient de Normandie. Elle va à Berlin.
              Berlin se trouve en Allemagne.

1. Michèle Bosquet / Belgique / New York
2. Najip Bouhassoun / Maroc / Londres
3. Louise Hébert / Montréal / Madrid
4. Keke Fleurissant / Haïti / Genève
5. Monique Dupuy / Suisse / Caire
6. Renée Thibault / Québec / Dijon
7. Angèle Kingué / Cameroun / Paris
8. Paul Tauriac / Louisiane / Rome

Le pronom *y*

With **aller:**

> J'y vais.

To replace a prepositional phrase indicating location:

> —Elle habite **chez ses grands-parents?**
> —Oui, elle **y** habite.

Eugène Ionesco, who was born in Romania but who lived and wrote in France, is one of the major dramatists of the Theater of the Absurd. **La Cantatrice chauve** and **Les Chaises** have been playing nonstop in Paris for over 40 years.

F. **Quelle coïncidence!** Cet exercice est inspiré de la pièce d'Eugène Ionesco, **La Cantatrice chauve** (*The Bald Soprano*). Dans une scène de cette pièce, deux personnes, qui se connaissent très bien (ils sont mari et femme), se parlent comme des étrangers (*strangers*). Complétez le dialogue suivant entre deux voyageurs dans un train en répétant les renseignements donnés par Jacques mais en utilisant le pronom **y.**

MODÈLE: JACQUES: Moi, je vais à Lyon.
              MARCEL: Tiens! *J'y vais aussi.*

1. JACQUES: Je vais descendre à la Gare Lyon-Perrache.
     MARCEL: Ah, oui? Moi aussi, _____.
2. JACQUES: J'ai rendez-vous devant la gare à 4h.
     MARCEL: C'est curieux! Moi aussi, _____.
3. JACQUES: Mon père habite à Lyon.
     MARCEL: Quelle coïncidence! Mon père _____.
4. JACQUES: Mon père travaille chez Simca.
     MARCEL: Que c'est bizarre! Mon père _____.
5. JACQUES: Ma mère est venue à Lyon la semaine dernière.

MARCEL:	Tiens! Ma mère aussi, elle _____. Comment est-ce que tu t'appelles?
6. JACQUES:	Jacques Dufreigne. Et toi, comment est-ce que tu t'appelles?
MARCEL:	Marcel Dufreigne. Tiens! Nous voici à Lyon. Et voilà Maman et Papa!
7. JACQUES:	C'est ça! Nous voici à Lyon. Et voilà Maman et Papa! On y va?
MARCEL:	Oui, mon frère, _____.

Comment exprimer l'incertitude et le doute, la certitude et la possibilité

Expressions suivies du subjonctif: **il est possible que, il n'est pas possible que, il est impossible que, il est peu probable que, douter que, ne pas penser que**

> **Il est possible que nous soyons** en retard.
> **Je ne pense pas que vous compreniez** très bien.

Expressions suivies de l'indicatif: **il est certain que, il est sûr que, il est évident que, il est clair que, il est vrai que, il est probable que, être certain(e) que, être sûr(e) que, penser que**

> **Il est évident que tu as** un gros problème.
> **Je suis sûre qu'elle va** venir.

G. **Peut-être que oui, peut-être que non.** *(Maybe yes, maybe no.)* Un de vos amis aime beaucoup parler des autres, mais il ne sait pas toujours ce qu'il dit. Utilisez les expressions entre parenthèses pour marquer votre réaction aux commentaires de votre ami. Distinguez entre les expressions suivies du subjonctif et les expressions suivies de l'indicatif.

MODÈLES: Jean va rester en ville pendant les vacances. (il est probable)
Il est probable qu'il va rester en ville.

Sa sœur va acheter une Mercédès. (il est impossible)
Il est impossible qu'elle achète une Mercédès.

1. Monique va aux Antilles cet hiver. (il est possible)
2. Ses parents vont l'accompagner. (je doute)
3. Elle sait faire de la plongée sous-marine. (je ne pense pas)
4. Elle adore nager. (mais non / je pense / avoir peur de l'eau)
5. Philippe ne va pas partir en vacances. (mais si / je suis certain[e])

6. Il va passer huit jours en Suisse. (mais non / il est probable / aller en Allemagne)
7. Il va prendre la voiture de sa sœur. (il n'est pas possible)
8. Elle va lui prêter *(lend)* sa voiture. (il est peu probable)

Les pronoms interrogatifs

Personnes	**Choses**
Qui va être en retard?	**Qu'est-ce qui** se passe?
Qui cherches-tu?	**Que** cherches-tu?
Qui est-ce que vous avez vu?	**Qu'est-ce que** vous avez vu?
À qui as-tu donné la clé?	**De quoi** ont-ils peur?
Chez qui est-ce que vous allez passer la nuit?	**Avec quoi est-ce qu'**on va faire le dîner?

H. **À table.** Au dîner chez vous, chaque fois qu'on annonce une nouvelle, il y a toujours plusieurs personnes à poser des questions. Utilisez les éléments donnés pour poser ces questions. Distinguez entre les questions qui vont avoir pour réponse **une personne** et les questions qui vont avoir pour réponse **une chose**.

MODÈLE: Je suis allé au grand magasin. (t'accompagner / acheter)
          Qui t'a accompagné?
          Qu'est-ce que tu as acheté?

1. Pépé et Mémé ont téléphoné. (parler / vouloir)
2. Je vais aller en ville demain. (avoir besoin / faire)
3. Je vais organiser une boum. (inviter / servir comme boisson)
4. Il y a eu un accident. (se passer / être dans la voiture)
5. Nous avons dîné dans un restaurant algérien. (aller / manger)
6. Nous sommes invités à passer le week-end à la campagne. (il faut apporter / dormir chez)
7. Jeanne veut aller en Afrique. (l'accompagner / voir)
8. Cécile est allée en ville ce matin. (faire / rencontrer)

Point d'arrivée

Activités orales

I. **Projets de voyage.** You and two friends want to visit some part of France. Plan a one- or two-week trip starting and ending in Paris. Decide what area you want to visit, how you want to travel, and what itinerary you'll follow. Then go to the train station (or the travel agency) and buy your tickets.

J. **Un voyage inoubliable.** *(An unforgettable trip.)* Tell your class about a plane, car, or train trip that you took. Give as many details as you can about the travel itself: how far, how long, any problems, etc.

K. **Le voyage idéal.** You have just won a large sum of money in a lottery and have decided to spend some of it on travel. You can go anywhere you want in the world. Decide which countries you want to visit and why. Then explain your itinerary to other students. They will ask you questions.

L. **Découvrons les États-Unis!** Tell the rest of the class about one or two states that you have visited and know fairly well. Give your reactions to this (these) state(s). As each student talks about a state, you should ask questions and share your ideas with others. Suggestions: locate the state, tell when and how you visited it, mention some things you saw.

Activités écrites

M. **C'est à vous d'organiser le voyage!** Write out the itinerary for the trip that you planned with your classmates in Exercise I. Attach a suggested list of clothing to bring, depending on the season during which you will be traveling.

N. **Un journal de voyage.** When on a trip, travelers often keep a diary, making notes each evening about where they went and what they did that day. Imagine that you are on a one-week trip somewhere in France. Write your diary entries for each day of the trip.

O. **Des cartes postales.** When traveling, you often don't have time to write letters; it is much easier just to send postcards. Imagine that you are on a one-week trip somewhere in France. Each day you send a postcard to your French teacher telling him (her) where you are and what you have been doing.

Expansion culturelle

Deux jeunes Français

Je m'appelle Giselle Bagnis et j'habite avec ma famille à Marseille, où mon père est avocat. Nous, on passe les vacances à Cassis, un petit village sur la Méditerranée à 25 kilomètres de Marseille. C'est là que nous avons une jolie maison d'été au style provençal. Vous dites que ce n'est pas très loin de chez nous. C'est vrai. Mais le gros avantage, c'est que nous pouvons y aller le week-end aussi. Effectivement, à partir de la saison de Pâques, nous y passons presque tous les week-ends. Puis, dès la fin de l'année scolaire, ma mère, mes deux petits frères et moi, nous nous installons à Cassis. Mon père est obligé de travailler pendant le mois de juillet, mais il y vient le week-end, puis il nous rejoint définitivement début août. C'est vraiment très sympa à Cassis. Le jour on peut nager, jouer au tennis, faire de l'équitation. Le soir il y a beaucoup de jeunes gens aux cafés du port. Et si on veut, on peut aller danser dans une discothèque.

Je m'appelle Raymond Mousset et je suis parisien. Pour moi, les vacances, c'est surtout une époque de voyages. Mes parents travaillent tous les deux dans des bureaux, assis devant un ordinateur. C'est pour ça qu'ils ont toujours envie de se déplacer lorsqu'ils ont du temps libre. Mon père aime beaucoup les sports d'hiver. En décembre et en février, nous allons donc dans les montagnes pour faire du ski. Mais en été, c'est le grand tourisme. Au début, nous avons choisi chaque année une différente région de la France; mon père voulait que ma sœur et moi, nous connaissions bien notre pays. Une année nous avons fait la Bretagne; l'année d'après, l'Alsace; nous avons visité aussi le Périgord, la région autour de Bordeaux et, bien entendu, le Midi. Depuis quelques années, c'est l'étranger: d'abord, l'Espagne; deux fois, l'Italie; et cette année, les Pays-Bas. Générale-ment c'est très agréable et assez intéressant de voyager avec ma famille. Mais je rêve de partir seul avec des camarades. J'aurai bientôt dix-huit ans et mon copain Joël et moi, nous faisons déjà des projets pour un voyage en Allemagne et en Autriche—vélo, camping, tout ça.

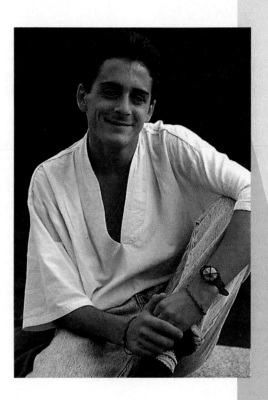

Expansion

Et vous?

P. **Êtes-vous comme Giselle et Raymond?** Maintenant vous connaissez un peu Giselle et Raymond. Est-ce que vous avez les mêmes idées à propos des vacances et des voyages? Votre famille, ressemble-t-elle à la famille de Giselle ou à la famille de Raymond? Parlez de ce qui est important pour vous à l'égard des vacances.

INTÉGRATION CULTURELLE

Le Dix-Huitième Siècle

La Monarchie en Déclin

Paradoxe frappant: dans l'apparent bien-être[1] d'un pays et d'une société commence une période de trouble et de changements qui va aboutir[2] à la crise violente qu'est la Révolution. Au dix-huitième siècle la France est le pays le plus peuplé d'Europe, le français est la langue de tous les Européens cultivés (on le parle à la cour de Prusse et à la cour d'Autriche!), l'art et l'architecture français servent de modèle au continent entier. Pourtant, l'irresponsabilité financière des rois Louis XV et Louis XVI, les défaites militaires à l'étranger, la persécution religieuse dans le pays minent[3] peu à peu l'autorité des nobles et de l'Église et préparent la prise du pouvoir du tiers état[4].

[1]well-being (material comfort) [2]to end up [3]undermine
[4]Third Estate (middle and lower classes)

1715	*Régence du duc d'Orléans*
1723	*Louis XV*
1733–1738	*Guerre de la Succession de Pologne (victoire des Russes)*
1743	*Début du règne personnel de Louis XV*
1740–1748	*Guerre de la Succession d'Autriche*
1756–1763	*Guerre de Sept Ans (la France perd l'Inde et le Canada aux Anglais)*
1774	*Mort de Louis XV; début du règne de Louis XVI*
1777–82	*Intervention dans la guerre d'Indépendance américaine: Lafayette*
1789	*Prise de la Bastille*
1792	*La Première République*
1793	*Exécution du roi Louis XVI et de la reine Marie-Antoinette*
1793–94	*La Terreur*

Voltaire

Marat

François Boucher, *Mme de Pompadour*

Mme de Pompadour

Favorite du roi Louis XV, Mme de Pompadour a joué un important rôle politique (elle a influencé les décisions du roi) et culturel (elle a protégé de nombreux artistes et écrivains).

DEUX FEMMES

Marie-Antoinette

Fille de l'empereur germanique, épouse du roi Louis XVI, la reine Marie-Antoinette a poussé le roi à résister à la Révolution. Très impopulaire, elle a été guillotinée quelques mois après son mari.

Élizabeth Vigée-Lebrun, *Marie-Antoinette*

FÊTES ET PLAISIRS... ET TRAVAIL

Le siècle de Louis XV et de Louis XVI, c'est une époque de fêtes et de divertissements, où règnent l'amour, le plaisir, le luxe[1]. Mais en même temps, c'est une époque où se développent l'esprit scientifique, l'industrie, le commerce et l'agriculture. Ces deux tendances—l'une, aristocratique et l'autre, bourgeoise et paysanne—se reflètent dans la peinture et dans la musique de la période.

[1]luxury

Deux peintres:
Watteau et Chardin

Jean-Baptiste Chardin, *Le Bénédicité*

Antoine Watteau, *Pèlerinage à l'île de Cythère*

Un compositeur:
Jean-Philippe Rameau

Clavéciniste[1] et organiste ainsi que compositeur, Rameau
contribue à fixer la science de l'harmonie moderne. Son opéra-
ballet, *les Indes galantes,* reflète le goût de l'exotisme et de
l'Orient qui est très répandu[2] au XVIIIe siècle.

[1]Harpsichordist [2]widespread

Le Siècle des lumières

On appelle souvent le dix-huitième siècle le «Siècle des lumières»[1]. Ses écrivains, dits les «philosophes», critiquent librement les notions fondamentales qui concernent l'homme et la société. Ils combattent les préjugés et les injustices au nom de la raison, de la liberté, de la tolérance, de la justice et de l'esprit scientifique. Leur plus grand projet, c'est l'*Encyclopédie:* dix-sept tomes, onze volumes de planches[2], plus de mille articles touchant non seulement aux arts appliqués mais aussi à la religion, à la politique, à la morale et à la littérature. Le philosophe Diderot et ses collaborateurs y accomplissent le multiple but de réhabiliter le travail et l'artisanat[3] tout en s'attaquant aux préjugés[4] et en fondant les bases d'un progrès rationnel.

[1]Enlightenment   [2]plates, illustrations   [3]crafts industry   [4]prejudices

Montesquieu, «Ricca à Ibben, à Smyrne»

Les philosophes choisissent souvent des armes indirectes, par exemple, la satire. Dans ses Lettres persanes, *publiées à Amsterdam en 1721, Montesquieu adopte le point de vue «naïf» de deux Persans (Ricca et Ibben) en visite à Paris pour se moquer des mœurs et du système politique en France.*

Persians
manners (customs)

Paris est aussi grand qu'*Ispahan.* Les maisons y sont si hautes qu'on jugerait qu'elles ne sont habitées que par des astrologues. Tu juges bien qu'une ville bâtie en l'air, qui a six ou sept maisons les unes sur les autres, est extrêmement peuplée, et que, quand tout le monde est descendu dans la rue, il s'y fait un bel *embarras.*

city in Iran (formerly Persia)

congestion

Tu ne le croirais pas peut-être: depuis un mois que je suis ici, je n'y ai encore vu marcher personne. Il n'y a point de gens au monde qui *tirent mieux parti* de leur machine que les Français: ils *courent;* ils *volent.* Les voitures lentes d'Asie, le pas réglé de nos *chameaux,* les *feraient tomber en syncope.* Pour moi, qui ne suis point *fait à ce train,* et qui vais souvent à pied sans changer d'*allure,* j'enrage quelquefois comme un Chrétien: car encore passe qu'on m'*éclabousse* depuis les pieds jusqu'à la tête, mais je ne puis pardonner les *coups de coude* que je reçois régulièrement et périodiquement. Un homme qui vient après moi, et qui me passe, me fait *faire un demi-tour,* et un autre, qui me *croise* de l'autre côté, me remet soudain où le premier m'avait pris; et je n'ai pas fait cent pas que je suis plus *brisé* que si *j'avais fait dix lieues.*

Ne crois pas que je puisse, quant à présent, te parler à fond des mœurs et des coutumes européennes: je n'en ai moi-même qu'une légère idée et je *n'ai eu à peine que le temps* de *m'étonner.*

make better use / run / fly
camels
would cause them to black out / used to this rhythm / speed
splashes
nudges (of elbow)

turn around backwards / passes

tired / had traveled ten leagues (approximately 30 miles)

had barely enough time / to be surprised

Le roi de France est le plus puissant prince de l'Europe. Il n'a point de mines d'or comme le roi d'Espagne, son voisin; mais il a plus de richesses que lui, parce qu'il les *tire* de la vanité de ses sujets, plus *inépuisable* que les mines [...] ce roi est un grand magicien: il exerce son empire sur l'*esprit* même de ses sujets; il les fait penser comme il veut. S'il n'a qu'un million d'*écus* dans son trésor, et qu'il en ait besoin de deux, il n'a qu'à leur persuader qu'un écu en *vaut* deux, et ils le croient. S'il a une guerre difficile à *soutenir,* et qu'il n'ait point d'argent, il n'a qu'à leur mettre dans la tête qu'un morceau de papier est de l'argent, et ils en sont aussitôt *convaincus.* Il va même jusqu'à leur faire croire qu'il les guérit de toutes sortes de *maux* en les touchant; tant est grande la force et la puissance qu'il a sur les esprits. [...]

draws
inexhaustible
mind
crowns (unit of money)
is worth
to wage

convinced
illnesses

Deux Philosophes •
VOLTAIRE ET ROUSSEAU

François-Marie Arouet, dit Voltaire

Né dans une famille bourgeoise parisienne, exilé en Angleterre après une dispute avec un noble, Voltaire deviendra l'homme le plus connu d'Europe. On l'appellera «le patriarche de Ferney[1]», «le roi Voltaire». À travers ses contes, ses textes philosophiques, ses pièces, ses livres d'histoire, ses pamphlets, il incarne l'esprit philosophique du siècle. Luttant contre le fanatisme, la superstition et l'ignorance, il s'efforce[2] de montrer à l'être humain le chemin du bonheur.

[1]small village near the Swiss border where Voltaire spent the last years of his life   [2]makes an effort

Voltaire

«Le Mondain»

S'opposant à la morale traditionnelle, Voltaire chante le luxe et le plaisir du monde moderne dans ce poème écrit en 1736.

Regrettera[1] qui veut le bon vieux temps
Et l'âge d'or, et le règne d'Astrée[2],
Et les beaux jours de Saturne et de Rhée[3],
Et le jardin de nos premiers parents:
Moi je rends grâce à la nature sage
Qui, pour mon bien, m'a fait naître[4] en cet âge
Tant décrié[5] par nos tristes frondeurs[6]:
Ce temps profane[7] est tout fait pour mes mœurs.
J'aime le luxe, et même la mollesse[8],
Tous les plaisirs, les arts de toute espèce,
La propreté[9], le goût, les ornements:
Tout honnête homme a de tels sentiments.

Il est bien doux pour mon cœur très immonde[10]
De voir ici l'abondance à la ronde,
Mère des arts et des heureux travaux,
Nous apporter, de sa source féconde,
Et des besoins et des plaisirs nouveaux.
L'or de la terre et les trésors de l'onde[11],
Leurs habitants et les peuples de l'air,
Tout sert au luxe, aux plaisirs de ce monde.
Oh! le bon temps que ce siècle de fer!
Le superflu[12], chose très nécessaire,
A réuni[13] l'un et l'autre hémisphère. [...]

[1] Let him regret [2] Roman goddess of justice who left Earth at the end of the golden age [3] Roman god and goddess who had created the golden age [4] to be born [5] So criticized [6] rebels and critics of authority [7] secular [8] indolence [9] elegance [10] base, vile [11] wave (sea) [12] superfluous [24] has brought together

«Remarques sur les Pensées de Pascal»

Commentant les idées de Pascal, célèbre penseur du dix-septième siècle, Voltaire oppose à la notion pascalienne de «l'aveuglement et la misère de l'homme» un point de vue plus équilibré.

[...] Pour moi, quand je regarde Paris ou Londres, je ne vois *aucune* raison pour entrer dans ce *désespoir* dont parle M. Pascal; je vois une ville qui ne ressemble en rien à une île déserte, mais peuplée, opulente, *policée*, et où les hommes sont heureux autant que la nature humaine le *comporte*. Quel est l'homme sage qui sera plein de désespoir parce qu'il ne sait pas la nature de sa pensée, parce qu'il ne connaît que quelques attributs de la matière, parce que Dieu ne lui a pas révélé ses secrets? *Il faudrait autant* se désespérer de n'avoir pas quatre pieds et deux ailes. Pourquoi nous faire horreur de notre être? Notre existence n'est pas si malheureuse qu'on veut nous le faire *accroire*. Regarder l'univers comme un *cachot*, et tous les hommes comme des criminels qu'on va exécuter, est l'idée d'un fanatique. Croire que le monde est un lieu de *délices* où l'on ne doit avoir que du plaisir, c'est la rêverie d'un *sybarite*. Penser que la terre, les hommes et les animaux sont ce qu'ils doivent être dans l'ordre de la Providence est, je crois, d'un homme sage.

aucune — no
désespoir — despair
policée — well governed
comporte — allows
Il faudrait autant — You might just as well
accroire — to believe / dungeon
délices — delights, pleasures
sybarite — person living an easy and pleasure-filled life

Jean-Jacques Rousseau

Allan Ramsay,
Jean-Jacques Rousseau

Né à Genève dans une famille protestante et bourgeoise d'origine française, Rousseau a mené une vie difficile et souvent malheureuse. S'opposant de tempérament et de sensibilité à Voltaire et à ses amis, il a tendance à vouloir s'isoler du monde. Anti-philosophe par l'importance qu'il accorde aux émotions, à la conscience instinctive, à la nature, il appartient tout de même à son siècle par son esprit de système qui lui permet d'édifier des ensembles de principes dans des domaines variés tels que[1] l'éducation et la philosophie politique.

[1] such as

«Discours sur l'origine de l'inégalité»

Rendu célèbre par son *Discours sur les sciences et les arts* (1750), dans lequel il soutient la thèse que la conséquence logique de la civilisation et de ses produits est la décadence, il développe cinq ans après l'idée que l'ordre naturel est bon et que le mal vient de la société.

Le premier qui *ayant enclos* un terrain s'avisa de dire: «Ceci est à moi», et trouva des gens assez simples pour le croire, *fut* le vrai fondateur de la société civile. *Que de* crimes, de guerres, de meurtres, que de misères et d'horreurs *n'eût point épargnés* au genre humain celui qui, *arrachant les pieux* ou *comblant le fossé*, *eût crié* à ses semblables: «*Gardez-vous* d'écouter cet imposteur; vous êtes perdus si vous oubliez que les fruits sont à tous, que la terre n'est à personne!» [...]

    Tant que les hommes se contentèrent de leurs cabanes rustiques, tant qu'ils *se bornèrent à coudre* leurs habits de *peaux* avec des *épines* et des *arêtes*, à *se parer* de plumes et de *coquillages*, à se peindre le corps de diverses couleurs, à perfectionner ou embellir leurs *arcs* et leurs *flèches*, à *tailler* avec des pierres tranchantes quelques canots de pêcheurs, ou quelques grossiers instruments de musique, en un mot, tant qu'ils ne s'appliquèrent qu'à des ouvrages qu'un seul pouvait faire, et qu'à des arts qui n'avaient pas besoin du *concours* de plusieurs mains, ils *vécurent* libres, *sains*, bons et heureux autant qu'ils pouvaient l'être par leur nature et continuèrent à *jouir* entre eux des douceurs d'un commerce indépendant, mais *dès l'instant qu'un homme eut besoin du secours* d'un

- having enclosed
- was
- How many
- might have spared / pulling out the stakes / filling in the ditches / had shouted / Be careful not to

- As long as
- limited themselves to sewing / animal skins / quills / fishbones / to deck themselves out / shells / bows / arrows
- to carve out

- cooperation / lived
- healthy
- to enjoy
- starting with /needed the help

autre, dès qu'on *s'aperçut* qu'il était utile d'avoir des provisions pour deux, l'égalité *disparut,* la propriété s'introduisit, le travail *devint* nécessaire et les vastes forêts se changèrent en des campagnes *riantes* qu'il *fallut arroser de la sueur* des hommes, et *dans lesquelles on vit* bientôt l'esclavage et la misère *germer* et *croître* avec les *moissons.*

La metallurgie et l'agriculture *furent* les deux arts *dont* l'invention produisit cette grande révolution. Pour le poète, c'est l'*or* et l'*argent;* mais pour le philosophe, ce sont le *fer* et le *blé* qui ont civilisé les hommes et perdu le genre humain [...] Dès qu'*il fallut* des hommes pour *fondre* et forger le fer, il fallut d'autres hommes pour nourrir *ceux-là* [...]

noticed

disappeared / became

laughing

was necessary to water with the sweat / in which were seen / to sprout / to grow / crops

were / whose

gold / silver /

iron / wheat

were needed / to melt

the former

Le Contrat social

Rousseau reconnaît pourtant qu'on ne peut pas retourner à l'état de nature, que la société existe et qu'il faut donc créer un contrat social qui assure à chaque citoyen la protection de la communauté et qui lui offre les avantages de l'égalité et de la liberté.

Si donc on *écarte* du pacte social *ce qui* n'est pas de son essence, on trouvera qu'il se réduit aux termes suivants: «Chacun de nous met en commun sa personne et toute sa puissance sous la suprême direction de la *volonté générale:* et nous recevons encore chaque membre comme partie indivisible du tout.» [...]

Réduisons toute cette balance à des termes faciles à comparer: ce que l'homme perd par le contrat social, c'est sa liberté naturelle et un *droit illimité* à tout ce qui le *tente* et qu'il peut *atteindre;* ce qu'il gagne, c'est sa liberté civile et la propriété de tout ce qu'il possède. Pour ne pas se tromper dans ces compensations, il faut bien distinguer la liberté naturelle qui *n'a de bornes que* les forces de l'individu, de la liberté civile qui est limitée par la volonté générale; et la possession qui n'est que l'effet de la force ou du droit du premier occupant, de la propriété qui ne peut être fondée que sur un *titre positif.*

separates out / that which

general will

unlimited right

tempts / to attain

is limited only by

positive title

UNE ANNÉE: 1789

Ayant besoin d'argent, Louis XVI se voit obligé de réunir les états généraux, c'est-à-dire les représentants élus des trois ordres du pays: le clergé, la noblesse, le tiers état. Le roi refuse d'abord toute discussion, fait venir des soldats, mais le peuple de Paris attaque la Bastille. C'est le 14 juillet; les troupes du roi doivent se rendre; on proclame la chute de l'Ancien Régime. Un mois après, on vote l'abolition des privilèges des nobles et, en octobre, la Déclaration des droits de l'homme et du citoyen. En trois mois, la monarchie absolue a été remplacée par un régime constitutionnel.

La Prise de la Bastille

La Révolution

La Déclaration des droits de l'homme

«— Les hommes naissent et demeurent libres et égaux en droits.

— Ces droits sont: la liberté, la propriété, la *sûreté,* la résistance à l'oppression.   security

— Le principe de la *souveraineté* réside dans la nation. *Nul* corps, nul individu, ne peut exercer d'autorité qui n'en *émane* expressément.   sovereignty / No   issue from

— La liberté consiste à pouvoir faire *tout ce qui ne nuit pas à autrui.* Ainsi, l'exercice des droits naturels de chaque homme *n'a de bornes que celles*   everything that does not harm someone else / is limited only by those (liberties)

C31 / *Intégration culturelle*

qui assurent aux autres membres de la société la *jouissance* de ces mêmes droits...

— La loi est l'expression de la volonté générale. Elle doit être la même pour tous, *soit qu*'elle protège, *soit qu*'elle punisse.

— Tous les citoyens, *étant égaux* à ses yeux, sont également admissibles à toutes dignités, places et emplois publics, selon leurs capacités et sans autre distinction que *celle* de leurs vertus ou de leurs talents.

— *Nul* ne doit être *inquiété* pour ses opinions, même religieuses.

— La libre communication des pensées et des opinions est un des droits les plus précieux de l'homme.

— Toute société, où la séparation des pouvoirs n'est pas déterminée, n'a pas de constitution...»

enjoyment

whether...or whether
being equal

that (the distinction)
No one / harassed, bothered

*L*TROIS RÉVOLUTIONNAIRES

*L*a Révolution est caractérisée par des luttes (entre partisans des différents clubs politiques—les Girondins, les Cordeliers, les Jacobins) souvent violentes qui aboutissent[1] à la Terreur (1793–1794), pendant laquelle de nombreux «suspects contre-révolutionnaires» sont jugés et guillotinés par les Jacobins.

[1]end up

Robespierre est un idéaliste fanatique jacobin qui s'oppose d'abord aux Girondins et ensuite aux Cordeliers. Chef du Comité de salut[2] public, c'est lui qui instaure[3] la Grande Terreur. Il meurt lui aussi sous la guillotine.

[2]safety [3]inaugurates

Femme du ministre de l'Intérieur, Mme Roland organise un salon que fréquentent les Girondins les plus importants. Ennemie du pouvoir royal, défenseur de l'ordre bourgeois, elle meurt sur l'échafaud[4] en 1793.

[4]scaffold

Médecin, journaliste, membre actif du club des Cordeliers, défenseur ardent du peuple, Marat mène le combat contre les Girondins. Il a été assassiné dans son bain par une partisane des Girondins, Charlotte Corday.

Louis David, *Marat assassiné*

le Maroc

le Sénégal

la Grèce

le Québec

l'Espagne

Où est-ce qu'on parle français?

Unité 3
On visite le monde francophone

Le monde francophone

LECTURE: *La francophonie, aire de solidarité*

La francophonie est une nouvelle notion entrée dans l'histoire depuis quelques années. Plus de quarante pays et régions ont un point commun: l'usage de la langue française. Ce monde francophone représente une très grande diversité qui regroupe 70 millions de personnes pour qui le français est la seconde langue et 200 millions de **locuteurs** qui utilisent le français comme première langue.

speakers

C'est donc l'expression qui crée la solidarité entre la France et ses anciennes colonies, une solidarité qui a comme résultat l'esprit de communauté et de services mutuels.

Il n'est pas facile de définir la francophonie. Beaucoup de gens ont pourtant essayé de trouver les idées qui semblent **lier** des pays et des cultures différents. Voici quelques-unes de ces définitions:

tie together

■ «Je tiens beaucoup à la francophonie. . . Je ne comprends pas que nous, francophones, **soyons atteints** de je ne sais quel complexe d'infériorité et que nous refusions de nous grouper. C'est là un problème qui me préoccupait beaucoup.»

should be affected

(Léopold Sédar Senghor, juillet 1965)

■ «La francophonie est un mode de pensée et d'action, une certaine manière de poser les problèmes et d'en chercher les solutions. Encore une fois, c'est une communauté spirituelle. . . »

(Léopold Sédar Senghor, Université de Laval, 1966)

■ «La francophonie est une manifestation de la profonde parenté spirituelle qui unit les pays de langue française.»

(Georges Pompidou, 1966)

sharing

■ «**Partageant** la même langue, nous avons un humour commun, des indignations communes, des aspirations communes: ainsi notre langue représente autant une féconde communauté de pensée qu'une simple communauté d'expressions.»

(Le ministre de l'éducation du Zaïre, à Abidjan, 1964)

Ouverture

A. **La francophonie.** This reading contains certain ideas that can be used to define the notion of **francophonie.** Answer the following questions to show your comprehension of the text.

1. What do the forty francophone countries and regions have in common?
2. How many people in the world can speak and understand French?
3. What key words about **francophonie** can you find in the reading?
4. What do the definitions of **francophonie** have in common?

The classification of a country as francophone means that French is a major language there. It does not necessarily mean that *only* the French language is spoken. For example, Canada is officially a bilingual country but may also be classified as francophone because French is spoken there. In fact, French is the language of the majority in the province of Quebec and the language of large groups of people in some of the other provinces. Thus, even though the first language of the majority of Canada's citizens is English, Canada still qualifies as a francophone country.

L'AFRIQUE FRANCOPHONE

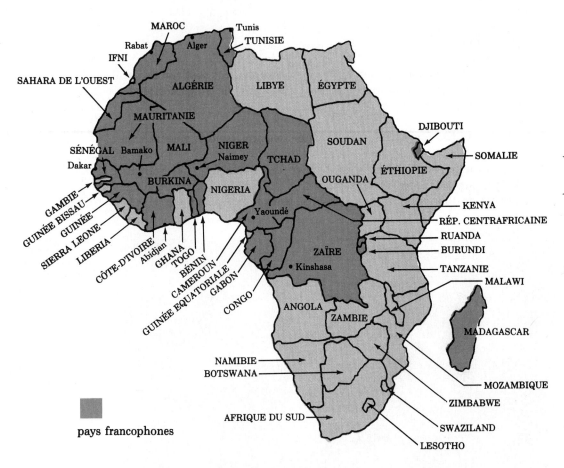

pays francophones

B. **L'Afrique.** Regardez la carte de l'Afrique et décidez si les pays suivants sont francophones.

MODÈLE: la Tunisie
Oui, la Tunisie est un pays francophone.

1. le Nigeria
2. l'Algérie
3. le Ghâna
4. la Somalie
5. le Sénégal
6. le Tchad
7. la Sierra Leone

8. le Cameroun
9. la Zambie
10. le Mali
11. la Côte-d'Ivoire
12. le Mozambique
13. le Maroc
14. le Malawi

15. le Soudan
16. la Mauritanie
17. la Libye
18. le Gabon
19. la Tanzanie
20. le Burundi

C. **Les régions francophones.** Regardez la carte de la francophonie aux pages xiv et xv et décidez où se trouvent les régions francophones suivantes. Indiquez si la région se trouve en **Afrique**, en **Amérique**, en **Asie**, en **Europe** ou en **Océanie**.

MODÈLE: le Cameroun
Le Cameroun se trouve en Afrique.

1. Tahiti
2. la Martinique
3. Monaco
4. le Madagascar
5. la Nouvelle-Angleterre
6. la Belgique
7. le Québec
8. le Luxembourg
9. la Nouvelle-Calédonie
10. le Zaïre
11. le Cambodge (Kampuchea)
12. la Suisse
13. Haïti
14. la Louisiane
15. la Guadeloupe

D. **Et maintenant, à vous.** Donnez quelques détails autobiographique à un(e) camarade de classe. Par exemple: Où est-ce que vous êtes né(e)? Combien de personnes est-ce qu'il y a dans votre famille? Qu'est-ce qu'ils font dans la vie? Quelle est votre langue maternelle *(native language)*? Quelle langue est-ce que vous parlez à la maison? Vos parents sont-ils nés aux États-Unis? Quelle langue parlent-ils?

**Bureau National
du Tourisme Sénégalais**
30, avenue George-V - 75008 Paris
Tél. (1) 723.78.08

C'est le timbre de quel pays? Quelle est la capitale du pays? Indiquez la lettre de la capitale qui correspond à chaque pays.

1. le Sénégal
2. le Maroc
3. la Côte-d'Ivoire
4. le Cameroun
5. la Tunisie
6. le Niger
7. le Mali
8. le Zaïre
9. l'Algérie

a. Alger
b. Abidjan
c. Dakar
d. Bamako
e. Kinshasa
f. Niamey
g. Tunis
h. Rabat
i. Yaoundé

Point de départ

Images du Cameroun

• •

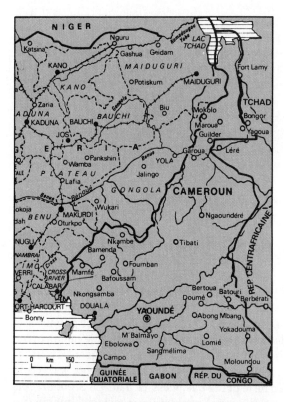

Profil: Le Cameroun

*Nom officiel: République Unie du Cameroun
*Devise *(motto)***:** Paix, Travail, Patrie
*Capitale: Yaoundé
*Superficie: 475 442 km^2
*Villes importantes: Douala, Kribi, Lomié, Bafia, Maroua, Doumé,
N'Kongsamba
*Population: 9,7 millions d'habitants
*Nom des habitants: Camerounais
*Langues officielles: Français et anglais
*Autres langues: Environ 200 langues et dialectes: pidgin, bamiléké, fang,
mbang, foulbé, béti, douala, bassa, ewondo
*Religions: Animistes (45%), catholiques (21%), musulmans (20%),
protestants (14%)
*Date d'indépendance: 1960–1961
*Climat: Pluvieux dans les plaines et les bas plateaux du sud, longue saison
sèche (5 à 7 mois) dans le centre, moins pluvieux dans le nord

---

LECTURE: *Une lettre au Cameroun*

Numbers here refer to the items in the **Note culturelle** box on page 187.

Chère Mama Sarah,[1]
    Comment vas-tu? Je sais déjà ce que tu vas me répondre: «Je vais bien, merci, mais quand reviens-tu donc à Nkonzock?»[2] Est-ce que je ne te manque pas?» Bien sûr que tu me manques, Mama Sarah! Tu sais ce qui me manque aussi, c'est le bon foufou,[3] koki[4] et ndole[5] que tu prépares si bien. Tu sais autre chose qui me manque aussi, c'est la pluie. C'est étrange, n'est-ce pas? Qui **aurait pensé** que la pluie **me manquerait** tant. Le vent dans les palmiers, le ciel qui change de couleur, l'odeur des premières **gouttes** de pluie mélangées à la **poussière**, le bruit de la pluie sur le **toit de taule**, je pense souvent à tout ça.

would have thought / I would
miss / drops
dust / tin roof (in this context)

believe

    Tu sais le temps qu'il fait ici en ce moment? Il neige! Malaga wa![6] De la vraie glace qui tombe du ciel! Tu ne le **crois** pas, n'est-ce pas? La première fois que j'ai vu ça de mes propres yeux, j'ai pensé que c'était un miracle! Imagine un peu le réfrigérateur de Papa Paul et multiplie par un million ce que tu y vois, et c'est ça, la neige! Comme tu dis souvent: «Magnaga mi longe»,[7] les miracles de la vie! Eh oui, c'est bien ca.

I thought

    J'ai cru un moment que j'étais près de toi, surtout que je suis en train d'écouter du Makossa[8] pendant que je t'écris. N'oublie pas que je vais rentrer bientôt. L'année scolaire va finir au mois de juin. Tu me manques beaucoup, Mama Sarah. Je t'aime et je t'embrasse bien fort.

Ta fille
Angèle

Note culturelle

1. **Mama** and **Papa** followed by a name are terms of respect and affection used to address older members of the community with whom one may not necessarily have direct family ties. In cases where **Mama** or **Papa** is not followed by any other name, it usually refers to the actual father or mother.
2. The small village of Nkonzock is in the littoral province of Cameroon. Nkonzock translates as "kingdom of elephants." The language spoken there is called mbang, which is in the family of Bantu languages.
3. **Foufou** is corn or casava flour boiled in water to form a dense, dried paste that can be molded into a ball to be dipped into a variety of stews or soups. It is best eaten with the fingers.
4. **Koki** is ground bean cakes steamed in banana leaves and seasoned with salt and aromatic spices.
5. **Ndole** is meat or dried fish stew made with bitter leaves and ground nuts in an oil base with tomatoes, onions, and local spices.
6. **Malaga wa** literally translates into "I am telling you," meaning "I'm not kidding" or "no kidding."
7. **Magnaga mi longe** means "the wonders of life."
8. **Makossa** refers to a music and dance originating in the Douala region of Cameroon.

Exercice de familiarisation

A. **Profil du Cameroun.** Vous venez de rentrer du Cameroun et vous décrivez le pays à un(e) camarade de classe. Employez les renseignements donnés dans le **Profil.** Votre camarade va vous poser des questions.

   MODÈLE: — *J'ai beaucoup aimé le Cameroun. Nous avons visité Douala et Doumé.*
   — *Quelle est la capitale du Cameroun?*
   — *Yaoundé est la capitale.*

B. **Une lettre au Cameroun.** Répondez aux questions.

   1. Qu'est-ce qu'il y a dans la lettre qui indique qu'Angèle a le mal du pays *(is homesick)*?
   2. Quelles sont quelques spécialités camerounaises qu'elle mentionne dans sa lettre? Qu'est-ce que nous mangeons aux États-Unis qui correspond à ces spécialités?

3. Qu'est-ce qui manque le plus à Angèle?
4. Est-ce que Mama Sarah est la mère d'Angèle? Pourquoi est-ce qu'elle emploie le mot *Mama*?
5. Pendant quelle saison est-ce qu'Angèle écrit sa lettre? Comment le savez-vous?
6. Comment décrit-elle la neige à Mama Sarah?
7. Quand est-ce qu'elle va rentrer au Cameroun?

Structure

Le pronom relatif **qui**

J'ai parlé à quelqu'un **qui** vient du Cameroun.	I spoke to someone *who* comes from Cameroon.
Les plantations **qui** se trouvent au sud du Cameroun produisent du café et du cacao.	The plantations *that* are located in the southern part of Cameroon produce coffee and cocoa.

A relative pronoun is used to connect two clauses into a single sentence. The relative pronoun introduces the second clause, while referring back to a word in the main clause. **Qui** *(who, that, which)* may refer to either persons or things and acts as the subject of the subordinate clause. **Qui** is always followed by a verb.

Les amis **chez qui** j'ai dîné sont Camerounais.	The friends at *whose house* I ate dinner are Cameroonians.

The relative pronoun **qui** may also be the object of a preposition when it refers to a person. The most common prepositions used with **qui** are **à, chez, avec,** and **pour.**

Application

C. **Donne-moi...!** Employez les éléments donnés pour demander quelque chose à votre camarade. Suivez le modèle.

MODÈLE: le livre / sur la table
— *Donne-moi le livre.*
— *Quel livre?*
— *Le livre qui est sur la table.*

1. le disque / sous la chaise
2. la lampe électrique / dans le tiroir
3. le stylo / dans mon sac à dos
4. les cassettes / sur l'étagère
5. les magazines / à côté de toi
6. la tasse / dans l'évier
7. la fourchette / sur la table
8. les assiettes / dans la salle à manger

D. **Je connais...** Vous voulez indiquer à vos amis que vous connaissez beaucoup de gens qui viennent de pays d'Afrique. Suivez le modèle et employez le pronom relatif **qui**.

MODÈLE: connaître des gens / le Mali
Je connais des gens qui viennent du Mali.

1. connaître des gens / la Côte-d'Ivoire
2. avoir des amis / le Zaïre
3. téléphoner à un ami / le Niger
4. connaître un professeur / le Cameroun
5. avoir une amie / la Tunisie
6. connaître un poète / le Sénégal
7. avoir des amis / le Maroc
8. connaître des gens / l'Algérie

E. **Des renseignements.** Répondez en utilisant l'expression **je ne sais pas le(s) nom(s) de,** le nom entre parenthèses et le pronom relatif **qui**.

MODÈLE: À qui parle-t-elle? (monsieur)
Je ne sais pas le nom du monsieur à qui elle parle.

1. À qui parle-t-il? (garçon)
2. Chez qui habite-t-elle? (famille)
3. Pour qui travaillent-ils? (homme)
4. Avec qui sont-elles allées au cinéma? (élèves)
5. Chez qui allez-vous avoir la fête? (jeune fille)
6. À qui a-t-elle prêté de l'argent? (garçon)
7. Avec qui vont-ils sortir? (jeunes gens)

LECTURE: *Qui es-tu?*

Qui es-tu?
Je suis Mamadi, fils de Dioubaté.
D'où viens-tu?
Je viens de mon village.
Où vas-tu?
À l'autre village.
Quel autre village?
Quelle importance?

everywhere Je vais **partout,** là où il y a des hommes.
C'est ainsi ma vie.

Que fais-tu dans la vie?
poet, musician, and geneologist Je suis **griot, m'entends-tu?**
of an African people / do you Je suis griot, comme l'était mon père.
hear me? Comme l'était le père de mon père.
will be Comme le **seront** mes enfants
Et les enfants de mes enfants...
Je suis griot, m'entends-tu?

Je suis griot comme du temps où nos pères
birth Ouvraient le cœur à la **naissance** du jour
unknown Et l'hospitalité au voyageur **inconnu**
Delayed **Attardé** sur la route de la nuit...
Je suis enfant de Guinée,
Je suis fils du Mali,
the depths Je sors du Tchad ou du **fond** du Bénin,
Je suis enfant d'Afrique...

Mamadi, fils du Dioubaté,
Gardien des traditions de tout un monde,
Troubadour de l'Afrique de toujours,
Conteur, danseur, chanteur
Tout au long de la vie.
knowledge Viens me sortir de mon **savoir** venu d'un autre monde,
Parle-moi de l'Afrique de nos ancêtres,
Enseigne-moi l'Afrique d'autrefois
wisdom Et sa **sagesse** proverbiale,
Chante, danse, chante, danse,...

        Francis Bebey

Compréhension ▰

F. **Le sens du poème.** Répondez aux questions.

1. Ce poème est comme une petite interview. Qui sont les deux personnes qui parlent?
2. Qu'est-ce que nous savons du griot? Donnez quelques détails de sa vie.
3. Pourquoi est-ce que le griot est important dans les cultures africaines? Quel rôle joue-t-il?
4. Est-ce que nous savons de quel pays vient ce griot? Pourquoi pas?
5. Qu'est-ce que l'interviewer demande au griot?
6. À votre avis, quel est le message du poème?

G. **Un poème à vous.** Refaites le poème en substituant des renseignements sur votre vie. C'est-à-dire, répondez aux questions de l'interviewer.

Structure

> ### *Le pronoms relatif* que
>
> | | |
> |---|---|
> | Le pays francophone **que** je vais étudier est le Cameroun. | The French-speaking country *that* I'm going to study is Cameroon. |
> | La personne **que** j'ai rencontré**e** récemment est du Cameroun. | The person *whom* I met recently is from Cameroon. |
>
> The relative pronoun **que** *(whom, which, that)* is used as a *direct object* and may stand for either persons or things. It is always followed by a subject and a verb. **Que** becomes **qu'** when it is followed by a vowel or a silent **h.** Note that if the subordinate clause contains a compound tense, such as the **passé composé,** the past participle agrees in gender and number with the word that **que** refers to, which is the preceding direct object.

Application

H. **Les gens que j'ai rencontrés.** Employez l'élément donné pour expliquer de quel pays francophone viennent les gens que vous avez rencontrés. Suivez le modèle.

   MODÈLE: la Belgique
   Les gens que j'ai rencontrés viennent de Belgique.

   1. le Cameroun
   2. la Suisse
   3. le Mali
   4. la Tunisie
   5. le Canada
   6. le Viêt-nam
   7. la Nouvelle-Calédonie
   8. le Luxembourg
   9. la Côte-d'Ivoire
   10. le Niger

I. **Des souvenirs.** Votre ami vient de rentrer du Cameroun et il vous parle des souvenirs qu'il a achetés. Vous voulez voir l'objet dont il parle.

   MODÈLES: J'ai acheté un portefeuille.
   Montre-nous le portefeuille que tu as acheté.

   J'ai acheté des disques.
   Montre-moi les disques que tu as achetés.

   1. J'ai acheté des épices *(spices [f.pl.])*.
   2. J'ai acheté des bijoux.
   3. J'ai acheté un costume traditionnel camerounais.
   4. J'ai acheté des cartes postales.

5. J'ai acheté une peinture.
6. J'ai acheté un livre sur le Cameroun.
7. J'ai acheté des livres de poésie camerounaise.
8. J'ai acheté une carte de Yaoundé.

J. **Précisions.** Utilisez les pronoms relatifs **qui** et **que** et les mots entre parenthèses pour donner des précisions. Attention aux temps des verbes!

> Quelle auto faut-il acheter? (ton père / recommander)
> *L'auto que ton père a recommandée.*
>
> Quel livre veux-tu? (être sur le bureau)
> *Le livre qui est sur le bureau.*

1. Quel train faut-il prendre? (partir de Lyon à 17h)
2. Quelle vidéo va-t-on montrer? (Jean / apporter)
3. Quelles oranges faut-il acheter? (venir du Maroc)
4. À quelle station faut-il descendre? (être juste après Concorde)
5. Quelle jupe vas-tu acheter? (je / voir hier)
6. Quelles places peut-on prendre? (être marquées «non-réservées»)
7. Quels pays vont-elles visiter? (nous / recommander)
8. Quelle lettre viens-tu de recevoir? (mes parents / envoyer)

Débrouillons-nous!

Exercice oral

K. **Quand j'étais petit(e)...** Comparez vos souvenirs d'enfance aux souvenirs d'enfance d'un(e) camarade de classe. Suivez le modèle.

MODÈLE: J'avais un ami qui...
> —*J'avais un ami qui n'aimait pas aller à l'école.*
> —*Moi, j'avais un ami qui refusait de faire ses devoirs.*

1. J'avais une amie qui...
2. Nous habitions dans une maison (un appartement) qui...
3. J'aimais jouer avec... que...
4. Je me souviens bien de..., chez qui...
5. Un jour j'ai perdu... que...
6. J'avais un ami qui...

Exercice écrit

L. **Chère Angèle...** Pretend that you're either Mama Sarah or Papa Paul and answer Angèle's letter. Tell her about the weather, the meals you've been preparing, and the people you've seen. Tell her you miss her.

DEUXIÈME ÉTAPE

Point de départ

Images du Maroc

• •

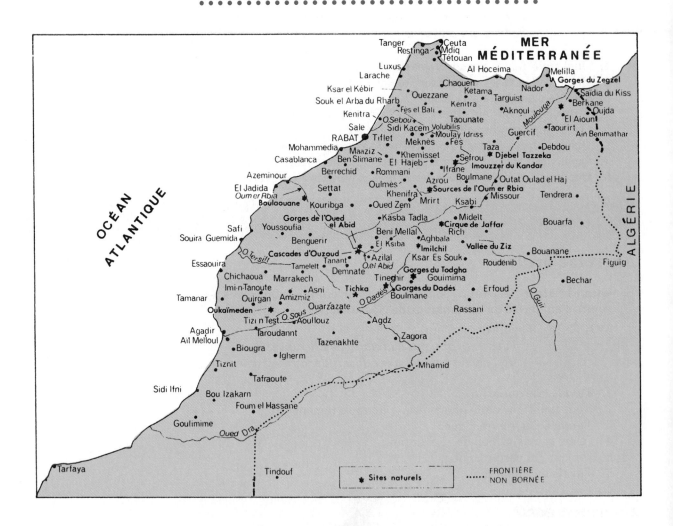

Proverbe arabe: Il y a cinq degrés pour arriver à être sage: se taire, écouter, se rappeler, agir, étudier.

Le Maroc, avec l'Algérie et la Tunisie, fait partie de la région appelée par les Arabes « le Maghreb » (le Couchant). Chaque année, 1,5 millions de touristes visitent les sites fascinants du Maroc. Ils font des achats dans les marchés de Casablanca, ils visitent la ville historique de Marrakech, ils admirent la forteresse de Zagora (la porte du désert), ils regardent le travail des **tailleurs de pierre** à Taroudant. Enfin, il ne faut pas oublier la ville de Fès, capitale spirituelle du **royaume,** où l'on trouve la plus importante médina (partie **musulmane** de la ville) d'Afrique du Nord, qui **renferme** le centre artisanal du Maroc. Le Maroc offre une grande variété de paysages avec un climat splendide pour **ceux** qui aiment le soleil et la chaleur.

stonecutters

kingdom
Moslem / encloses

those

Profil: Le Maroc

*Forme du gouvernement: Monarchie constitutionnelle
*Roi: Hassan II (devenu roi en 1961)
*Capitale: Rabat
*Superficie: 710.850 km^2
*Villes importantes: Casablanca, Marrakech, Safi, Mohammedia, Agadir, Tanger, Essaouira, Fès
*Population: 22 millions d'habitants
*Nom des habitants: Marocains
*Langue officielle: Arabe
*Autres langues: Berbère, français, hassania, espagnol
*Religion: Musulmans (95,95%)
*Date d'indépendance: 1956
*Climat: Sec du côté méditerranéen, étés tempérés et hivers doux du côté atlantique, très sec dans les régions présaharienne et saharienne

Exercice de familiarisation

A. **Un voyage au Maroc.** Vous allez avec votre famille faire un voyage au Maroc. Créez un itinéraire avec vos camarades de classe. Décidez quelles villes vous allez visiter, combien de temps vous allez passer dans chaque endroit et ce que vous allez faire dans chaque endroit. Consultez la carte à la page 194 et les renseignements dans la lecture. Si nécessaire, consultez aussi des livres à la bibliothèque.

Reprise

B. Répondez en utilisant les pronoms **qui** ou **que**.

MODÈLE:

Mme Dufour a deux robes de soirée. L'une
coûte 700F; elle a acheté l'autre en solde.
Laquelle de ses robes aimez-vous mieux?
La robe qui a coûté 700F.
ou: *La robe qu'elle a achetée en solde.*

Salle à manger   *Chambre*

1. Les Aubusson ont acheté deux tableaux. Ils ont mis un tableau dans
    leur chambre; l'autre est dans la salle à manger. Lequel
    préférez-vous?
2. Monique a deux amies. L'une est élève en Californie; Monique va à
    l'école avec l'autre. Laquelle Monique voit-elle le plus souvent?

Lyon   *Marseille*   *Paris*

3. Robert a trois frères. Robert dîne souvent chez le premier; il joue au
    rugby avec le deuxième; il voit rarement l'autre. Lequel de ses frères
    habite à Lyon? À Marseille? À Paris?

4. Il y a deux trains pour Genève. Le train de Marie-Claude part à 9h; Le train de Louis part à 11h. Quel train prendriez-vous *(would you take)*?

Jean   Francois   Yves

5. Il y a trois élèves au café. L'un lit un roman; le garçon sert un Coca au deuxième; une amie appelle le troisième. Lequel de ces élèves s'appelle Yves? François? Jean?

Structure

Le comparatif

In English, comparisons are made either by using a comparison word *(more, less, as)* or by adding a suffix *(-er)*. In French, you must always use a comparison word.

Comparaison des adjectifs et des adverbes

Elle est **plus grande que** son frère.	She's *taller than* her brother.
Il est **aussi sérieux que** sa sœur.	He's *as serious as* his sister.
Ils travaillent **moins rapidement que** leurs amis.	They work *less rapidly than* their friends.

To compare adjectives and adverbs, French uses the expressions **plus** *(more)*, **aussi** *(as)*, and **moins** *(less)*. They are followed by **que** *(than, as)*.

Comparaison des noms

Nous avons **plus d'**argent
   que Paul.

We have *more* money *than*
   Paul (does).

J'ai **autant d'**energie **que** lui.

I have *as much* energy *as* he (does).

Elle a **moins de** tact **que** moi.

She has *less* tact *than* I (do).

To compare nouns, French uses the expressions **plus de** *(more)*, **autant de** *(as much, as many)*, and **moins de** *(less)*, also followed by **que**.

   If you want to use a pronoun rather than a noun in your comparison, use the stress pronouns **moi, toi, lui, elle, nous, vous, eux, elles.** You'll learn more about stress pronouns in **Unit 4.**

Application

C. Ajoutez les mots entre parenthèses et faites les changements nécessaires.

   MODÈLE: Philippe est jeune. (plus ... son frère)
              Philippe est plus jeune que son frère.

1. Francine est intelligente. (plus ...sa sœur / aussi ...son père / moins ...son amie)
2. Henri parle rapidement. (aussi ...toi / moins ...Jeanne / plus ...moi)
3. Nous avons beaucoup de disques. (plus de ...Philippe / autant de ... eux / moins de ...vous)
4. Elles connaissent beaucoup de pays d'Afrique. (autant de ...Marie / plus de ...moi / moins de ...toi)

D. **Les élèves du lycée Voltaire.** Faites les comparaisons indiquées en utilisant les expressions données.

Nom de l'élève	Examen de classement	Heures de préparation
Sylvie	1ère	20
Louis	5e	15
Yves	19e	30
Simone	35e	15
Gilbert	60e	10

Un examen de classement is an exam that ranks students in a class.

   MODÈLE: (intelligent) Yves et Simone
              Yves est plus intelligent que Simone.

1. (intelligent) Sylvie et Yves / Louis et Simone / Gilbert et Louis / Simone et Sylvie / Gilbert et Sylvie

Yves
Sylvie
Louis/Simone
Gilbert

MODÈLE: (faire des devoirs) Yves et Gilbert
           Yves fait plus de devoirs que Gilbert.

2. (faire des devoirs) Yves et Simone / Louis et Simone / Gilbert et
   Sylvie / Louis et Gilbert / Gilbert et Yves

E. **Géographie humaine: Les régions.** Comparez la superficie et la
   population des régions suivantes.

km² = square kilometers

Régions	Superficie (km²)	Population (millions)	Densité (hab. / km²)
Afrique	30 388 000	587	18,1
Amérique	42 081 000	803	15,9
Asie	27 580 000	3 036	102,6
Europe	4 937 000	492	99,7
Océanie	8 510 000	28	2,8
Russie	17 075 000	149	8,7

MODÈLES: (grand) l'Europe et l'Asie
            L'Europe est moins grande que l'Asie.

            (habitants) la Russie et l'Océanie
            La Russie a plus d'habitants que l'Océanie.
        et: *La Russie a plus d'habitants par kilomètre carré
            que l'Océanie.*

1. (grand) l'Amérique et l'Océanie / la Russie et l'Afrique / l'Asie et
   l'Europe / l'Asie et l'Amérique / l'Océanie et l'Europe
2. (habitants) l'Asie et la Russie / l'Europe et l'Amérique / l'Afrique et
   l'Amérique / l'Europe et l'Océanie
3. (habitants par km²) l'Europe et l'Asie / l'Amérique et l'Afrique /
   l'Océanie et la Russie / l'Amérique et la Russie

Note grammaticale

*Les comparatifs **meilleur** et **mieux***

Mes notes sont **meilleures que** les notes de mon frère.

My grades are *better than* my brother's grades.

Il parle **mieux que** moi.

He speaks *better than* I (do).

The adjective **bon** and the adverb **bien** have irregular comparative forms to mean **better:**   **bon(ne)(s)** → **meilleur(e)(s)**

bien → **mieux**

Since both **meilleur** and **mieux** have the same English equivalent—*better*—be careful to use them correctly. To describe a noun, use **meilleur** and make it agree with the noun in gender and number. To modify a verb, use **mieux.** It needs no agreement.

Notice that when you want to indicate equality or inferiority with **bon** and **bien,** the comparative forms are regular.

Elle chante **aussi bien que** sa sœur.

Ces oranges-ci sont **moins bonnes que** ces oranges-là.

F. Ajoutez les mots entre parenthèses et faites les changements nécessaires.

1. Mes notes sont bonnes. (moins ... tes notes / meilleures ... les notes de Pierre / aussi ... les notes de Micheline)
2. Marguerite chante bien. (mieux ... moi / moins ... Félicité / aussi ... toi)

G. **Bon et bien.** Répondez aux questions selon les modèles en distinguant entre **bon** et **bien, meilleur** et **mieux.**

MODÈLES: Quelle sorte d'élève est Georges? Comparez-le à Claire.
Georges est un bon élève. C'est un meilleur élève que Claire.

Comment Gérard chante-t-il? Comparez-le à Philippe.
Gérard chante bien. Il chante mieux que Philippe.

1. Quelle sorte d'élève est Valérie? Comparez-la à Denis.
2. Comment Annick chante-t-elle? Comparez-la à Marielle.
3. Comment Vincent parle-t-il? Comparez-le à Jean-Yves.
4. Quelle sorte d'assistante est Christiane? Comparez-la à Luce.
5. Quelle sorte de professeur est Antoine? Comparez-le à Robert.
6. Comment marche la Renault 9? Comparez-la à la Peugeot.

On course exams and papers in France, grades are based on a maximum of 20 points, with 10 being the passing score. Approximate equivalents are:

8/20=D   15/20=B
12/20=C   18/20=A

H. **Les élèves du lycée Voltaire.** Faites les comparaisons indiqués en utilisant les éléments donnés. Utilisez **meilleur** ou **mieux** selon le cas.

Nom de l'élève	Note en maths	Note en littérature
Sylvie	14/20	16/20
Louis	16/20	10/20
Yves	12/20	12/20
Simone	8/20	11/20
Gilbert	8/20	6/20

MODÈLE: (bon en littérature) Sylvie et Louis
          Sylvie est meilleure en littérature que Louis.

1. (bon en littérature) Simone et Gilbert / Louis et Yves / Simone et Louis / Gilbert et Sylvie
2. (bon en maths) Simone et Gilbert / Louis et Sylvie / Yves et Sylvie / Sylvie et Simone
3. (faire bien en littérature) Yves et Gilbert / Simone et Sylvie / Simone et Louis / Sylvie et Yves
4. (faire bien en maths) Gilbert et Simone / Yves et Gilbert / Louis et Sylvie / Yves et Sylvie / Sylvie et Gilbert

I. **Les ouvriers de l'atelier Michelin.** Faites les comparaisons indiqués en utilisant les verbes donnés.

Nom de l'ouvrier	Âge	Minutes pour faire le travail	Qualité du travail	Salaire (par mois)
Jean-Loup	22	15 minutes	excellent	10 000F
Mireille	21	18 minutes	bien	7 500F
Albert	40	18 minutes	bien	12 500F
Thierry	55	20 minutes	assez bien	10 000F
Jacqueline	18	25 minutes	assez bien	6 500F

MODÈLE: (être âgé) Jacqueline et Albert
          Jacqueline est moins âgée qu'Albert.

1. (être âgé) Jean-Loup et Mireille / Albert et Thierry / Mireille et Jacqueline
2. (travailler rapidement) Jean-Loup et Thierry / Jacqueline et Thierry / Mireille et Albert
3. (le travail/être bon) Jean-Loup et Albert / Thierry et Mireille / Albert et Jacqueline
4. (travailler bien) Mireille et Albert / Thierry et Jean-Loup / Mireille et Thierry
5. (gagner de l'argent) Albert et Jacqueline / Thierry et Jean-Loup / Mireille et Thierry

LECTURE: *Artisans de Fès*

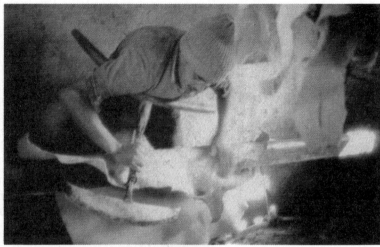

Au Maroc, la plupart du temps, l'apprenti-artisan, recruté de préférence dans la famille du **patron (maallem),** commence son initiation **dès** le plus jeune âge et **franchit** les étapes successives de l'apprentissage du métier jusqu'à ce qu'il s'installe **à son propre compte** et devienne lui-même maallem, avec l'accord de son **ancien** patron. La continuité et la **sauvegarde** de l'art sont garanties par l'amin, chef de chaque corporation, qui a surtout une fonction de juge en cas de conflit. Récemment, des artisans se sont regroupés en coopératives, pour mieux défendre leurs intérêts.

boss / from
passes through
in his own right
former / safeguarding

Le bois

cedar

oak / walnut

nettle

Principal matériau utilisé à Fès, le **cèdre** provient des forêts du Moyen-Atlas, où il est abondamment exploité. **Chêne,** olivier, **noyer,** bambou, **micocoulier,** bois blanc d'importation ou de récupération sont aussi employés.

woodcarver

coopers / buckets

Turkish baths / casks

goblets

carpenters / trunks

frames

daily (everyday)

Le **boisselier** fabrique des ustensiles en bois.

À Bab Selsla, plusieurs ateliers de **tonneliers** produisent des **seaux** utilisés au **hammam,** de petits **tonneaux** pour la conservation de l'huile ou pour le transport de l'eau à la campagne, des **gobelets** en bois.

Les **menuisiers** produisent portes, tables rondes, armoires, **coffres, armatures** de divan et tous les meubles nécessaires à la vie **quotidienne.**

carved / scissors / chisel

Ces meubles sont très souvent sculptés, le sculpteur travaillant soit dans l'atelier du menuisier, soit dans son propre atelier. Le dessin est tracé au crayon, puis **creusé** au **ciseau** et à la **gouge.**

Compréhension

J. **Les artisans de Fès.** Answer the questions in English.

1. What different kinds of artisans do you see in the photographs?
2. What main point is made in the introductory paragraph?
3. From where are the young apprentices recruited?
4. How young would you guess an apprentice is when he starts to work for an established artisan?
5. What is the meaning of the term **maallam?**
6. What is the goal of every apprentice?
7. Who is the **amin?**
8. What do you think a **corporation** is?
9. Why did the artisans recently form **coopératives?**
10. What kinds of wood do the woodworkers use?
11. What things do the following woodworkers make: **le boisselier, le tonnelier, le menuisier, le sculpteur?**

Débrouillons-nous!

Exercice écrit

K. **Un voyage au Maroc.** You've just completed an eight-day visit to Morocco, where you followed the itinerary on page 205. Now write a letter to a friend saying what you did each day. Be sure to use the **passé composé** to enumerate your activities and the imperfect to describe places and people. You might also want to say something about the weather.

SUD MAROC:
Circuit 8 jours

Programme

1er jour - MARRAKECH
Voyage à destination de Marrakech.
Accueil et installation à l'hôtel. Dîner
et logement.

2e jour - MARRAKECH
Journée consacrée à la visite de la ville.
Déjeuner à l'hôtel.
Dîner dans un restaurant typique.

3e jour - MARRAKECH/
OUARZAZATE
Le matin: départ à travers un paysage
grandiose pour le Haut Atlas.
Arrivée à Ouarzazate.
Après-midi, visite de la ville.
Dîner et logement.

4e jour - OUARZAZATE/ZAGORA/
OUARZAZATE
Départ pour la Vallée du Draa.
Le Draa dont un barrage a régularisé
les crues, coule paisiblement maintenant
et nourrit de longues palmeraies.
Traversée de l'impressionnant défilé
de Tifernine et arrivée à Zagora (gros
bourg coiffé d'une forteresse) «la Porte
du désert».
Retour à Ouarzazate.
Dîner et logement.

5e jour - OUARZAZATE/TINERHIR/
OUARZAZATE
Départ pour Tinerhir par la Vallée
du Dades:
Vallée des Kasbahs (châteaux-forts
de terre battue en plaine et de pierre grise
en montagne).
Déjeuner à Tinerhir.
Puis retour à Ouarzazate par les gorges du
Todra (décor grandiose, chaotique, pics

impressionnants).
Dîner et logement.

6e jour - OUARZAZATE/TAROUDANT
Le matin départ pour Tataouine.
Déjeuner.
Puis continuation sur Taroudant
avec ses remparts très bien conservés,
c'est la ville des tailleurs de pierre, superbe
cité, capitale du Maroc en 1520.
Dîner et logement.

7e jour - TAROUDANT/AGADIR/
MARRAKECH
Départ pour Agadir (port de haute pêche,
mais aussi la plus connue des stations
balnéaires marocaines).
Déjeuner.
Départ pour Chichaoua, continuation vers
Marrakech.
Dîner et logement.

8e jour - MARRAKECH/PARIS
transfert à l'aéroport.
Puis envol pour la France.

Exercice oral

L. **Un voyage au Cameroun.** After your visit to Morocco, you visited
Cameroon. Since you know something about Cameroon, friends of
your parents have asked you to create an itinerary for their up-com-
ing trip to that country. Use the map of Cameroon and the information provided on pages 185 and 186 to explain the itinerary to the
members of your group.

Lexique

On s'exprime

Pour faire des comparaisons

aussi... que (de)	meilleur(e)(s)... que	moins... que (de)
autant... de	mieux... que	plus... que (de)

Vocabulaire général

Noms

un artisan	une devise	un griot
un atelier	des épices *(f.pl.)*	la langue maternelle
un continent	un examen de classement	un(e) ouvrier(-ère)
la densité	la Francophonie	un profil

Intermède

La France et son empire

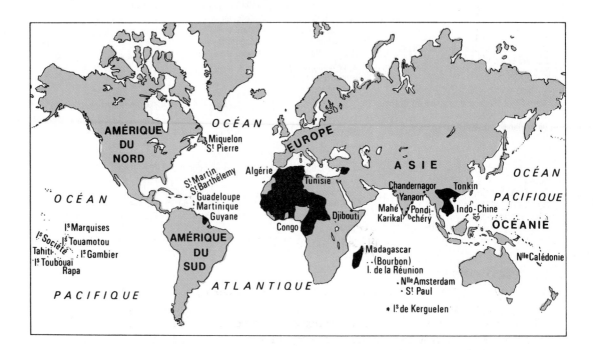

En 1939, le domaine colonial français formait un ensemble de 12 300 000 km²
peuplé par 110 millions d'habitants. Mais il ne faut pas oublier que, avant
cette date, la France avait également colonisé certaines parties de l'Amérique
du Nord (le Québec, la Louisiane, etc.).

Histoire de la colonisation

1534	Sous François 1er, Jacques Cartier fait une expédition en Amérique du Nord et prend possession du Canada.
1562–1565	Jean Ribault et René de Laudonnière établissent Fort-Caroline en Caroline du Sud.
1604	Pierre de Monts et Samuel Champlain fondent une colonie en Acadie (Nouvelle-Écosse).
1608	Champlain s'installe au Québec. (Montréal est fondé en 1642.)
1635	La Compagnie des Îles d'Amérique occupe la Guadeloupe et la Martinique.

1642	La Compagnie des Indes Orientales fonde Fort-Dauphin à Madagascar.
1659	Les Français fondent St-Louis au Sénégal.
1674	Les Français occupent la Réunion et l'île Maurice.
1682	Cavalier de la Salle prend la Louisiane.
1830–1940	La France établit ses colonies en Afrique et en Indochine.

Histoire de la décolonisation

1763	La France perd le Canada.
1803	La France vend la Louisiane aux États-Unis.
1941–1946	Indépendance de la Syrie et du Liban.
1949	Indépendance du Viêt-nam.
1949-1950	Indépendance du Cambodge et du Laos.
1956	Indépendance du Maroc, de la Tunisie et du Togo.
1958	Indépendance de la Guinée.
1960	Indépendance des états africains et de Madagascar.
1962	Indépendance de l'Algérie.

Départements et territoires d'outre-mer (DOM et TOM)

De toutes ses anciennes colonies, la France a gardé certaines régions qui constituent aujourd'hui ses départements et territoires d'outre-mer. Les DOM et TOM dépendent d'un ministre délégué du Premier Ministre.

DOM: Martinique, Guyane, Guadeloupe, Réunion, St-Pierre-et-Miquelon
TOM: Nouvelle-Calédonie, Wallis et Futuna, Polynésie Française, Terres Antarctiques, Mayotte

Intégration

A. **La France et son empire.** Tell when each country or region was colonized and when it gained its independence from France.

1. le Sénégal 3. Madagascar 5. le Maroc 7. la Louisiane
2. le Québec 4. le Cameroun 6. l'Algérie 8. le Viêt-nam

LECTURE: *Les Français aux Antilles*

Il y a des siècles, les Caraïbes (Indiens) appelaient la Guadeloupe «Karukera» (Île aux Belles Eaux) et la Martinique «Madinina» (Île des Fleurs). Aujourd'hui, les îles des Antilles continuent à offrir aux visiteurs des paysages spectaculaires où le bleu de la mer se joint aux couleurs des fleurs.

Haïti

Guadeloupe

Martinique

Les Antilles Françaises sont composées de plusieurs îles dans la chaîne des îles caraïbes. La Guadeloupe et la Martinique ont été découvertes par Christophe Colomb en 1493 et en 1502. Peu après, les Français s'y sont installés. En 1946, elles sont devenues départements de la France.

Haïti («Pays Montagneux»), une île des Grandes Antilles, se trouve à l'est de Cuba. L'île est divisée en deux états indépendants: la République Dominicaine à l'est et la république d'Haïti à l'ouest. L'île a été découverte par Christophe Colomb en 1492 et elle est devenue française en 1697. Haïti est aujourd'hui un pays indépendant, mais l'influence française continue à jouer un rôle important dans la culture des Haïtiens.

Il n'est pas surprenant de découvrir le cachet français qui sépare très nettement ces îles des autres îles antillaises. Le français se parle partout (avec le créole), la cuisine y est aussi importante qu'elle l'est en France et les institutions imitent en grande partie celles de la France métropolitaine.

Compréhension

B. Répondez aux questions selon les idées présentées dans la lecture.

1. Quelles sont les trois îles mentionnées?
2. Lesquelles des trois îles font encore partie de la France?
3. Quelles images est-ce qu'on peut associer aux noms indiens pour Guadeloupe et Martinique?
4. Que veut dire Haïti?
5. Qu'est-ce qui rend ces trois îles différentes des autres îles des Antilles?

Chapitre 8
Les Antilles

D'où sont-ils? Regardez la carte et indiquez d'où viennent ces écrivains.

1. Aimé Césaire est un écrivain et homme politique qui est né à Basse-Point. Engagé politiquement à l'extrême gauche, anticolonialiste ardent, il cherche, dans son œuvre poétique et dramatique, à se dégager de la culture occidentale traditionnelle et à retrouver les sources de la «négritude».

2. Simone Schwartz-Bart est née dans un département d'outre-mer. Cette île des Antilles ressemble à un papillon *(butterfly)*. Schwartz-Bart est romancière et elle a beaucoup voyagé aux Antilles, en France et au Sénégal. Dans ses romans elle évoque l'originalité de la culture créole. Dans *Pluie et vent sur Télumée Miracle* (1972), par exemple, elle décrit l'univers rural antillais et la psychologie d'une femme noire.

3. Joseph Zobel est né dans une île des Grandes Antilles dont le capitale est Port-au-Prince. Dans ses œuvres il parle beaucoup des expériences des Antillais sous la domination des blancs d'Europe. Il reflète la politique turbulente qui continue à caractériser son pays natale.

Point de départ

Images de la Guadeloupe

Guadeloupe

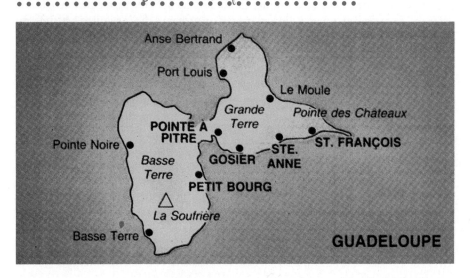

was

wings
tied together / spanning

ferns / flowering hedges
colorful
flat / bordered
of coral

in the process
attractive

Peuplée de 330 000 habitants, la Guadeloupe se présente tel un papillon posé sur des eaux claires. Les Caraïbes l'appelaient l'Île aux Belles Eaux. Elle est surnommée maintenant l'Île d'Émeraude en raison de la couleur exceptionnelle de la mer. La Guadeloupe **fut** découverte par Christophe Colomb le 4 novembre 1493. C'est un département français d'outre-mer depuis 1946. L'Île-Papillon se compose de deux **ailes,** au relief très différent, **reliées** entre elles par un pont de 40 mètres **enjambant** un bras de mer appelé Rivière Salée. Basse-Terre, curieusement nommée, est la plus haute des deux îles et possède un relief volcanique. Le massif de la Soufrière culmine à 1 500 mètres. La végétation est luxuriante: **fougères** arborescentes, **haies de balisiers** aux fleurs extraordinairement **vives.** Grande-Terre, d'un relief peu accentué, est la plus peuplée. Ses côtes sont **plates** et **bordées** de magnifiques plages de sable **corallien.** Pointe-à-Pitre, capitale commerciale et industrielle, est surprenante. Il faut voir son marché coloré et ses vieilles maisons coloniales à colonnes et balcons de bois. Gosier, petit village à 6 km de Pointe-à-Pitre, devient de saison en saison la plus réputée des stations guadeloupéennes. On y trouve de très belles plages, une hôtellerie de bonne qualité, de nombreux restaurants servant une nourriture créole, des discothèques et tout ce qui permet la réussite d'un séjour inoubliable. Saint-François, situé au sud-est de la Guadeloupe à 37 km de Pointe-à-Pitre, face à un magnifique lagon protégé par une barrière de corail, bénéficie d'un micro-climat sec. Avec ses nombreuses résidences locatives, ses boutiques, ses restaurants, sa marina et son golf 18 trous, Saint-François est **en passe** de devenir la plus **attrayante** des stations touristiques de l'île.

Profil: La Guadeloupe

*Capitale: Pointe-à-Pitre
*Superficie: 1 509 km²
*Villes importantes: Moule, Basse-Terre, Trois-Rivières, Sainte-Rose
*Dépendances: Les Saintes, Marie-Galante, La Désirade, St-Barthélemy, St-Martin
*Population: 330 000 habitants
*Nom des habitants: Guadeloupéens
*Langue officielle: Français
*Autre langue: Créole
*Religions: Catholiques, quelques sectes protestants
*Climat: Tropical adouci par les alizés *(trade winds)* (température moyenne 24°C), plus frais sur les hauteurs; pluies abondantes et cyclones entre juillet et octobre

Exercice de familiarisation ▬▬▬

A. **Allons en Guadeloupe.** Vous essayez de convaincre votre professeur de français d'organiser un voyage en Guadeloupe. Expliquez-lui ce que vous savez sur l'île, son histoire, sa situation géographique, son climat, etc. Vous commencez la description et vos camarades de classe ajoutent d'autres détails.

Reprise

B. **Vous et...** Faites des comparaisons entre vous et votre frère, sœur, meilleur(e) ami(e), etc., en utilisant les expressions suivantes.

1. être âgé(e)
2. être intelligent(e)
3. avoir des ami(e)s
4. avoir du temps libre
5. travailler sérieusement
6. jouer bien au tennis
7. chanter bien
8. être optimiste
9. être un(e) bon(ne) élève
10. être ambitieux(-se)
11. dépenser de l'argent
12. se réveiller facilement

C. **Mon emploi du temps.** Un(e) lycéen(ne) français(e) rend visite à votre famille. Il (elle) vous pose des questions sur votre emploi du temps. Décrivez votre semaine typique, énumérez vos cours, donnez l'horaire de vos classes. Ensuite, comparez vos cours: Est-ce que votre cours d'histoire est plus intéressant que votre cours d'anglais? Est-ce qu'il est plus ou moins difficile que votre cours de maths? Est-ce que votre prof de musique est meilleur que votre prof de chimie? Est-ce que vous êtes meilleur(e) en français qu'en géométrie?

**PORT AUTONOME
DE LA GUADELOUPE**

Gare Maritime - B.P. 485
97165 Pointe-à-Pitre Cédex
Tél : (590) 91.63.13
Télécopie : (590) 91.56.79
Télex : 919 710 GL PAGUAD

Structure

Les verbes réguliers en **-re**

—Tu sais ce que **j'ai entendu dire?**

—Non. Quoi?

—Paul **vend** sa voiture!

—Je sais. Sa famille déménage au Sénégal. **Ils vendent** toutes leurs affaires.

—**Nous perdons** un très bon ami.

—Oui, il va nous manquer.

—Do you know what *I heard?*

—No. What?

—Paul *is selling* his car!

—I know. His family is moving to Senegal. *They're selling* all their things.

—*We're losing* a very good friend.

—Yes, we'll miss him.

The third group of regular verbs in French end in **-re.** To conjugate these verbs in the present tense, drop the **-re** from the infinitive and add the endings **-s, -s, -ons, -ez, -ent.**

vendre (to sell)	
je vend**s**	nous vend**ons**
tu vend**s**	vous vend**ez**
il, elle, on vend	ils, elles vend**ent**
Past participle: **vendu** (avoir)	Subjunctive stem: **vend-**
Imperfect stem: **vend-**	

Some other common regular **-re** verbs are:

attendre	to wait for
descendre (conjugated with **être**)	to go down (downstairs)
entendre	to hear
entendre dire	to hear secondhand
entendre parler de	to hear about
perdre	to lose
rendre	to return (something)
répondre à	to answer

Application

D. Remplacez les mots en italique et faites les changements nécessaires.

1. *Elle* vend sa maison. (nous / tu / ils / je / elles / vous)
2. *J'*entends de la musique. (tu / elle / nous / vous / ils)
3. *Nous* attendons nos parents. (je / elle / ils / nous / il)
4. *Ils* ont perdu les billets? (vous / elle / tu / elles / on)
5. Il faut que *tu* vendes ton auto. (elle / nous / ils / vous / je)
6. Autrefois, *il* descendait toujours au Sheraton. (nous / je / elles / on)

E. **Des conseils.** Complétez les phrases avec les verbes entre parenthèses pour donner des conseils à vos camarades de classe. Attention! Il faut employer le présent du subjonctif.

MODÈLE: Tu as des problèmes d'argent? Il faut que tu _____ (vendre) ton vélo.
Tu as des problèmes d'argent? Il faut que tu vendes ton vélo.

1. Pour aller au centre commercial? Il faut que tu _____ (descendre) à la station Montparnasse.
2. D'accord, à 13h alors. Mais il faut que vous _____ (attendre) quelques minutes. Jean va arriver à 13h15.
3. Ton professeur n'est pas content de toi? Il est essentiel que tu _____ (répondre) toujours à ses questions.
4. Vos parents sont fâchés? Il vaut mieux que vous _____ (rendre) l'argent que vous avez emprunté.
5. Jean-Michel veut une voiture? Il vaut mieux qu'il _____ (attendre) encore un an.
6. Suzanne et Simone vont au musée? Il faut qu'elles _____ (descendre) de l'autobus au Quartier Latin.

F. **Questions.** Posez quatre questions (**tu, vous, il/elle, ils/elles**) aux autres membres du groupe.

1. pourquoi / vendre—**passé composé** (sa voiture, ses livres, etc.)
2. qu'est-ce que / perdre—**passé composé**
3. qu'est-ce que / entendre dire de—**passé composé** (film, etc.)
4. est-ce que / entendre parler de—**passé composé** (livre, film, vidéo)
5. qu'est-ce que / répondre à—**futur immédiat** (parents, professeur, amis, etc.)

LECTURE: Les marines de St-François

Situation
L'ensemble des Marines de Saint François est construit en bordure de la marina de Saint-François sur un terrain verdoyant de 4 ha avec piscine et tennis.

Logement
Le complexe des Marines de Saint-François se compose de petits immeubles de deux étages comportant les studios et studios avec mezzanine et de bungalows mitoyens : «les Marines».

• Studio pour 2 personnes comportant un séjour avec 2 lits, kitchenette et terrasse ou loggia attenante, salle de bains et W.C. indépendant, rangement.

• Studio mezzanine pour 4 personnes comportant 2 pièces : un séjour avec deux lits et une chambre double en mezzanine, kitchenette et loggia, salle de bains et W.C. indépendant, rangement.

• «Les Marines» : appartement pour 4 personnes comportant 2 pièces : séjour avec 2 lits et chambre avec grand lit, kitchenette et terrasse attenante, patio avec douche extérieure, salle de bains et W.C. indépendant, rangement.

Tous les studios et appartements sont climatisés (la chambre en mezzanine n'a pas sa propre climatisation et est rafraîchie par celle du séjour se trouvant au rez-de-chaussée). Ils sont entièrement meublés en style scandinave avec kitchenette équipée de réfrigérateur et plaques chauffantes, batterie de cuisine.

A votre arrivée, vous trouverez votre logement en parfait état de propreté et les draps, torchons, serviettes de toilette vous seront fournis pour une semaine. Si vous restez plus d'une semaine, vous aurez droit à un change de linge et à une prestation de ménage, au début de chaque semaine supplémentaire.

Distractions
Très belle piscine d'eau douce et petits bassins disposés sur les pelouses de la résidence. La plage se trouve à 300 m. Dans la résidence : 2 courts de tennis, un restaurant le Saint-Georges, proposant des menus à des prix raisonnables.

Dans la galerie marchande, vous trouverez un bureau de loisirs avec une hôtesse proposant des forfaits sports pour planche à voile, dériveur, sunfish, pédalo, matériel de plongée libre, bicyclette, leçons de tennis et de golf.

Autres possibilités
ski nautique, pêche au gros, pilotage d'avion léger, plongée sous-marine, excursions en voilier ou bateau à moteur. Vous êtes à «deux pas» de St-François où vous trouverez restaurants de cuisine française et créole, casino, discothèque. Marché à St-François et centre commercial dans les Marines.

Compréhension

G. **Les marines de St-François.** Vous et votre famille, vous allez passer quinze jours en Guadeloupe. Expliquez à votre camarade de classe ce qu'il y a dans le complexe des marines de St-François. Pour chacune des rubriques indiquées, donnez le plus de détails possibles.

1. situation
2. différents types de logement
3. distractions
4. restaurants

Débrouillons-nous!

Exercice oral

H. **Je vous présente...** Choose a place that you want to visit or that you know a great deal about and create a photo display about it. Then, using French, present the place to your class, talking about the main tourist attractions, leisure-time activities, etc.

Exercice écrit

I. **Un endroit idéal pour les vacances.** Now write a description in French of the place you presented to your class. Include as many facts as possible.

DEUXIÈME ÉTAPE

Point de départ

Images de la Martinique

• •

La Martinique, découverte en 1502 par Christophe Colomb, a été occupée par la France en 1635 et après de courtes périodes d'occupation anglaise est devenue définitivement française en 1815. C'est un département français depuis 1946 et une «région» depuis 1974. Elle fait partie du groupe des Petites

Antilles ou «Îles au vent» et est **baignée** à l'Ouest par la mer des Antilles, et à   bathed
l'Est, par l'Océan Atlantique.

Le terrain **s'élève** graduellement depuis le **littoral** jusqu'au centre et   rises/coast
vers le Nord sont groupées quelques montagnes reliées entre elles par des
collines appelées «**mornes**». Le point culminant est au Nord-Ouest: La   bleak
Montagne Pelée (1 397).

Le climat est relativement doux et la chaleur jamais insupportable (26°
environ).

L'île est faite de contrastes, tant par le relief que par la nature et le climat.
Au Sud, se trouvent de magnifiques plages de sable blanc, **tandis que** la   while
richesse du Nord est composée d'une faune et d'une flore riches et originales.
L'éventail de fleurs et plantes diverses possédant des nuances infiniment   The variety
variées dans les couleurs est remarquable. Les nombreux fruits eux, sont
aussi **odorants** que succulents. Cette végétation abrite une faune variée: le   fragrant
colibri, le siffleur des montagnes et les «cabris de bois» forment avec les
criquets et les minuscules **grenouilles** un orchestre **féérique,** le soir venu.   frogs/magical

En plus de ces **atouts** naturels, se trouvent **éparpillés,** ici et là, les vestig-   features/scattered
es d'une histoire qui connut de nombreuses fluctuations. Cette histoire qui
renaît aussi grace au folklore: la musique, la danse, les costumes, les contes
permettent d'entrevoir la Martinique **d'antan.**   of yesteryear

---

Profil: *La Martinique*

*Capitale: Fort-de-France
*Superficie: 1 102 km²
*Villes importantes: Lamentin, Ste-Marie, Schœlcher, Le Robert, Le
                           François, St-Joseph, Rivière Pilote, La Trinité
*Population: 350 000 habitants
*Nom des habitants: Martiniquais
*Langue officielle: Français
*Autre langue: Créole
*Religion: Catholiques
*Climat: Climat chaud et humide, un cyclone ou une tempête violente tous
              les huit ans en moyenne

Exercice de familiarisation ■■■■■

A. **Vrai/faux.** Indiquez si les phrases suivantes sont vraies ou fausses. Si
   elles sont fausses, corrigez-les.

   1. La Martinique a été découverte en 1502 par Samuel Champlain.
   2. La Martinique n'a pas toujours été française.

3. La Martinique est un département français.
4. La Martinique a des montagnes de plus de 5 000 mètres.
5. Pendant certaines saisons, la chaleur en Martinique est insupportable.
6. Les plus belles plages se trouvent au sud de l'île.
7. La Martinique est plus grande que la Gaudeloupe.
8. La langue officielle de la Martinique est le créole.

Reprise

B. **Échange.** Posez les questions suivantes à votre camarade de classe. Il (elle) va répondre à vos questions.

1. Est-ce que tu attends souvent tes amis quand tu as rendez-vous avec eux? C'est-à-dire, est-ce que tes amis sont souvent en retard?
2. Est-ce que tu prends l'autobus quelquefois? Où est-ce que tu descends?
3. Est-ce que tu as tendance à perdre tes affaires? Est-ce que tu as perdu quelque chose récemment?
4. Quand tes amis empruntent *(borrow)* des choses, est-ce qu'ils les rendent tout de suite?

5. Est-ce que tu vends des choses de temps en temps? Qu'est-ce que tu as vendu récemment? Pourquoi?
6. Est-ce que tu as entendu parler d'une nouvelle vidéo? Qu'est-ce que tu as entendu dire de cette vidéo?

Structure

Les expressions négatives **ne... rien** *et* **ne... personne**

—Est-ce que tu vois quelque chose?   —Do you see something?

—Non, je **ne** vois **rien.**   —No, I *don't* see *anything* (I see *nothing*).

—Est-ce que tu vois quelqu'un?   —Do you see someone?
—Non, je **ne** vois **personne.**   —No, I *don't* see *anyone* (I see *no one, nobody*).

You have already learned to use one negative expression—**ne... pas.** As you know, **ne** generally goes before the conjugated verb and **pas** follows it. This basic rule also applies to the expressions **ne... rien** *(nothing)* and **ne... personne** *(nobody, no one)*.

There are a few special rules to remember about these negative expressions:

1. In the **passé composé, ne... rien** surrounds the helping verb:
   Je **n'**ai **rien** trouvé.
   However, **personne** follows the past participle:
   Je **n'**ai vu **personne.**
2. Regardless of the tense, if the verb is followed by a preposition, **rien** and **personne** come after the preposition:
   Je **n'**ai besoin **de rien.**
   Nous **n'**avons parlé **à personne.**
3. **Ne... personne** and **ne... rien** may also be used as subjects of the sentence. In this case, the word order is reversed and both parts of the negative come before the verb:
   Rien ne m'intéresse.
   Personne n'a téléphoné.
4. **Rien** and **personne** may be used without verbs as answers to questions. In such cases, the **ne** is dropped:
   —Qui est là?   —Qu'est-ce que tu fais?
   —**Personne.**   —**Rien.**

Application

C. Posez la question à votre partenaire, puis faites répéter la réponse.

> MODÈLE: Qu'est-ce que tu veux?
> — *Rien.*
> — *Comment?*
> — *Je ne veux rien.*

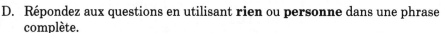

1. Qu'est-ce que tu cherches?
2. Qu'est-ce que tu as acheté?
3. Qu'est-ce que tu as dit?
4. Qu'est-ce que tu as fait?
5. Qu'est-ce que tu as mangé?
6. Qu'est-ce que tu veux?

> MODÈLE: Qui est-ce que tu cherches?
> — *Personne.*
> — *Comment?*
> — *Je ne cherche personne.*

7. Qui est-ce que tu attends?
8. Qui est-ce que tu as vu?
9. Qui est-ce que tu as rencontré?
10. Qui est-ce que tu as invité?
11. À qui est-ce que tu as téléphoné?
12. À qui est-ce que tu parles?

D. Répondez aux questions en utilisant **rien** ou **personne** dans une phrase complète.

> MODÈLES: Qu'est-ce qui te choque?
> *Rien ne me choque.*
>
> Qui m'appelle?
> *Personne ne t'appelle.*

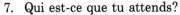

1. Qu'est-ce qui t'intéresse?
2. Qui t'a téléphoné?
3. Qui m'a cherché?
4. Qui te manque?
5. Qu'est-ce qui te manque?
6. Qui te ressemble?
7. Qu'est-ce qui t'est arrivé?
8. Qu'est-ce qui t'impressionne?

Note grammaticale

*Les expressions négatives **ne... plus, ne... pas encore** et* **ne... jamais**

—Est-ce qu'il est encore là?   —Is he still there?
—Non, il **n'est plus** là.   —No, he's *no longer* there.

—Est-ce qu'elle est déjà partie?   —Did she leave already?
—Non, elle **n'est pas encore** partie.   —No, she *didn't* leave *yet*.

—Est-ce qu'ils ont répondu à ta lettre?   —Did they answer your letter?
—Non, ils **n'ont jamais** répondu à ma lettre.   —No, they *never* answered my letter.

The rules that apply to the negative expressions you've already learned also apply to **ne... plus** *(no longer)*, **ne... pas encore** *(not yet)*, and **ne... jamais** *(never)*. Remember that **pas encore** and **jamais** may be used alone as answers to questions:

—Ils sont partis?   —Vous buvez du Coca?
—**Pas encore.**   —**Jamais.**

E. Posez la question à votre partenaire, puis faites répéter la réponse.

MODÈLE: Ils sont déjà partis?
— *Pas encore.*
— *Comment?*
— *Ils ne sont pas encore partis.*

1. Ils sont déjà arrivés?
2. Ils ont déjà pris le TGV?
3. Ils ont déjà fini leurs devoirs?
4. Ils sont déjà descendus?

MODÈLE: Vous voulez encore du pain?
— *Merci.*
— *Comment?*
— *Merci. Je ne veux plus de pain.*

5. Vous voulez encore des légumes?
6. Vous voulez encore du Perrier?
7. Vous voulez encore du café?
8. Vous voulez encore de la salade?

F. **Il a le cafard.** *(He's very depressed.)* Vous avez un ami qui a le cafard. Ses parents s'inquiètent et vous posent des questions. Vous dites la vérité, c'est-à-dire que vous répondez toujours négativement. Employez les expressions négatives que vous avez apprises.

MODÈLE: Avec qui est-ce qu'il sort?
                Il ne sort avec personne.

Toujours may mean either *always* or *still,* depending on the context.

1. Mais il voit toujours sa petite amie Nicole, n'est-ce pas?
2. Mais il va souvent au cinéma, n'est-ce pas?
3. Alors, qu'est-ce qu'il fait le week-end?
4. À qui est-ce qu'il parle?
5. À quoi est-ce qu'il s'intéresse?
6. Qui lui téléphone?
7. À qui est-ce qu'il téléphone?
8. Mais il fait toujours ses devoirs, non?
9. Il a déjà parlé à son professeur?

G. **Au bureau de poste.** La scène: un bureau de poste en province. Les personnages: le postier, une dame bien habillée. La situation: la femme est assise sur un banc à l'intérieur du bureau de poste depuis trois heures. Le postier commence à soupçonner *(to suspect)* quelque chose. Jouez le rôle de la dame en répondant négativement à toutes les questions du postier.

MODÈLE: Pardon, Madame. Vous désirez quelque chose?
                Non, Monsieur. Je ne désire rien.

1. Vous attendez quelqu'un?
2. Vous avez besoin de quelque chose?
3. Vous voulez acheter quelque chose?
4. Vous avez déjà acheté des timbres *(stamps)*?
5. Vous voulez téléphoner à quelqu'un?
6. Quelqu'un va vous téléphoner?
7. Vous avez quelque chose à envoyer?
8. On vous a envoyé quelque chose?
9. Vous passez souvent l'après-midi aux bureaux de poste?

LECTURE: *Pour Haïti*

Pluie de ma patrie, tombe, tombe avec force
    Sur mon cœur qui **brûle**   burns
    Jette ta bonne eau fraîche   Throw
    Sur mon souvenir **en feu.**   on fire

Haïti
Il y a des centaines d'années
Que j'écris ce nom sur du **sable**   sand
Et la mer toujours **l'efface**   erases it
Et la **douleur** toujours l'efface   pain
Et chaque matin de nouveau
Je l'écris sur le sable **millénaire**   a thousand years old
    de ma patience.

Haïti
Les années passent
Avec leur grand silence de mer
Dans mes veines il y a encore du courage
Et de la beauté pour des milliers d'années
Mais le corps dépend de n'importe quel
    petit accident,
Et l'esprit n'a pas d'éternité!

Haïti
Toi et moi nous nous regardons
À travers la vitre infinie
Et dans mes yeux pleure
Un seul désir:
Sentir encore ta pluie
Sur ma soif de toujours
Sur ma peine de toujours!
             René Depestre

Compréhension ■■■■■■■■■

H. **Le sens du poéme.** Answer the following questions about the poem.

    1. In general, do you have the feeling that this is a happy or a sad poem? Why?
    2. Do you think the poet is in Haiti while he's writing the poem? Why or why not? Give specific words and lines from the poem that support your answer.
    3. Which words suggest that the poet is very nostalgic about Haiti?

4. What does the poet want to experience specifically? (This is mentioned both at the beginning and at the end of the poem.)
5. What is the effect of the repetition of the word **Haïti?**
6. Water plays an important role in this poem. In what different forms does it appear?

Débrouillons-nous!

Exercice oral

I. **Un sondage.** Interview one of your classmates about his / her travels and activities. As he / she answers with **ne... jamais, ne... pas encore, ne... plus,** or **ne... personne,** mark the answers on a sheet of paper. Then report your findings to the class. Find out...

1. if he / she has ever visited Martinique.
2. if he / she has already gone to California (or another state).
3. if he / she still likes to go to the beach.
4. if anyone in the family has ever been to Africa.
5. if he / she ever goes skiing.
6. if his / her friends still go to the movies together **(ensemble).**
7. if he / she still like his / her science class.
8. if anyone he / she knows is studying sociology **(la sociologie).**

Exercice écrit

J. **Un voyage en Martinique.** Vous êtes en Martinique. Écrivez une lettre à votre professeur de français. Expliquez ce que vous faites, quels endroits vous avez visités, le temps qu'il fait, etc.

SUR TERRAINS PRIVILÉGIÉS

MARTINIQUE
SITES RÉSIDENTIELS
APPARTEMENTS 2 - 3 ET 4 PIÈCES
RÉDUCTION D'IMPOTS
35 % du montant de l'achat
(loi de défiscalisation)

REVENU LOCATIF GARANTI

Tous renseignements à
RÉSIDENCES PRESTIGE CARAIBES
4, rue Arsène Houssaye, 75008 PARIS
TÉL. (1) 43.59.70.84

Nom : _____
Prénom : _____
Adresse : _____
_____ Tél. : _____
Ville : _____

Lexique

On s'exprime

Pour exprimer le négatif

ne... jamais
ne... pas encore
ne... personne (personne ne)
ne... plus
ne... rien

Vocabulaire général

Noms

la (dé)colonisation
des commérages *(m.pl.)*
un empire
un papillon
la sociologie
un timbre

Verbes

attendre
avoir le cafard
choquer
descendre
emprunter
entendre
entendre dire
entendre parler de
perdre
rendre
répondre (à)
soupçonner
vendre

Autres expressions

ensemble
toujours

La politique des langues

1.

uss'm follik

L'HEBDO LIBRE DES ALSACIENS
1 rue des veaux . 67. STRASBOURG   N°56

Vendredi 3 Mai 1974

LA PAROLE AUX MINORITÉS

2.

BRETONS
UNE CULTURE ORIGINALE
A LA BRETAGNE
Apprenons le breton

SKOL AN EMSAV

. Cours de breton.
. Ouverture aux problèmes bretons
  (Histoire, Économie, Société)

3.

RASSEMBLEMENT EN LIMOUSIN A FENIERS (CREUSE) 23 JUIN

NON au DESERT OCCITAN

CHANTEURS _ THEATRE _ MUSIQUE
TRADITIONNELLE _ INTERVENTIONS
avec Robert LAFONT et les COMITES
VOLEM VIURE AL PAIS

Libération, 17 juin 1974.

4.

5.

6.

7.

Intégration

A. Match the languages below to the signs and posters.

  a. l'alsacien   c. l'occitan
  b. le breton   d. le corse

LECTURE: *Langue, dialecte, patois*

En France, comme dans les autres pays francophones, les langues, les dialectes et les patois abondent. Une langue, c'est ce que parlent les gens d'un pays (la France) ou d'une région (le breton). Un dialecte est une variation régionale d'une langue (l'alsacien). Un patois est un parler local qui n'a généralement pas de forme écrite (le joual au Québec, le cajun en Louisiane).

Le désir d'un groupe de gens de parler leur langue particulière représente très souvent un effort d'indépendance culturelle ou même de séparatisme politique. Au Québec, par exemple, le québécois est la langue de préférence de ceux qui aimeraient voir un Québec indépendant du Canada. Le même mouvement se manifeste de temps en temps avec le breton en Bretagne, l'alsacien en Alsace ou le basque au Pays Basque.

La langue, c'est une identité, une culture, des traditions bien définies. Il n'est donc pas surprenant que tout peuple désireux de maintenir son individualisme cherche à faire valoir sa façon de s'exprimer.

Conte de la Guadeloupe

ZANBA È LAPIN KA PWAN PWASON

An tan lontan, té tini dé zanmi. Yonn sété Conpè Lapin é lot la sété Conpè Zanba.

On jou, Conpè Zanba pa té difé pou i té limé chabon a-y. Alo, i voyé timoun a-y aca Lapin mandé-y tibwin difé. Timoun la alé, i fwapé é i rantré. Lè i rantré, i touvé Conpè Lapin ka fwi pwason. Alo i di :

— Conpè, ka ou ka fwi la, on?

Lapin réponn con sa sé on pwason i soti kyinn adan létan a Conpè Louwa. Timoun la di :

— Ban gouté an timoso.

Lè timoun la gouté pwason la, i dit :

— Manmans! Sa bon minn!

Traduction

ZAMBA ET LAPIN PÊCHENT DU POISSON

Autrefois, il y avait deux amis, l'un s'appelait Compère Lapin et l'autre Compère Zamba. Un jour, Compère Zamba n'avait pas de feu pour allumer son charbon. Alors il envoya son fils chez Lapin lui demander du feu. L'enfant frappa chez Compère Lapin et entra. A l'intérieur, il trouva Lapin occupé à faire frire du poisson. Alors il lui dit :

— Que fais-tu donc frire là?

Lapin lui répondit que c'était des poissons qu'il venait de pêcher dans l'étang de Compère le Roi. L'enfant dit :

— Fais m'en goûter un morceau.

Lorsqu'il eut mangé le poisson, l'enfant dit :

— Maman! C'est vraiment bon!

Extrait de Lectures bilingues graduées, créole-français, Ageco éditeur.

B. **Compréhension de la lecture.** Answer the questions about the reading.

1. What is the main point of the reading? How do the signs and slogans support that main point?
2. What are the differences among **une langue, un dialecte,** and **un patois?**
3. Given that language is a reflection of culture and traditions, do you think it's important for people to be able to speak their own language and to have their language recognized by others?
4. In what way might one's language and the idea of independence be related?
5. What different languages and dialects are spoken in the United States?

Chapitre 9
L'Amérique du Nord

Que vous disent ces affiches?

FONTE DE NEIGE ET DE GLAÇONS
DANGER

BRUNCH TOUS LES DIMANCHE

SI LA REMONTÉE NE VOUS EST PAS FAMILIÈRE DEMANDEZ DES INSTRUCTIONS AU PERSONNEL

MONTEZ DEUX À LA FOIS VOUS FEREZ PLUS DE SKI

C'EST ÉVIDENT ! VOUS DEVEZ TOUJOURS PORTER VOTRE BILLET POUR AVOIR DROIT AUX REMONTÉES

SKI EST OBLIGATOIRE Lanières ou Freins de sécurité.

RETIREZ LES COURROIES DE VOS POIGNETS

Point de départ

Images du Québec

• •

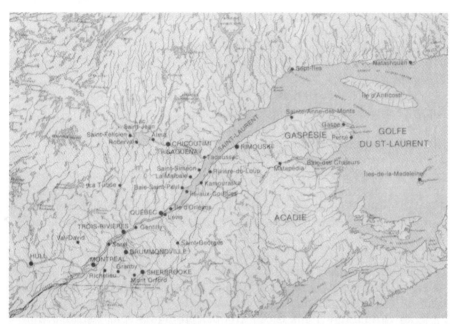

The city of Quebec is called **Québec: J'habite à Québec.** The province is called *le* **Québec. J'habite** *au* **Québec.** Note the use of the definite article with the name of the *province*.

233

praised / entertainers (singers)

Le Québec, **vanté** par les **chansonniers** et les poètes, offre aux touristes une grande variété de distractions: sports d'hiver, alpinisme, pêche, festivals d'art, promenades historiques. Les Québécois sont très fiers de leur province et ils **tiennent** à tout prix à **sauvegarder** leur langue et leurs traditions.

insist / to safeguard (to protect)

La ville de Québec

Dans la ville de Québec, les visiteurs ont l'occasion d'admirer les monuments et les musées qui leur parlent de l'histoire longue et difficile des Québécois. Il y a la place d'Armes au centre même de la ville; l'Hôtel Château-Frontenac, qui domine le vieux quartier; le Musée du Fort, qui montre les grandes étapes de l'histoire militaire québécoise; la Terrasse Dufferin, où l'on trouve le monument de Samuel Champlain, fondateur de Québec; la Citadelle, qui est le fort le plus ancien de Québec; et le Monastère des Ursulines, fondé par Marie l'Incarnation.

La ville de Montréal

will not miss
was born

Les amateurs d'histoire **ne manqueront pas** de visiter le quartier du Vieux Montréal, arrondissement historique où **naquit** Ville-Marie, ancêtre de la grande métropole actuelle. Montréal, c'est aussi et surtout une mosaïque culturelle étonnante, à la fois deuxième ville française au monde et l'agglomération la plus cosmopolite du Canada. Une visite de Montréal doit surtout inclure la place Ville-Marie et la ville souterraine, avec ses boutiques et le métro; le Marché Bonsecours, avec son marché public; le Palais des Congrès, inauguré en 1983, où les Québécois accueillent les délégués des grands congrès internationaux; le Festival international de jazz (fin juin, début juillet); le Festival international de films du monde (fin août); et la rue Sainte-Catherine, principale rue commerciale.

Les restaurants (plus de 80 groupes ethniques sont représentés), les musées, les magasins et les monuments historiques, tous contribuent à faire de Montréal une des villes les plus intéressantes du monde.

Gouvernement du Québec
Ministère du Tourisme

Profil: **Le Québec**

*Capitale: Québec
*Superficie: 1 667 926 km²
*Villes importantes: Montréal, Trois-Rivières, Sherbrooke, Rivière-du-Loup, Rimouski, Kamouraska
*Population: 6 532 000 habitants
*Nom des habitants: Québécois
*Langue officielle: Français (81,2%)
*Autre langue: Anglais (12,0%)
*Climat: Climat frais avec hivers rigoureux; températures: basse moyenne en janvier −22° C, haute moyenne en juillet 12° C; de 12 à 23 semaines de neige par année

Exercice de familiarisation

A. **Nous connaissons le Québec.** Vous et votre camarade voulez montrer à votre professeur combien vous savez sur le Québec. Parlez-lui de la géographie, des habitants, des sites touristiques et des deux grandes villes, Québec et Montréal.

Reprise

B. **Un crime.** L'inspecteur de police interroge des personnes au sujet d'un crime. Chaque personne dit le contraire de ce que dit l'inspecteur.

MODÈLE: Vous arrivez toujours de bonne heure?
Non, je n'arrive jamais de bonne heure.

1. Vous avez vu quelqu'un à l'extérieur?
2. Vous avez entendu quelque chose?
3. On a pris de l'argent?
4. Quelqu'un est entré dans la boutique pendant que vous y étiez?
5. Vous avez parlé à quelqu'un?
6. Il y a encore du sang *(blood)* sur le plancher *(floor)?*
7. Vous avez quelque chose à ajouter?

Structure

Le subjonctif pour exprimer l'émotion

Je suis content que vous vouliez y aller.	*I'm happy that you want to go.*
Nous sommes désolés que tu sois malade.	*We're sorry that you are sick.*
Elle est suprise que nous restions.	*She's surprised that we are staying.*

You've already learned to use the subjunctive with a variety of expressions, such as **il faut, il est important,** and **il vaut mieux.** The subjunctive is also used with verbs that express emotion—happiness, sadness, anger, surprise, and regret. These verbs, unlike those that express necessity, require a personal subject (**je, tu, elle,** etc.). If the subject of the first verb and the subject of the second verb are different, the subjunctive is used with the second verb.

Some frequently used verbs of emotion are:

Regret	*Happiness*
regretter que	**être content(e) que**
être triste que	**être heureux(-se) que**
être navré(e) que	**être ravi(e) que**
être désolé(e) que	

Surprise	*Anger*
être surpris(e) que	**être fâché(e) que**
être étonné(e) que	**être furieux(-se) que**

Regret may also be expressed with **il est dommage que** + subjunctive: **Il est dommage que vous ne puissiez pas venir.** *It's too bad you can't come.*

Application

C. **C'est bien dommage!** *(It's really too bad!)* Quand quelqu'un vous dit quelque chose, vous exprimez vos sentiments. Refaites les phrases en ajoutant l'élément entre parenthèses.

MODÈLE: Je ne peux pas aller à la soirée. (je regrette)
Je regrette que tu ne puisses pas aller à la soirée.

1. Tu es malade. (nous sommes désolés)
2. Michel ne peut pas aller à l'université. (mes parents regrettent)

3. Vous partez demain. (je suis triste)
4. Danielle n'a pas l'argent pour aller en Afrique. (nous sommes navrés)

MODÈLE: Il parle anglais. (Nous sommes contents.)
Nous sommes contents qu'il parle anglais.

5. Vous étudiez le français. (mes parents sont surpris)
6. Mes parents vont en vacances. (je suis content)
7. Henri part. (nous sommes étonnés)
8. Michèle ne va pas au concert. (Philippe est faché)

D. **Les vacances de printemps.** Michèle, Roger et Christiane parlent de leurs vacances. Refaites les phrases en exprimant les sentiments indiqués entre parenthèses. Utilisez le subjonctif.

D'abord c'est Michèle qui parle:

MODÈLE: Nous allons dans les montagnes. (bonheur: [*happiness*])
Je suis ravie (contente) que nous allions dans les montagnes.

1. Vous n'avez pas le temps d'aller avec nous. (regret)
2. Roger ne fait pas de ski. (surprise)
3. Nous sommes en vacances. (bonheur)
4. Les prix sont si élevés *(high)*. (colère [*anger*])

Maintenant ce sont Roger et Christiane qui parlent **(nous):**

5. Nos parents viennent à Rome avec nous. (bonheur)
6. Vous ne pouvez pas nous accompagner. (regret)
7. Il n'y a plus de couchettes dans le train. (colère)
8. Vous n'allez pas à Chamonix. (surprise)

E. **Quelle est votre réaction?** Réagissez à ce que dit un(e) de vos camarades en employant un verbe ou une expression d'émotion et le subjonctif.

MODÈLES: J'ai rendez-vous avec Michel.
Je suis content(e) que tu aies rendez-vous avec Michel.

Je vais me coucher de bonne heure.
Je suis étonné(e) que tu te couches de bonne heure.

1. J'ai mal au dos.
2. Je ne suis pas heureux(-se).
3. Je ne sors pas ce soir.
4. J'ai un rhume.
5. Je vais partir demain.
6. Je vais aller en vacances.
7. Je ne peux pas aller au cinéma ce soir.
8. Je ne veux pas aller à Dakar.
9. J'aime parler français.

Note grammaticale

L'emploi de l'infinitif pour exprimer l'émotion

Je suis content de les voir.   *I'm happy to* see them.
Elle regrette de ne pas pouvoir   *She's sorry that* she *can't*
venir.   come.

If the subject of the first verb (the verb of emotion) is the same as the subject of the second verb, use **de** + infinitive to express the second verb.

If the second verb is negative, place **ne pas** directly in front of the infinitive.

F. Ajoutez les expressions entre parenthèses et faites les changements nécessaires.

MODÈLE: Je ne peux pas aller à la soirée. (Je regrette...)
           Je regrette de ne pas pouvoir aller à la soirée.

1. Marielle est en retard. (Elle regrette...)
2. Nous ne pouvons pas rester. (Nous sommes désolés...)
3. Je pars. (Je suis triste...)
4. Mes parents n'ont pas son adresse. (Ils regrettent...)
5. Je ne sors pas ce soir. (Je suis content...)
6. Roger et Christiane vont à Rome. (Ils sont ravis...)
7. Nous sommes en vacances. (Nous sommes contents...)
8. Jacques va apprendre cette nouvelle. (Il va être surpris...)
9. Mes parents sont avec nous. (Ils sont très heureux...)
10. Je ne sais pas la réponse. (Je suis désolé...)

G. **Réagissons!** Chaque fois qu'on entend quelque chose, on réagit négativement ou positivement. Utilisez les expressions que vous avec apprises et employez le subjonctif ou l'infinitif selon le cas.

MODÈLES: C'est presque le week-end. (je)
           Je suis très content(e) que ce soit presque le week-end.

           Nous n'allons pas sortir ce week-end. (nous)
           Nous sommes désolés de ne pas sortir ce week-end.

1. Je vais aller au centre commercial. (ils)
2. Mes amis vont jouer au football. (je)
3. Ma mère et moi, nous allons nettoyer la maison. (nous)
4. Je ne vais pas sortir. (je)

5. Mon frère va faire du ski. (il)
6. Mon professeur va corriger nos devoirs. (nous)
7. Je vais faire tous mes devoirs de français. (mon professeur)
8. Je vais ranger ma chambre. (ma mère)
9. Mes sœurs vont faire les courses. (elles)
10. Je vais aussi me reposer. (je)

LECTURE: *Une lettre à une Québécoise*

Chère Louise,

Un gros joyeux Noël! Je t'envie dans ta maison québécoise au fond de la campagne. Ça doit être blanc partout! Mais, franchement, après des années passées à **pelleter** des bancs de neige[1] à n'en plus finir, **je ne me plains pas.** Ici, j'ai échangé ma **pelle** contre un parapluie!

    Qu'est-ce qui t'arrive par les temps qui courent? Fais-tu souvent du ski de fond? As-tu fait tes cipâtes et tes tourtières?[2] Je t'imagine en train de passer

Numbers here refer to the items in the **Note culturelle** box on page 241.

to shovel / I'm not complaining
shovel

un dimanche tranquille à écouter ton Vigneault[3] et à te demander si son bazou[4] va partir lundi matin. Laisse-moi savoir ce qui se passe chez toi!

Par ici, ça va pas mal. Je veux surtout te parler de la présentation que j'ai faite aux élèves de la classe de français la semaine dernière: «Qu'est-ce que le Canada français?» Eh bien, j'ai essayé de leur faire comprendre (dans 45 minutes!) la différence entre un Franco-ontarien[5] comme moi et une Québécoise comme toi. Ça n'a pas été facile! Pour les élèves américains, le Canada français est tout à fait uniforme. De toute façon, comment leur parler d'une culture canadienne quand il y a tant de cultures—francophones et anglophones—au Canada? Je leur ai donné quand même les grandes lignes. En plus, pour finir, je leur **ai lu** du Tremblay.[6] Ils ont bien peu compris, mais, **tout en riant,** ils ont vite constaté que le joual[7] n'est pas du tout la langue de Racine, pas plus que le cockney est la langue de Shakespeare.

À part cet épisode, il n'y a pas grand'chose à raconter. J'ai beaucoup d'amis et ma nouvelle famille est très gentille. Les vacances approchent et j'espère renter au Canada pour quinze jours. Écris-moi au plus sacrant![8] À la revoyure![9]

Michel

read / while laughing

Michel explains that **joual** is no more the language of Racine than cockney is the language of Shakespeare. Jean Racine was a 17th century playwright (1639–1699) who wrote such plays as *Phèdre, Andromaque, Britannicus, Bérénice,* and other classical and biblical tragedies. Shakespeare's dates are 1564–1616.

Note culturelle

1. Canadian French (**le québécois**) and French as spoken in France often have different terminology for the same thing. In some instances, Canadian French borrows its vocabulary from American English. For example, **bancs de neige** is the **québécois** term for *snow banks;* in France, **bordées de neige** is used.
2. **Cipâtes** and **tourtières** are traditional meat pies, occasionally made with venison, and served at family gatherings and holidays, especially Christmas.
3. Gilles Vigneault is one of Quebec's many **chansonniers.** His song **"Mon pays"** became the unofficial "national anthem" of Quebec in the late 1960s.
4. **Bazou** is **québécois** slang for *jalopy.*
5. A **Franco-ontarien** is a francophone person raised in Ontario, officially an English-speaking province, but with a large French-Canadian minority.
6. Michel Tremblay, Quebec's best-known playwright, won international fame with his 1968 play, *Les Belles-Sœurs (The Sisters-in-Law),* written entirely in **joual.**
7. **Joual** is a spoken and written **québécois** dialect, equivalent to cockney English. In literature, music, monologues, and movies, **joual** has become the badge of national pride, associated with the underdog whose losing battles against the system usually pitted **québécois** workers against English-Canadian bosses.
8. **Au plus sacrant** = **joual** for *as fast as possible.*
9. **À la revoyure** = **joual** for *see you later.*

Compréhension

H. **Une lettre à une Québécoise.** Répondez aux questions.

1. Est-ce que Michel a le mal du pays? Comment le savez-vous?
2. En quelle saison est-ce que Michel écrit sa lettre?
3. D'où vient Michel? Est-ce qu'il est Québécois?
4. Où est-ce que Michel a appris son français?
5. Qu'est-ce qu'il fait aux États-Unis?
6. Qu'est-ce qu'il a essayé d'expliquer aux élèves de la classe de français?
7. Pourquoi est-ce que les élèves n'ont pas compris le texte de Tremblay?
8. Pour combien de temps est-ce qu'il va rentrer au Canada?

Débrouillons-nous!

Exercices oraux

I. **La carte du Québec.** Le Québec est la plus grande des dix provinces canadiennes. Québec (sans article défini) est sa capitale. Consultez la carte du Québec à la page 233 et faites les projets pour un voyage avec votre groupe. Décidez quelles villes vous allez visiter, combien de temps vous allez rester dans chaque ville, en quelle saison vous faites ce voyage, si vous allez faire du ski et ce que vous allez faire à Montréal et à Québec.

J. **Échange.** Répondez aux questions suivantes. Ensuite un(e) autre élève va réagir à votre réponse en utilisant une expression d'émotion (**je suis content(e), je regrette, je suis surpris(e),** etc.).

MODÈLE: Est-ce que tu as mal à la tête aujourd'hui?
— *Non, je n'ai pas mal à la tête aujourd'hui.*
— *Je suis contente que tu n'aies pas mal à la tête aujourd'hui.*

1. Est-ce que tu es fatigué(e)?
2. Est-ce que tu as beaucoup d'amis?
3. Est-ce que le prochain examen de français va être difficile?
4. Est-ce que tu sais bien jouer au tennis?
5. Est-ce que tu vas sortir ce week-end?
6. Est-ce que tu as un magnétoscope à la maison?
7. Est-ce que tu as des vidéos intéressantes?
8. Est-ce que tu as beaucoup de devoirs ce soir?

Exercice écrit

K. **Une lettre à Michel.** Faites semblant *(pretend)* que vous êtes Louise ou son frère Robert et répondez à la lettre de Michel. Expliquez-lui ce que vous faites, le temps qu'il fait, si vous êtes en vacances, ce que vous avez fait le week-end dernier, etc.

DEUXIÈME ÉTAPE

Point de départ

Images de la Louisiane

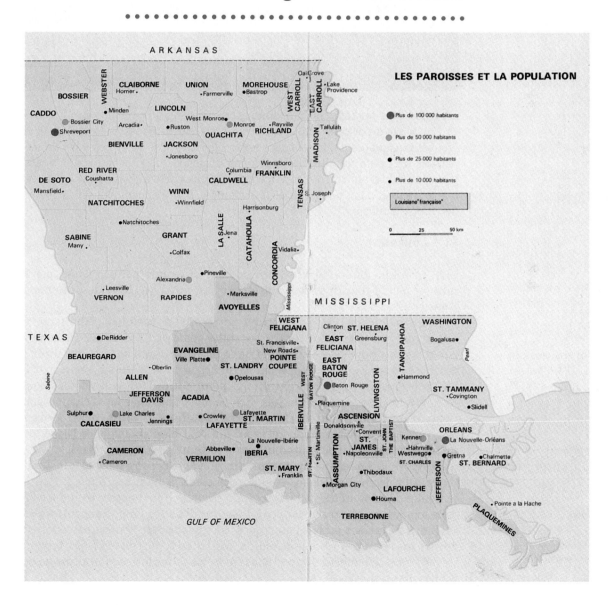

LES PAROISSES ET LA POPULATION

● Plus de 100 000 habitants

● Plus de 50 000 habitants

● Plus de 25 000 habitants

• Plus de 10 000 habitants

Louisiane "française"

0   25   50 km

ARKANSAS

WEBSTER
CLAIBORNE
UNION
MOREHOUSE
WEST CARROLL
EAST CARROLL
Oak Grove
•Lake Providence
BOSSIER
Homer •
•Farmerville
•Bastrop
CADDO
•Minden
LINCOLN
•Bossier City
Arcadia•
West Monroe•
•Monroe
•Rayville
RICHLAND
MADISON
•Tallulah
Shreveport
•Ruston
OUACHITA
BIENVILLE
JACKSON
•Jonesboro
DE SOTO
RED RIVER
Coushatta
Columbia•
Winnsboro
FRANKLIN
TENSAS
Mansfield•
CALDWELL
NATCHITOCHES
WINN
•Winnfield
S. Joseph
•Natchitoches
GRANT
Harrisonburg
•
LA SALLE
•Jena
CATAHOULA
SABINE
Many •
•Colfax
CONCORDIA
•Vidalia
Mississippi
•Pineville
•Leesville
Alexandria•
VERNON
RAPIDES
•Marksville
MISSISSIPPI
AVOYELLES

WEST FELICIANA
Clinton
ST. HELENA
WASHINGTON
St. Francisville•
EAST FELICIANA
Greensburg
TANGIPAHOA
•Bogalusa
TEXAS
•De Ridder
New Roads•
EAST BATON ROUGE
Pearl
BEAUREGARD
EVANGELINE
Ville Platte•
POINTE COUPEE
•Oberlin
ST. LANDRY
•Hammond
ST. TAMMANY
ALLEN
•Opelousas
Baton Rouge
LIVINGSTON
•Covington
Sabine
JEFFERSON DAVIS
ACADIA
IBERVILLE
WEST BATON ROUGE
•Plaquemine
•Slidell
Sulphur•
•Lake Charles
•Crowley
Lafayette•
ST. MARTIN
ASCENSION
Donaldsonville•
ORLEANS
CALCASIEU
Jennings
LAFAYETTE
Kenner•
La Nouvelle-Orléans
CAMERON
Abbeville•
La Nouvelle-Ibérie
•Convent
ST. JAMES
ST. JOHN THE BAPTIST
•Hahnville
•Cameron
VERMILION
IBERIA
ST. MARTIN
Napoleonville•
Westwego•
•Gretna
•Chalmette
ST. CHARLES
ST. BERNARD
ST. MARY
ASSUMPTION
•Thibodaux
JEFFERSON
•Franklin
LAFOURCHE
GULF OF MEXICO
•Morgan City
•Houma
PLAQUEMINES
•Pointe a la Hache
TERREBONNE

En Amérique, les régions francophones principales se trouvent aux Antilles, au Canada et aux États-Unis. Aux États-Unis, c'est surtout en Louisiane et en Nouvelle-Angleterre que **se fait sentir** l'héritage français. Dans les années passées un grand nombre de Canadiens français sont descendus aux États-Unis pour s'y établir. On n'a qu'à consulter une carte du pays pour constater que le français a laissé ses traces: par exemple, il y a beaucoup de villes qui ont des noms français.

can be felt

La Louisiane

Une Amérique différente. C'est bien le mot. Différente par son passé, par sa culture, par la nature de son **sol** et par ses paysages, **telle** se présente la Louisiane.

soil / such

   Pour beaucoup, cet État **à part** se résume à quelques réminiscences historiques rafraîchis par les cartes postales géantes: La Nouvelle-Orléans, le jazz, de jolies femmes en crinoline dans de parcs **ombragés.** Mais **sitôt** le dernier **bateau à roues happé** par les **brumes** du Mississippi, que reste-t-il? La Louisiane **vaut** pourtant davantage qu'**un coup d'œil** entre deux avions. Encore faut-il savoir la découvrir. Ses beautés sauvages ont échappé pour l'instant au **saccage** du progrès. Elles **s'étendent** à l'infini, aussi **vierges** qu'à l'époque des pionniers, pour **celui** qui veut bien abandonner l'itinéraire expéditif et impératif de l'autoroute et de certains voyages organisés.

separate

shaded / as soon as
steamboat / mist, fog
is worth / glance

havoc / stretch out / virgin
the one

   Quitter la Louisiane après un tour rapide à travers les rues du Vieux Carré à La Nouvelle-Orléans et une promenade à bord du *Natchez,* c'est se contenter de la première page d'un grand album... Il faut entrer véritablement dans le pays, ne pas rester au bord. Pénétrer dans ses forêts **innombrables,** ses parcs d'État, ses jardins botaniques. **Se glisser** dans l'univers mystérieux de ses **marécages** où les animaux **pullulent, parcourir** ses bayous, traverser ses champs de coton, pousser la porte parfois **vermoulue** de ses vieilles plantations.

innumerable
To slip
swamps / are found in profusion /
to cross / worm-eaten

Profil: *La Louisiane*

*Origine du nom: Nommé d'après le roi Louis XIV
*Capitale: Baton Rouge
*Superficie: 123 677 km²
*Villes importantes: La Nouvelle-Orléans, Shreveport, Lafayette, Lake Charles, Houma, Iberia
*Population: 4 462 000 habitants
*Nom des habitants: Louisianais
*Langue officielle: Anglais
*Autres langues: Français, créole
*Dates importantes: 1682—Cavalier de la Salle prend possession de la Louisiane pour la France; 1803—Napoléon Bonaparte vend la Louisiane aux États-Unis
*Climat: En hiver il fait doux, mais en été il fait généralement très chaud et humide.

Compréhension

A. **La Louisiane: État francophone.** Answer the questions in English according to the information given in the reading and in the **Profil.**

1. Why is Louisiana considered a different America?
2. What should you do if you really want to get to know Louisiana?
3. Why does the author talk about a "mysterious universe"?
4. How many languages are spoken in Louisiana?
5. Is New Orleans the capital of Louisiana?
6. Who does the name *Louisiana* come from? What do you know about this person?
7. What do you know about the history of Louisiana?
8. Look at the map of Louisiana. Can you find the name of the person who took possession of the region for France?

B. **Consultons la carte des États-Unis.** Regardez un atlas des États-Unis et trouvez les villes suivantes qui portent des noms français.

MODÈLE: Lafayette
Lafayette se trouve dans l'état de Louisiane.

1. Baton Rouge
2. Louisville
3. Belleville
4. Versailles
5. Terre Haute
6. Fond du Lac
7. Des Plaines
8. Bellefonte
9. Montpelier
10. St. Louis
11. La Porte
12. Thibodaux
13. Des Moines
14. Alliance
15. Napoleon
16. Abbeville

Reprise

C. **Vous vous exprimez.** Vous avez la possibilité d'exprimer vos sentiments en vous adressant aux personnes indiquées et en parlant de vous. Complétez les phrases en utilisant le subjonctif ou l'infinitif.

À votre meilleur(e) ami(e):
1. Je suis heureux(-se) que tu...
2. Je suis surpris(e) que tu...
3. Je regrette que tu...
4. Je suis content(e) que tu...

Aux membres de votre famille:
5. Je suis fâché(e) que vous...
6. Je suis étonné(e) que vous...
7. Je regrette beaucoup que nous...
8. Je suis content(e) que nous...

En parlant de vous:
9. Je suis content(e) de...
10. Je suis faché(e) de...
11. Je regrette de...
12. Je suis heureux(-se) de...

Structure

Le superlatif

Thérèse est **l'élève la plus avancée de** la classe.

Thérèse is *the most advanced student in* the class.

Elle a **les meilleures notes de** tous les élèves.

She has *the best grades of* all the students.

Elle travaille **le plus sérieusement de** tous les élèves.

She works *the most seriously of* all the students.

Mais elle a **le plus de temps libre de** tous ses amis.

But she has *the most free time of* all her friends.

C'est elle qui parle **le mieux** le français.

She's the one who speaks French *the best.*

In French, the superlative forms are the same as the comparative forms **plus, moins, meilleur,** and **mieux,** except that the definite article **le, la,** or **les** is added.

For adjectives, both the article and the adjective agree with the noun they modify (**Thérèse est l'élève la plus avancée.**).

For adverbs, the article is always **le** (**Elle parle le mieux.**).

For nouns, the superlative form acts like an expression of quantity (**Elle a le plus de temps libre.**).

Notice that **de** after a superlative phrase is the French equivalent of *in* or *of* (**de la classe, de tous ses amis**).

Attention: When a superlative adjective comes *before* the noun (**autre, beau, bon, grand, gros, jeune, joli, long, mauvais, nouveau, petit, vieux**), only one definite article is required (**la plus jolie maison, le plus gros livre, les moins bons élèves**). But when a superlative adjective comes *after* the noun, the definite article is repeated after the noun (**la maison la plus solide, le livre le plus ennuyeux, les élèves les moins travailleurs**).

Application

D. Remplacez les mots en italique et faites les changements nécessaires.

1. *Georges* est l'étudiant le plus sérieux de la classe. (Suzanne / Alain et Robert / Martine et Christiane)
2. Hervé est l'élève le *plus optimiste* de la classe. (plus sportif / moins sérieux / plus jeune / meilleur / moins honnête)
3. Voilà la *plus belle* maison de la ville. (plus jolie / plus grande / plus chère / moins intéressante / plus petite)
4. Nathalie *parle le plus rapidement* de tous les élèves. (étudie le plus sérieusement / chante le mieux / travaille le plus / joue le mieux)

E. **Les élèves du lycée Voltaire.** En utilisant les expressions données, faites les comparaisons indiquées. Employez le tableau à la page 202 (Ex. H).

MODÈLE: Sylvie (intelligent)   ~~intelligent~~ intelligente
Sylvie est l'élève la plus ~~intelligent~~ de la classe.

1. Gilbert (intelligent)
2. Gilbert (étudier sérieusement)
3. Sylvie (bon en littérature)
4. Yves (étudier sérieusement)
5. Louis (bon en mathématiques)

F. **Les ouvriers de l'atelier Michelin.** En utilisant les expressions données, faites les comparaisons indiquées. Employez le tableau à la page 202 (Ex. I).

MODÈLE: Thierry (âgé)
Thierry est l'ouvrier le plus âgé de l'atelier.

In France, secondary schools tend to be named after famous people rather than after the town in which they're located (as is often true in the U.S.). Voltaire (1694–1778) was a French philosopher of the Enlightenment who is best known for *Zadig, Micromégas, Candide,* and his philosophical essays and poems. He was particularly well-received by the anti-clerical bourgeoisie who used some of his ideas to inspire the French Revolution.

<table>
<tr><td>1. Jacqueline (âgé)</td><td>5. Jacqueline (jeune)</td></tr>
<tr><td>2. Jean-Loup (travailler rapidement)</td><td>6. Jacqueline (travailler rapidement)</td></tr>
<tr><td>3. le travail de Jean-Loup (bon)</td><td>7. Albert (gagner de l'argent)</td></tr>
<tr><td>4. Jacqueline (gagner de l'argent)</td><td></td></tr>
</table>

LECTURE: *Être cajun aujourd'hui*

to claim
unless one has
self-aggrandizement
dugout canoe
small sailing ship / fled
blended
briskly, enthusiastically / Which

remain / by comparison to

Qui peut aujourd'hui **revendiquer** le titre d'Acadien ou de Créole? Il semble très difficile en effet, **à moins de porter** un nom typique et de posséder un arbre généalogique sans **complaisance,** d'affirmer que son ancêtre a descendu le Mississippi en **pirogue** venant du Canada, a débarqué d'une **caravelle** en provenance de la Rochelle, ou **a fui** la France après les Adieux de Fontainebleau. Les Acadiens et les Créoles se sont **mélangés** eux-mêmes, et leur culture a assimilé avec un **bel entrain** celle de leurs voisins étrangers. **Ce qui** explique que l'on trouve aujourd'hui tant de Louisianais de descendance espagnole, italienne, allemande ou anglo-américaine qui se disent «Cajuns» parce que leur mère ou leur grand-mère s'exprimait en français à la maison. Les Noirs et les Indiens francophones sont aussi, souvent, des «Cajuns», ce nom de Cajun ou de Cadjiin (déformation anglaise de Cadien) portant pour beaucoup cette volonté de **demeurer** différents **par rapport à** la culture uniformisante de l'Amérique protestante.

Quelques proverbes cajuns

*C'est un **défonceur** de portes ouvertes. (Quand quelqu'un parle beaucoup et fait peu de choses.)   person who breaks down

*C'est lui qui a **gratté** la lune pour faire les étoiles. (Quand quelqu'un est toujours content de lui.)   scratched

*Il reste **debout** comme un **poteau fanal.** (De quelqu'un qui manque d'énergie.)   standing up / streetlight

*Il **dételle** la **charrue** au milieu du **marais.** (De quelqu'un qui ne finit jamais rien.)   unhitches / cart / swamp, marsh

*Il a pas **pendu** la lune. (De quelqu'un qui n'est pas trop intelligent.)   hang

Compréhension

G. **Être cajun aujourd'hui.** Answer the following questions in English.

1. What unmistakable proof can someone give to lay claim to the name of Acadian or Cajun?
2. Why do so many Cajuns have a Spanish, Italian, German, or Anglo-American heritage?
3. What seems to be the main reason people give for being Cajun?
4. Where does the word *Cajun* come from?
5. Why do so many people want to be considered Cajun?

H. **Des proverbes cajuns.** Which of the proverbs would you use for each of the following people?

1. Once again, he left half of the work undone!
2. Talk, talk, talk—that's all he does!
3. Her elevator doesn't go all the way to the top!
4. I've seen more energy in a snail!
5. I can't stand people who are always smug!

Débrouillons-nous!

Exercice oral

I. **Les profils des régions francophones.** Regardez tous les **Profils** des pays et régions francophones dans cette unité. Selon les renseignements donnés, décidez quelle région est la plus grande, la plus petite, a le plus et le moins d'habitants, a le plus ou le moins de langues, a le meilleur climat (à votre avis), etc.

Exercice écrit

J. **Les délices de la cuisine louisianaise.** Read the following Cajun recipe for jambalaya. Then make a shopping list and identify the different stores you would go to if you were in France.

Jambalaya de poulet aux carottes
1 poulet
1 oignon haché
1 tasse de riz (non cuit)
2 tasses de carottes râpées
½ poivron vert haché
Sel et poivre

Mettre le poulet dans une cocotte et le faire dorer dans l'huile. Retirer le poulet. Laisser juste assez d'huile pour recouvrir le fond de la cocotte. Cuire une minute environ les carottes, l'oignon, le poivron et le riz dans le fond d'huile. Remettre le poulet dans la cocotte. Remuer. Recouvrir le poulet d'eau. Saler et poivrer. Cuire 45 minutes environ dans la cocotte ouverte. Remuer une à deux fois pendant la cuisson.

Lexique

On s'exprime

Pour exprimer ses sentiments

le regret
regretter que (de)
être triste que (de)
être navré(e) que (de)
être désolé(e) que (de)
il est dommage que
le bonheur
être content(e) que (de)
être heureux(-se) que (de)
être ravi(e) que (de)
la surprise
être surpris(e) que (de)
être furieux(-se) que (de)
la colère
être fâché(e) que (de)
être furieux(-se) que (de)

Pour exprimer le superlatif

le (la, les) moins de
le (la, les) plus de
le mieux de
le (la, les) meilleur(e)(s) de

Vocabulaire général

Noms

le plancher
le sang

Adjectifs

avancé(e)
élevé(e)

Verbes

faire semblant que (de)
laisser

Adverbe

sérieusement

Autre expression
C'est dommage!

MISE AU POINT

LECTURE: *L'homme qui te ressemble*

René Philombe (1930–   ), un poète camerounais, a écrit ce poème qui implore le lecteur d'accepter tous les hommes, n'importe leur lieu d'origine ni leur apparence.

L'homme qui te ressemble

I knocked	**J'ai frappé** à ta porte
	J'ai frappé à ton cœur
	pour avoir bon lit
	pour avoir bon feu
push me back	pourquoi **me repousser?**
	Ouvre-moi mon frère!...

Pourquoi me demander si
si je suis d'Afrique
si je suis d'Amérique
si je suis d'Asie
si je suis d'Europe?
Ouvre-moi mon frère!...

Pourquoi me demander
la longeur de mon nez

thickness   **l'épaisseur** de ma bouche
skin   la couleur de ma **peau**
gods   et le nom de mes **dieux?**
Ouvre-moi mon frère!...

Je ne suis pas un noir
je ne suis pas un rouge
je ne suis pas un jaune
je ne suis pas un blanc
mais je ne suis qu'un homme
Ouvre-moi mon frère!...

Ouvre-moi ta porte
Ouvre-moi ton cœur
car je suis un homme
l'homme de tous les temps

heavens   l'homme de tous **les cieux**
l'homme qui te ressemble!...

Compréhension

A. Le sens du poème. Answer the questions in English.

1. What is the main message of this poem? What is the poet telling us?
2. What is the **je** in the poem asking of us in the first stanza?
3. What does he not understand?
4. According to the poet, what aspects of a person are not particularly important?
5. In what way do you think the poet is talking about prejudices we have about other people?

Reprise

B. Les élèves du collège St-Jean. *(The students of St. John Secondary School.)* Chaque élève se distingue d'une façon ou d'une autre. Utilisez les expressions données pour expliquer en quoi chaque élève est différent des autres.

Nom de l'élève	Âge	Taille	Note en espagnol	Chant
André	15 ans	1m65	12/20	excellent
Béatrice	14 ans	1m45	12/20	assez bien
Charles	16 ans	1m50	16/20	bien
Éric	16 ans	1m75	10/20	bien
Hélène	15 ans	1m40	15/20	bien
Jacqueline	15 ans	1m50	13/20	mal
Robert	17 ans	1m60	8/20	bien

MODÈLE: Béatrice (jeune)
          Béatrice est la plus jeune élève de la classe.

1. Béatrice (âgé)
2. Robert (âgé)
3. Éric (grand)
4. Hélène (petit)
5. André (chanter bien)
6. Robert (un mauvais élève en espagnol)
7. Jacqueline (chanter bien)
8. Charles (un bon élève en espagnol)

Révision

In this **Révision,** you will review:

- facts about French-speaking areas of the world;
- the relative pronouns **qui** and **que**;
- the comparative and superlative;
- regular verbs ending in **-re**;
- negative expressions;
- the present subjunctive and the infinitive used with expressions of emotion.

C. **Quel pays francophone veux-tu visiter?** Take a survey of some your classmates to find out which French-speaking country or region each would like to visit. Each person should use the information in this unit to explain his/her choice.

Les pronoms relatifs *qui* et *que*

J'ai parlé à quelqu'un **qui** vient du Cameroun.
Les plantations **qui** se trouvent au sud du Cameroun produisent du café et du cacao.
Le pays francophone **que** je vais étudier est le Cameroun.
La famille **que** j'ai rencontrée récemment est du Cameroun.

A relative pronoun connects two clauses into a single sentence. The relative pronoun introduces the second clause while referring to a word in the main clause. **Qui** *(who, that, which)* refers to persons or things and acts as the *subject* of the subordinate clause. **Qui** is always followed by a verb. It may also be used with a preposition, such as **à, chez, avec,** and **pour.** The relative pronoun **que** *(whom, which, that)* acts as a *direct object* and stands for persons or things. It is always followed by a subject and a verb. In the **passé composé,** the past participle agrees in gender and number with the word to which **que** refers.

D. **Curiosité.** Posez une question pour trouver le renseignement que vous avez oublié. Utilisez un pronom relatif (**qui** ou **que**) dans votre question.

1. Georgette lit *(is reading)* un très bon roman, mais j'ai oublié son titre.
2. Didier est sorti avec une jeune fille très sympathique, mais je ne sais pas son nom.
3. Le train arrive à Cassis à 12h30, mais je ne sais pas à quelle heure il part de Marseille.
4. J'ai acheté un pull hier, mais je ne me rappelle pas combien il coûte.
5. Nous avons parlé à un jeune homme très intéressant, mais nous avons oublié son nom.
6. J'ai acheté mon billet hier, mais maintenant je ne sais pas où il se trouve.
7. Elle a visité plusieurs pays francophones, mais je ne me rappelle pas quels pays.
8. Ils connaissent bien le restaurant dans la rue Mouffetard, mais ils ont oublié son nom.

Le comparatif

Elle est **plus grande que** son frère.
Il est **aussi sérieux que** sa sœur.
Ils travaillent **moins rapidement que** leurs amis.
Nous avons **plus d'**argent **que** Paul.
J'ai **autant d'**énergie **que** lui.
Elle a **moins de** tact **que** moi.
Mes notes sont **meilleures que** les notes de mon frère.
Il parle **mieux que** moi.

The expressions **plus** *(more),* **aussi** *(as),* and **moins** *(less)* are used to compare adjectives and adverbs. They are followed by **que** *(than, as).*

The expressions **plus de** *(more),* **autant de** *(as much, as many),* and **moins de** *(less)* are used to compare nouns and are also followed by **que.**

The adjective **bon** and the adverb **bien** have irregular comparative forms to indicate superiority: **bon(ne)(s)** ⟶ **meilleur(e)(s), bien** ⟶ **mieux.** The English equivalent of both **meilleur** and **mieux** is *better.*

Le superlatif

Thérèse est **l'élève la plus avancée de** la classe.
Quels sont **les meilleurs restaurants de** la ville?
Jacques travaille **le plus sérieusement de** tous les ouvriers de l'atelier.
Elle a **le plus de temps libre de** tous ses amis.
C'est Mathilde qui chante **le mieux.**

The superlative forms are the same as the comparative forms **plus, moins, meilleur,** and **mieux,** except that the definite article **le, la,** or **les** is added. Remember that if the adjective follows the noun, the definite article is repeated: **la maison la plus solide, le livre le plus ennuyeux, les étudiants les moins travailleurs.**

E. **Ma famille et mes amis.** Utilisez des expressions comparatives et super-latives pour parler des membres de votre famille.

MODÈLE: *Ma grand-mère est plus âgée que mon grand-père. Elle a 80 ans. Ma grand-mère est la personne la plus âgée de la famille. Mon frère Paul joue le mieux au tennis. Il joue beaucoup mieux que moi. Un jour je veux jouer aussi bien que lui. Etc.*

Quelques suggestions de comparaisons: âge (âgé, jeune, vieux), jouer bien, parler bien le français, aller souvent au cinéma, être bon en maths, être bon en science, être bon en histoire, taille (grand, petit), travailler sérieusement, manger, être intelligent(e), être sportif(-ive), aimer bien, etc.

Les verbes réguliers en *-re*

vendre (to sell)

je vend**s**	nous vend**ons**
tu vend**s**	vous vend**ez**
il, elle, on vend	ils, elles vend**ent**

Past participle: **vendu** (avoir)   Subjunctive stem: **vend-**
Imperfect stem: **vend-**

Some other common regular **-re** verbs are:

attendre	to wait for
descendre (conjugated with **être**)	to go down (downstairs)
entendre	to hear
entendre dire	to hear secondhand
entendre parler de	to hear about
perdre	to lose
rendre	to return (something)
répondre (à)	to answer

F. **Mes habitudes.** Employez des verbes en **-re** pour expliquer ce que vous faites typiquement.

MODÈLE: *Je perds toujours les clés de ma voiture.*

Ensuite parlez des membres de votre famille.

MODÈLE: *Mes parents vendent leur auto tous les deux ans.*

Maintenant, dites ce que vous et les membres de votre famille (ou amis) avez fait la semaine dernier. Continuez à employer des verbes en **-re**.

MODÈLE: *Linda a entendu dire que Pat est malade.*

Les expressions négatives

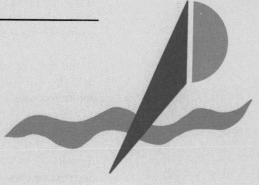

Je **ne** vois **rien.**
Je **ne** vois **personne.**
Rien ne m'intéresse.
Personne n'a téléphoné.
Elle **n'**est **plus** là.
Ils **ne** sont **pas encore** partis.
Nous **n'**avons **jamais** assez de temps.

The negative expressions **ne . . . rien, ne . . . personne, ne . . . plus, ne . . . pas encore,** and **ne . . . jamais** go around the conjugated verb (the main verb in the present tense or the helping verb in the **passé composé). Personne** and **rien** may also be the subject of a sentence, in which case **ne** is placed directly before the verb.

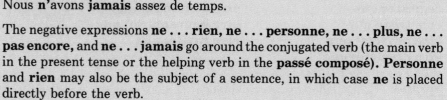

G. **Une semaine désastreuse.** Vous avez eu une semaine particulièrement mauvaise et vous n'êtes pas en bonne humeur. Quand vos amis vous interrogent, vous répondez toujours négativement. Employez les expressions négatives que vous avez apprises.

MODÈLE: Est-ce que tu as fini tes devoirs de français?
              Non, je n'ai jamais fini mes devoirs de français!

1. Est-ce que quelqu'un t'a téléphoné?
2. Est-ce que le mécanicien a déjà réparé ta voiture?
3. Est-ce que tes parents sont sortis cette semaine?
4. Est-ce que tu es toujours premier(-ère) dans ta classe de français?
5. Est-ce que tu as fait beaucoup de choses cette semaine?
6. Est-ce que tu as vu tes amis?
7. Est-ce que tu as parlé à ton professeur?
8. Est-ce que tu vas faire quelque chose demain soir?
9. Est-ce que quelque chose t'intéresse?
10. Est-ce que tu as parlé à ta tante?

Le subjonctif et l'infinitif pour exprimer l'émotion

Je suis content de les voir.
Je suis content que vous vouliez y aller.

If the subject of the first verb (the verb of emotion) is the same as the subject of the second verb, use **de** + infinitive to express the second verb: **Je regrette de partir.** *(I'm sorry that I'm leaving.)*

If the subject of a verb of emotion differs from the subject of the action, use the subjunctive: **Je regrette que vous partiez.** *(I'm sorry that you're leaving.)*

Some frequently used verbs of emotion are:

Regret	*Happiness*
regretter que	**être content(e) que**
être triste que	**être heureux(-se) que**
être navré(e) que	**être ravi(e) que**
être désolé(e) que	

Surprise	*Anger*
être surpris(e) que	**être fâché(e) que**
être étonné(e) que	**être furieux(-se) que**

H. **Mes réactions.** Pour chacun des sujets suivants, exprimez votre regret, votre surprise, votre bonheur ou votre colère. Utilisez le subjonctif s'il y a changement de sujet ou l'infinitif s'il n'y a pas changement de sujet.

MODÈLE: la politique
          Je suis content d'être trop jeune pour voter.
  ou: *Je regrette que mon candidat n'ait pas gagné l'élection.*

1. les membres de votre famille
2. votre meilleur(e) ami(e)
3. les sports
4. une fête
5. un centre commercial
6. votre professeur
7. la politique
8. le temps qu'il fait
9. un film (une vidéo)
10. vos cours

Point d'arrivée

Activités orales

I.   **Les pays francophones.** You're a travel agent who is planning a trip through some of the French-speaking countries and regions of the world for a group of tourists. Your classmates will tell you what they'd like to see, and you will choose which country or region is most likely to fulfill their wishes. Use the information in the unit to make your decisions.

> MODÈLES: ÉLÈVE 1: *Je voudrais aller dans le désert.*
> ÉLÈVE 2: *Allez au Maroc.*
>
> ÉLÈVE 3: *Je n'aime pas la chaleur.*
> ÉLÈVE 2: *Allez au Québec.*

J.   **Le tour du monde.** Look at the map on pages xiv and xv and explain to your classmates which francophone countries (regions) you're going to visit someday. Give at least one reason for each of your choices.

> MODÈLE: *Je vais aller à la Martinique parce que j'adore les plages et le soleil et parce que je veux manger beaucoup de poisson. J'aimerais aussi étudier la langue créole.*

K.   **Des stéréotypes.** Take a survey of your classmates to find out what stereotypes they think of for the following countries. Get at least one statement about each country from five different students. Then report your findings to the rest of the class. Be sure to take notes on their statements because you'll be asked to write up your findings in Exercise R.

> MODÈLES: la Suisse
> *Les Suisses ont beaucoup d'argent dans leurs banques.*
> ou: *Les Suisses sout très matérialistes.*
> ou: *Les Suisses travaillent beaucoup. Etc.*

1. la France	3. la Suisse	5. les États-Unis	7. l'Angleterre
2. l'Italie	4. le Maroc	6. le Canada	

L.   **Un voyage.** Pick a French-speaking country you know something about and prepare to talk about it to the members of your group. You may choose a country discussed in this chapter or another one. Pretend that you just returned from a trip to this country and that you are sharing your knowledge and impressions with your friends. Don't forget that there are also some French-speaking countries, other than France, in Europe: **la Suisse, la Belgique, le Luxembourg.**

M. **Quand nous étions jeunes...** Your parents, your teachers, and other people older than you often have childhood memories that are quite different from your experience. Imagine a conversation in which people are talking about differences and similarities between how children grow up today and how they grew up 20 or 30 years ago. Use as many comparative expressions as possible.

N. **Tout va mal!** Recall or imagine the worst day possible, a day when nothing goes right and when no one does what you want. Because the day is so bad, you have a very negative outlook on things and are in a bad mood. Have a contest with your classmates to see who can tell about the worst day. Use as many negative expressions as possible.

Activités écrites

O. **Une région francophone.** Pick a francophone country or region that you did not study in this unit and write a factual outline using the **Profil** sections as models. Suggestions: **Haïti, la Suisse, la Belgique, la Tunisie, le Mali, Tahiti, Madagascar.**

P. **Une lettre.** Now write a letter to your teacher about the country or region you've researched. Pretend that you're still in the country. Talk about where you've been, where you're going, what the weather is like, the people you've met, the things you've bought, etc.

Q. **Mon ami(e)...** A friend is about to visit your "French family" in Grenoble. Write them a letter telling all about your friend *by comparing him/her to you.* Give a physical description, a personality portrait, and what he/she likes and dislikes (activities, food, weather).

R. **Résultats du sondage et mes commentaires.** In Exercise K you surveyed some of your classmates to find possible stereotypes about a variety of countries. Pick one of the countries, write out the statements your classmates made, and comment on what was said. If you need more information about why your classmates made particular statements, ask them before or after class. In your comments, try to use some expressions of emotion with the subjunctive.

Expansion culturelle

Deux jeunes francophones

Je m'appelle Fakhri Ahmed et j'habite à Bizerte en Tunisie. J'ai 15 ans et je suis encore au lycée. J'ai deux sœurs et un frère et à la maison nous parlons arabe. Ici en Tunisie, l'arabe est la langue officielle, mais nous parlons aussi tous le français. Depuis l'âge de huit ans, je fais mes études en arabe et en français et je me considère donc bilingue. Il faut dire, tout de même, que je suis un peu plus confortable quand je parle arabe parce que c'est la langue que je parle à la maison. Quand j'étais enfant, mes parents parlaient surtout l'arabe avec nous. Mais quelque fois quand ils étaient en colère, ils nous adressaient aussi en français pour être plus formel! J'ai déjà visité la France avec mes parents et un jour j'aimerais bien continuer mes études universitaires en France. Mais j'ai l'intention de revenir en Tunisie pour travailler ici. Je pense que j'ai beaucoup d'avantages parce que je parle l'arabe et le français et parce que j'étudie aussi l'anglais.

Je m'appelle Isabelle Michaud. J'ai 16 ans et j'habite à Lausanne en Suisse. Lausanne se trouve dans la Suisse romande, qui est la partie francophone du pays. Le français est une des langues officielles de la Suisse, avec l'allemand et l'italien. J'ai beaucoup d'amis qui viennent de la partie allemande et de la partie italienne de la Suisse. Mais on se parle surtout français parce que ma seconde langue c'est l'anglais. Puisque nous avons trois langues officielles en Suisse, nous avons l'habitude d'entendre beaucoup les autres langues. Les affiches

dans les rues, dans les gares et dans d'autres endroits publics sont toutes écrites en français, en allemand et en italien. Il est donc normal que nous soyons très conscients des trois cultures qui se mélangent harmonieusement ici en Suisse.

Expansion

Et vous?

S. **Je pense...** Maintenant vous connaissez un peu Fakhri et Isabelle. Ce sont des jeunes personnes pour qui l'étude des langues étrangères est très importante. Discutez avec vos camarades de classe des avantages qu'on a quand on parle plusieurs langues. Pourquoi est-il surtout important pour les Américains d'étudier des langues étrangères?

Le Dix-Neuvième Siècle

De l'Empire...
À la République

Avec sept régimes politiques (deux empires, deux restaurations, deux républiques), trois révolutions et trois invasions d'armées étrangères, le dix-neuvième siècle en France est une époque troublée, une période d'extrême instabilité. Pourtant, à travers la confusion et l'incertitude, le peuple français reconquiert peu à peu la démocratie instaurée par la Révolution: la France moderne est née. Celui qui a le plus marqué la France, par ses actes et par son souvenir, est sans doute Napoléon Ier.

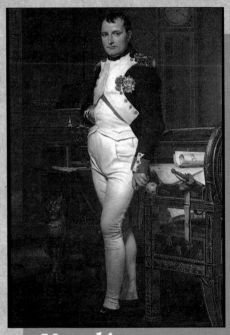

Napoléon

1799	Coup d'état1 (18 brumaire); Napoléon se proclame Premier consul
1804–1815	Premier Empire (Napoléon Ier)
1815–1830	La Restauration (Louis XVIII, Charles X)
1830	Révolution de juillet
1830–1848	Monarchie constitutionnelle (Louis-Philippe)
1848	Révolution de février
1848–1852	Deuxième République
1851	Coup d'état; Louis-Napoléon Bonaparte
1852–1870	Second Empire (Napoléon III)
1870–1871	Guerre franco-allemande
1871–1875	Gouvernement insurrectionnel (la Commune)
1870–1940	Troisième République

Né en Corse d'une famille noble mais pauvre, partisan des Jacobins pendant la Révolution, devenu général à 24 ans, Napoléon Bonaparte se distingue pendant les campagnes d'Italie et d'Égypte. Après s'être nommé Premier consul lors de son coup d'état de 1799, il impose à la France une constitution autoritaire. En 1804, il se proclame empereur et se met à réorganiser le pays. En même temps il poursuit[2] la guerre contre

[1]overthrow of the government
[2]carries on

les pays de l'Europe. Après des victoires éclatantes en Prusse et en Autriche, il envahit[1] la Russie, d'où il est obligé de battre en retraite. Une armée de coalition envahit la France et Napoléon abdique en 1814. Exilé à l'île d'Elbe, il fait un retour de cent jours en 1815. Vaincu[2] définitivement à Waterloo (en Belgique), il abdique une seconde fois et est envoyé à l'île de Sainte-Hélène au milieu de l'Atlantique, où il meurt.

[1]invades [2]Defeated

Le Legs[3] Napoléon

LES CONQUÊTES: VICTOIRES ET DÉFAITES

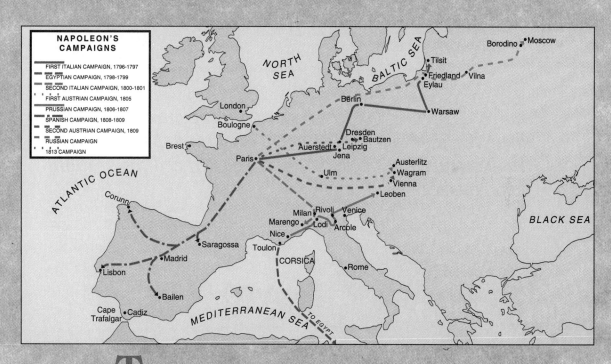

Trois ou quatre millions d'Européens sont morts pendant l'époque de Napoléon, mais la France se retrouve en 1815 à peu près[4] dans ses frontières d'avant la Révolution.

[3]legacy [4]almost

LES INSTITUTIONS: Une organisation nouvelle

Sous le Premier Empire, les institutions politiques et sociales prennent leur visage moderne. Par exemple:

- L'administration du pays est centralisée; un préfet, nommé par le ministre de l'Intérieur, gère[1] chaque département.
- La justice est aussi centralisée, les magistrats étant payés par l'État.
- La Banque de France, créée en 1800, seule a le pouvoir d'émettre des billets de banque et de la monnaie.
- Tout Français est sujet au service militaire obligatoire.

- On se sert en France du système métrique.
- L'éducation est centralisée; le système comprend l'université, les lycées, les écoles normales et les grandes écoles.
- L'ensemble des lois sont rassemblées dans le code civil de 1804.
- La Légion d'honneur, la décoration la plus prestigieuse de France, récompense les services rendus[2] à l'État.

[1]administers   [2]rendered, given

LA NATURE *Au siècle précédent, Rousseau avait décrit les harmonies entre la nature et son* âme.   soul
Au dix-neuvième siècle, la nature va servir d'inspiration dans tous les arts.

Trois peintres •
COURBET, MONET et CÉZANNE

Gustave Courbet, *La côte d'Étretat après une tempête*

Claude Monet, *Nénuphars*

En peinture, on voit cette réponse à la nature dans l'œuvre réaliste de Courbet et dans l'œuvre impression-niste and post-impressionniste de Monet et Cézanne.

Paul Cézanne, *Mont-Ste-Victoire*

Un compositeur •
DEBUSSY

Désireux de créer une musique qui soit comme un poème, Claude Debussy évoque la nature dans des compositions telles que *Clair de lune*, *Prélude à l'après-midi d'un faune* et *La Mer*.

CHATEAUBRIAND et VERLAINE

FRANÇOIS-RENÉ DE CHATEAUBRIAND
René

Bien que Chateaubriand écrive en prose, son lyrisme fait penser à de la poésie. Dans ce récit quasi-autobiographique, le jeune héros raconte une promenade automnale.

*L*e jour, je *m'égarais* sur de grandes *bruyères* terminées par des forêts. Qu'il fallait peu de choses à ma rêverie! une feuille *séchée* que le vent chassait devant moi, une cabane *dont la fumée* s'élevait dans la *cime dépouillée* des arbres, la *mousse* qui tremblait au *souffle du Nord* sur le tronc d'un *chêne*, une *roche écartée*, un *étang désert* où le *jonc flétri* murmurait! Le *clocher* solitaire s'élevant au loin dans la vallée *a* souvent *attiré* mes regards; souvent j'ai suivi des yeux les oiseaux de passage qui *volaient* au-dessus de ma tête. Je *me figurais* les *bords ignorés*, les climats lointains où ils *se rendent*; *j'aurais voulu* être sur leurs *ailes*. Un secret indistinct me tourmentait: je *sentais* que je n'étais moi-même qu'un voyageur, mais une voix du ciel semblait me dire: «Homme, la saison de ta migration n'est pas encore venue; attends que le vent de la mort se lève, alors tu *déploieras ton vol* vers ces régions inconnues que ton cœur demande.»

«Levez-vous vite, orages désirés, qui devez *emporter* René dans les espaces d'une autre vie!» Ainsi disant, je marchais à grands pas, le visage enflammé, le vent *sifflant* dans ma *chevelure*, ne sentant *ni* pluie, *ni frimas*, enchanté, tourmenté, et comme possédé par le démon de mon cœur.

La nuit, lorsque *l'aquilon ébranlait ma chaumière*, que les pluies tombaient en torrent sur mon toit, qu'à travers ma fenêtre je voyais *la lune sillonner les nuages amoncelés*, comme un pâle *vaisseau* qui laboure les vagues, il me semblait que la vie redoublait au fond de mon cœur, que *j'aurais* la puissance de créer des mondes.

Glosses (right column):

would wander off / heaths (wastelands) / dried

whose smoke / bare tops

moss / northern wind

oak / isolated rock / deserted pond / withered bulrush / bell tower / has attracted / were flying

would imagine / unknown shores

go / would have wanted / wings

felt

will fly off

carry off

whistling / hair

neither...nor wintry weather

north wind was shaking my hut

the moon cut across the banks of clouds / vessel

would have

PAUL VERLAINE

Chanson d'automne

Pour Verlaine, la poésie est avant tout de «la musique». Comme Chateaubriand, il choisit l'automne afin d'évoquer les sentiments de son âme.

Les *sanglots* longs   sobs
Des violons
     De l'automne
Blessent mon cœur
D'une *langueur*   languor (lack of energy)
     Monotone.

Tout *suffocant*   suffocating (unable to breathe)
Et *blême*, quand   pale
     Sonne l'heure,
Je *me souviens*   I remember
Des jours anciens
     Et je *pleure*,   cry

Et je *m'en vais*   go off
Au vent mauvais
     Qui m'*emporte*   carries away
Deçà, delà,   Here and there
Pareil à la   Similar
     Feuille morte.

LE VOYAGE

Commencée en 1830 lors de la prise d'Alger, l'expansion coloniale prend son plein essor[1] sous la Troisième République. À la fin du siècle, l'empire colonial français comprend une superficie seize fois plus étendue que la France elle-même— l'Afrique du Nord, le Sahara et l'Afrique occidentale et équatoriale, Madagascar et la Réunion, l'Indochine et des îles dans le Pacifique. Cette expansion favorise le désir de voyager et le goût de l'exotisme, thèmes qu'on trouve déjà chez les artistes et les écrivains.

[1] develops fully

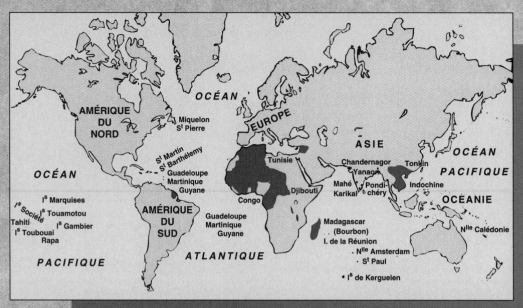

L'Empire colonial français

Trois peintres
DELACROIX, MANET et
GAUGUIN

Eugène Delacroix, *La Chasse aux lions*

En 1832, le peintre romantique Delacroix «découvre» le Maroc et l'Algérie, qui deviennent des sujets importants pour lui. Plus tard, le naturaliste Manet et le post-impressionniste Gauguin trouvent en Espagne et à Tahiti de nouvelles sources d'inspiration.

Édouard Manet, *Lola de Valence*

Paul Gauguin, *Quand te marieras-tu?*

Un Compositeur •
BIZET

*L*e compositeur Georges Bizet est surtout connu pour son opéra plein de vie et de pittoresque, *Carmen*, qui raconte l'histoire d'un jeune Basque ensorcelé par une belle gitane[1] espagnole.

[1]gypsy

Deux poètes •
BAUDELAIRE et HUGO

CHARLES BAUDELAIRE

L'Invitation au voyage

Pour Baudelaire, il y a chez tout être humain
un conflit entre Dieu et Satan, entre la spiri-
tualité et l'animalité, entre l'Idéal et le Mal.
Pour lui, le voyage est un moyen d'échapper au
Mal, de se diriger vers cet Idéal.

Mon enfant, ma sœur,
Songe à la *douceur*   sweetness, gentleness
D'aller là-bas vivre ensemble!
Aimer à loisir,
Aimer et mourir
Au pays qui te ressemble!
Les soleils *mouillés*   damp, wet
De ces ciels *brouillés*   blurry
Pour mon esprit ont les charmes
Si mystérieux
De tes *traîtres* yeux,   treacherous, traitorous
Brillant à travers leurs larmes.   Shining through their tears
Là, tout n'est qu'ordre et beauté,
Luxe, calme et *volupté*.   pleasure of the senses

Des meubles *luisants*   shining
Polis par les ans,
Décoreraient notre chambre;
Les plus rares fleurs
Mêlant leurs odeurs   Mixing
Aux vagues *senteurs de l'ambre,*   scents of amber
Les riches *plafonds,*   ceilings

Les miroirs profonds,
La splendeur orientale,
Tout y parlerait
À l'âme en secret
Sa douce langue natale.

Là, tout n'est qu'ordre et beauté,
Luxe, calme et volupté.

Vois sur ces canaux
Dormir ces *vaisseaux*   vessels, ships
Dont l'*humeur* est vagabonde;   mood
C'est pour *assouvir*   satisfy
Ton *moindre* désir   slightest
Qu'ils viennent du bout du monde.
Les soleils couchants
Revêtent les champs,   clothe, cover over the fields
Les canaux, la ville entière,
D'*hyacinthe* et d'*or;*   hyacinth (bell-shaped flower) / gold / falls asleep
Le monde *s'endort*
Dans une chaude lumière.

Là, tout n'est qu'ordre et beauté,
Luxe, calme et volupté.

VICTOR HUGO

Sonnez, sonnez, clairons...

On peut voyager dans le temps ainsi que dans
l'espace. Ici Hugo fait revivre un épisode célèbre de
l'Ancien Testament, la prise de Jéricho par les
Hébreux. Écrit pendant son exil, ce poème exprime de
façon symbolique le mépris[1] qu'éprouve le poète à
l'égard de l'empereur Napoléon III.

[1]scorn

Sonnez, sonnez, toujours *clairons* de la pensée.   bugles

  Quand Josué *rêveur*, la tête aux cieux *dressée*,   dreamy / lifted up
Suivi des siens, marchait, et, prophète irrité,   Followed by his troops
Sonnait de la trompette autour de la cité,
Au premier tour qu'il *fit* le roi *se mit à rire;*   made / began to laugh
Au second tour, riant toujours, il *lui fit dire:*   had him told
— Crois-tu donc *renverser* ma ville avec du vent?   knock down
À la troisième fois l'*arche* allait en avant,   ark
Puis les trompettes, puis toute l'armée en marche,
Et les petits enfants venaient *cracher* sur l'arche,   to spit
Et, *soufflant* dans leur trompe, imitaient le clairon;   blowing
Au quatrième tour, *bravant les fils d'Aaron,*   standing up to the sons of Aaron (the Hebrews)
Entre les vieux *créneaux* tout *brunis* par la *rouille,*   crenels (slits in the ramparts) / brownish / rust
Les femmes s'asseyaient *en filant leur quenouille,*   spinning their thread
Et se moquaient, jetant des pierres aux Hébreux;
À la cinquième fois, sur ces murs *ténébreux,*   dark
Aveugles et boiteux vinrent, et leurs *huées*   The blind and the lame came / boos
Raillaient le noir clairon sonnant sous les *nuées;*   Jeered at / clouds
À la sixième fois, sur sa tour de granit
Si haute qu'au sommet l'*aigle* faisait son *nid,*   eagle / nest
Si dure que l'*éclair l'eût en vain foudroyée,*   lightning would have tried in vain to strike it down
Le roi *revint,* riant *à gorge déployée,*   came back / heartily
Et cria: — Ces Hébreux sont bons musiciens! —
Autour du roi joyeux riaient tous les anciens
Qui le soir sont assis au temple et délibèrent.

  À la septième fois, les *murailles* tombèrent.   walls

LA VILLE

Au cours du dix-neuvième siècle la France se transforme en un pays industriel, commercial et bourgeois. Sous l'impulsion du baron Haussmann (chargé de la direction des travaux publics sous Napoléon III) Paris se transforme également et devient la ville aux espaces ouverts et aux grands boulevards que nous connaissons aujourd'hui. La ville et la vie citadine[1] attirent aussi l'intérêt des peintres.

[1]city

DEUX PEINTRES
Renoir et Monet

Les impressionnistes, dont Renoir et Monet, trouvent leurs sujets dans la vie moderne et préfèrent travailler en plein air. Renoir s'intéresse beaucoup à la vie sociale. Monet, dont le tableau *Impression au soleil levant* donne le nom au mouvement, étudie les effets de lumière dans toutes sortes de conditions atmosphériques et à différents moments de la journée et de l'année.

Auguste Renoir,
Le Bal du Moulin de la Galette

Claude Monet,
La Gare Saint-Lazare

UN MONUMENT
La tour Eiffel

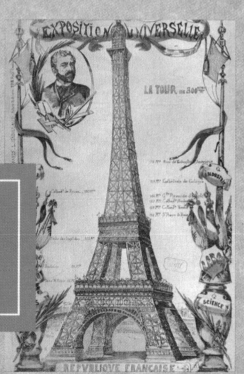

Construite pour l'Exposition universelle de 1889, la tour Eiffel symbolise à la fois la ville de Paris et le siècle qui est en train de s'achever[1].

[1]in the process of ending

C'est la France ou les États-Unis?

Unité 4
On prend le dîner

Objectives

In this unit, you will learn:

- to read a menu;
- to order a meal in a restaurant;
- to use the telephone;
- to write and mail an invitation;
- to understand a recipe;
- to express wishes and preferences.

Chapitre 10
Allons au restaurant!

A.

B.

C.

Où vont-ils dîner?

1. Jean-Pierre de la Maisonneuve aime très bien manger. Pour lui, il est important que le décor, le service et le repas soient tous exceptionnels. Il accepte de payer une somme importante pour bien dîner.

2. Marcelle Gillon a beaucoup voyagé dans le monde. Elle aime bien manger. Mais ce qui importe pour elle, c'est la variété. Elle aime bien déguster les cuisines internationales.

3. Lucien Bertin et Élizabeth Béchaux sont étudiants. Ils n'ont pas beaucoup d'argent, mais ils aiment bien sortir pour dîner de temps en temps. Pour eux, l'important, c'est que le restaurant serve un bon repas à un prix modéré.

PREMIÈRE ÉTAPE

Point de départ
Les plats

LA BONNE BOUCHE

Les hors-d'œuvre

Assiette de crudités
Asperges vinaigrette
Œufs mayonnaise
Jambon melon
Pâté maison
Terrine de crabe
Escargots de Bourgogne

Les potages

Bisque de homard
Soupe à l'oignon gratinée
Consommé au vermicelle

Les poissons

Daurade provençale
Filet de sole meunière
Truite aux amandes
Langoustines mayonnaise
Moules marinières
Coquilles St-Jacques
    à la parisienne

Les viandes

Canard à l'orange
Escalope de veau au citron
Côte de porc grillée
Steak au poivre
Châteaubriand sauce béarnaise
Bœuf bourguignon
Poulet rôti normand

Les fromages

Camembert   Brie   Roquefort

Les desserts

Glace à la vanille
Sorbet
Tartelette aux fruits

Mousse au chocolat
Crème caramel
Fraises au sucre

assiette de crudités: plate of raw vegetables / *bisque de homard:* creamy lobster soup

terrine: pâté
escargots: snails

daurade: gilt-head (fish)

truite: trout
langoustines: crayfish
moules: mussels

sorbet: sherbert

267

Note culturelle

À première vue, une carte de restaurant français peut sembler assez mystérieuse. Pourtant, il est possible d'apprendre à lire une carte si on se souvient de certaines conventions.

Le nom d'un plat cuisiné est souvent divisé en deux parties: un nom indiquant le matière première du plat (**soupe, steak, glace**) et un groupe de mots spécifiant son mode de préparation (**de poisson, au poivre, à la vanille**). Par exemple:

tarte aux fraises: *pie made with strawberries*
canard à l'orange: *duck served with orange sauce*
œufs mayonnaise: *hard-boiled eggs served with mayonnaise*

Dans les exemples précédents, le rapport entre les deux parties du nom est assez clair: dans d'autres cas, il est peu évident et il faut donc apprendre l'expression. Par exemple:

champignons à la grecque: *mushrooms prepared in the Greek style (cooked in a broth of vegetables and herbs)*
entrecôte béarnaise: *steak with béarnaise sauce (served with a sauce made of butter, eggs, vinegar, and herbs)*

Voici d'autres expressions à apprendre:

gratiné(e): *sprinkled with bread crumbs or cheese and browned*—**soupe à l'oignon gratinée**
fumé(e): *smoked*—**saumon fumé**
sauté(e): *fried*—**biftek sauté au beurre**
flambé: *flamed*—**bananes flambées**
maison: *prepared in the restaurant's special way*—**tarte maison**
meunière: *dipped in flour and cooked in butter*—**sole meunière**
bordelais(e), bourguignon(ne): *cooked in red wine (from Bordeaux or Burgundy)*—**bœuf à la bourguignonne**
beurre blanc: *cooked in a sauce of butter, onions, and white wine*—**truite au beurre blanc**

provençal(e): *cooked with tomatoes, onions, garlic, and olive oil (as in Provence)*—**sauté de bœuf à la provençale**

normand(e): *cooked with heavy cream and often with apples (as in Normandy)*—**poulet rôti à la normande**

parisien(ne): *cooked in a sauce of flour, butter, and egg yolks*—**coquilles St-Jacques à la parisienne**

À vous!

A. **Qu'est-ce qu'on peut manger?** Consultez la carte du restaurant *La Bonne Bouche* et répondez aux questions.

1. J'aime les légumes. Qu'est-ce que je peux manger comme hors-d'œuvre?
2. J'aime la viande. Qu'est-ce que je peux manger comme hors-d'œuvre?
3. J'adore les fruits de mer. Qu'est-ce que je peux choisir pour commencer le repas? Et comme plat principal?
4. Je n'aime pas le poisson. Quels plats est-ce qu'il faut éviter *(avoid)?*
5. Quelles sortes de viande est-ce qu'on sert?

B. **Qu'est-ce que vous recommandez?** Faites votre choix d'après la carte de *La Bonne Bouche* et commandez un repas—hors-d'œuvre, plat principal, fromage ou dessert—pour chacune des personnes suivantes.

1. Une personne qui aime beaucoup les poissons et les fruits de mer
2. Une personne qui ne mange que *(only)* des légumes et des fruits
3. Un gourmand (une personne qui mange beaucoup)
4. Un gourmet (une personne qui mange bien)
5. Une personne qui aime la cuisine américaine traditionnelle—du bœuf, des pommes de terre, etc.

Structure

Le pronom **en**

—Tu veux du sel?	—Do you want some salt?
—Merci. Je n'**en** prends jamais.	—No, thanks. I never use *any*.
—J'espère que tu aimes la salade. Nous **en** avons préparé beaucoup.	—I hope you like salad. We've prepared a lot *(of it)*.
—Oh, oui. J'adore la salade.	—Oh, yes. I love salad.
—Eh, bien, prends-**en.** Il te faut une fourchette propre?	—Well, have *some*. Do you need a clean fork?
—Non, non. Je n'**en** ai pas besoin.	—No, no. I don't need *one*.

The object pronoun **en** replaces nouns introduced by the preposition **de.** It usually refers to things rather than to people. This substitution occurs most frequently in the following situations:

1. To replace a noun preceded by a partitive (**du, de la, de l', des).** In this case, the English equivalent is often *some* or *any:*

   —Qui veut **de la glace?**
   —Moi, j'**en** veux.

2. To replace a noun used with an expression of quantity (**beaucoup de, assez de, trop de,** etc.). In this case, it often has no equivalent in English:

   —Elle a **beaucoup d'argent,** non?
   —Mais, non. Elle n'**en** a pas **beaucoup.**

3. To replace a noun used with a verbal expression that requires **de** (for example, **avoir besoin de, avoir peur de, parler de, s'occuper de, être content de**). In this case, the English equivalent is often *of it* or *of them:*

   —Qui va **s'occuper des animaux?**
   —Gérard va s'**en occuper.**

The placement of **en** in the sentence is identical to that of direct and indirect object pronouns (including **y**):

- Before the verb in simple tenses: **J'en ai besoin.**
  compound tenses: **Elle n'en a pas mangé.**
  negative commands: **N'en achetez pas!**
- Before the infinitive in constructions with conjugated verb + infinitive: **On peut en parler si on veut.**
- After the verb in affirmative commands: **Prends-en!**
                                             Achètes-en!

Side notes:

If a sentence already has an object pronoun, **en** is placed after that pronoun and directly before the verb:

— Il y a du pain?
— Oui, il y en a.

— Tu lui as parlé du problème?
— Oui, je lui en ai parlé.

— Je leur donne de la glace?
— Non, ne leur en donnez pas.

— Il va nous acheter des fleurs?
— Oui, il va nous en acheter.

In the familiar form of affirmative commands, **-er** verbs keep the **s** to allow for liaison: **Manges-en!**

Application

C. Remplacez les mots en italique par le pronom **en.**

> MODÈLE: Tu veux *du pain?*
> *Tu en veux?*

1. Elle a *des disques.*
2. Il y a *du fromage.*
3. Nous cherchons *des chaussures.*
4. Je ne veux pas *de soupe.*
5. J'ai vu *des animaux.*
6. Elles ont mangé beaucoup *de salade.*
7. Il a acheté deux kilos *de poires.*
8. Elle veut parler *de ses problèmes.*
9. Tu veux t'occuper *des enfants?*
10. Elle va nous donner *des cassettes.*
11. Ne mangez pas trop *de chocolat.*
12. Mais si! Mangez *du chocolat* si vous voulez *du chocolat!*

Note grammaticale

*Le pronom **en** avec les expressions de quantité*

In English, both numbers and specific expressions of quantity may stand alone at the end of a sentence—that is, they do not need to be followed by a noun: — *Do you have any brothers?* — *Yes, I have two.* — *Did you buy any apples?* — *Yes, I bought two pounds.* In French, if no noun is used after a number or an expression of specific quantity, the pronoun **en** must be used:

—Tu as des frères?
—Oui, j'**en** ai **deux.**
—Et des sœurs aussi?
—Oui, j'**en** ai **une.**

—Nous avons des œufs?
—Oui, Maman **en** a acheté **une douzaine.**
—Et des tomates aussi?
—Oui, elle **en** a acheté **un demi-kilo.**

To answer these questions negatively, use **en** without a number:
— **Tu as des frères et des sœurs?**
— **Non, je n'en ai pas.**

D. **Échange.** Posez les questions à un(e) camarade de classe qui va vous répondre. Utilisez le pronom **en.**

1. Combien de frères as-tu?
2. Et de sœurs?
3. As-tu des oncles et des tantes qui habitent dans notre ville?
4. Combien de films as-tu vu le mois dernier?
5. Et de matchs sportifs?
6. Est-ce que ta famille mange des œufs? Combien de douzaines par mois?

E. **En écoutant...** *(While listening....)* Voici des conversations que vous avez entendues dans des contextes variés. Complétez-les en utilisant les expressions suggérées et le pronom **en** ou un pronom d'objet direct **(le, la, les).**

À table

MODÈLE: Tu veux de la salade? (non)
          Non, merci. Je n'en veux pas.
          Tu n'aimes pas la salade? (non / ne jamais manger)
          Non, je n'en mange jamais.

1. Tu veux du fromage? (non) Tu n'aimes pas le fromage? (non / manger très peu)
2. Tu veux des oignons? (non) Tu n'aimes pas les oignons? (non / ne jamais manger)
3. Tu veux du pain? (oui) Ah, tu aimes le pain? (oui / manger à tous les repas)

À l'épicerie

MODÈLE: Tu aimes les pommes? (beaucoup)
          Oui, je les aime beaucoup.
          Tu vas acheter des pommes? (un kilo)
          Oui, je vais en acheter un kilo.

Distinguish clearly between the adverb **beaucoup,** which modifies the verb, and the adverbial expression **beaucoup de,** which is followed by a noun. **Beaucoup** has no effect on the pronoun:

— **Tu aimes les carottes?**
— **Oui, je les aime beaucoup.**
   (I like them a great deal, a lot.)

Beaucoup de requires the pronoun **en:**

— **Il y a des carottes?**
— **Oui, il y en a beaucoup.**
   (There are a lot of them.)

4. Tu aimes les poires? (oui / beaucoup) Combien de poires vas-tu acheter? (un demi-kilo)
5. Tu as acheté du cidre? (trois bouteilles) Tu vas servir du cidre avant le dîner? (non / avec le dîner)
6. Tu aimes les épinards? (non / détester) Tu ne veux pas acheter d'épinards? Ils sont très bons. (non, merci)

Au grand magasin

MODÈLE: Moi, je cherche des jeans. (il y a / au troisième étage)
Oh, il y en a au troisième étage.
Est-ce qu'ils sont en solde? (oui / acheter trois / hier)
Oui, j'en ai acheté trois hier.

7. Moi, je cherche des chaussures. (il y a / au sous-sol) Est-ce qu'elles sont en solde? (oui / acheter deux paires / la semaine dernière)
8. Tu devrais acheter des gants. (non / ne pas avoir besoin) Mais ils sont en solde. (avoir cinq paires / à la maison)
9. Je cherche des lunettes de soleil. (avoir besoin?) Où est-ce qu'on peut les acheter? (trouver / au rayon des femmes / la dernière fois)

F. **Oui, Maman... Non, Maman...** François(e) passe le mois de juillet chez ses grands-parents à la campagne. Toutes les semaines sa mère lui téléphone et elle lui pose toujours beaucoup de questions. Jouez le rôle de François(e) et répondez aux questions de sa mère en utilisant des pronoms d'objet direct **(le, la, les)** ou indirect **(lui, leur)** ou le pronom **en.**

MODÈLES: Tu as reçu *(received)* ma lettre? (ce matin)
Oui, Maman. Je l'ai reçue ce matin.

Tu as parlé à ta sœur? (pas récemment)
Non, Maman. Je ne lui ai pas parlé récemment.

Tu prends tes vitamines? (deux / tous les matins)
Oui, Maman. J'en prends deux tous les matins.

1. Tu as des shorts? (assez)
2. Tu as des chaussettes? (cinq ou six paires)
3. Tu as téléphoné à tes amis? (la semaine dernière)
4. Tu as reçu la lettre de Papa? (il y a trois jours)
5. Tu manges des légumes? (deux ou trois à chaque repas)
6. Tu as envoyé quelque chose à ta sœur pour son anniversaire? (un joli cadeau)
7. Tu aides ta grand-mère? (tous les jours)
8. Tu fais tes exercices de maths? (tous les soirs)
9. Tu as des amis? (beaucoup)
10. Tu as assez d'argent? (non)

Commandons!

La Bonne Bouche

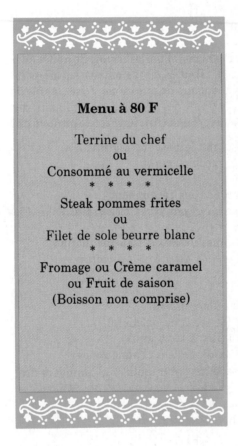

Menu à 80 F

Terrine du chef
ou
Consommé au vermicelle
* * * *
Steak pommes frites
ou
Filet de sole beurre blanc
* * * *
Fromage ou Crème caramel
ou Fruit de saison
(Boisson non comprise)

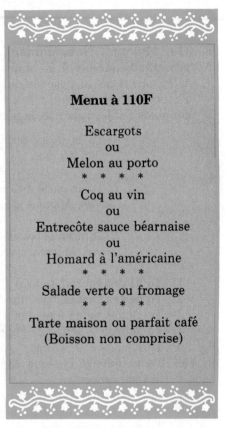

Menu à 110F

Escargots
ou
Melon au porto
* * * *
Coq au vin
ou
Entrecôte sauce béarnaise
ou
Homard à l'américaine
* * * *
Salade verte ou fromage
* * * *
Tarte maison ou parfait café
(Boisson non comprise)

Écoutez la bande que votre professeur va jouer pour vous. En particulier, faites attention aux expressions utilisées pour demander une table, pour demander ce qu'on veut manger, pour commander et pour demander l'addition *(check)*.

M. Gilbert dîne dans le restaurant *La Bonne Bouche*. C'est la patronne *(owner)* qui l'accueille *(greets)*, prend sa commande, lui sert le dîner et lui apporte l'addition.

Note culturelle

En France, tous les restaurants affichent leur menu à l'extérieur. Comme cela, les clients ont la possibilité de voir les plats et les prix avant de décider où ils vont déjeuner ou dîner.

En général, on peut choisir entre un ou deux **menus à prix fixe** (les choix sont limités, mais le prix inclut le repas entier) et des **repas à la carte** (les choix sont plus nombreux, mais on paie chaque plat séparément).

Un repas au restaurant comprend normalement un hors-d'œuvre ou une soupe, un plat principal garni (c'est-à-dire servi avec des pommes de terre ou un légume), une salade, un fromage ou un dessert. Les boissons (vin, eau minérale, café, thé) ne sont généralement pas comprises. Mais on ajoute automatiquement 15 pour cent pour le service. On peut donner aussi un petit pourboire *(tip)* supplémentaire, si on veut.

On s'exprime

Pour demander une table dans un restaurant:

Une table pour... personnes, s'il vous plaît.

Pour demander ce qu'on veut manger:

Qu'est-ce que vous (tu)...

voulez (veux)		**hors d'œuvre?**
prenez (prends)	**comme**	**plat principal?**
désirez (désires)		**dessert?**
		boisson?

Pour commander:

Je voudrais...
Je vais prendre...

Pour demander l'addition:

L'addition, s'il vous plaît.
Est-ce que vous pourriez nous apporter l'addition, s'il vous plaît?

À vous!

G. **S'il vous plaît, Monsieur (Madame).** Your father (mother) will be in France on a business trip. He (she) would like to invite his (her) French associate and his (her) spouse out to dinner. Answer your father's (mother's) questions about what to say in the restaurant.

1. How do I ask for a table?
2. If I choose the fixed-price meal, how do I ask if a beverage is included.
3. How do I ask my guests what they would like to start with?
4. How do I order an appetizer and main course?
5. How do I ask my guests what they would like to drink with their meal?
6. When we have finished the main course, how do I find out if my guests would like something more to eat?
7. How do I get the check?

H. **Commandons!** Choisissez dans la carte du restaurant *La Bonne Bouche* le repas que vous voulez commander. Le professeur ou un(e) autre élève jouent le rôle du garçon ou de la serveuse.

Débrouillons-nous!

Exercice oral

I. **Au restaurant.** Go to the restaurant with a friend. Get a table, discuss the menu, and order your meal. One of your classmates will play the role of the waiter. Look at the menus on pages 267 and 274.

Exercice écrit

J. **Une carte de restaurant.** Your family is planning to open a French restaurant in your town. Design a short but interesting menu for the new restaurant. Include a fixed-price selection as well as an **à la carte** listing of foods for each category (**hors-d'œuvre, potage, viande, poisson, fromage, dessert**). Select foods that you think would appeal to people in your area.

DEUXIÈME ÉTAPE

Point de départ
Des restaurants

* *

Pariscope et *L'officiel des spectacles* offrent des renseignements non seulement sur les films, mais aussi sur les restaurants. Vous allez lire trois descriptions de restaurants à Paris ou dans ses environs. Il y a beaucoup de mots que vous n'allez pas comprendre, mais essayez d'en dégager les idées principales.

La Gourmandière. Après avoir mérité les louanges de la presse gastronomique au « Chalet de Villebon », Jean-Claude Giraud a repris les fourneaux de cette belle auberge de charme, qui jouxte les bois de Verrières. Dans un cadre au charme buccolique, juste à quelques minutes de Paris, ce chef-propriétaire au caractère enjoué et généreux, nous propose sa bonne cuisine, faite d'élégance et de tradition. On peut s'y régaler à peu de frais, en choisissant ce bon menu à 70 francs s.n.c., composé par exemple d'un cocktail d'avocat aux fruits de mer, du « plat gourmand » (ris et langue de veau sauce périgueux), puis de salade, fromages et dessert au choix. A la carte, on trouve aussi une, salade d'écrevisses tièdes aux trois herbes, un superbe foie gras frais à la cuillère, des gambas moscovites, un copieux cassoulet, un rognon de veau beaugé, ou une exquise tarte fine aux pommes. L'addition d'un excellent repas, arrosé d'un Givry enchanteur: environ 280 F t.c. Menus à 70 et 120 F s.n.c.
1, rue Antoine Bièvres, 91-Bièvres. 60.19.20.92 (Autoroute pont de Sévres, sortie Bièvres Nord). Fermé Lundi. Service jusqu'à 22H30. Tennis. Practice de golf.

La chaumière de Chine. Au déjeuner, il est souvent difficile de trouver une table libre, dans ce confortable restaurant, tant les amateurs sont nombreux à venir goûter les recettes originales et parfois insolites, que M. et Mme Yau ont ramené de leur Chine natale. Les soirées, plus calmes, permettent d'y apprécier enfin, un vrai canard laqué à la pékinoise, qu'il n'est pas nécessaire de commander à l'avance, comme c'est si souvent le cas. On en déguste tout d'abord la peau délicieusement croustillante, enroulée dans de petites crêpes de riz, avant de savourer la chair de ce palmipède, sautée aux légumes. Au nombre des plats les moins habituels, on note aussi une fondue chinoise, et des gambas ou du filet de boeuf servi frémissant, sur une plaque de fonte chaude. Les dim sum (délicieux petits plats à la vapeur), les crevettes au sel de cinq parfums, le boeuf sauce d'huîtres ou le poulet aux mangues, sont tout aussi recommandables. L'addition: environ 160 francs tout compris. Menu à 68 F s.c. au déjeuner (sauf Dimanche). 23, avenue Pierre-1er de Serbie (16e). 47.20.85.56. Service jusqu'à 23h.
Jean-Claude MARIANI

Brasserie Lutetia. Après avoir suivi Joël Rebuchon à l'hôtel Nikko en 1978 et dirigé les fourneaux du Nova Park Élysées, Jacky Fréon chef de cuisine de l'Hôtel Lutetia notamment du Paris, est revenu à ses premières amours, ses vrais débuts datant de 1974, aussi dans un hôtel Concorde, au Lafayette. A la brasserie Lutetia, dans une ambiance toujours très parisienne et un nouveau décor très réussi de Slavick, il a été conçu une carte séduisante et bien équilibrée. Des plats de bonne tradition comme le cervelas alsacien en salade, le civet d'oie aux lentilles vertes le chateaubriand et sa sauce béarnaise, le mulet grillé des simples, la sole meunière servie avec des pommes à l'anglaise et pour terminer votre repas en douceur, le domino aux marrons et sauce anglaise au café. Ce panorama gourmand se complète d'un superbe banc d'huîtres dont le généreux plateau à 145 F qui se compose de six claires, 4 praires, ½ tourteau, 2 clams, crevettes grises, bulots et bigorneaux. Env. 180 F, accueil chaleureux du directeur M. Manpu, et service aimable compris. Formule spéciale autour d'un plat: 81 F vin n.c.
23, rue de Sèvres (6e). 45.44.38.10. Service jusqu'à minuit.
Jeanne CHADENIER

À vous!

A. **Où dîner?** While in Paris, you receive a letter from your parents asking you to help some of their friends who will be visiting France. When you meet the friends, they ask for help in choosing a place to go to dinner. You consult the latest *Pariscope* and answer their questions about the three restaurants featured that week.

1. What are these restaurants like? (food, atmosphere)
2. Which is the least expensive? the most expensive?
3. Your parents' friends are staying at a hotel on the **Rive Droite,** near the **Opéra.** Which restaurant will be easiest to get to?
4. What foods do the reviewers recommend?
5. Your parents' friends invite you out to dinner. Which restaurant would you prefer?

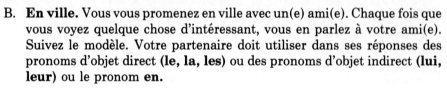

Reprise

B. **En ville.** Vous vous promenez en ville avec un(e) ami(e). Chaque fois que vous voyez quelque chose d'intéressant, vous en parlez à votre ami(e). Suivez le modèle. Votre partenaire doit utiliser dans ses réponses des pronoms d'objet direct **(le, la, les)** ou des pronoms d'objet indirect **(lui, leur)** ou le pronom **en.**

MODÈLE: Tu as des frères? (deux / ne pas voir souvent)
          — *Tu as des frères?*
          — *Oui, j'en ai deux, mais je ne les vois pas souvent.*

1. Tu as des sœurs? (une / parler presque tous les jours)
2. Tu aimes les chiens? (non / avoir peur)
3. Tu voudrais acheter des chaussures? (oui / avoir grand-besoin)
4. Tu aimes les pommes? (oui / manger presque tous les jours)
5. Tu as des grands-parents? (quatre / téléphoner une ou deux fois par mois)
6. Tu as des cousins? (beaucoup / voir très rarement)

C. **Au restaurant (suite).** À la fin de la dernière étape (l'Exercice I), vous êtes allé(e) au restaurant avec un(e) ami(e). Un(e) camarade de classe va vous poser les questions suivantes. Répondez d'après la conversation que vous avez eue avec votre ami(e).

1. Tu as dîné dans un restaurant français récemment, n'est-ce pas? Avec qui?
2. Où est-ce que vous êtes allé(e)s?

3. Est-ce que vous avez pris le menu ou est-ce que vous avez dîné à la carte?
4. Qu'est-ce que tu as pris pour commencer? Et ton ami(e)?
5. Qu'est-ce que tu as commandé comme plat principal? Est-ce que ton ami(e) a commandé la même chose?
6. Qu'est-ce que vous avez pris comme boisson?
7. Qui a pris un dessert?
8. Combien avez-vous payé le repas? Est-ce que le service était compris?

Structure

Le subjonctif pour exprimer le désir et la volonté

Papa veut que j'aille à la boulangerie. | Dad *wants me to go* to the bakery.
Mais moi, **j'aimerais mieux que tu** y **ailles.** | But *I would prefer that you go.*
Je veux bien, mais je suis sûr que **Papa va insister pour que tu** y **ailles.** | I'm willing, but I'm sure that *Dad is going to insist that you go.*

In French, when you want to express your desire or your will that someone else be or do something, you use a verb of wishing (**désir**) or willing (**volonté**). These verbs are followed by the subjunctive.

vouloir (que)   **aimer mieux (que)**   **exiger (que)** *(to require)*
désirer (que)   **préférer (que)**   **insister pour (que)**

Notice that in English such sentences are often constructed with an infinitive: *I want you to do it. They are going to require her to finish.* In French, however, because two different people are involved, you must use **que** and the subjunctive.

Application

D. **Je suis Napoléon Bonaparte.** Napoléon Iᵉʳ, empereur des Français au 19ᵉ siècle, avait des manières tyranniques. Imaginez que vous soyez Napoléon. Complétez chaque phrase à l'aide d'une des expressions suivantes et faites les changements nécessaires: **je veux, je désire, je préfère, j'aime mieux, j'exige, j'insiste.**

MODÈLE: Vous obéissez.   *Je veux que vous obéissiez.* ou:
                                        J'exige que vous obéissiez.

1. Nous allons en Russie.
2. Tu descends en Espagne.
3. Elle rencontre le général anglais.
4. Vous servez un repas somptueux.
5. Nous finissons la guerre.
6. Tu punis les traîtres.
7. Ils vont en Italie.
8. Vous partez en Égypte.

Note grammaticale

L'infinitif pour exprimer le désir ou la volonté

When the subject of a verb of wishing or willing is the same as the subject of the action, use an infinitive:

Je veux le **faire.**   **Elle préfère rester** à la maison.

Be sure to distinguish clearly between two verbs with the same subject, in which case you must use the infinitive, and two verbs with different subjects, in which case you must use **que** and the subjunctive.

Elle veut aller en France.   *She wants to go* to France.
Elle veut que nous allions   *She wants us to go* to France.
en France.

Like the present indicative, regular stem-changing verbs, such as **acheter, préférer,** and **se lever,** add or change an accent in the present subjunctive when the ending is not pronounced: **que j'achète, que tu achètes, qu'il / elle / on achète, qu'ils / elles achètent.** In the second- and third-person plural forms, where the ending is pronounced, no spelling change occurs: **que nous achetions, que vous achetiez.**

E. **Je veux que...** Quand vous expliquez à vos amis ce que vous voulez qu'ils fassent, ils refusent. Dites que:

MODÈLE: You want him to buy the tickets.
                    —*Je veux que tu achètes les billets.*
                    —*Mais moi, je ne veux pas les acheter.*

1. You want her to be on time.
2. You want them to finish their work.
3. You want them to wait.
4. You want him to go to the train station.
5. You want them to leave immediately.
6. You don't want them to argue.
7. You don't want her to leave.
8. You want him to buy some bread.

F. **Les différends.** *(Disagreements.)* Vous aimez bien les membres de votre famille, mais de temps en temps vous n'êtes pas d'accord les uns avec les autres. Utilisez les expressions données pour parler des différends entre les membres de votre famille.

MODÈLE: J'aime..., mais ma mère préfère que...
J'aime porter des jupes courtes, mais ma mère préfère que je porte des jupes qui descendent jusqu'au genou.

1. J'aime..., mais mon père préfère que...
2. Ma mère veut que..., mais j'aime mieux...
3. Mon père insiste pour que...
4. Mes parents exigent que...
5. Mon frère (ma sœur) aime..., mais moi, je voudrais que...
6. Mes parents ne veulent pas que...

Relais

Quel restaurant choisir?

Écoutez la bande que votre professeur va jouer pour vous. En particulier, faites attention aux expressions utilisées pour indiquer qu'on a envie de manger, pour parler des plats et pour indiquer ses préférences.

Roger et sa petite amie Yvonne se promènent à Paris. Il est huit heures du soir et ils commencent à chercher un restaurant.

On s'exprime

Pour indiquer qu'on a envie de manger:

J'ai grand-faim.
J'ai très faim.
J'ai une faim de loup. *(familiar)*
Qu'est-ce que j'ai faim!

Pour parler des plats:

Qu'est-ce que c'est que...?
   C'est un plat fait avec du (de la, des)...
Comment est...?
   C'est sucré. C'est salé. C'est très épicé *(spicy).*
   Ça pique. *(It's hot.)* **C'est un peu fade** *(bland).*
   C'est assez lourd. C'est très léger.

Pour indiquer ses préférences:

J'ai envie de manger... (Je n'ai pas envie de manger...)
Je voudrais quelque chose de...
J'aime beaucoup la cuisine chinoise (grecque, italienne, etc.).

À vous!

G. **Qu'est-ce que c'est?** Vos amis français dînent avec vous dans un restaurant américain. Répondez à leurs questions au sujet de quelques-uns des plats qui sont à la carte du restaurant.

1. Qu'est-ce que c'est que « Clam Chowder »? *(clams* = **palourdes** [*f.pl.*])
2. Comment est « Southern Fried Chicken »?
3. Qu'est-ce que c'est que « Stuffed Peppers »? *(peppers* = **poivrons** [*m.pl.*])
4. Comment est « Banana Cream Pie »?
5. « Barbecued Spare Ribs », c'est très épicé? Ça pique?
6. « Blueberry Pie », c'est très sucré?

H. **Quel restaurant choisir?** Vous vous promenez avec un(e) ami(e) et vous décidez de trouver un restaurant. Votre ami(e) n'aime pas votre première suggestion, mais il (elle) accepte le second restaurant que vous proposez. Imitez le modèle.

MODÈLE: un restaurant òu la spécialité est le poisson / un restaurant
           connu pour ses grillades
           — *Tiens. Moi, j'ai grand-faim.*
           — *Moi aussi. J'ai une faim de loup.*
           — *Si on trouvait un restaurant?*
           — *Bonne idée. Voilà un restaurant qui se spécialise en
           poisson.*
           — *Non. Je n'aime pas beaucoup le poisson. Je préfère le bœuf.*
           — *Ah, voilà un restaurant où les grillades sont la spécialité.*
           — *Ça, c'est très bien. J'adore les viandes grillées.*

1. un restaurant italien / un restaurant chinois
2. un restaurant végétarien / un restaurant connu pour les fruits de mer
3. un restaurant où les grillades sont la spécialité / un restaurant algérien
4. un restaurant vietnamien / un restaurant grec

Débrouillons-nous!

Exercice oral

I. **Où est-ce qu'on va dîner?** You and your friend(s) are trying to choose a
    restaurant for your evening meal. Consult the menus posted outside the
    restaurants, discuss the dishes on each menu, and try to come to a
    mutually satisfactory decision.

Exercice écrit

J. **Hier soir nous avons dîné...** Imagine that last night you and your family
    had dinner at one of the restaurants whose menu appears in this book.
    Write a postcard to your French teacher telling him (her) about the meal.

La Grotte de Chypre

SPÉCIALITÉS
CHYPRIOTES   PAPHOS
GRECQUES

Spécialité de :
Brochettes "MAKARIOS"
YOUVESTI

(OUVERT TOUS LES JOURS)

85, rue Mouffetard - Paris · Vᵉ   ☎ 535·96·44

Lexique

On s'exprime

Pour indiquer qu'on veut manger

J'ai grand-faim.
J'ai très faim.
J'ai une faim de loup.
Qu'est-ce que j'ai faim!

Pour demander une table au restaurant

Une table pour... personnes, s'il vous plaît!

Pour parler de ce qu'on veut manger

Qu'est-ce que vous (tu)	désirez (désires)	comme	boisson?
	prenez (prends)		dessert?
	voulez (veux)		hors d'œuvre?
			plat principal?

Pour parler des plats

C'est un plat fait avec...
Comment est...?
  Ça pique
  C'est sucré (salé, épicé, fade, lourd, léger)
Qu'est-ce que c'est?

Pour indiquer ses préférences

J'ai (Je n'ai pas) envie de manger...
J'aime beaucoup la cuisine...
Je voudrais quelque chose de...

Pour commander

Je voudrais...
Je vais prendre....

Pour demander l'addition (f.)

L'addition, s'il vous plaît.
Est-ce que vous pourriez nous apporter l'addition, s'il vous plaît?

Thèmes et contextes

Les plats (m.pl.)

les hors-d'œuvre *(m.pl.)*
    les crudités *(f.pl.)*
    les escargots *(m.pl.)*
    une terrine

les soupes *(f.pl.)*
    une bisque
    un consommé
    un potage

les poissons *(m.pl.)*
    les coquilles St-Jacques *(f.pl.)*
    les crevettes *(f.pl.)*
    la daurade
    le homard
    les langoustines *(f.pl.)*
    les moules *(f.pl.)*
    la sole
    la truite

les viandes *(f.pl.)*
    un châteaubriand
    un coq au vin
    une entrecôte
    la sauce béarnaise

les desserts *(m.pl.)*
    une glace
    une mousse
    un sorbet

Vocabulaire général

Noms

la carte
la fourchette
le menu
le (la) patron(ne)
le sel

Verbes

accueillir
exiger
insister (pour)

Adjectifs

bordelais(e)
bourguignon(ne)
fumé(e)
garni(e)
gratiné(e)
normand(e)
provençal(e)
sauté(e)

Autres expressions

à la carte
à prix fixe
de l'autre côté
ne... que

Chapitre 11

Allô! Allô! Tu peux venir dîner vendredi soir?

Ma mère va préparer du poulet et de la mousse au chocolat. C'est délicieux!

Point de départ

Pour donner un coup de fil

to make a phone call

En France, si vous n'êtes pas à votre hôtel ou chez quelqu'un qui a un téléphone, vous pouvez toujours téléphoner d'une cabine publique. Il y en a dans les bureaux de poste, les aéroports, les gares et, bien entendu, dans la rue. Pour téléphoner, vous avez besoin de pièces de monnaie ou d'une **télécarte**. On peut acheter des télécartes dans les bureaux de poste ou aux guichets SNCF.

telecard—type of charge card for use in pay phones

Comment téléphoner d'une cabine publique

D'abord, vous décrochez l'appareil.

*Puis vous introduisez les pièces de monnaie dans la **fente**.*

Vous attendez la tonalité.

slot

*Vous composez le numéro au **cadran**.*

*Vous parlez à votre **correspondant(e)**.*

Et quand vous avez fini, vous raccrochez l'appareil.

dial/person with whom you are speaking on the phone

Comment composer un numéro

area code

Un numéro de téléphone en France comprend huit chiffres. Les deux premiers chiffres représentent l'**indicatif.** (Regardez la liste à la page 289.) Les numéros de téléphone à Paris commencent avec les indicatifs 41 à 48. Les six autres chiffres forment le numéro de la ligne. Par conséquent:

76 87 55 21 = un numéro de téléphone à Grenoble
20 55 09 35 = un numéro de téléphone à Lille

renseignements – réclamations

● pour connaître le numéro d'appel d'un abonné au téléphone étranger dont vous avez le nom et l'adresse
● pour être renseigné sur un indicatif de zone ne figurant pas dans l'annuaire, ou pour connaître les tarifs

décrochez → tonalité → **19** → tonalité → **33** → indicatif du pays (voir p. 20) → vous obtenez un agent des Télécommunications à qui vous formulez votre demande

Ce que vous devez savoir pour téléphoner :
À L'INTÉRIEUR DE LA FRANCE

POUR TELEPHONER DE PROVINCE EN PROVINCE.

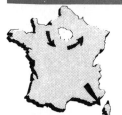

Vous faites
le numéro à 8 chiffres
sans faire le 16.

Par exemple :
38 41 21 00

POUR TELEPHONER DE PROVINCE VERS PARIS/REGION PARISIENNE.

Vous faites
le 16, puis le code (1)
pour rentrer dans
la région parisienne
suivi du numéro
à 8 chiffres.

Par exemple :
16 ~ (1) 45 64 22 22
16 ~ (1) 39 51 95 36
16 ~ (1) 60 63 39 72

POUR TELEPHONER DE PARIS/REGION PARISIENNE VERS LA PROVINCE.

Vous faites
le 16, puis le
numéro à 8 chiffres.

Par exemple :
16 ~ 38 41 21 00

POUR TELEPHONER A L'INTERIEUR DE PARIS/REGION PARISIENNE.

Vous faites
le numéro à 8 chiffres.

Par exemple :
45 64 22 22
39 51 95 36
60 63 39 72

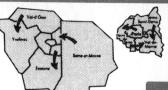
TELECOMMUNICATIONS

Indicatifs de quelques pays		Indicatifs de quelques villes	
Allemagne	49	Avignon	90
Belgique	32	Bordeaux	56
Canada	1	Dijon	80
Espagne	34	Grenoble	76
États-Unis	1	Lille	20
Italie	39	Lyon	78
Japon	81	Marseille	91
Maroc	212	Nancy	83
Mexique	52	Nantes	40
Royaume Uni	44	Nice	93
Russie	7	Rouen	35
Suisse	41	Strasbourg	88
		Toulouse	61

À vous!

A. **C'est où?** Indiquez dans quelle ville se trouvent les numéros de téléphone suivants.

1. 40 74 39 76	3. 80 30 18 52	5. 56 48 03 74	7. 61 49 02 58
2. 90 82 62 31	4. 88 36 28 16	6. 91 78 25 06	8. 35 71 57 69

B. **Il faut que nous téléphonions...** Vous êtes en France avec vos parents. Chaque fois qu'ils veulent téléphoner, ils vous demandent de leur expliquer exactement comment il faut composer le numéro.

MODÈLE: You are in Paris. "Next week we would like to go to Nice. Here's a hotel that has been recommended. Can we call ahead and get a room! Hôtel Univers, 9 av. J.-Médecin, 93 87 88 81."
Dial 16, then the number.

1. You are in Paris. "Let's go eat at that restaurant in Versailles the Kaplans recommended. Here it is: La Boule d'or, 39 50 13 21. We need to call and make a reservation."
2. You are now in Nice. "I need to call some friends of Mike and Pat Johnson. They live in Lille and their number, I think, is something. . . 05 83 57."
3. You are still in Nice. "Let's call Paris and see if the Davenports have gotten there yet. They are supposed to be staying at the Hôtel Washington, 43, rue Washington, 45 63 33 36."

4. You are back in Paris. "If we have time, I would love to go to Rouen. Let's call and see if we can rent a car there. The number of a rental car agency is 35 72 16 90."

Reprise

C. **À l'avenir.** Parlez de votre vie future en exprimant vos désirs personnels et les désirs des gens que vous connaissez. Inspirez-vous des expressions suggérées, mais n'hésitez pas à utiliser d'autres expressions.

MODÈLES: Je voudrais...
           Moi, je voudrais aller à l'université.

           Mes parents veulent...
           Mais mes parents veulent que je cherche du travail.

1. Je voudrais...
2. Mes parents veulent...
3. J'aimerais...
4. Mon père exige...
5. Je veux...
6. Ma mère insiste...
7. Je préfère...
8. Ma famille veut...

Briller au bac

Sachez tout sur les auteurs et les mouvements littéraires
Placez les bonnes citations au bon moment...

PROFIL FORMATION
HISTOIRE DE LA LITTÉRATURE EN FRANCE AU XIXᵉ SIÈCLE
Michel Echelard
HATIER

PROFIL FORMATION
HISTOIRE DE LA LITTÉRATURE ET DES IDÉES EN FRANCE AU XXᵉ SIÈCLE
Angoisses, révoltes et vertiges
par Jean-Claude Berton
HATIER

en collection PROFIL

D. **Pourquoi pas dîner à L'Omelette?** Vous êtes avec deux amis devant le restaurant L'Omelette à Québec. Vous voudriez bien y dîner, mais vos deux amis hésitent. L'un(e) est français(e)— il (elle) ne connaît pas tous les plats (il y a des spécialités canadiennes et américaines). Vous devez lui donner des explications. L'autre est difficile—il (elle) change souvent d'avis: il (elle) veut manger du poisson, il (elle) a envie de manger de la viande, il (elle) voudrait une omelette, etc. Vous devez lui montrer que L'Omelette a quelque chose pour satsifaire à tous ses désirs. Bref, essayez de convaincre vos amis de choisir L'Omelette.

HORS-D'OEUVRE
ENTRÉE

Fondue Parmesan
Cheese croquette

Quiche Lorraine
Quiche Lorraine

Escargots de bourgogne
Snails in garlic butter

Pâté maison
Home Pâté

SOUPES

Soupe du jour
Soup of the day

Soupe aux pois
Canadian pea soup

Soupe à l'oignon gratinée
Baked french onion soup

SANDWICHS

Sandwich au poulet
Chicken sandwich

Sandwich au jambon et fromage
Ham and cheese sandwich

Sandwich, bacon, tomate et laitue
Bacon, tomato and lettuce sandwich

Club Sandwich

SOUS-MARINS
CHAUDS OU FROIDS
HOT OR COLD SUBMARINES

Sous-marin maison garni
House submarine garnished

Sous-marin jambon et fromage garni
Cheese and ham submarine garnished

SALADES

Salade maison
House salad

Salade César
Ceasar salad

Salade jambon et fromage
Ham and cheese salade

Salade de Poulet
Chicken salad

SPÉCIAL
AVEC SOUPE ET CAFÉ
SPECIAL WITH SOUP AND COFFEE

Brochette de Poulet
Chicken shish kebab

Demi-poulet rôti au jus
Half roasted chicken

Foie de veau au bacon
Calf's liver with bacon

Filet de sole, Meunière ou Amandine
Sole meunière or with almonds

Crevettes Provençale
Shrimps with garlic and tomatoes

Crêpes de Fruits de Mer
Seafood crêpe

Gratin de Fruits de Mer
Baked sea food dish

Saumon grillé
Broiled salmon steak

Côtelettes de Porc aux pommes
Pork chops with apples

Escalope de veau, sauce aux champignons
Veal scaloppine with mushrooms sauce

Brochette de filet mignon
Tenderloin shish kebab

Toutes nos assiettes sont garnies
All our dishes are garnished

PÂTES

Spaghetti à la viande
Spaghetti with meat sauce

Spaghetti Napolitain
Spaghetti with tomato sauce

Lasagne au four
Baked lasagna

DIVERS

Hot chicken (sandwich)

Croque-monsieur
Grilled bread with ham and cheese

Hambourgeois garni deluxe
Hamburger deluxe garnished

Steak haché lyonnaise
Hamburger steak with onions

Fish'n chip

PIZZAS
8°

Napolitaine
Cheese and tomato sauce

Garnie
Mushrooms, cheese, green peppers, pepperoni and tomato sauce

OMELETTES

Omelette aux champignons et fromage
Omelette with mushrooms and cheese

Omelette Niçoise
tomates pelées et fond d'artichauds en dés
Omelette with tomatoes and artichoke hearts

Omelette Western
Jambon, pommes de terre et oignons
Omelette with ham, potatoes and onions

CRÊPES FRANÇAISES À LA POÊLE

Fraises et crème glacée
Strawberries and ice cream

Pêches et crème glacée
Peaches and ice cream

Bleuets et crème glacée
Blueberries and ice cream

DESSERTS

Tarte au sucre
Sugar pie

Tarte aux pommes
Apple pie

Mousse au chocolat
Chocolate mousse

Shortcake aux fraises
Strawberry shortcake

Gâteau Forêt noire
Black Forest cake

Gâteau au fromage
Cheese cake

Salade de fruits
Fruits salad

Fraises au vin
Strawberries with wine

Cassata Maison
House Italian ice cream

CAFÉS

Café, thé, lait	1,00	Café au lait
Espresso	1,50	Liqueurs douces
Cappuccino	1,75	

Tous nos Sandwichs et Omelettes sont servies avec frites / All our Sandwichs and Omelettes are served with french fries

Structure

Les pronoms accentués

Élise veut épouser Jean-Jacques.	Élise wants to marry Jean-Jacques.
Est-ce qu'**il** va vraiment se marier, **lui?**	Is *he* really going to get married?
Je n'en sais rien, **moi.**	*I* have no idea.

Unlike English, French is not an accented language. In English, you can emphasize a word by putting stress on it (that is, by pronouncing it with more force): *I have no idea.* In French, emphasis is created by adding words such as stress pronouns (**pronoms accentués).** Stress pronouns are personal pronouns—that is, they always refer to people. Here are the stress pronouns with their correponding subject pronouns:

je	**moi**		nous	**nous**
tu	**toi**		vous	**vous**
il	**lui**		ils	**eux**
elle	**elle**		elles	**elles**
on	**soi**			

To emphasize the person who is the subject of a sentence, place the appropriate stress pronoun either at the beginning or at the end of the sentence:

> **Moi, je** préfère le football.
> **Il** n'est pas très honnête, **lui.**
> **Tu** ne comprends pas, **toi.**

Stress pronouns are also used when the subject of a sentence is two or more persons connected by **et—mon frère et moi, toi et elle, lui et sa sœur.** In these cases, French usually sums up the compound subject with the appropriate subject pronoun—**mon frère et moi, nous; toi et elle, vous; lui et sa sœur, ils.** In that way, you remember to conjugate the verb in the correct form.

Lui et moi, nous voulons voir un film d'épouvante.	*He and I* want to see a horror film.
Jacques et elle, ils veulent trouver un film policier.	*She and Jacques* want to find a detective film.
Qu'est-ce que **vous** préférez voir, **toi et Mathilde?**	What do *you and Mathilde* prefer to see?

In conversational French, the stress pronoun **nous** is often used with **on: Nous, on va aller au cinéma. Je ne sais pas où ils vont, eux.** *We're going to the movies. I don't know where **they're** going.*

Application

E. **Au restaurant.** Voici des phrases qu'on entend souvent au restaurant. Utilisez un pronom accentué pour insister sur le sujet de la phrase.

MODÈLES: Je voudrais le menu à 80F.
Moi, je voudrais le menu à 80F.
ou: *Je voudrais le menu à 80F, moi.*

Qu'est-ce qu'il veut?
Qu'est-ce qu'il veut, lui?
ou: *Et lui, qu'est-ce qu'il veut?*

1. Je vais prendre des escargots pour commencer.
2. Qu'est-ce que tu veux comme hors-d'œuvre?
3. Elle mange toujours du bœuf.
4. Vous voulez une salade?
5. Ils n'aiment pas le poisson.
6. Comment! Tu ne prends pas de dessert?

F. **Les spécialités fracophones.** Un groupe de gastronomes parlent de leurs voyages à travers le monde francophone pour manger des spécialités non-françaises. Complétez leur conversation en utilisant les éléments donnés.

MODÈLE: Où est-ce que Georges est allé? (lui et sa femme / à La Nouvelle-Orléans / de la jambalaya)
Lui et sa femme, ils sont allés à La Nouvelle-Orléans pour manger de la jambalaya.

1. Et François? (lui et sa femme / au Maroc / du couscous)
2. Et Henriette? (elle et son amie / au Québec / de la soupe aux pois)
3. Et Hervé? (lui et moi / en Suisse / de la raclette)
4. Et Francine? (elle et moi / au Sénégal / du tié diène)
5. Et toi? (ma femme et moi / au Cameroun / du poulet aux arachides)
6. Et moi? (toi et ton frère / en Martinique / du poulet aux bananes)

Note grammaticale

Les pronoms accentués (suite)

Stress pronouns are also called disjunctive pronouns, meaning that they are used in sentences where a pronoun is separated from the verb. Stress pronouns are therefore also used:

1. In short phrases and questions where the main verb is omitted:

   Qui a fait la vaisselle hier soir? **Moi.**
   Je voudrais bien aller au musée. **Et toi? Et eux?**

2. After a preposition:

   Nous avons déjeuné **chez elle.**
   Qui veut y aller **avec moi?**

This situation also occurs in comparisons: **Jean-Jacques est plus âgé que moi. Nous avons moins de temps qu'eux.**

G. **Qui...?** Les élèves à l'école élémentaire sont en général très enthousiastes. Quand l'instituteur ou l'institutrice leur posent une question, ils répondent tout de suite. Donnez leurs réponses en utilisant le pronom accentué approprié.

MODÈLE: Qui veut commencer? (Martine)
           Elle.

1. Qui veut commencer? (René)
2. Qui sait la réponse? (Chantal)
3. Qui va lire la première phrase? (je)
4. Qui a lancé la première boule de neige? (les garçons)
5. Qui a jeté ces petites boules de papier? (les filles)

H. **Moi aussi... Moi non plus...** Vous parlez avec vos amis de ce que vous mangez. Répondez aux questions en utilisant le pronom accentué approprié et l'expression **aussi** ou **non plus.** Dans chaque situation, les personnes mentionnées ont les mêmes habitudes.

MODÈLES: Moi, je mange beaucoup de légumes. Et ta cousine?
            Elle aussi, elle en mange beaucoup.

            Mes parents ne mangent pas beaucoup de légumes.
            Et vous?
            Nous non plus, nous n'en mangeons pas beaucoup.

1. Ma sœur mange beaucoup de salade. Et toi?
2. Mon frère ne mange pas de pain. Et Janine?
3. Tes parents mangent beaucoup de viande. Et les Garand?
4. Je ne mange pas beaucoup de poisson. Et Max?
5. Mes cousins ne mangent pas de porc. Et vous?
6. Tu manges souvent deux desserts. Et moi?

I. **Où est...?** Vous allez au théâtre avec un groupe d'amis, mais vous avez des places un peu partout dans la salle. Vous et un(e) autre élève, vous êtes au balcon et vous voyez toute la salle. Par conséquent, quand votre voisin(e) vous demande où se trouve quelqu'un, vous pouvez le lui indiquer. Suivez le modèle.

MODÈLE: Jean-Paul / juste derrière la femme au chapeau vert
— *Où est Jean-Paul?*
— *Tu vois la dame au chapeau vert? Alors, Jean-Paul est juste derrière elle.*

1. Lucette / juste derrière le monsieur chauve
2. Daniel / juste devant les deux petits garçons
3. Nicole / à côté de la dame au chapeau à fleurs
4. Louis / en face des trois jeunes lycéennes
5. Michèle / derrière *(la personne qui pose les questions)*
6. André / devant *(vous et la personne qui pose les questions)*

J. **Un dîner au restaurant.** Pensez à un repas que vous avez mangé au restaurant avec votre famille ou avec des amis. Répondez aux questions de votre camarade de classe en utilisant autant que possible les pronoms accentués.

1. Où est-ce que vous avez mangé? À quelle heure?
2. Qu'est-ce que vous avez commandé pour commencer? comme plat principal? comme dessert? comme boisson?
3. Où est-ce que vous étiez assis(e) *(seated)*?
4. Qui a demandé l'addition? Est-ce que cette personne a payé le repas?

Relais

Une invitation à dîner

Écoutez la bande que votre professeur va jouer pour vous. En particulier, faites attention aux expressions utilisées pour téléphoner et pour inviter.

Colette Leroy téléphone à son amie Françoise Cuvillier pour l'inviter.

On s'exprime

Pour téléphoner à un(e) ami(e):

Allô.
Ici (nom).
Je te le (la) passe.
Qui est-ce?

Pour téléphoner à quelqu'un que vous ne connaissez pas bien:

Allô.
C'est de la part de qui?
(Who is calling?)
Ne quittez pas. *(Don't hang up.)*
Je vous le (la) passe.

Pour inviter un(e) ami(e) à dîner:

Tu est libre...?
Tu veux dîner...?
Je t'invite à dîner...

Pour inviter quelqu'un que vous connaissez moins bien:

Est-ce que vous pourriez dîner...?
Vous voudriez dîner...?
Je voudrais vous inviter à dîner...

Pour accepter une invitation (familier):

Oui, je veux bien.
C'est sympa!
Chouette!
Pourquoi pas?

Pour accepter une invitation (moins familier):

Je voudrais bien.
Oh, c'est gentil. J'accepte.
Avec plaisir.

Pour refuser une invitation (familier):

Oh, je regrette. Je ne peux pas.
Je voudrais bien, mais je ne suis pas libre.
Merci, mais j'ai déjà fait des projets.

Pour refuser une invitation (moins familier):

C'est dommage, mais ce n'est pas possible.
Je suis désolé(e), mais je ne suis pas libre.

Application

K. Allô... Allô... Faites les conversations téléphoniques suivantes en imitant les modèles.

MODÈLE: Véronique Poupard (sa cousine)
— *Allô. Ici (nom). C'est toi, Véronique?*
— *Non. C'est sa cousine.*
— *Oh. Je m'excuse. Est-ce que Véronique est là?*
— *Oui. Je te la passe.*

1. Marcelle Flury (sa sœur)   2. Jean-Pierre Mettetal (son cousin)

MODÈLE: Lucien Péras / 40 22 61 03
— *Allô, allô. C'est bien le 40 22 61 03?*
— *Oui, Monsieur (Madame, Mademoiselle).*
— *Je voudrais parler à Lucien Péras, s'il vous plaît.*
— *C'est de la part de qui?*
— *C'est (nom) à l'appareil.*
— *Ne quittez pas. Je vais voir s'il est là... Je suis désolé. Il est sorti.*
— *Voulez-vous bien lui dire que (nom) a téléphoné?*
— *Certainement, Monsieur (Madame, Mademoiselle).*
— *Merci, Monsieur (Madame, Mademoiselle). Au revoir.*

3. Michel Roux / 61 32 73 22   4. Mireille Brisset / 47 42 65 39

L. **Vous invitez des gens à dîner.** Donnez un coup de téléphone pour faire les invitations indiquées. Un(e) camarade de classe va jouer le rôle du (de la) correspondant(e).

1. Vous invitez un(e) ami(e) à dîner chez vous.
2. Vous invitez un(e) ami(e) à dîner au restaurant avec vous et deux ami(e)s.
3. Vous invitez deux ami(e)s à déjeuner chez vous.
4. Vous invitez vos parents français à aller au restaurant.
5. Vous invitez les parents de votre ami(e) à aller au restaurant avec vous, votre ami(e) et votre famille.
6. Vous invitez votre professeur à dîner chez vous.

Débrouillons-nous!

Exercice oral

M. **Un coup de fil.** *(A phone call.)* You and your family have just arrived in Paris. You call your French friend Dominique Gautier, who lives in the suburbs. She is away on vacation for several days, but a family member answers the phone. Identify yourself as Dominique's American friend, find out when she will be back, and decide whether to call again **(rappeler)** or to leave a message.

Exercice écrit

N. **Un petit mot.** *(A short note.)* Dominique Gautier has not gotten in touch with you. You have called back several times, but no one has answered. You write her a short note in which you tell her you're in Paris with your family, say how much longer you will be there, and invite her to join you and your family for dinner.

DEUXIÈME ÉTAPE

Point de départ
Une recette

. . . .

shallots
bread crumbs

Coat
melted/(to) cook
Baste

Mix
drop
Stir

Bread

(to) reheat

POULET GRILLÉ AU DIABLE   Pour quatre personnes: un poulet, 3 cuillères à soupe de beurre, 1 cuillère à soupe d'huile, 3 cuillères à soupe de moutarde de Dijon, 2 cuillères à soupe d'**échalotes**, ½ cuillère à café de thym ou d'estragon, sel, poivre, poivre de cayenne, 2 verres de **chapelure**.

Découpez le poulet en quatre morceaux. **Enduisez**-les de beurre **fondu** et d'huile et faites-les **cuire** à four assez chaud un quart d'heure. **Arrosez**-les toutes les cinq minutes de beurre et d'huile. Sortez-les du four.

Mélangez la moutarde, l'échalote, le thym ou l'estragon, le sel et le poivre dans un bol. Ajoutez-y, **goutte** à goutte, la moitié du beurre et de l'huile utilisés pour faire cuire le poulet. **Remuez** constamment pour en faire une mayonnaise.

Panez les morceaux de poulet cuit en les enduisant de la mayonnaise, puis de chapelure.

Remettez-les à griller à feu pas trop fort pendant vingt minutes. Retournez-les et arrosez-les du beurre et de l'huile qui restent toutes les cinq minutes. (Si vous voulez préparer ce plat à l'avance, faites griller les morceaux de poulet pané seulement cinq minutes de chaque côté. Sortez-les du four. Vous pouvez attendre plusieurs heures, puis les faire **réchauffer** au four à feu pas trop fort, vingt ou trente minutes.)

Servez avec des tomates grillées et des haricots verts à la crème.

À vous!

A. **D'abord... ensuite...** Vous aidez quelqu'un à preparer le poulet grillé au diable. Expliquer-lui ce qu'il faut faire en suivant le bon ordre.

Arrosez-les du beurre et d'huile toutes les cinq minutes.
Mélangez la moutarde, l'échalote et les épices dans un bol.
Servez avec des tomates et des haricots.
Découpez le poulet.
Remuez constamment.
Remettez-les à griller pendant vingt minutes.
Enduisez-les de beurre et d'huile.
Panez les morceaux de poulet cuit.

Reprise

B. **Un coup de fil.** When you phone a friend to invite him/her to dinner at your house, his/her brother answers. Along with two classmates, play out the conversations, based on the following suggestions.

1. You call and ask for your friend.
2. Your friend's brother/sister answers, says that your friend is not at home, and explains where he/she is.
3. You tell the brother/sister that you will call back (**rappeler**) later on.
4. You call back. Again your friend's brother/sister answers; this time your friend is home.
5. Invite your friend to come to your house for dinner.
6. Your friend may either accept and arrange the details or refuse and explain why.

C. **Après l'école...** Les membres de votre groupe vont indiquer ce qu'ils vont faire après l'école aujourd'hui. Vous notez ce qu'ils disent et rapportez les résultats à la classe entière. Employez un pronom accentué dans chacune de vos phrases.

MODÈLE: *Jacques, lui, va aller en ville. Moi, je...* Etc.

VOUS DESIREZ APPELER LA FRANCE?

Vous pouvez composer le numéro . . . depuis votre chambre.

Structure

Les prépositions *avant* et *après*

Avant l'examen, j'ai refait tous les exercices.	*Before the test,* I redid all the exercises.
J'ai retrouvé mon ami dans la salle de classe le jour de l'examen; il y est arrivé **avant moi.**	I met my friend in the classroom the day of the exam. He got there *before me.*
Avant de commencer l'examen, nous avons regardé le livre une dernière fois.	*Before starting* the exam, we looked at the book one last time.
Après l'examen, j'ai retrouvé mon ami au café.	*After the test,* I met my friend at the café.
Cette fois, il y est arrivé **après moi.**	This time he got there *after me.*
Après avoir mangé quelque chose, nous sommes rentrés. Et **après être rentrés,** nous avons regardé la télé.	*After eating something,* we went home. And *after going home,* we watched TV.

The preposition **avant** *(before)* may be used with a noun **(avant l'examen),** a stress pronoun **(avant moi),** or an infinitive **(avant de commencer).** When used before an infinitve, it must be followed by **de.**

    The preposition **après** *(after)* may also be used with a noun **(après l'examen)** or a stress pronoun **(après lui).** However, when **après** is followed by a verb, the *past infinitive* must be used. The past infinitive is formed with the infinitive of the helping verb **(avoir** or **être)** and the past participle: **après avoir mangé, après être rentrés.** Notice that the past participle of a verb that takes **être** agrees with the subject of the sentence.

Application

D. Remplacez les mots en italique et faites les changements nécessaires.

1. Avant *le match,* nous sommes allés en ville. (l'examen / la réunion / la discussion / le déjeuner)
2. Après *le match,* nous sommes rentrés chez nous. (l'examen / le film / la conférence / la boum)
3. Elles sont parties avant *nous.* (toi / eux / vous / moi)

4. Nous sommes sortis après *vous.* (toi / elles / lui / eux)
5. Avant de *regarder la télé,* elle a fait ses devoirs. (sortir / me téléphoner / aller au cinéma / préparer le dîner)
6. Après avoir *téléphoné à ses amis,* elle a fait ses devoirs. (mis la table / préparé le dîner / débarrassé la table / fait la vaisselle)
7. Après être *retournée en ville,* elle a fait ses devoirs. (allée au centre commercial / rentrée à la maison / sortie avec ses copines / arrivée à la bibliothèque)

E. **Tu veux téléphoner? Mais c'est très facile!** Vous et un(e) ami(e), vous expliquez à un(e) camarade de classe comment téléphoner en France. Chaque fois que votre ami(e) dit quelque chose, vous le répétez en utilisant la préposition **après** et la forme correcte du passé de l'infinitif.

MODÈLE: Tu arrives au bureau de poste, puis tu cherches une cabine téléphonique.
Après être arrivé(e) au bureau de poste, tu cherches une cabine téléphonique.

1. Tu trouves une cabine, puis tu y entres.
2. Tu entres dans la cabine, puis tu décroches l'appareil.
3. Tu décroches l'appareil, puis tu attends la tonalité.
4. Tu entends la tonalité, puis tu mets une pièce de monnaie dans la fente.
5. Tu mets une pièce de monnaie dans la fente, puis tu composes le numéro.
6. Tu parles à ton correspondant, puis tu raccroches.
7. Tu raccroches, puis tu sors de la cabine.
8. Tu sors de la cabine, puis tu quittes le bureau de poste.

Note grammaticale

*Les prepositions **avant** et **après** suivies d'un
verbe pronomial*

When **avant de** and **après** are followed by a pronomial verb, the
reflexive or reciprocal pronoun must agree with the subject of the
sentence:

Avant de me coucher, il faut
  que je me brosse les dents.
Après nous être couchés,
  nous aimons lire.

*Before I go to bed (before going to
  bed),* I have to brush my teeth.
*After we go to bed (After going
  to bed),* we like to read.

Remember that the past infinitive of a reflexive verb is always
formed with **être** and the past participle. This past participle agrees
with the subject of the sentence.

F. Remplacez les mots en italique et faites les changements nécessaires.

   1. Avant de se coucher, *il* a lu le journal. (elle / nous / tu / je / vous / ils)
   2. Après s'être levée, *elle* a pris une douche. (il / je / nous / tu / vous / elles)

G. **Sondage.** Sélectionnez une des paires de questions ci-dessous, puis posez
ces deux questions à dix de vos camarades. Marquez les réponses sur une
feuille de papier. Après avoir terminé le sondage, partagez-en les résultats
avec la classe entière.

   1. Qu'est-ce que tu veux faire après avoir terminé tes études secondaires?
Qu'est-ce que tu veux faire avant de commencer un travail?
   2. Qu'est-ce que tu fais normalement avant un examen? Et après
l'examen?
   3. Qu'est-ce que tu fais avant de quitter la maison le matin? Qu'est-ce que
tu fais après être rentré(e) chez toi le soir?
   4. Qu'est-ce que tu fais normalement avant de te coucher? Qu'est-ce que
tu fais après t'être réveillé(e) le matin?

H. **La journée de Nicole.** Les dessins suivants racontent une journée typique de Nicole, une jeune Française qui passe une année dans un lycée américain. En utilisant les structures **après** + nom, **après** + verbe, **avant** + nom et **avant de** + verbe, composez autant de phrases que possible.

MODÈLE: *Après avoir déjeuné (avoir pris le petit déjeuner), Nicole va à l'école. Avant de déjeuner (prendre le petit déjeuner), elle s'habille. Après le petit déjeuner...*

Relais

Les préparatifs

Écoutez la bande que votre professeur va jouer pour vous. En particulier, faites attention aux expressions utilisées pour demander, accepter et refuser de l'aide *(help)*.

Colette Leroy a invité trois de ses amis—Françoise Cuvillier, Élisabeth Broche et Paul Lartilleux—à dîner chez elle samedi soir. C'est Colette qui va préparer le repas. Son frère Jean-Michel la trouve dans la cuisine.

On s'exprime

Pour demander à quelqu'un de vous aider:

Voudriez-vous
Pourriez-vous
Tu veux
Tu voudrais
Tu pourrais
Tu as le temps de
}
m'aider?
me donner un coup de main?
(infinitif)?

Pour accepter d'aider quelqu'un:

Bien sûr.
Pas de problème.
D'accord.
Avec plaisir.

Pour refuser d'aider quelqu'un:

Je voudrais bien, mais il
faut que...
Je regrette, mais ce n'est
pas possible.
Je suis désolé(e), mais je
ne peux pas.

Pour hésiter:

Je ne sais pas.
Ça dépend.

I. **Deux réponses.** Vous demandez à deux camarades de classe de vous aider. La première personne refuse; la seconde accepte (avec ou sans hésitation). Utilisez les suggestions données, mais ajoutez des précisions.

MODÈLE: Demandez à un(e) camarade de classe de vous prêter un livre.

ÉLÈVE 1: *Paul, tu pourrais me prêter ton livre de mathématiques?*

ÉLÈVE 2: *Je suis désolé, mais je ne peux pas. J'ai un examen demain.*

ÉLÈVE 1: *Kelly, tu veux bien me prêter ton livre de maths?*

ÉLÈVE 3: *Bien sûr.* ou:
Je ne sais pas. J'en ai besoin ce soir. Écoute. Je te prête mon livre, mais il faut que je l'aie ce soir.

1. Demandez à un(e) ami(e) de vous prêter de l'argent.
2. Demandez à un(e) ami(e) de vous prêter un vêtement.
3. Demandez à un(e) ami(e) de vous aider à changer le pneu de votre voiture.
4. Demandez à un(e) ami(e) de vous aider à porter un paquet très lourd.

J. **Préparons un repas!** Demandez à un(e) ou deux camarades de vous aider à préparer le poulet grillé au diable (p. 298). Lisez ensemble la recette, puis répartissez *(divide up)* les responsabilités. Par exemple, qui va acheter ou chercher chaque ingrédient? Qui va couper, battre, remuer, ajouter, etc.? Vos camarades sont libres de préférer une activité à une autre.

MODÈLE: On a décidé de préparer le poulet grillé.

ÉLÈVE 1:   *Qui va aider avec le poulet grillé au diable? Tammy, tu veux aller au marché acheter des échalotes?*

ÉLÈVE 2:   *Bien sûr.*

ÉLÈVE 1:   *Bon. Qui va préparer la chapelure? Toi, Bill, tu pourrais t'en occuper?*

ÉLÈVE 3:   *Je ne sais pas la préparer. Je préfère découper le poulet.*

Débrouillons-nous!

Exercice oral

K. **Ma journée d'hier.** Tell a classmate how you spent yesterday (or a day of your choice). Start with when you woke up and continue until the time you went to bed. Whenever possible, show the relationship between events by using the prepositions **avant (de)** and **après**.

Exercice écrit

L. **Pour faire la soupe aux poireaux pommes de terre.** A student in fourth-year French has tasted your leek-and-potato soup and would like the recipe. You decide to write out a simplified version of how the soup is made. Use the verbs suggested below and summarize the key steps. Do not use the command form of the verb.

MODÈLE: *D'abord tu épluches les pommes de terre.*

Verbes: **ajouter, couper, éplucher, faire fondre (cuire), laver, mettre, mouiller, poivrer, saler, servir.**

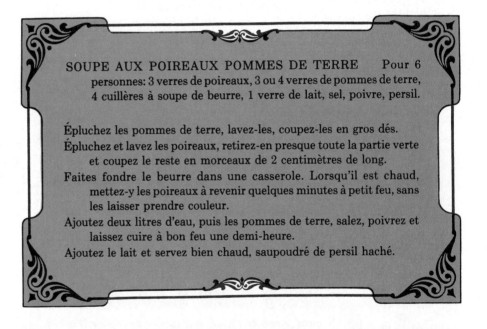

SOUPE AUX POIREAUX POMMES DE TERRE   Pour 6 personnes: 3 verres de poireaux, 3 ou 4 verres de pommes de terre, 4 cuillères à soupe de beurre, 1 verre de lait, sel, poivre, persil.

Épluchez les pommes de terre, lavez-les, coupez-les en gros dés.

Épluchez et lavez les poireaux, retirez-en presque toute la partie verte et coupez le reste en morceaux de 2 centimètres de long.

Faites fondre le beurre dans une casserole. Lorsqu'il est chaud, mettez-y les poireaux à revenir quelques minutes à petit feu, sans les laisser prendre couleur.

Ajoutez deux litres d'eau, puis les pommes de terre, salez, poivrez et laissez cuire à bon feu une demi-heure.

Ajoutez le lait et servez bien chaud, saupoudré de persil haché.

Lexique

On s'exprime

Pour téléphoner

Allô.
Ici...
Qui est-ce?
Qui est à l'appareil?
Ne quittez pas
Je vous (te) le (la) passe.
C'est de la part de qui?

Pour inviter

Est-ce que vous pourriez...?
Je t'invite à...
Je voudrais vous inviter à...
Tu es libre...?
Tu veux...?
Vous voudriez...?

Pour accepter une invitation	*Pour refuser une invitation*
Avec plaisir	C'est dommage, mais ce n'est pas possible.
C'est sympa!	Je suis désolé(e), mais je ne suis pas libre.
Chouette!	Je voudrais bien, mais je ne suis pas libre.
Je voudrais bien.	Merci, mais j'ai déjà fait des projets.
Oh, c'est gentil.	Oh, je regrette. Je ne peux pas.
Oui, je veux bien.	
Pourquoi pas?	

Pour demander à quelqu'un de vous aider

Voudriez-vous
Pourriez-vous
Tu veux   } m'aider?
Tu voudrais   me donner un coup de main?
Tu pourrais   (infinitif)?
Tu as le temps de

Pour accepter ou refuser de rendre un service

Avec plaisir.	Ça dépend.	Je regrette, mais ce n'est pas possible.
Bien sûr.	Je ne sais pas.	Je suis désolé(e), mais je ne peux pas.
D'accord		Je voudrais bien, mais il faut que...
Pas de problème.		

Thèmes et contextes

Le téléphone

l'annuaire *(m.)*	composer le numéro	l'indicatif *(m.)*
l'appareil *(m.)*	le (la) correspondant(e)	une pièce de monnaie
une cabine téléphonique	décrocher	raccrocher
le cadran	la fente	la tonalité

La cuisine

un bol	une cuillerée à café	un fouet
une casserole	une cuillerée à soupe	une poêle
		une recette

Vocabulaire général

Noms	*Verbes*		
un coup de fil	ajouter	éplucher	mélanger
un petit mot	arroser	faire cuire	poivrer
	battre	faire fondre	réchauffer
	couper	laver	saler
	découper		

Chapitre 12

On nous a envoyé une invitation

A.

B.

C.

Comment peut-on poster une lettre?

1. On peut la mettre dans une boîte aux lettres.

2. On peut la donner au facteur qui vous livre votre courrier.

3. On peut l'apporter au bureau de poste.

Point de départ

La poste

• •

En France, les fonctions des PTT (Postes, Télégraphes, Téléphones) ou des P et T (Postes et Télécommunications) ne se limitent pas à l'**envoi** du **courrier.** Les Français peuvent y aller pour téléphoner, pour payer les **factures** du gaz et de l'électricité, pour recevoir et envoyer de l'argent par des **mandats** et même pour mettre de l'argent à leur **compte d'épargne.** Les touristes, eux, vont aux bureaux de poste pour des raisons plus traditionnelles. Voici une brochure, destinée aux étrangers, qui donne des renseignements sur le fonctionnement des PTT.

> sending
> mail
> bills
> money orders / savings account

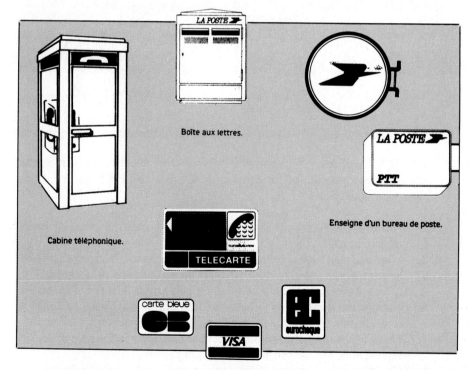

Boîte aux lettres.

Enseigne d'un bureau de poste.

Cabine téléphonique.

Vous désirez téléphoner...

Utilisez, en vous munissant préalablement de pièces de monnaie (page 15), une des 172 000 cabines placées dans les lieux publics* ou adressez-vous au guichet téléphone d'un de nos 17 000 bureaux de poste*. Si vous appelez à partir de votre hôtel, d'un café ou d'un restaurant, votre facturation risque d'être supérieure à la taxe officielle (maximum 30%).

• **La télécarte:** elle vous permettra de téléphoner sans souci et sans monnaie à partir d'une cabine équipée d'un publiphone à cartes. Ces télécartes de 40 ou 120 unités s'achètent dans les bureaux de poste, guichets SNCF et revendeurs agréés reconnaissables à leur affichette "Télécarte".*

● **Tarifs réduits :**
– du lundi au vendredi de 21 h 30 à 8 h et le samedi à partir de 14 h pour les pays de la CEE, la Suisse et l'Espagne ;
– de 22 h à 10 h pour le Canada et les États-Unis ;
– de 20 h à 8 h pour Israël ;
– et, pour ces mêmes pays, les dimanches et jours fériés français toute la journée.

... télégraphier
Vous pouvez déposer votre texte au guichet d'un bureau de poste, ou le téléphoner depuis votre hôtel.

... recevoir votre courrier
● Votre adresse en France comporte un numéro de code à 5 chiffres ; n'oubliez pas de le communiquer à vos correspondants.
● Le courrier adressé en "poste restante", dans une ville ayant plusieurs bureaux, est, sauf précision, disponible au bureau principal. Le retrait d'une correspondance donne lieu à paiement d'une taxe.
● Pour toute opération de retrait de courrier ou d'argent au guichet, on vous

demandera votre passeport ou une pièce d'identité, pensez-y !
● Un courrier parvenu après votre départ peut vous être réexpédié. Renseignez-vous aux guichets.

... expédier vos envois
● **Les timbres-poste :** vous pouvez vous les procurer dans les bureaux de poste (où on vend également des aérogrammes), les bureaux de tabac ou les distributeurs automatiques jaunes disposés sur la façade de certains bureaux de poste.

● **Les boîtes de dépôt des lettres :** vous les trouverez à l'extérieur et à l'intérieur des bureaux de poste et dans les lieux de fort passage du public*.

● **Paquets :** les paquets adressés à d'autres pays jusqu'à 1 kg (ou 2 kg au tarif des lettres) acceptés par les bureaux de poste doivent porter extérieurement une étiquette verte de douane. Si vous voulez réaliser un envoi rationnel et pratique, utilisez les emballages préformés mis en vente dans les bureaux de poste.

● **Colis postaux :** ils sont acceptés au bureau de poste principal de chaque localité :

– "Avion" jusqu'à 10 ou 20 kg suivant la destination.
– "Voie de surface" jusqu'à 5 kg et jusqu'à un certain format (au-delà ils peuvent être confiés à la SNCF).

● **Service Posteclair :** national et international à votre disposition dans 400 points réseau PTT, si vous désirez envoyer tout document urgent (plans, graphiques, tableaux, schémas...).

... envoyer ou recevoir de l'argent
● Pour le paiement ou l'émission de mandats ou l'échange de "postchèques", adressez-vous directement au bureau de poste de votre choix.
● Dans les principales villes, vous pouvez changer votre argent dans 150 bureaux de poste signalés par un autocollant "CHANGE".
● Si vous êtes porteur d'une carte visa ou d'une carte de garantie Eurochèque délivrée par votre banque, vous pouvez retirer de l'argent dans un des 780 bureaux de poste signalés par un autocollant CB ou EC.*
VISA

À vous!

A. **Le PTT Contact.** Your parents have several questions about French post offices. Consult the brochure published by the **PTT** and try to answer their questions.

1. Would we be better off making phone calls from our hotel or from a public phone? Why?
2. What are the least expensive times to call home from France?
3. Do you have to go to the post office if you want to send a telegram?
4. Do you have to use a zip code when sending a letter to France?
5. Suppose we don't know where we'll be staying in France. Could we have our mail sent to the post office and could we pick it up there?
6. Where can we buy stamps other than at a window in the post office?
7. What limits are placed on mailing packages?
8. If we run out of money, how can the post office be of help?

B. **Au guichet de la poste aérienne.** Vous vous renseignez sur les tarifs postaux. Puis vous achetez les timbres qu'il vous faut. Suivez le modèle. Votre camarade va jouer le rôle du postier ou de la postière.

MODÈLE: lettre / Canada / 2F80 / 3

 ÉLÈVE 1: *C'est combien pour envoyer une lettre au Canada?*

 ÉLÈVE 2: *C'est 2F80 francs.*

 ÉLÈVE 1: *Eh bien... euh... Donnez-moi trois timbres à 2F80.*

 ÉLÈVE 2: *Voilà. Ça fait 8F40.*

1. lettre / États-Unis / 4F20 / 5
2. carte postale / États-Unis / 3F40 / 10
3. lettre / Angleterre / 3F60 / 1
4. carte postale / Allemagne / 2F80 / 2

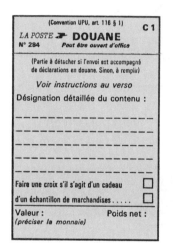

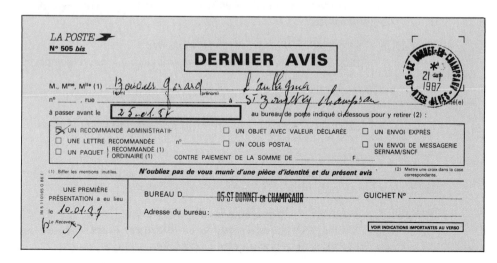

C. **Il faut que j'envoie ce colis.** Envoyez les colis indiqués en suivant le modèle. Votre camarade va jouer le rôle du postier ou de la postière.

MODÈLE: Canada / T-shirts, parfum, livres / 90F, 30F / pas recommandé *(registered)*

      ÉLÈVE 1:   *Je voudrais envoyer ce colis au Canada.*

      ÉLÈVE 2:   *Pendant que je le pèse, voulez-vous remplir la fiche de douane?*

      ÉLÈVE 1:   *D'accord. Voyons... T-shirts, parfum, livres.*

      ÉLÈVE 2:   *Par avion ou par voie de surface?*

      ÉLÈVE 1:   *C'est combien par avion?*

      ÉLÈVE 2:   *90F. Et par voie de surface, c'est 30F.*

      ÉLÈVE 1:   *Par avion, s'il vous plaît.*

      ÉLÈVE 2:   *Vous voulez l'envoyer en recommandé?*

      ÉLÈVE 1:   *Non, merci.*

1. Chine / pull marin, blue-jean / 80F, 25F / pas recommandé
2. États-Unis / livres, foulard, colliers / 100F, 40F / recommandé avec avis de réception *(notice of receipt)*
3. Canada / chemisier, gants / 75F, 22F / recommandé avec avis de réception
4. Angleterre / souvenirs de voyage / 50F, 20F / pas recommandé

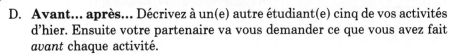

Reprise

D. **Avant... après...** Décrivez à un(e) autre étudiant(e) cinq de vos activités d'hier. Ensuite votre partenaire va vous demander ce que vous avez fait *avant* chaque activité.

MODÈLE: ÉLÈVE 1:   *J'ai pris le petit déjeuner.*

      ÉLÈVE 2:   *Qu'est-ce que tu as fait avant le petit déjeuner?*
                ou:
                Qu'est-ce que tu as fait avant de prendre le petit déjeuner.

      ÉLÈVE 1:   *Avant (de prendre) le petit déjeuner, je me suis lavé la tête.*

Ensuite, votre partenaire va vous décrire cinq de ses activités. Vous allez lui demander ce qu'il/elle a fait *après* chaque activité.

MODÈLE: ÉLÈVE 2:   *Je me suis levé(e) vers 7h30.*

      ÉLÈVE 1:   *Qu'est-ce que tu as fait après t'être levé(e)?*

      ÉLÈVE 2:   *Après m'être levé(e), j'ai pris unc douche.*

Structure

Les verbes irréguliers *écrire, envoyer* et *recevoir*

Écrire

—Est-ce que **tu as écrit** à Claude?

—Pas encore. **J'écris** d'abord à Robert. Autrefois, **je** lui **écrivais** tous les mois.

—*Did you write* to Claude?

—Not yet. First, *I am writing* to Robert. In the past *I used to write* him every month.

The verb **écrire** *(to write)* is irregular in the present indicative but forms the imperfect and the present subjunctive in the regular ways. When followed by a person, the verb **écrire** always uses the preposition **à.**

écrire	
j'**écris**	nous **écrivons**
tu **écris**	vous **écrivez**
il, elle, on **écrit**	ils, elles **écrivent**

Past participle: **écrit** (avoir)
Imperfect stem: **écriv-**
Subjunctive stem: **écriv-**

Application

E. Remplacez les mots en italique et faites les changements nécessaires.

1. Est-ce que *tu* écris beaucoup de lettres? (il / vous / elles / nous)
2. *Nous* avons écrit des cartes pour le Nouvel An. (je / elle / tu / ils / vous)
3. *Elle* écrivait une lettre quand vous avez téléphoné. (je / nous / ils / ma mère)
4. Ils préfèrent qu'*on* écrive en français. (nous / tu / elle / vous)

Envoyer

> **Elle a envoyé** une lettre à Éric.   *She sent* Eric a letter.
> **Nous envoyions** beaucoup de cadeaux.   *We used to send* lots of presents.
> **Tu envoies** des cartes pour le Nouvel An?   *Do you send* New Year's cards?

The verb **envoyer** *(to send)* is irregular in the present indicative and the present subjunctive, but it is regular in the imperfect. When followed by a person, the verb **envoyer** uses the preposition **à**.

envoyer	
j'**envoie**	nous **envoyons**
tu **envoies**	vous **envoyez**
il, elle, on **envoie**	ils, elles **envoient**

Past participle: **envoyé** (avoir)
Imperfect stem: **envoy-**
Subjunctive stems: **envoi-, envoy-**

F. Remplacez les mots en italique et faites les changements nécessaires.

1. Nous *envoyons* beaucoup de cartes de Noël. (je / vous / elle / ils)
2. *Il* n'a pas encore envoyé le colis. (elles / nous / je / tu / vous)
3. Autrefois, *elles* envoyaient beaucoup d'invitations. (nous / il / tu / vous)
4. Est-il nécessaire qu'*elle* lui envoie une réponse? (je / nous / on / vous / ils)

Recevoir

> Est-ce qu'**elle a reçu** une lettre?   *Did she get* a letter?
> **Elle reçoit** des lettres presque tous les jours.   *She gets* letters almost every day.
> Autrefois, **je recevais** beaucoup de courrier aussi.   In the past, *I used to get* a lot of mail also.

The verb **recevoir** *(to get, to receive)* is irregular in the present indicative and the present subjunctive, but it is regular in the imperfect. Pay close attention to the spelling changes, particularly the addition of a cedilla (**ç**) before the letters **o** and **u**.

---

recevoir

je **reçois**	nous **recevons**
tu **reçois**	vous **recevez**
il, elle, on **reçoit**	ils, elles **reçoivent**

Past participle: **reçu** (avoir)
Imperfect stem: **recev-**
Subjunctive stems: **reçoi-, recev-**

G. Remplacez les mots en italique et faites les changements nécessaires.

1. *Nous* recevons beaucoup de courrier. (il / je / vous / mes amis)
2. Quand *elle* était petite, *elle* recevait beaucoup de cadeaux. (je / nous / mes cousins / tu / vous)
3. Qu'est-ce qu'*il* a reçu comme cadeau? (tu / vous / elles / nous / je)
4. Il est important qu'*on* reçoive de bonnes notes en français. (ils / je / tu / nous / vous)

H. **Questionnaire.** Posez les questions à un(e) autre étudiant(e) et écrivez les réponses sur une feuille de papier. Ensuite, expliquez vos résultats à d'autres étudiants. Demandez...

1. s'il (si elle) reçoit beaucoup de lettres
2. s'il (si elle) écrit beaucoup de lettres
3. à qui il (elle) écrit très souvent
4. s'il (si elle) reçoit beaucoup d'invitations
5. s'il (si elle) envoie beaucoup d'invitations
6. s'il (si elle) a reçu une lettre récemment et de qui
7. s'il (si elle) a reçu une invitation récemment et à quoi
8. s'il (si elle) a envoyé une lettre récemment et à qui
9. s'il (si elle) a envoyé un cadeau récemment et pour qui
10. s'il (si elle) recevait beaucoup de cadeaux quand il (elle) était petit(e)
11. s'il (si elle) envoyait beaucoup de cartes pour le jour de l'An quand il (elle) était à l'école élémentaire
12. s'il (si elle) écrivait des histoires quand il (elle) était petit(e)

I. **La correspondance.** Décrivez votre correspondance avec un(e) ami(e), un(e) correspondant(e) étranger(ère), un membre de votre famille, etc. **Suggestions:** À qui est-ce que vous écrivez? Depuis combien de temps? Combien de fois par an? Est-ce que cette personne vous écrit? Souvent? Est-ce qu'il/elle vous envoie des cadeaux ou des colis ou autre chose?

Relais

On m'a invitée à dîner

Écoutez la bande que votre professeur va jouer pour vous. Puis regardez la lettre d'invitation. Faites particulièrement attention aux expressions utilisées pour commencer et pour finir une invitation.

Karen Ludlow passe une année en France. Elle va à un lycée à Rouen et elle habite avec la famille de Jacqueline Chartrier. Un jour, Karen reçoit une invitation par la poste.

> Chère Mademoiselle,
>
> À l'occasion du 16e anniversaire de notre fille Solange, ma famille organise un dîner chez nous, 12, rue du Bac, le samedi, 17 juillet, à 20h 30.
>
> Nous serions tous très heureux si vous pouviez être des nôtres.
>
> Auriez-vous la gentillesse de donner réponse aussitôt que possible.
>
> Veuillez agréer, chère Mademoiselle, l'expression de mes sentiments les meilleurs.
>
> Simone Joyale

On s'exprime

Pour commencer et finir une invitation à des gens que vous connaissez peu:

Monsieur (Madame / Mademoiselle),

Veuillez agréer l'expression de mes sentiments les meilleurs.
Je vous prie de croire à mes sentiments dévoués.

Pour commencer et finir une invitation à des gens que vous connaissez, mais qui sont plus âgés que vous:

Cher Monsieur (Chère Madame / Chère Mademoiselle),

Veuillez croire, cher (chère)..., à } **mes sentiments**
cordiaux.

Soyez assuré, cher...,
Soyez assuré, chère..., } **de** } **mes sentiments**
Soyez assurés, chers..., **très amicaux.**

Pour commencer et finir une invitation à des camarades:

Cher ami (Chère amie /   **Amicalement,**
Cher Jean / Chère Denise /   **Amitiés,**
Bonjour / Salut),   **À bientôt,**

Pour répondre à une invitation de gens que vous connaissez peu:

Je vous remercie de votre aimable invitation et me fais une joie de + infinitif

Je vous remercie de votre aimable invitation. Je regrette vivement de ne pas pouvoir être des vôtres

Pour répondre à une invitation d'un(e) camarade:

J'accepte avec le plus grand plaisir ton aimable invitation.

Merci de ton invitation.
Malheureusement je dois / je ne peux pas + infinitif

À vous!

J. **Les formules de politesse.** Relevez dans l'invitation de Mme Joyale (p. 316) l'équivalent français des expressions suivants.

1. Dear Miss Ludlow   3. to join us   5. Very truly yours
2. for Solange's birthday   4. RSVP

K. **Deux invitations à écrire.** Rédigez les invitations suivantes en utilisant les formules de politesse appropriées.

1. Les parents de Jacqueline Chartrier invitent des amis de Jacqueline à venir dîner chez eux pour fêter l'anniversaire de leur fille.
2. Karen Ludlow invite des amis de Jacqueline à venir passer la soirée chez Jacqueline pour fêter l'anniversaire de sa « sœur » française.

Débrouillons-nous!

Exercice oral

L. **Au bureau de poste.** You are spending the summer in France. Go
to the post office and buy some air letters **(aérogrammes)** and some
stamps for postcards. It's also the birthday of someone in your family.
You have bought that person an article of clothing as a present. Mail
your package to this person.

Exercice écrit

M. **Encore une invitation à écrire.** You have spent several months living
with a French family. They and their friends have been very nice to you,
and you would like to prepare an American meal for them. You have
chosen to do so on the Fourth of July **(la fête nationale américaine).**
Write the invitation.

DEUXIÈME ÉTAPE

Point de départ
Comment se tenir à table

• •

la table est mise

S'il s'agit d'une invitation sans façons, "à la fortune du pot", la table est mise simplement : une seule assiette pour chaque convive, sauf s'il y a de la soupe, quatre couverts, un verre, une bouteille de vin, une carafe d'eau. C'est la maîtresse de maison et/ou le maître de maison qui apporte les plats et sert tout le monde ; le plus souvent, on se passera les plats autour de la table.

sans façons: informal
à la fortune du pot: potluck
une convive: guest
sauf: unless
un couvert: place setting

1 une fourchette ("de table")
2 une assiette "plate" et quelquefois
  pour la soupe une "creuse"
3 un couteau
4 une cuillère à soupe
5 une petite cuillère (ou cuillère à dessert)
6 un verre (ici "verre à pied").

Pour "un repas de réception" on aura mis — comme on dit — "les petits plats dans les grands" : on a sorti le plus beau linge de table (nappe et serviettes assorties) et le service en argent, les verres de cristal ; les assiettes sont changées après chaque plat.

Mais, dans les deux cas, il est prudent d'obéir à un code — non écrit — des "bonnes manières".

sortir (conj. avec *avoir*):
  to take out
le linge: linen
la nappe: tablecloth
une serviette: napkin
assorti(e): matching
l'argent: silver

l'abc du "savoir se tenir à table"

Il vaut mieux :

— ramener la soupe vers soi avec la cuillère (sans jamais pencher l'assiette pour la finir) ;

— tenir le couteau dans la main droite pour couper la viande, et éviter de reprendre la fourchette dans cette main pour porter le morceau à sa bouche ;

— ne pas "saucer", c'est-à-dire essuyer la sauce avec un morceau de pain ;

— poser les mains (et non les coudes) sur le bord de la table ;

— rompre (casser) son morceau de pain ; ne pas le couper au couteau ; et si l'on vous offre de vous servir une deuxième fois, savoir répondre :

"Avec plaisir, s'il vous plaît !" qui veut dire, oui, ou "Merci !" qui — attention ! — veut dire "non"... (c'est-à-dire "c'était très bon, mais"...).

Mais ce ne sont là que des suggestions et pas... "les Tables de la Loi !"

ramener: to bring
pencher: to lean
essuyer: to wipe

À vous!

A. **À table!** Regardez les dessins, puis répondez aux questions d'après les renseignements donnés dans l'article que vous venez de lire.

*Qu'est-ce qui manque à cette table? (**Il manque...**)*

Cette table est-elle mise pour un repas de famille ou pour un repas de gala? Comment le savez-vous?

Est-ce que ce jeune monsieur sait se tenir à table?

Et cette jeune femme?

Comment savez-vous que cette femme n'est pas américaine?

Qu'est-ce que ce petit garçon est en train de faire?

Comment savez-vous que ce monsieur n'est pas français?

Est-ce que cette femme veut encore du (some more) pain?

 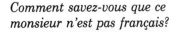 **Reprise**

B. **Échange.** Posez des questions à un(e) camarade de classe en utilisant les éléments donnés. Si la réponse à votre première question d'une série est négative, passez au groupe de questions suivant.

1. écrire une lettre / récemment / à qui / recevoir ta lettre
2. écrire beaucoup de cartes postales / quand / à qui, envoyer / recevoir des cartes postales de tes amis
3. recevoir un télégramme / qui, envoyer / être surpris(e) de recevoir ce télégramme
4. envoyer un télégramme / à qui / pourquoi, ne pas écrire de lettre
5. recevoir un cadeau récemment / de qui / envoyer par la poste
6. envoyer un aérogramme / à qui / où, acheter

C. **Il faut que tu...** Votre nouvel(le) ami(e) vénézuélien(ne) ne connaît pas très bien les services des PTT en France. Pour l'aider, vous lui expliquez ce qu'il est nécessaire de savoir et de faire. Utilisez les expressions données et consultez la brochure des PTT (pp. 309–310).

MODÈLE: Je veux téléphoner chez moi. (il faut)
      Il faut utiliser une cabine téléphonique.
  ou: *Il faut que tu trouves une cabine téléphonique.*

1. Je veux téléphoner à des amis qui sont en Espagne. (il vaut mieux)
2. Je veux envoyer un télégramme. (il est possible)
3. Je veux recevoir du courrier. (il est important)
4. On va m'envoyer de l'argent par la poste. (il est nécessaire)
5. J'ai besoin d'acheter des timbres. (il est possible)
6. Je veux poster une lettre. (il est possible)
7. Je veux envoyer un colis qui pèse 5 kilos. (il faut)
8. J'ai besoin d'argent. (il est possible)

Structure

Le futur

—**On visitera** le château demain?	—*Will we visit* the castle tomorrow?
—Oui, **je téléphonerai** ce soir pour arranger ça.	—Yes, *I'll call* tonight to arrange it.
—Où est-ce que **nous nous retrouverons?**	—Where *shall we meet?*
—**Je** t'**attendrai** devant la banque.	—*I'll wait for* you in front of the bank.

So far, to talk about future time, you have used either the immediate future **(aller + infinitive—Je vais voir un film ce soir)** or an expression that implies the future **(je veux, j'ai l'intention de, je pense, j'espère + infinitive—J'espère aller à Paris cet été).** French also has a future tense that, like the English future tense, expresses what will happen.

To form the future tense, simply add the ending **-ai, -as, -a, -ons, -ez,** or **-ont** to the infinitive form of the verb. Notice that the final **-e** of a verb ending in **-re** is dropped before the future-tense ending is added.

arriver arriver-	**partir** partir-	**attendre** attendr∉-
j'arriver**ai**	je partir**ai**	j'attendr**ai**
tu arriver**as**	tu partir**as**	tu attendr**as**
il, elle, on arriver**a**	il, elle, on partir**a**	il, elle, on attendr**a**
nous arriver**ons**	nous partir**ons**	nous attendr**ons**
vous arriver**ez**	vous partir**ez**	vous attendr**ez**
ils, elles arriver**ont**	ils, elles partir**ont**	ils, elles attendr**ont**

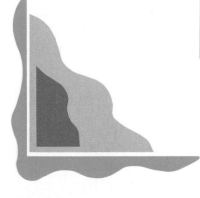

Application

D. Remplacez les mots en italique et faites tous les changements nécessaires.

1. *Elle* organisera une soirée. (nous / je / ils / tu / on)
2. *Tu* réussiras certainement aux examens. (vous / il / nous / je / elles)
3. *Il* ne répondra pas aux questions. (je / elles / tu / nous / vous)

Note grammaticale

Le futur des verbes irréguliers

Many of the irregular verbs that you have learned have irregular future stems. The endings, however, are the same as for regular verbs (**-ai, -as, -a, -ons, -ez, -ont**). The most common verbs that have irregular future stems are:

avoir	**aur-**	j'**aurai**	pouvoir	**pourr-**	nous **pourrons**
aller	**ir-**	tu **iras**	recevoir	**recevr-**	vous **recevrez**
envoyer	**enverr-**	il **enverra**	savoir	**saur-**	elles **sauront**
être	**ser-**	elle **sera**	voir	**verr-**	ils **verront**
faire	**fer-**	on **fera**	vouloir	**voudr-**	elles **voudront**
falloir	**faudr-**	il **faudra**			

E. **Projets de vacances.** Indiquez ce que feront les personnes suivantes pendant leurs vacances. Mettez les phrases au futur.

MODÈLE: Maurice est à Paris. Il visite le Louvre. Il va à Beaubourg.
Maurice sera à Paris. Il visitera le Louvre. Il ira à Beaubourg.

1. Janine a 18 ans. Elle va à la campagne avec ses parents. Ils font du camping.
2. Nous sommes à la plage. Nous pouvons nous faire bronzer. Nous voulons apprendre à faire de la planche à voile.
3. Georges et son cousin prennent le TGV pour aller à Marseille. Ils descendent chez leurs grands-parents. Ils peuvent manger de la bouillabaisse.
4. Je vais en Angleterre. Je fais du tourisme. Je t'envoie une carte postale.
5. Tu es chez toi. Il faut que tu t'occupes de ton petit frère. Tu reçois des lettres de tes amis.
6. Martine travaille pour son père. Elle a l'air triste. Elle ne sait pas quoi faire le soir.

The subjunctive has no future form. **Tu t'occupes** does not change.

F. **Bon, d'accord.** Indiquez que les personnes à la page suivante feront demain ce qu'il faut faire aujourd'hui.

MODÈLE: Il faut que tu ailles à la banque.
Bon, d'accord. J'irai à la banque demain.

1. Il faut que ta sœur parle à Jean.
2. Il est indispensable que vous étudiiez.
3. Il est nécessaire que Chantal fasse un effort pour voir le professeur.
4. Il faut que nous téléphonions à nos amis.
5. Il est nécessaire que vous preniez le nouveau métro.
6. Il est indispensable que tu ailles en ville.
7. Il faut qu'on soit à l'heure.
8. Il faut que ton frère voie ce film.
9. Il faut que vous envoyiez ce colis.
10. Il est important que tu te couches de bonne heure.

G. **Échange.** Employez les éléments donnés pour poser des questions à un(e) camarade de classe, qui va vous répondre. Employez le futur ou bien un verbe ou une expression qui indiquent le futur.

MODÈLE: faire / après la classe
— *Qu'est-ce que tu feras (vas faire) après la classe?*
— *J'irai (je vais aller, je pense aller) en ville.*

1. faire / après cette classe
2. faire / cet après-midi avant de rentrer chez toi
3. faire / ce soir
4. voir / la prochaine fois que tu iras au cinéma
5. acheter / la prochaine fois que tu iras au centre commercial
6. manger / la prochaine fois que tu iras au restaurant
7. recevoir / comme cadeau pour ton prochain anniversaire
8. apprendre à faire / l'été prochain
9. faire / l'année prochaine

Relais

Nous vous remercions

Écoutez la bande que votre professeur va jouer pour vous. En particulier, faites attention aux expressions utilisées pour remercier quelqu'un et pour répondre à un remerciement.

Invitées chez les Joyal pour fêter *(to celebrate)* l'anniversaire de Solange, Karen et Jacqueline font bien attention aux règles de la politesse. Elles offrent un cadeau non seulement à Solange mais aussi à sa mère. En plus, elles remercient Mme Joyale en personne à la fin de la soirée et ensuite par écrit.

Chère Madame,

Je tiens à vous exprimer le plaisir que j'ai eu à être des vôtres à l'occasion de l'anniversaire de Solange. Je garderai de cette soirée un excellent souvenir.

Je renouvelle mes compliments pour ce dîner exceptionnel et vous prie de croire, chère madame, à mes sentiments respectueux.

Jacqueline Chartier

Note culturelle

En France, si on est invité à manger, il est normal d'apporter un petit cadeau à son hôtesse. Vous pouvez apporter des fleurs, des bonbons, des chocolats. Offrez-les à votre arrivée. Mais attention! Si vous apportez les fleurs, n'offrez pas de chrysanthèmes; ce sont des fleurs que l'on offre traditionellement à l'occasion de funérailles.

Chocolat Extra
au lait

On s'exprime

Pour remercier une personne que vous ne connaissez pas bien:

Merci beaucoup, Monsieur (Madame, Mademoiselle).
Merci bien, Monsieur (Madame, Mademoiselle).
Je vous remercie beaucoup.
Je ne sais comment vous remercier.

Pour répondre aux remerciements:

Je vous en prie.

Pour remercier un(e) camarade:	Pour répondre aux remerciements:
Merci, hein?	**De rien.**
Tu es très gentil(le)!	**Ce n'est rien.**
Merci mille fois.	**Il n'y a pas de quoi.**

Pour remercier quelqu'un par écrit:

Je tiens à vous exprimer le plaisir que j'ai eu à...
Je voudrais vous remercier de...
C'était vraiment très gentil de votre part de...

À vous!

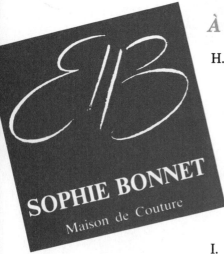

H. **Des remerciements.** Avec un(e) camarade de classe, jouez les petites scènes indiquées. Choisissez les expressions appropriées à chaque situation.

1. Votre camarade de classe vous offre un cadeau d'anniversaire.
2. Vous offrez un cadeau de Noël à votre professeur.
3. Vous êtes invité(e) chez les parents de votre ami(e) pour dîner. Vous apportez un petit cadeau à la mère de famille.
4. Vous êtes dans un restaurant fast-food avec un(e) camarade de classe. Vous n'avez pas assez d'argent pour payer; votre camarade vous prête ce qu'il vous faut.

I. **Une lettre de remerciement.** Karen Ludlow, elle aussi, écrit une lettre de remerciement à Mme Joyale. Elle veut imiter la lettre de Jacqueline, mais elle ne veut pas la recopier. Rédigez la lettre de Karen.

Structure

Le conditionnel

J'aimerais te présenter mon amie Michèle.

I would like to introduce you to my friend Michelle.

The conditional tense in French is equivalent to the English structure *would* + verb. You have already learned to use it in many polite expressions:

Je voudrais un express.

Est-ce que **tu pourrais** nous aider?

J'aimerais te présenter...

Voudriez-vous bien y aller avec nous?

In French, the conditional tense is also used to give advice:

À ta place, je trouverais le temps de lui parler.

À sa place, je resterais à la maison.

The conditional tense looks a lot like the future tense. It is formed by combining the *future* stem with the endings for the *imperfect* tense: **-ais, -ais, -ait, -ions, -iez, -aient.** This is true for all verbs, both regular and irregular.

parler	**rendre**	**aller**	**être**
parler-	rendr¢-	ir-	ser-
je parler**ais**	je rendr**ais**	j'ir**ais**	je ser**ais**
tu parler**ais**	tu rendr**ais**	tu ir**ais**	tu ser**ais**
il, elle, on parler**ait**	il, elle, on rendr**ait**	il, elle, on ir**ait**	il, elle, on ser**ait**
nous parler**ions**	nous rendr**ions**	nous ir**ions**	nous ser**ions**
vous parler**iez**	vous rendr**iez**	vous ir**iez**	vous ser**iez**
ils, elles parler**aient**	ils, elles rendr**aient**	ils, elles ir**aient**	ils, elles ser**aient**

Application

J. Remplacez les mots en italique et faites les changements nécessaires.

1. Pourriez-*vous* m'aider? (tu / elle / vous / ils)
2. *Elle* voudrait dîner en ville. (je / nous / ils / elle)
3. *Je* lui parlerais, mais je n'ai pas le temps. (elle / nous / ils / on)
4. *Tu* n'aimerais pas ce restaurant. (je / nous / ils / vous / elle)

K. **Soyez plus poli(e)!** Vos «parents» français vous corrigent quand vous utilisez des expressions qui ne conviennent pas à la situation. Ils vous indiquent une façon plus polie de vous exprimer en utilisant le conditionnel.

MODÈLE: Je veux vous parler.
Il vaut mieux dire « Je voudrais vous parler ». C'est plus poli.

1. Je veux parler à M. Imbert.
2. Pouvez-vous m'indiquer son adresse?
3. Savez-vous où il est allé?
4. Nous voulons vous demander un service.
5. Avez-vous le temps de lui parler?
6. Je suis content(e) de lui téléphoner.
7. Peux-tu dîner avec lui ce soir?
8. Ma sœur et moi, nous voulons bien.

L. **Quels conseils donneriez-vous?** Vos amis vous parlent de leurs problèmes ou des problèmes des gens qu'ils connaissent. Employez les éléments entre parenthèses pour indiquer ce que vous feriez à leur place.

MODÈLES: Je suis toujours très fatigué. (se coucher plus tôt)
À ta place, je me coucherais plus tôt.

Mon frère s'ennuie à son travail. (chercher quelque chose de nouveau)
À sa place, je chercherais quelque chose de nouveau.

1. Depuis quelques semaines je grossis énormément. (ne pas prendre de frites)
2. Mes parents n'aiment pas la maison où nous habitons. (acheter une nouvelle maison)
3. Je n'ai jamais assez d'argent. (ne pas aller dans les grands magasins)
4. La femme d'Éric Villot ne sait pas parler français. (apprendre le français)
5. J'ai une grippe depuis cinq jours. (consulter un médecin)
6. Nous n'avons pas envie de faire la cuisine ce soir. (dîner au restaurant)
7. Mon frère a des difficultés avec son cours de chimie. (aller voir le prof)
8. J'ai mal à la tête. (prendre des cachets d'aspirine)
9. Nous ne savons pas qui inviter. (inviter mes meilleurs amis)
10. Ma sœur a besoin d'argent encore une fois. (ne pas lui donner d'argent)

Note grammaticale

*Le conditionnel dans des phrases avec **si***

The conditional is also used with an *if* clause and the imperfect tense to indicate that a certain event may not occur, but that if it *were to occur,* this is what *would* take place:

Si j'avais le temps, **je parlerais** à mes cousins.

If I had the time, *I would talk* to my cousins [but I don't have the time].

Si nous avions plus d'argent, **nous ferions un voyage** cet été.

If we had more money, *we would take a trip* this summer [but we don't have more money].

To indicate that if a certain event occurs, this is what will *definitely* take place, use the *future* with an *if* clause and the *present* tense: **Si** nous **avons** plus d'argent cet été, nous **ferons** un voyage.

M. **Si vous pouviez choisir...** Indiquez le choix que vous feriez dans les situations suivantes.

MODÈLE: Si vous pouviez choisir, est-ce que vous dîneriez au Macdo ou à La Bonne Bouche?
Bien sûr, je dînerais à La Bonne Bouche.

1. Si vous payiez le repas, est-ce que vous choisiriez le menu à 50F ou le menu à 80F?
2. Et si vos parents vous invitaient à dîner?
3. Si vous vouliez maigrir, qu'est-ce que vous prendriez comme hors-d'œuvre—l'assiette de crudités ou les œufs mayonnaise?
4. Si vous n'aimiez pas le poisson, est-ce que vous commanderiez le filet de sole ou l'entrecôte?
5. Si vous aviez grand-faim, est-ce que vous mangeriez une salade ou un rôti de bœuf?
6. Si vous vouliez grossir, qu'est-ce que vous aimeriez comme dessert—une glace ou un fruit?
7. Si vous aviez le choix, qu'est-ce que vous prendriez comme boisson?
8. Si le service n'était pas compris, combien est-ce que vous donneriez comme pourboire—10 pour cent ou 15 pour cent?

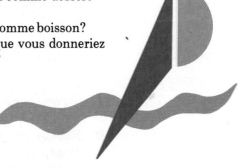

Débrouillons-nous!

Exercice oral

N. **Si tu étais riche...** D'abord, utilisez les éléments donnés pour poser des questions à un(e) camarade de classe au sujet de ce qu'il (elle) ferait s'il (si elle) était riche. Mettez les verbes au conditionnel et à l'imparfait.

MODÈLE: où / habiter
            — *Où est-ce que tu habiterais si tu étais riche?*
            — *J'habiterais en Floride (à New York, en France, etc.).*

1. où / habiter
2. que / porter
3. qu'est-ce que / manger
4. avec qui / sortir
5. où / faire un voyage
6. quelle voiture / acheter
7. combien d'argent / avoir
8. comment / passer le temps
   (*réponse*: passer le temps à + infinitif)

O. **Quand tu seras riche...** Votre camarade est plus optimiste que vous. Par conséquent, il (elle) est certain(e) d'être riche un jour. Utilisez les éléments donnés pour poser des questions au sujet de ce qu'il (elle) fera quand il (elle) sera riche. Mettez les verbes au futur.

MODÈLE: où / habiter
            — *Où est-ce que tu habiteras?*
            —*J'habiterai en Floride (à New York, en Europe, etc.).*

1. où / habiter
2. que / porter
3. qu'est-ce que / manger
4. avec qui / sortir
5. où / faire un voyage
6. quelle voiture / acheter
7. combien d'argent / avoir
8. comment / passer le temps
   (*réponse*: passer le temps à + infinitif)

Exercice écrit

P. **Encore une lettre de remerciement.** Monsieur Raymond Mercier, a friend of your parents who lives in Paris, took you out to a very nice restaurant. Write him a thank-you note.

Lexique

On s'exprime

Pour commencer une lettre

Monsieur (Madame, Mademoiselle)
Cher Monsieur (Chère Madame,
    Chère Mademoiselle)

Cher ami (Chère amie)
Cher... (Chère...)

Pour terminer une lettre

Veuillez agréer l'expression de
Je vous prie de croire à
Veuillez croire, cher (chère)..., à
Soyez assuré(e), cher (chère)..., de
Amicalement (Amitiés)
Je t'embrasse
À bientôt

} {

mes sentiments les meilleurs
mes sentiments dévoués
mes sentiments cordiaux
mes sentiments très amicaux

Pour remercier quelqu'un

Merci beaucoup.
Merci bien.
Je vous remercie beaucoup.
Je ne sais comment vous remercier.

Merci, hein?
Merci mille fois.
Tu es très gentil(le)!

Pour répondre à un remerciement

Je vous en prie.
De rien.

Ce n'est rien.
Il n'y a pas de quoi.

Thèmes et contextes

La poste

un aérogramme	le courrier	la poste aérienne
un avis de réception	une invitation	le (la) postier(-ère)
une carte postale	une lettre (de	recommandé(e)
un colis	remerciement)	un télégramme
compte d'épargne	un mandat	

Vocabulaire général

Verbes			Adjectif	Autres expressions
écrire	manquer	remercier	volé(e)	encore du (de la, des)
envoyer	recevoir			sauf

MISE AU POINT

LECTURE: *Il faut manger pour vivre,*
et non pas vivre pour manger

Voici une scène de la célèbre pièce de Molière, *L'Avare*. Harpagon, riche bourgeois avare, est obsédé par son argent. Valère, qui est amoureux de la fille d'Harpagon, s'est introduit dans la maison en obtenant l'emploi d'intendant (personne chargée d'administrer la maison ct les affaires d'une riche personne). Maître Jacques est le serviteur principal de la maison d'Harpagon.

	HARPAGON:	Maître Jacques, approchez-vous; je vous ai gardé pour le dernier.
coachman	MAÎTRE JACQUES:	Est-ce à votre **cocher,** monsieur, ou bien à votre cuisinier que vous voulez parler? Car je suis l'un et l'autre.
	HARPAGON:	C'est à tous les deux.
	MAÎTRE JACQUES:	Mais à qui des deux le premier?
	HARPAGON:	Au cuisinier.
	MAÎTRE JACQUES:	Attendez donc, s'il vous plaît.
hat / dressed as a cook		(Il enlève sa **casaque** de cocher et paraît **vêtu en cuisinier.)**
What devilish formality	HARPAGON:	**Quelle diantre de cérémonie** est-ce là?
	MAÎTRE JACQUES:	Vous n'avez qu'à parler.
to have people to supper	HARPAGON:	Je me suis engagé, maître Jacques, **à donner ce soir à souper.**
	MAÎTRE JACQUES:	Grande merveille!
will put on a good meal	HARPAGON:	Dis-moi un peu, nous **feras-tu bonne chère?**
	MAÎTRE JACQUES:	Oui, si vous me donnez bien de l'argent.
	HARPAGON:	Que diable! Toujours de l'argent! Il semble qu'ils n'aient autre chose à dire: de l'argent, de l'argent, de l'argent! Ah, ils n'ont que ce mot à la bouche, de l'argent! Toujours parler de l'argent!
	VALÈRE:	Je n'ai jamais vu de réponse plus impertinente que celle-là. Voilà une belle merveille que de faire bonne chère avec bien de l'argent! C'est une chose la plus
easy (effortless) / any poor fool could do as much / act as a clever man		**aisée** du monde, et **il n'y a pauvre esprit qui n'en fît bien autant;** mais, pour **agir en habile homme,** il faut parler de faire bonne chère avec peu d'argent.
	MAÎTRE JACQUES:	Bonne chère avec peu d'argent?
	VALÈRE:	Oui.

MAÎTRE JACQUES:	Par ma foi, monsieur l'intendant, vous nous obligerez de nous faire voir ce secret, et de prendre mon office de cuisinier.	
HARPAGON:	**Taisez-vous!** Qu'est-ce qu'il nous faudra?	Be quiet!
MAÎTRE JACQUES:	Voilà monsieur votre intendant qui vous fera bonne chère pour peu d'argent.	
HARPAGON:	Haye! Je veux que tu me répondes.	
MAÎTRE JACQUES:	Combien serez-vous de gens à table?	
HARPAGON:	Nous serons huit ou dix: mais il ne faut prendre que huit. Quand il y a à manger pour huit, il y en a bien pour dix.	
VALÈRE:	**Cela s'entend.**	That's understood.
MAÎTRE JACQUES:	Eh bien, il faudra quatre grands potages et cinq **assiettes.** Potages... Entrées.	main dishes
HARPAGON:	Que diable! **Voilà pour traiter** toute une ville entière!	Enough to cater for
MAÎTRE JACQUES:	Rôt...	
HARPAGON:	*(En lui mettant la main sur la bouche)* Ah, traître, tu manges tout mon **bien.**	wealth
MAÎTRE JACQUES:	**Entremets...**	sweet or vegetable course between main dishes
HARPAGON:	Encore?	
VALÈRE:	Est-ce que vous avez envie de **faire crever** tout le monde? Et monsieur a-t-il invité des gens pour les assassiner à force de **mangeaille?** Allez-vous-en lire un peu les préceptes de la santé et demander aux médecins s'il y a rien de plus **préjudiciable** à l'homme que de manger avec excès.	to make croak (die) (over)feeding harmful
HARPAGON:	Il a raison.	
VALÈRE:	Apprenez, maître Jacques, vous et vos pareils, que pour bien se montrer ami de ceux que l'on invite, il faut que la frugalité règne dans les repas qu'on donne, et que, suivant le dire d'un ancien, *il faut manger pour vivre, et non pas vivre pour manger.*	to live
HARPAGON:	Ah! Que cela est bien dit! Approche, que je t'embrasse pour ce mot. Voilà la plus belle **sentence** que j'aie entendue de ma vie. *Il faut vivre pour manger, et non pas manger pour vi...* Non, ce n'est pas cela. Comment est-ce que tu dis?	saying
VALÈRE:	*Qu'il faut manger pour vivre, et non pas vivre pour manger.*	
HARPAGON:	Oui. Entends-tu? Qui est le grand homme qui a dit cela?	
VALÈRE:	Je ne me souviens pas maintenant de son nom.	
HARPAGON:	Souviens-toi de m'écrire ces mots. Je les veux **faire graver** en lettres d'or sur la cheminée de ma salle.	have engraved
VALÈRE:	**Je n'y manquerai pas.** Et pour votre souper, vous n'avez qu'à me laisser faire. **Je réglerai** tout cela comme il faut.	I won't fail. I'll arrange
HARPAGON:	Fais donc.	

that will be less work for me

hardly (scarcely)

fill up / thick lamb stew with
beans

let there be a lot of that

MAÎTRE JACQUES:	Tant mieux, **j'en aurai moins de peine.**
HARPAGON:	Il faudra de ces choses dont on ne mange **guère,** et qui **rassasient** d'abord: quelque bon **haricot bien gras,** avec quelque pâté en pot bien garni de marrons. Là, **que cela foisonne.**
VALÈRE:	Reposez-vous sur moi.

Compréhension

A. Harpagon et son souper. Answer the following questions about the scene you have just read.

1. Find as many examples as you can of Harpagon's miserliness.
2. What seems to be Valère's strategy to get Harpagon's permission to marry his daughter? Find examples of his use of this strategy.
3. Does Maître Jacques treat Harpagon as a servant is supposed to treat his master? Justify your answer.
4. *L'Avare* is a comedy. What are the comic aspects of this scene?

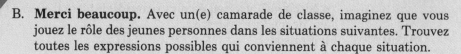

Reprise

B. Merci beaucoup. Avec un(e) camarade de classe, imaginez que vous jouez le rôle des jeunes personnes dans les situations suivantes. Trouvez toutes les expressions possibles qui conviennent à chaque situation.

MODÈLE: You and a friend are saying goodbye to a woman who has been your hostess for dinner.
—*Merci beaucoup, Madame. Le dîner était excellent (délicieux).*
—*Au revoir, Madame. Merci beaucoup pour le dîner.*

1. You and a friend are saying goodbye to some French friends of your parents who have been your host and hostess for dinner at their house.
2. You and a friend arrive for dinner with a French family. You are bringing flowers and a box of candy for the hostess.
3. You and a friend are giving a birthday present to a French classmate.
4. You and a friend have bought a travel bag as a going-away present for a French friend who is about to visit the United States.

C. **En l'an 2025...** Imaginez le monde en l'an 2025. Mettez les phrases suivantes au futur.

   MODÈLE: Nous habitons d'autres planètes.
             Nous habiterons d'autres planètes.

   1. Les hommes et les femmes sont égaux *(equals)*.
   2. On vend le bifteck en forme de pilule.
   3. Nous n'avons pas de guerres.
   4. Il n'y a pas de pollution.
   5. Nous faisons des voyages interplanétaires.
   6. Nous rencontrons des habitants d'autres planètes.
   7. On peut passer ses vacances dans la lune.
   8. Les enfants apprennent un minimum de quatre langues à l'école.
   9. Nous savons guérir le cancer.
   10. On étudie jusqu'à l'âge de 40 ans.

D. **Que feriez-vous?** Indiquez ce que vous feriez dans les situations suivantes. Mettez les verbes au conditionnel.

   1. Mathieu dîne dans un restaurant avec son amie Marie-Jo. Ils commandent tous les deux le menu à 90F. Puis Mathieu se rappelle qu'il n'a que 150F dans son portefeuille. Marie-Jo a laissé son sac à la maison. Que feriez-vous à la place de Mathieu?

      a. Vous excuser, aller aux toilettes et vous sauver *(to run away)*
      b. Vous excuser, aller aux toilettes et téléphoner à vos parents
      c. Demander à Marie-Jo d'aller chercher son sac chez elle
      d. Appeler le garçon et commander le menu à 60 francs

   2. Demain Annick doit passer un examen de mathématiques, son cours le plus difficile. Son petit ami Roger, qu'elle n'a pas vu depuis deux mois, téléphone pour dire qu'il passera ce soir, mais qu'il sera obligé de repartir le lendemain avec ses parents. Que feriez-vous à la place d'Annick?

      a. Demander à votre frère ou à votre sœur de passer la soirée avec Roger et étudier jusqu'à 9h ou 10h
      b. Demander à Roger de ne pas venir
      c. Passer la soirée avec Roger et tenter votre chance *(to trust to luck)* à l'examen
      d. Sortir avec Roger et inventer une excuse pour votre professeur

3. François a invité ses amis Martin et Chantal à dîner chez lui. Il n'a pas fait attention et il a fait brûler *(burned)* la viande; elle est immangeable. Ses amis vont arriver dans quelques minutes. Que feriez-vous à sa place?

   a. Quitter votre appartement et aller au cinéma
   b. Attendre vos amis à l'extérieur et les inviter à dîner au restaurant
   c. Leur servir des pizzas congelées
   d. Préparer une sauce à mettre sur la viande

4. Anne-Marie vient de se fiancer avec Hervé. Les parents d'Hervé, qui habitent en Afrique, lui rendent visite. Ils partent demain et ils veulent faire la connaissance de la fiancée de leur fils; ils ont donc invité Anne-Marie à dîner au restaurant le plus élégant de la ville. Hélas, Anne-Marie tombe malade; elle a de la fièvre et des frissons. Que feriez-vous à sa place?

   a. Prendre deux cachets d'aspirine et aller au restaurant
   b. Aller au restaurant, mais ne rien manger
   c. Téléphoner aux parents d'Hervé pour faire vos excuses
   d. Aller chez le médecin et lui demander de vous faire une piqûre *(shot)*

Révision

In this **Révision,** you will review:

- eating in restaurants, going to the post office, and making telephone calls;
- the pronoun **en**;
- the use of the infinitive and the subjunctive to express wishing and willing;
- stress pronouns;
- the prepositions **avant** and **après**;
- the irregular verbs **écrire**, **envoyer**, and **recevoir**;
- the future and conditional tenses.

Le restaurant, le bureau de poste et le téléphone

E. Une excursion en ville. En vous inspirant des dessins, répondez aux questions sur les activités de Stéphanie et de son amie Delphine.

1. Quand est-ce que Stéphanie a téléphoné à Delphine? Est-ce qu'elle lui a téléphoné d'une cabine téléphonique?
2. Qu'est-ce qu'elle l'a invitée à faire?
3. Pour quelle heure est-ce qu'elles ont pris rendez-vous?
4. Est-ce que Stéphanie est allée directement retrouver son amie?
5. Qu'est-ce qu'elle a fait au bureau de poste?
6. Où est-ce que Stéphanie et Delphine se sont retrouvées?
7. Est-ce que Stéphanie y est arrivée la première?
8. Où est-ce qu'elles ont décidé de déjeuner?
9. Pourquoi est-ce qu'elles n'ont pas déjeuné au premier restaurant?
10. Qu'est-ce que Stéphanie a commandé? Et Delphine?
11. Qui a payé l'addition?

Le pronom *en*

The pronoun **en** is used to replace:

1. A noun preceded by a partitive:
   — Tu veux **de la salade?**   — Oui, j'**en** veux.

2. A noun used with an expression of quantity:
   — Il y a **assez de pain?**   — Non, il n'y **en** a pas assez.

3. A noun used with a verbal expression that requires **de**:
   — Tu **as besoin de mon livre?**   — Oui, j'**en** ai besoin.

4. A noun preceded by a number:
   — Tu as **deux frères?**   — Non, j'**en** ai trois.

Poulet Suisse et roulés au jambon
Recette micro-ondes

1½	tasse (375 mL) poulet cuit grossièrement haché
1	bte 10¾ oz (320 g) soupe crème de poulet condensée
1	oignon vert, finement tranché
6	tranches de jambon bouilli
2	tasses (500 mL) de riz cuit
¼	tasse (65 mL) de crème sure ou yogourt
¼	tasse (65 mL) de lait
½	tasse (125 mL) fromage Suisse râpé paprika

Dans un bol à mélanger, combiner le poulet, ⅓ tasse (75 mL) de soupe et l'oignon. Mettre ¼ tasse (65 mL) de ce mélange sur chaque tranche de jambon et rouler.
Fixer avec des cure-dents si nécessaire.
Étendre le riz dans un plat à micro-ondes peu profond de 1½ pinte (1.30 L). Placer le jambon roulé sur le riz. Mélanger le reste de la soupe avec la crème sûre et le lait. Verser sur les roulés.
Cuire à HI (max.) 12 à 14 minutes. Saupoudrer de fromage et de paprika. Couvrir et laisser reposer 5 minutes avant de servir.

F. **Pour faire du poulet suisse et des roulés au jambon.** Étudiez la recette donnée ci-dessus. Puis répondez aux questions en utilisant autant que possible le pronom **en**.

MODÈLES: Est-ce qu'on a besoin de sucre pour faire ce plat?
Non, on n'en a pas besoin.

Est-ce qu'il faut du yogourt pour faire ce plat?
Oui, il en faut un quart de tasse.

1. Est-ce qu'on a besoin de carottes pour faire ce plat?
2. Est-ce qu'il faut du riz?
3. Combien de tasses de poulet haché faut-il?
4. Est-ce qu'on a besoin de lait pour faire ce plat?
5. Combien de tranches de jambon bouilli faut-il acheter?
6. Est-ce qu'on a besoin d'oignons verts?
7. Où est-ce qu'on met un tiers de tasse du mélange?
8. Pourquoi est-ce qu'on a besoin de cure-dents *(toothpicks)?*

L'emploi de l'infinitif et du subjonctif pour exprimer le désir et la volonté

In French, to express your wish or desire to do or be something yourself, use a verb of wishing or willing followed by an infinitive:

Je veux aller en France.
Elles aimeraient partir plus tard.

To express your wish or desire that someone else do or be something, use a verb of wishing or willing and the subjunctive:

Je veux que tu y ailles avec nous.
Elles aimeraient que nous partions plus tard aussi.

The most common verbs of wishing and willing are **vouloir, désirer, aimer mieux, préférer, exiger,** and **insister (pour).**

G. **Parents et enfants.** Utilisez des verbes de volonté et de désir pour parler des conflits entre vous, vos parents et les autres membres de votre famille. N'oubliez pas: Si les deux verbes ont le même sujet, utilisez un infinitif; si les verbes ont deux sujets différents, utilisez le subjonctif.

MODÈLE: sortir plus souvent le week-end
Moi, je voudrais sortir plus souvent le week-end. Mes parents ne veulent pas que je sorte plus souvent le week-end. Ils préfèrent que ma sœur et moi, nous restions à la maison.
ou: *Ils exigent que ma sœur et moi, nous allions au cinéma avec eux.*

1. sortir avec des gens plus âgés
2. faire les devoirs
3. réussir aux examens
4. devenir médecin (professeur, avocat, etc.)
5. être plus indépendant(e)
6. se marier jeune
7. regarder la télé
8. prendre le petit déjeuner
9. choisir de nouveaux amis

Les pronoms accentués

The stress (or disjunctive) pronouns are:

moi	**nous**
toi	**vous**
lui	**eux**
elle	**elles**
soi	

They are used:

1. To emphasize the person who is the subject of the sentence:

> **Moi, je** veux bien y dîner.
> Est-ce qu'**ils** veulent y aller aussi, **eux?**

2. To indicate the individual members of a compound subject:

> **Lui et moi, nous** avons faim.
> Où est-ce que **vous** habitez, **toi et ton père?**

3. To ask a question when the verb is omitted:

> Nous avons le temps. Et **vous?** Et **elles?**

4. To refer to a person after a preposition:

> Qui habite **chez toi?**
> Nous connaissons les gens qui travaillent **pour elle.**

H. **Chez lui ou chez elle?** Vous et votre camarade, vous n'êtes jamais d'accord. Quand on vous pose une question, vous donnez une réponse et votre camarade en donne une autre. Répondez aux questions suivantes en utilisant des pronoms accentués.

MODÈLE: Où est la soirée? Chez Jean ou chez Francine?
— *La soirée est chez lui.*
— *Mais non, la soirée est chez elle.*

1. Où est-ce qu'on se retrouve? Chez Patrick ou chez Florence?
2. Avec qui est-ce qu'on va au cinéma? Avec Jean et Marc ou avec Sylvie et Chantal?
3. Pour qui est le cadeau? Pour Henri ou pour moi?
4. Quand est-ce que je passe l'examen oral? Avant Cécile ou avant toi?
5. Quand est-ce que je mange? Après vous ou après les autres?

Les prépositions *avant* et *après*

The prepositions **avant** and **après** may both be used before a noun or a stress pronoun: **avant le film, après le dessert, avant lui, après toi.**

The preposition avant de is followed by an infinitive:

Elle a fait la vaisselle **avant de commencer** ses devoirs.
Je lui téléphonerai **avant de sortir.**
Avant de nous coucher, nous nous brossons les dents.

The preposition **après** is followed by a past infinitive:

Après avoir fait mes devoirs, je sortirai.
Après être entrés, ils ont enlevé leurs manteaux.
Nous nous sommes habillés **après nous être brossé** les dents.

I. **Avant et après.** Pour chaque paire d'images, composez deux phrases—l'une avec **avant de,** l'autre avec **après.** Utilisez les sujets suggérés.

MODÈLE: nous
Avant d'aller en Espagne, nous avons acheté une voiture.
Après avoir acheté une voiture, nous avons fait un voyage en Espagne.

1. je

2. elle

3. nous

4. ils

5. je

6. il

Les verbes irréguliers *écrire, envoyer* et *recevoir*

écrire	envoyer	recevoir
j'**écris**	j'**envoie**	je **reçois**
tu **écris**	tu **envoies**	tu **reçois**
il, elle, on **écrit**	il, elle, on **envoie**	il, elle, on **reçoit**
nous **écrivons**	nous **envoyons**	nous **recevons**
vous **écrivez**	vous **envoyez**	vous **recevez**
ils, elles **écrivent**	ils, elles **envoient**	ils, elles **reçoivent**
j'ai **écrit**	j'ai **envoyé**	j'ai **reçu**
j'**écriv**ais	j'**envoy**ais	je **recev**ais
que j'**écrive**	que j'**envoie**, **nous** envoy**ions**	que je **reçoive**, **nous** recev**ions**
j'**écrir**ai	j'**enverr**ai	je **recevr**ai
j'**écrir**ais	j'**enverr**ais	je **recevr**ais

J. **J'écris, j'envoie, mais je ne reçois pas!** Utilisez les expressions suggérées pour composer des phrases au sujet de vos habitudes épistolaires. Expressions: **écrire (des lettres, des poèmes, des notes personnelles) / envoyer (des cartes postales, des lettres, des cartes de Noël, des cartes d'anniversaire) / recevoir (des télégrammes, des lettres, des colis, des cadeaux)**

MODÈLE: normalement
Normalement j'écris beaucoup de lettres à mes cousins.
J'envoie des cartes postales à mes amis quand je voyage.
Je ne reçois pas de télégrammes.

1. pendant l'été
2. quand je voyage
3. autrefois

4. l'année dernière
5. il est possible que
6. l'année prochaine

Le futur et le conditionnel

The future tense is formed by adding the endings **-ai, -as, -a, -ons, -ez,** or **-ont** to the infinitive form of the verb. Remember that the final **-e** of a verb ending in **-re** is dropped before the future-tense ending is added:

j'arriver**ai**   nous accepter**ons**
tu partir**as**   vous finir**ez**
elle vend**ra**   ils attend**ront**.

The following verbs have irregular future stems:

avoir	**aur-**	faire	**fer-**	savoir	**saur-**
aller	**ir-**	falloir	**faudr-**	voir	**verr-**
envoyer	**enverr-**	pouvoir	**pourr-**	vouloir	**voudr-**
être	**ser-**	recevoir	**recevr-**		

The future tense is used to talk about future time, usually the relatively distant future:

Dans cinq ans, **nous serons** à l'université.
L'année prochaine, **elle pourra** voyager avec ses parents.

The conditional tense is formed by adding the imperfect endings **-ais, -ais, -ait, -ions, -iez,** or **-aient** to the infinitive form of the verb or to the irregular future stem:

je partir**ais**   nous fer**ions**
tu ser**ais**   vous prendr**iez**
elle attendr**ait**   ils ir**aient**

The conditional tense is used to:

1. Give advice
   À ta place, moi, **je resterais** à la maison.

2. Tell what would occur if a specific condition were true
   Si j'habitais en France, **je parlerais** très bien le français.

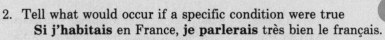

K. **Ne t'inquiète pas!** Utilisez les expressions données pour consoler vos amis. Mettez les verbes au futur.

MODÈLE: Mon petit chien a disparu. (revenir)
         Ne t'inquiète pas! Il reviendra.

1. J'ai perdu mon portefeuille. (trouver)
2. On ne peut pas aller au cinéma ce soir. (voir le film demain soir)
3. Mes parents sont partis en vacances sans moi. (être de retour la semaine prochaine)
4. Qu'est-ce que je vais faire? Ma voiture est en panne. (prendre le bus)
5. Ma sœur ne se sent pas bien du tout. Elle est malade. (aller mieux dans quelques jours)
6. Mon père est très occupé. Il ne peut pas jouer avec moi. (avoir plus de temps la semaine prochaine)
7. Nous avons oublié l'anniversaire de Grand-mère. (lui envoyer un cadeau pour le Nouvel An)
8. Je n'ai pas acheté de livres. (pouvoir en acheter la prochaine fois)

L. **Sur une île déserte...** Demandez à un(e) camarade ce qu'il (elle) ferait s'il (si elle) devait passer quelques mois sur une île déserte. Mettez les verbes au conditionnel.

MODÈLE: Combien de temps est-ce que tu voudrais y passer?
         Je voudrais y passer deux mois (six mois, un an).

1. Comment est-ce que tu ferais le voyage—en avion ou en bateau?
2. Qui est-ce que tu inviterais pour t'accompagner?
3. Où serait l'île de ton choix?
4. Qu'est-ce qu'il y aurait sur cette île?
5. Quel animal est-ce que tu aimerais emporter avec toi?
6. Qu'est-ce que tu mettrais dans ta valise?
7. Qu'est-ce que tu apporterais à manger?
8. Comment toi et ton (ta) camarade, passeriez-vous votre temps sur cette île?
9. Qu'est-ce que vous apprendriez à faire sur cette île?
10. Est-ce que tu serais content(e) de rentrer chez toi?

M. **Si... Mais...** Vous et votre camarade, vous êtes bien différent(e)s, l'un(e) de l'autre. Il (elle) aime le rêve *(dream)*; vous préférez le réel. Il (elle) parle à l'imparfait et au conditionnel; vous parlez au présent et au futur. Utilisez les expressions données pour recréer la discussion entre vous et votre ami(e).

MODÈLE: (il) faire beau / (nous) pouvoir aller à la plage / ne pas aller

VOTRE AMI(E):   *S'il faisait beau, nous pourrions aller à la plage.*

VOUS: *Mais il ne fait pas beau. Par conséquent, nous n'irons pas à la plage.*

1. (je) gagner à la loterie / (nous) pouvoir voyager cet été / ne pas faire de voyages
2. (je) faire mes devoirs / (je) avoir de bonnes notes / ne pas réussir aux examens
3. (on) avoir une voiture / (nous) dîner en ville / manger à la maison
4. (mes parents) être libres / (ils) vouloir bien nous accompagner / être obligés d'y aller seul(e)s
5. (je) se coucher de bonne heure / (je) ne pas être fatigué(e) / ne pas pouvoir sortir ce soir
6. (ma sœur) savoir parler chinois / (elle) aller en Chine / rester en Europe

Point d'arrivée

Activités orales

N. **Au restaurant.** You and your friends go to a restaurant chosen by your teacher. Ask for a table, discuss what you are going to eat, order dinner, and argue about who is going to pay the check.

O. **Un «potluck».** Organize a potluck dinner that will include three of your friends. Call them on the phone, invite them, and arrange what each will contribute to the meal—appetizer, main course, cheese and salad, and dessert.

P. **Un dîner de fête.** With a classmate, plan a special meal for your teacher, your parents, a friend's birthday, etc. Decide when and where you will serve this meal, whom you will invite, and what you will prepare. Then invite the person(s) involved.

Q. **À la poste.** You are in France for the summer. Go to the post office to perform the following tasks:

1. Send a package to a family member in the United States.
2. Buy some air letters and some stamps for sending postcards to your friends.
3. Phone a French friend and invite him (her) to dinner in a restaurant. Supply the day and time and decide together where you will eat and when and where you will meet.

R. **Mes projets de vacances.** Tell a classmate about your plans for the summer. He (she) will ask you questions about your planned activities and those of your family and friends.

S. **Mes rêves.** Most of us have dreams and fantasies. Discuss with a group of classmates what you would do if circumstances were different. Use the following phrases as possible points of departure: **Si j'avais le temps...** / **Si j'avais l'argent...** / **Si j'étais plus (moins) âgé(e)...** / **Si j'étais un garçon (une fille)...** / **Si j'habitais...**, etc.

Activités écrites

T. **Un repas de rêve.** Prepare the menu for an ideal meal that you would like to eat and/or prepare. Compare menus with your classmates.

U. **Une invitation à dîner.** Some French friends of your parents have invited you to dinner at their house while you are in France. Write the following letters:

1. A letter accepting their invitation.
2. A thank-you note.
3. A letter refusing their invitation because you are leaving France the day of the dinner.

V. **Un Harpagon moderne.** Imagine that a modern-day Harpagon must invite one or two friends to dinner—either at Harpagon's home or in a restaurant. Write a short scene in which Harpagon tries to take care of his (her) social obligation as inexpensively as possible. Among the situations you may create are the telephone call to make the invitation, ordering in the restaurant, or Harpagon discussing the menu with his (her) spouse.

Expansion culturelle

Deux Français

Je m'appelle Clotilde Guillemot. Je suis de Pontivy dans le Morbihan, mais je suis en train de passer une année avec une famille américaine habitant dans l'état de Connecticut. Je me plais beaucoup aux États-Unis, mais il faut avouer que ma famille américaine ne mange pas de la même façon que ma famille à Pontivy. D'abord, je dois dire que j'aime beaucoup le bœuf américain. J'adore les steaks grillés au barbecue. Ça, c'est vraiment extra! Mais généralement j'ai trouvé que les Américains font bien moins attention à la cuisine que nous les Français. Par exemple, ma « mère » américaine travaille. Par conséquent, elle n'a pas beaucoup de temps de préparer les repas. D'habitude, elle rentre vers six heures, sort un plat cuisiné du congélateur eft le fait réchauffer au four micro-ondes. Ma « sœur » américaine et moi, étant donné que nous sommes rentrées de l'école trois heures avant, nous avons déjà mangé quelque chose—d'habitude, une pizza ou un sandwich à la confiture et au beurre des arachides! Mon « père » américain, il rentre à des heures irrégulières; il arrive donc qu'il n'y a à table que ma « mère » et mon « frère ». Chez moi en France, nous mangeons presque toujours en famille. Mon père veut que nous dînons ensemble... et à des heures régulières: en semaine, nous dînons vers 8h30 et le week-end, nous sommes tous là pour le déjeuner entre 12h30 et 1h. J'aime beaucoup le style « relax » de la vie américaine, mais j'aime aussi les bons plats que ma mère nous prépare.

Je m'appelle Joël Troussey. J'habite maintenant à Lille, mais il y a deux ans j'ai passé six mois aux États-Unis. Ce qui m'a beaucoup frappé, c'est le grand nombre de restaurants fast-food, bien sûr, mais aussi le grand nombre de restaurants dits « familiaux » —c'est-à-dire, qui s'adressent à des familles nombreuses et aux enfants les plus petits. Dans ces restaurants il y a des menus particuliers (et à prix réduits) pour les enfants, des chaises hautes, des jeux pour occuper les jeunes qui attendent d'être servis. Ces restaurants sont très populaires et je ne parle pas seulement du week-end. En pleine semaine on y trouve des gens de tous les âges—des nouveaux-nés jusqu'aux grands-parents. En France, pourtant, il me semble que les enfants sortent dîner bien moins souvent. Je sais, par exemple, que mes frères et mes sœurs et moi, nous prenions la plupart de nos repas à la maison. Mes parents allaient dans des restaurants avec leurs amis, mais nous restions chez nous. Oh, oui, de temps en temps, le dimanche après-midi, nous faisions une excursion au bord de la mer qui se terminait par un déjeuner au port. Mais c'était assez rare. Il est parfois amusant de dîner dans un restaurant, mais moi, je trouve que généralement on mange mieux à la maison.

Expansion

Et vous?

W. **Les gens mangent.** Votre famille ressemble-t-elle aux familles américaines décrites par Clotilde et Joël? En quoi votre famille est-elle différente? Discutez avec vos camarades de classe les avantages et les désavantages des idées américaines et françaises à l'égard de la cuisine.

Le Vingtième Siècle

L'Âge du fondamental

Comme le dit un personnage d'André Malraux, écrivain et homme politique, «l'âge du fondamental commence.» Pour la France, le vingtième, c'est un siècle bouleversé[1] par des événements dramatiques: des crises intérieures (l'affaire Dreyfus, la séparation de l'Église et de l'État), deux guerres mondiales, des conflits régionaux (l'Indochine, l'Algérie). À la confiance du début du siècle (ce qu'on a appelé «la Belle Époque») succèdent des époques d'ignominie (l'Occupation allemande et le gouvernement collaborationniste de Vichy) et d'instabilité (la IVe République qui connaît 21 gouvernements en 12 ans). Il n'est donc pas surprenant de trouver dans tous les domaines de l'activité artistique et littéraire une tendance à rejeter[2] les formes et les idées traditionnelles et un désir de tout remettre en question.

[1]overwhelmed [2]to reject

1894–1906	*L'Affaire Dreyfus*
1905	*Séparation de l'Église et de l'État*
1914–18	*Première Guerre mondiale*
1930–32	*Crise économique*
1939–45	*Seconde Guerre mondiale*
1940–44	*Gouvernement de Vichy (maréchal Pétain)*
1944–46	*Gouvernement provisoire (général de Gaulle)*
1944–58	*Quatrième République*
1946–54	*Guerre d'Indochine*
1954–62	*Guerre d'Algérie*
1958–	*Cinquième République*

Député de gauche, Georges Clemenceau, surnommé «le Tigre», est Premier ministre entre 1917 et 1920; il négocie le traité de Versailles mettant fin à la Première Guerre mondiale.

Général d'armée, en 1940 Charles de Gaulle refuse l'armistice avec les Allemands et, de Londres, lance un appel[1] à la résistance. Chef de la France libre en exil pendant la Deuxième Guerre mondiale, il dirige le gouvernement provisoire[2] à la fin de la guerre. Fondateur de la Cinquième République, président de 1959 à 1969, c'est lui qui met fin à la guerre d'Algérie.

[1]sends out a call   [2]provisional, temporary

Prisonnier de guerre, résistant[3], chef du parti socialiste, François Mitterrand est élu président de la Cinquième République en 1981 et réélu en 1988.

[3]member of the underground resisting the German occupation

Les années qui précèdent la Première Guerre sont en France une époque de gaieté, de prospérité, de paix et d'optimisme. On appelle cette période «la Belle Époque» (1880–1914). Paris règne en tant que capitale artistique et bohémienne[4] du monde.

[4]bohemian

de «LA BELLE ÉPOQUE»...

L'Art Nouveau

Le poète Apollinaire commence son poème «Zone» ainsi:

À la fin tu es las[1] de ce monde ancien
Bergère[2] ô tour Eiffel le troupeau[3] des ponts
    bêle[4] ce matin
Tu en as assez de vivre dans l'antiquité grecque
    et romaine

Le dessin métallique et l'ornementation en fleurs viennent alléger[7] la masse de béton qu'est le grand magasin de la Samaritaine.

[7]lighten

Le goût du moderne se manifeste surtout dans l'architecture, grâce à l'invention de nouveaux matériaux de construction: le fer[5] et le béton[6]. Le nouveau style, appelé «L'Art nouveau», trouve son expression la plus dramatique dans la monumentale tour Eiffel, mais il se voit dans des constructions aussi différentes que le grand magasin de la Samaritaine (1905) et les gares du Métropolitain.

[1]tired [2]Shepherdess [3]flock [4]bleat [5]iron [6]concrete

Cette entrée de métro faite de fer courbé a une valeur symbolique aussi: les lampadaires en forme de bourgeons deviennent fleurs électriques et la couleur verte représente la nature.[8]

Montmartre

À cette époque-là les plaisirs se démocratisent. Cafés, terrains de sport, hippodromes, pistes cyclistes, music-halls, cafés-concerts, cirques, tous attirent des foules de gens de toutes les classes sociales. Montmartre, ce quartier situé sur une butte dominant la moitié nord de Paris, devient un centre de plaisir et en même temps un

[8]Toni Rymanowski, «La Belle Époque: la Fin d'un siècle et le Commencement d'un autre» (Macalester College, Honors Paper, 1981)

centre artistique. C'est là qu'ont leurs ateliers des peintres tels que Toulouse-Lautrec, Picasso, Gris, Braque, Rousseau.

Le Moulin-Rouge, représenté ici dans une affiche du peintre Toulouse-Lautrec, fut un des music-halls les plus populaires de Montmartre.

Pour beaucoup de gens, ce tableau de Picasso, Les Demoiselles d'Avignon, *peint dans son atelier à Montmartre en 1907, signale le début du cubisme et de l'art moderne.*

La Mise en Question:
PEINTURE ET MUSIQUE

En peinture et en musique, on rejette les fondements de la tradition—la représentation du réel et l'harmonie— pour l'art abstrait et pour la musique atonale.

En peinture, la mode est aux mots en -isme: le fauvisme, l'expressionnisme, le cubisme, le surréalisme.

Henri Matisse, *Le Studio rouge*

Georges Braque,
L'Homme à la guitare

Yves Tanguy, *Les Invisibles*

Un compositeur •
SCHAEFFER

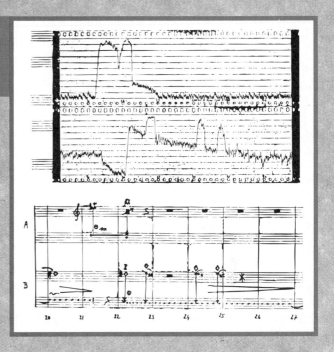

Ingénieur en même temps que compositeur, Pierre Schaeffer invente, après la Deuxième Guerre mondiale, la musique concrète, c'est-à-dire une musique construite de matériaux sonores (par exemple, bruits naturels ou sons électroniques) enregistrés et travaillés.

Marcel Proust

La Mise en Question:
IDÉES

Les écrivains du XXe siècle se servent du langage pour jeter un regard nouveau sur des notions traditionnelles, par exemple, le temps, l'existence et la femme.

Marcel Proust
À la recherche du temps perdu

Dans cette œuvre monumentale (sept volumes, plus de deux mille pages), le narrateur réussit à vaincre le temps grâce à la mémoire involontaire (celle des sens).

[…] quand un jour d'hiver, comme je rentrais à la maison, ma mère, *voyant* que
j'avais froid, me proposa de me faire prendre, contre mon habitude, un peu de
thé. Je refusai d'abord et, je ne sais pourquoi, *me ravisai.* Elle envoya chercher
un de ces gâteaux courts et *dodus* appelés Petites Madeleines qui semblent avoir
été *moulés* dans la *valve rainurée* d'une *coquille de Saint-Jacques.* Et bientôt,
machinalement, *accablé* par la *morne* journée et la perspective d'un triste
lendemain, je portai à mes *lèvres* une *cuillerée* du thé où *j'avais laissé s'amollir*
un morceau de madeleine. Mais à l'instant même où la *gorgée mêlée* de *miettes*
de gâteau toucha mon *palais, je tressaillis,* attentif à ce qui se passait
d'extraordinaire en moi. Un plaisir délicieux m'avait envahi, isolé, sans la notion
de sa cause. […]

> seeing
>
> changed my mind
> fat
>
> molded / grooved valve /
> scallop shell / overcome /
> gloomy / lips / spoonful / I
> had allowed to soften /
> mouthful / mixed / crumbs
> palate / shuddered

**Le narrateur essaie pendant plusieurs minutes de trouver la source de
ce plaisir.**

Et tout d'un coup le souvenir m'est apparu. Ce goût était *celui* du petit
morceau de madeleine que le dimanche matin à Combray (parce que ce jour-là je
ne sortais pas avant l'heure de la *messe*), quand j'allais lui dire bonjour dans sa
chambre, ma tante Léonie m'offrait après l'avoir *trempé* dans son *infusion* de thé
ou de *tilleul.* La vue de la petite madeleine ne m'avait rien rappelé *avant que je
n'y eusse goûté* […] Mais, quand d'un passé ancien rien ne subsiste, après la
mort des êtres, après la destruction des choses, seules, plus *frêles* mais plus
vivaces, plus immatérielles, plus persistantes, plus fidèles, l'odeur et la *saveur*
restent encore longtemps, comme des *âmes,* à se rappeler, à attendre, à espérer,
sur la ruine de tout le reste, à porter sans *fléchir,* sur leur gouttelette presque
impalpable, l'édifice immense du souvenir.

> the one (taste)
>
> mass
> dipped / process for making
> tea with herbs / lime-
> blossom / before I had
> tasted it
> fragile
> taste
> souls
> without yielding
> impalpable, intangible

Jean-Paul Sartre
La Nausée

Depuis un certain temps, Antoine Roquentin éprouve
d'étranges malaises. Un jour d'hiver, il comprend la
source de sa «nausée»—c'est l'existence.

L'essentiel c'est la contingence[1]. Je veux dire que, par
définition, l'existence n'est pas la nécessité. Exister, c'est
être là[2], simplement; les existants apparaissent[3], se laissent
rencontrer[4], mais on ne peut jamais les déduire[5]. […] Tout
est gratuit[6], ce jardin, cette ville et moi-même.

[1]contingency (accident or chance)   [2]to be there (at that time and in that
  place)   [3]appear   [4]to meet, run into   [5]to deduce (logically)   [6]gratuitous,
  unmotivated

Le monde est plein d'existants, de choses qui sont là, sans nécessité, sans raison. La plupart des gens se cachent cette vérité: ils inventent «un être nécessaire et cause de soi» (Dieu) ou ils se réfugient dans les «lois» (celles de la société et celles de la science).

Ils ont la *preuve*, cent fois par jour, que tout se fait par mécanisme, que le monde obéit à des lois fixes et *immuables*. Les *corps* abandonnés dans le *vide* tombent tous à la même vitesse, le jardin public est fermé à seize heures en hiver, à dix-huit heures en été, le *plomb fond* à 335°. [...] Cependant [...] S'il arrivait quelque chose? *Si tout d'un coup [la nature] se mettait à palpiter?* [...] Ou bien ils *sentiront* de doux *frôlements* sur tout leur corps, [...] Et ils *sauront* que leurs vêtements sont devenus des choses vivantes. Et un autre trouvera qu'il y a quelque chose qui *gratte* dans sa bouche. Et il s'approchera d'une glace, ouvrira la bouche: et sa *langue* sera devenue un énorme *mille-pattes* tout vif [...]

proof

unchangeable / bodies (physical objects) / void

lead melts

What if all of a sudden it began to throb, to beat / will feel / rustling / will know

scratches

tongue / millipede

Simone de Beauvoir
Mémoires d'une jeune fille rangée

La jeune Simone, âgée de 17 ans, rêve de faire des études universitaires, de passer la licence et l'agrégation.

Dans mon milieu[1], on trouvait alors incongru[2] qu'une jeune fille fît[3] des études poussées[4]; prendre un métier, c'était déchoir[5]. Il va de soi que mon père était vigoureusement anti-féministe; il se délectait, je l'ai dit, des romans de Colette Yver; il estimait que la place de la femme est au foyer[6] et dans les salons. Certes, il admirait le style de Colette[7], le jeu de Simone[8]; mais comme il appréciait la beauté des grandes courtisanes[9]: à distance; il ne les aurait pas reçues sous son toit. Avant la guerre, l'avenir lui souriait[10]; il comptait faire une carrière prospère, des spéculations heureuses, et nous marier, ma sœur et moi, dans le beau monde. Pour y briller[11], il jugeait qu'une femme devait avoir non seulement de la beauté, de l'élégance, mais encore de la conversation, de la lecture, aussi se réjouit-il[12] de mes

[1]social circle [2]unseemly [3]might do [4]advanced [5]to demean (lower) oneself
[6]home [7]well-known French woman writer of early 20th century [8]popular actress
[9]courtesans [10]was smiling [11]to shine [12]therefore he took great pleasure

premiers succès d'écolière; physiquement, je promettais; si j'étais en outre intelligente et cultivée, je tiendrais ma place dans la meilleure société. Mais s'il aimait les femmes *d'esprit*, mon père n'avait *aucun goût* pour les *bas-bleus*. Quand il déclara: «Vous, mes petites, vous vous marierez pas, il faudra travailler», il y avait de *l'amertume* dans sa voix. Je crus que c'était nous qu'il *plaignait*; mais non, dans notre *laborieux* avenir il lisait sa propre *déchéance*; il *récriminait* contre l'injuste destin qui le condamnait à avoir pour filles des *déclassées*.

of wit and intelligence / no taste / blue stockings (women who affected literary or intellectual tastes) / bitterness / thought / was feeling sorry for / working / decline / complained bitterly / people who had fallen in the social scale

Quand Simone annonce qu'elle veut devenir professeur, son père a des doutes.

Il nourrissait contre les professeurs de plus sérieux *griefs;* ils appartenaient à la dangereuse secte qui *avait soutenu* Dreyfus: les intellectuels. *Grisés* par leur *savoir livresque, butés* dans leur orgueil abstrait et dans leurs vaines prétentions à l'universalisme, *ceux-ci* sacrifiaient les réalités concrètes—pays, race, *caste,* famille, patrie—aux *billevesées* dont la France et la civilisation étaient en train de mourir: les Droits de l'Homme, le pacifisme, l'internationalisme, le socialisme. Si je *partageais* leur condition, n'allais-je pas adopter leurs idées?

grievances, reproaches

had supported / Intoxicated

book learning / obstinate

these people (teachers) / social group / nonsense

shared

La Mise en Question:
ART

*A*u XXᵉ siècle on questionne également la notion traditionnelle de l'art. À côté de la peinture, de la sculpture, de la musique et de la littérature viennent prendre place la photographie et l'affiche, la chanson et la télévision, la bande dessinée et la science-fiction et surtout ce qu'on appelle souvent le septième art, le cinéma.

Inventé par les frères Lumière, développé par des pionniers tels que Georges Méliès, le cinéma est devenu un des domaines les plus distinctifs de l'art moderne.

Trois Cinéastes •
RENOIR, TRUFFAUT ET KURYS

Jean Renoir, *La Règle du jeu*

Fils du peintre du même nom, Jean Renoir domine le cinéma français des années 1930. Parmi ses films, qui mélangent le réalisme et la fantaisie, on peut citer *Une partie de campagne*, *La Grande Illusion* et *La Règle du jeu*.

François Truffaut, *Les Quatre Cents Coups*

Associé aux cinéastes des années 1960 et 1970 qu'on appelle «la Nouvelle Vague», Truffaut est connu pour des films tels que *Les Quatre Cents Coups*, *Jules et Jim* et *Baisers volés*.

Diane Kurys, *Diabolo Menthe*

Une des cinéastes femmes les plus populaires en France, Kurys est connue pour ses films comme *Coup de foudre* et *Diabolo Menthe*.

...jusqu'à L'ÉPOQUE ACTUELLE

Que de chemin parcouru[1] de la Belle Époque jusqu'à l'heure actuelle! Aux bouleversements politiques s'ajoutent les découvertes et les inventions qui ont entièrement transformé le rythme et la nature de la vie humaine: la voiture, l'avion, l'énergie nucléaire, la télévision, l'ordinateur. La France a participé pleinement à cette évolution rapide et parfois violente. On ne devrait[2] pas donc s'étonner[3] qu'à la veille[4] du vingt-et-unième siècle les Français soient en train de se demander: Qu'est-ce que la France? Qu'est-ce que c'est que d'être français?

[1]How far we've gone   [2]should not   [3]to be surprised   [4]eve

un nouveau visage

Dans la France des années 1990 siègent côte à côte[5] monuments du passé (la cathédrale de Notre-Dame, l'Arc de Triomphe, l'hôtel des Invalides) et édifices modernes (le centre Pompidou, la tour Maine-Montparnasse, l'Opéra-Bastille).

[5]sit side by side

La nouvelle pyramide de verre du Louvre, érigée en 1988 dans la cour d'un palais construit aux XVIe et XVIIe siècles, symbolise ce nouveau visage de Paris.

Elizabeth II, reine d'Angleterre,
au Parlement européen à Strasbourg

un nouveau rôle

Depuis la fin des années 1940,
la France est en train de s'engager
dans la «nouvelle Europe». Parmi
les étapes-clés[1] sont:

[1]key stages

1957	*création de la C.E.E. (Communauté économique européenne, appelée* le Marché commun)
1969	*création de l'Europe des Six*
1973	*création de l'Europe des Neuf*
1979	*premières élections au Parlement européen*
1986	*décision de créer un espace économique européen unique*
1993	*réalisation du Marché unique*

Le but, c'est de faire de l'Europe une puissance économique et
politique sur le plan mondial. Le rôle de la France, ainsi que celui[2] de ses
nouveaux partenaires, est toujours à décider.

[2]as well as that

Regular verbs in -er

Présent	Passé Composé	Imparfait
parler		
je parle	j'ai parlé	je parlais
tu parles	tu as parlé	tu parlais
il parle	il a parlé	il parlait
nous parlons	nous avons parlé	nous parlions
vous parlez	vous avez parlé	vous parliez
ils parlent	ils ont parlé	ils parlaient

Imperative: parle, parlons, parlez

Regular verbs in -ir

finir		
je finis	j'ai fini	je finissais
tu finis	tu as fini	tu finissais
il finit	il a fini	il finissait
nous finissons	nous avons fini	nous finissions
vous finissez	vous avez fini	vous finissiez
ils finissent	ils ont fini	ils finissaient

Imperative: finis, finissons, finissez

Regular verbs in -re

descendre		
je descends	je suis descendu(e)	je descendais
tu descends	tu es descendu(e)	tu descendais
il descend	il est descendu	il descendait
nous descendons	nous sommes descendu(e)s	nous descendions
vous descendez	vous êtes descendu(e)(s)	vous descendiez
ils descendent	ils sont descendus	ils descendaient

Imperative: descends, descendons, descendez

Irregular verbs

Présent	*Passé Composé*	*Imparfait*
aller		
je vais	je suis allé(e)	j'allais
tu vas	tu es allé(e)	tu allais
il va	il est allé	il allait
nous allons	nous sommes allé(e)s	nous allions
vous allez	vous êtes allé(e)(s)	vous alliez
ils vont	ils sont allés	ils allaient

Imperative: *va, allons, allez*

avoir		
j'ai	j'ai eu	j'avais
tu as	tu as eu	tu avais
il a	il a eu	il avait
nous avons	nous avons eu	nous avions
vous avez	vous avez eu	vous aviez
ils ont	ils ont eu	ils avaient

Imperative: *aie, ayons, ayez*

connaître		
je connais	j'ai connu	je connaissais
tu connais	tu as connu	tu connaissais
il connaît	il a connu	il connaissait
nous connaissons	nous avons connu	nous connaissions
vous connaissez	vous avez connu	vous connaissiez
ils connaissent	ils ont connu	ils connaissaient

Imperative: *connais, connaissons, connaissez*

se coucher		
je me couche	je me suis couché(e)	je me couchais
tu te couches	tu t'es couché(e)	tu te couchais
il se couche	il s'est couché	il se couchait
nous nous couchons	nous nous sommes couché(e)s	nous nous couchions
vous vous couchez	vous vous êtes couché(e)(s)	vous vous couchiez
ils se couchent	ils se sont couchés	ils se couchaient

Imperative: *couche-toi, couchons-nous, couchez-vous*

Présent	Passé Composé	Imparfait
devoir		
je dois	j'ai dû	je devais
tu dois	tu as dû	tu devais
il doit	il a dû	il devait
nous devons	nous avons dû	nous devions
vous devez	vous avez dû	vous deviez
ils doivent	ils ont dû	ils devaient

Imperative: dois, devons, devez

Présent	Passé Composé	Imparfait
dire		
je dis	j'ai dit	je disais
tu dis	tu as dit	tu disais
il dit	il a dit	il disait
nous disons	nous avons dit	nous disions
vous dites	vous avez dit	vous disiez
ils disent	ils ont dit	ils disaient

Imperative: dis, disons, dites

Présent	Passé Composé	Imparfait
dormir		
je dors	j'ai dormi	je dormais
tu dors	tu as dormi	tu dormais
il dort	il a dormi	il dormait
nous dormons	nous avons dormi	nous dormions
vous dormez	vous avez dormi	vous dormiez
ils dorment	ils ont dormi	ils dormaient

Imperative: dors, dormons, dormez

Présent	Passé Composé	Imparfait
écrire		
j'écris	j'ai écrit	j'écrivais
tu écris	tu as écrit	tu écrivais
il écrit	il a écrit	il écrivait
nous écrivons	nous avons écrit	nous écrivions
vous écrivez	vous avez écrit	vous écriviez
ils écrivent	ils ont écrit	ils écrivaient

Imperative: écris, écrivons, écrivez

Présent	Passé Composé	Imparfait
envoyer		
j'envoie	j'ai envoyé	j'envoyais
tu envoies	tu as envoyé	tu envoyais
il envoie	il a envoyé	il envoyait
nous envoyons	nous avons envoyé	nous envoyions
vous envoyez	vous avez envoyé	vous envoyiez
ils envoient	ils ont envoyé	ils envoyaient

Imperative: envoie, envoyons, envoyez

Présent	Passé Composé	Imparfait

être

je suis	j'ai été	j'étais
tu es	tu as été	tu étais
il est	il a été	il était
nous sommes	nous avons été	nous étions
vous êtes	vous avez été	vous étiez
ils sont	ils ont été	ils étaient

Imperative: sois, soyons, soyez

faire

je fais	j'ai fait	je faisais
tu fais	tu as fait	tu faisais
il fait	il a fait	il faisait
nous faisons	nous avons fait	nous faisions
vous faites	vous avez fait	vous faisiez
ils font	ils ont fait	ils faisaient

Imperative: fais, faisons, faites

mettre

je mets	j'ai mis	je mettais
tu mets	tu as mis	tu mettais
il met	il a mis	il mettait
nous mettons	nous avons mis	nous mettions
vous mettez	vous avez mis	vous mettiez
ils mettent	ils ont mis	ils mettaient

Imperative: mets, mettons, mettez

partir

je pars	je suis parti(e)	je partais
tu pars	tu es parti(e)	tu partais
il part	il est parti	il partait
nous partons	nous sommes parti(e)s	nous partions
vous partez	vous êtes parti(e)(s)	vous partiez
ils partent	ils sont partis	ils partaient

Imperative: pars, partons, partez

Présent	**Passé Composé**	**Imparfait**

pouvoir

je peux	j'ai pu	je pouvais
tu peux	tu as pu	tu pouvais
il peut	il a pu	il pouvait
nous pouvons	nous avons pu	nous pouvions
vous pouvez	vous avez pu	vous pouviez
ils peuvent	ils ont pu	ils pouvaient

Imperative: none

prendre

je prends	j'ai pris	je prenais
tu prends	tu as pris	tu prenais
il prend	il a pris	il prenait
nous prenons	nous avons pris	nous prenions
vous prenez	vous avez pris	vous preniez
ils prennent	ils ont pris	ils prenaient

Imperative: prends, prenons, prenez

recevoir

je reçois	j'ai reçu	je recevais
tu reçois	tu as reçu	tu recevais
il reçoit	il a reçu	il recevait
nous recevons	nous avons reçu	nous recevions
vous recevez	vous avez reçu	vous receviez
ils reçoivent	ils ont reçu	ils recevaient

Imperative: reçois, recevons, recevez

savoir

je sais	j'ai su	je savais
tu sais	tu as su	tu savais
il sait	il a su	il savait
nous savons	nous avons su	nous savions
vous savez	vous avez su	vous saviez
ils savent	ils ont su	ils savaient

Imperative: sache, sachons, sachez

Présent	Passé Composé	Imparfait
sortir		
je sors	je suis sorti(e)	je sortais
tu sors	tu es sorti(e)	tu sortais
il sort	il est sorti	il sortait
nous sortons	nous sommes sorti(e)s	nous sortions
vous sortez	vous êtes sorti(e)(s)	vous sortiez
ils sortent	ils sont sortis	ils sortaient

Imperative: sors, sortons, sortez

Présent	Passé Composé	Imparfait
venir		
je viens	je suis venu(e)	je venais
tu viens	tu es venu(e)	tu venais
il vient	il est venu	il venait
nous venons	nous sommes venu(e)s	nous venions
vous venez	vous êtes venu(e)(s)	vous veniez
ils viennent	ils sont venus	ils venaient

Imperative: viens, venons, venez

Présent	Passé Composé	Imparfait
voir		
je vois	j'ai vu	je voyais
tu vois	tu as vu	tu voyais
il voit	il a vu	il voyait
nous voyons	nous avons vu	nous voyions
vous voyez	vous avez vu	vous voyiez
ils voient	ils ont vu	ils voyaient

Imperative: vois, voyons, voyez

Présent	Passé Composé	Imparfait
vouloir		
je veux	j'ai voulu	je voulais
tu veux	tu as voulu	tu voulais
il veut	il a voulu	il voulait
nous voulons	nous avons voulu	nous voulions
vous voulez	vous avez voulu	vous vouliez
ils veulent	ils ont voulu	ils voulaient

Imperative: veuille, voulons, veuillez

Futur	*Conditionnel*	*Subjonctif*
parler		
je parlerai	je parlerais	je parle
tu parleras	tu parlerais	tu parles
il parlera	il parlerait	il parle
nous parlerons	nous parlerions	nous parlions
vous parlerez	vous parleriez	vous parliez
ils parleront	ils parleraient	ils parlent
finir		
je finirai	je finirais	je finisse
tu finiras	tu finirais	tu finisses
il finira	il finirait	il finisse
nous finirons	nous finirions	nous finissions
vous finirez	vous finiriez	vous finissiez
ils finiront	ils finiraient	ils finissent
descendre		
je descendrai	je descendrais	je descende
tu descendras	tu descendrais	tu descendes
il descendra	il descendrait	il descende
nous descendrons	nous descendrions	nous descendions
vous descendrez	vous descendriez	vous descendiez
ils descendront	ils descendraient	ils descendent
aller		
j'irai	j'irais	j'aille
tu iras	tu irais	tu ailles
il ira	il irait	il aille
nous irons	nous irions	nous allions
vous irez	vous iriez	vous alliez
ils iront	ils iraient	ils aillent
avoir		
j'aurai	j'aurais	j'aie
tu auras	tu aurais	tu aies
il aura	il aurait	il ait
nous aurons	nous aurions	nous ayons
vous aurez	vous auriez	vous ayez
ils auront	ils auraient	ils aient

Futur	*Conditionnel*	*Subjonctif*
connaître		
je connaîtrai	je connaîtrais	je connaisse
tu connaîtras	tu connaîtrais	tu connaisses
il connaîtra	il connaîtrait	il connaisse
nous connaîtrons	nous connaîtrions	nous connaissions
vous connaîtrez	vous connaîtriez	vous connaissiez
ils connaîtront	ils connaîtraient	ils connaissent
se coucher		
je me coucherai	je me coucherais	je me couche
tu te coucheras	tu te coucherais	tu te couches
il se couchera	il se coucherait	il se couche
nous nous coucherons	nous nous coucherions	nous nous couchions
vous vous coucherez	vous vous coucheriez	vous vous couchiez
ils se coucheront	ils se coucheraient	ils se couchent
devoir		
je devrai	je devrais	je doive
tu devras	tu devrais	tu doives
il devra	il devrait	il doive
nous devrons	nous devrions	nous devions
vous devrez	vous devriez	vous deviez
ils devront	ils devraient	ils doivent
dire		
je dirai	je dirais	je dise
tu diras	tu dirais	tu dises
il dira	il dirait	il dise
nous dirons	nous dirions	nous disions
vous direz	vous diriez	vous disiez
ils diront	ils diraient	ils disent
dormir		
je dormirai	je dormirais	je dorme
tu dormiras	tu dormirais	tu dormes
il dormira	il dormirait	il dorme
nous dormirons	nous dormirions	nous dormions
vous dormirez	vous dormiriez	vous dormiez
ils dormiront	ils dormiraient	ils dorment

Futur	Conditionnel	Subjonctif
écrire		
j'écrirai	j'écrirais	j'écrive
tu écriras	tu écrirais	tu écrives
il écrira	il écrirait	il écrive
nous écrirons	nous écririons	nous écrivions
vous écrirez	vous écririez	vous écriviez
ils écriront	ils écriraient	ils écrivent
envoyer		
j'enverrai	j'enverrais	j'envoie
tu enverras	tu enverrais	tu envoies
il enverra	il enverrait	il envoie
nous enverrons	nous enverrions	nous envoyions
vous enverrez	vous enverriez	vous envoyiez
ils enverront	ils enverraient	ils envoient
être		
je serai	je serais	je sois
tu seras	tu serais	tu sois
il sera	il serait	il soit
nous serons	nous serions	nous soyons
vous serez	vous seriez	vous soyez
ils seront	ils seraient	ils soient
faire		
je ferai	je ferais	je fasse
tu feras	tu ferais	tu fasses
il fera	il ferait	il fasse
nous ferons	nous ferions	nous fassions
vous ferez	vous feriez	vous fassiez
ils feront	ils feraient	ils fassent
mettre		
je mettrai	je mettrais	je mette
tu mettras	tu mettrais	tu mettes
il mettra	il mettrait	il mette
nous mettrons	nous mettrions	nous mettions
vous mettrez	vous mettriez	vous mettiez
ils mettront	ils mettraient	ils mettent

Futur	Conditionnel	Subjonctif

partir

je partirai	je partirais	je parte
tu partiras	tu partirais	tu partes
il partira	il partirait	il parte
nous partirons	nous partirions	nous partions
vous partirez	vous partiriez	vous partiez
ils partiront	ils partiraient	ils partent

pouvoir

je pourrai	je pourrais	je puisse
tu pourras	tu pourrais	tu puisses
il pourra	il pourrait	il puisse
nous pourrons	nous pourrions	nous puissions
vous pourrez	vous pourriez	vous puissiez
ils pourront	ils pourraient	ils puissent

prendre

je prendrai	je prendrais	je prenne
tu prendras	tu prendrais	tu prennes
il prendra	il prendrait	il prenne
nous prendrons	nous prendrions	nous prenions
vous prendrez	vous prendriez	vous preniez
ils prendront	ils prendraient	ils prennent

recevoir

je recevrai	je recevrais	je reçoive
tu recevras	tu recevrais	tu reçoives
il recevra	il recevrait	il reçoive
nous recevrons	nous recevrions	nous recevions
vous recevrez	vous recevriez	vous receviez
ils recevront	ils recevraient	ils reçoivent

savoir

je saurai	je saurais	je sache
tu sauras	tu saurais	tu saches
il saura	il saurait	il sache
nous saurons	nous saurions	nous sachions
vous saurez	vous sauriez	vous sachiez
ils sauront	ils sauraient	ils sachent

Futur	*Conditionnel*	*Subjonctif*
sortir		
je sortirai	je sortirais	je sorte
tu sortiras	tu sortirais	tu sortes
il sortira	il sortirait	il sorte
nous sortirons	nous sortirions	nous sortions
vous sortirez	vous sortiriez	vous sortiez
ils sortiront	ils sortiraient	ils sortent
venir		
je viendrai	je viendrais	je vienne
tu viendras	tu viendrais	tu viennes
il viendra	il viendrait	il vienne
nous viendrons	nous viendrions	nous venions
vous viendrez	vous viendriez	vous veniez
ils viendront	ils viendraient	ils viennent
voir		
je verrai	je verrais	je voie
tu verras	tu verrais	tu voies
il verra	il verrait	il voie
nous verrons	nous verrions	nous voyions
vous verrez	vous verriez	vous voyiez
ils verront	ils verraient	ils voient
vouloir		
je voudrai	je voudrais	je veuille
tu voudras	tu voudrais	tu veuilles
il voudra	il voudrait	il veuille
nous voudrons	nous voudrions	nous voulions
vous voudrez	vous voudriez	vous vouliez
ils voudront	ils voudraient	ils veuillent

Glossary of Functions

The numbers in parentheses refer to the chapter in which the word or phrase may be found.

Asking for and giving an opinion
Qu'est-ce que tu penses...? (1)
Qu'est-ce que tu en penses...? (1)
Comment trouves-tu...? (1)
Je pense que... (1)
Je trouve que... (1)
À mon avis... (1)
Je crois que... (1)

Expressing necessity
Il est essentiel de (que)... (1)
Il est important de (que)... (1)
Il est nécessaire de (que)... (1)
Il est préférable de (que)... (1)
Il faut (que)... (1)
Il vaut mieux (que)... (1)

Gaining time
Ben... (1)   Bon alors... (1)
Euh... (1)   Voyons... (1)
Eh bien... (1)

Agreeing
D'accord. (D'acc., O.K.) (2)
Oui, pourquoi pas? (2)
C'est d'accord. (2)
Oui. C'est décidé. On y va. (2)
Tu as raison. (Vous avez raison.) (2)
Je suis d'accord. (2)
C'est vrai. (2)

Disagreeing
Non. Moi, je préfère... (2)
Si tu veux. Mais moi, je préfère... (2)
Moi, j'aime mieux... (2)
Ça ne me tente pas. (2)

Je ne suis pas d'accord. (2)
Pas du tout! Il est... (2)
Au contraire! Il est... (2)

Expressing doubt or uncertainty
Je ne suis pas sûr(e). (2)
Je ne suis pas convaincu(e). (2)
... , je pense. (2)
Je ne pense pas. (2)
Tu penses? (Vous pensez?) (2)
J'en doute. (2)
Je doute (que)... (5)
Il est impossible (que)... (5)
Il est peu probable (que)... (5)
Il est possible (que)... (5)
Il n'est pas possible (que)... (5)
Je ne pense pas (que)... (5)

Expressing probability and certainty
Je suis certain(e) ... (5)   Il est probable... (5)
Je suis sûr(e)... (5)   Il est sûr... (5)
Il est certain... (5)   Il est vrai... (5)
Il est clair... (5)   Je pense... (5)
Il est évident... (5)

Showing enthusiasm
C'est vachement bien. (3)
(C'est) chouette! (3)
Fantastique! (3)
Incroyable! (3)
Sensationnel! (Sensass!) (3)
Super! (3)

Talking about what one wants to do
J'ai décidé de... (3)   Je tiens à... (3)
J'aimerais... (3)   Je veux... (3)
Je préfère... (3)   Je voudrais... (3)

Talking about what one doesn't want to do
Ça ne m'intéresse pas! (3)
Jamais de la vie! (3)
Je ne veux pas... (3)
Je refuse (absolument) de... (3)
Non, absolument pas! (3)

Proposing and responding to an idea
J'ai une idée. Allons... (4)   Bonne idée. (4)
Pourquoi pas... (4)   D'accord. (4)
Si on allait... ? (4)   Je veux bien. (4)
Allons-y! (4)

Making an itinerary
On part le... (4)
On prend le train jusqu'à... (4)
On couche à... (4)
On repart le lendemain matin... (4)
On passe deux jours à... (4)
On reprend le train à... (4)
On rentre le soir à... (4)
... est à... kilomètres de... (6)
Il faut combien de temps pour aller de... à... ? (6)
Il faut (compter)... heures pour... (6)
On met combien de temps pour faire... ? (6)
On met... heures pour... (6)

Making a reservation/buying a train ticket
Est-il possible
    d'avoir une place { fumeur/non-fumeur? (5)
                      { première classe/deuxième
                          classe? (5)
J'ai besoin d'une place... (5)
Je voudrais réserver une place pour... (5)
Je voudrais un (billet)   aller-simple. (5)
                          aller-retour. (5)
À quelle heure   part le train pour... ? (5)
                 arrive le train de... ? (5)
De quelle voie part le train pour... ? (5)
Le train pour (de)... ,   a-t-il du retard? (5)
                          est-il à l'heure? (5)
Où est la voiture numéro... ? (5)
Où se trouve la voie... ? De ce côté-ci? De l'autre
    côté? (5)
Est-ce qu'il faut composter le billet? (5)

Making comparisons
Il (Elle) est   aussi... que (de) (7)
                meilleur(e)(s)... que (7)

mieux... que (7)
moins... que (de) (7)
plus... que (de) (7)
... le (la, les) moins de... (9)
... le (la, les) plus de... (9)
... le mieux de... (9)
... le (la, les) meilleur(e)(s) de... (9)

Expressing negatives
Je ne vois   rien. (8)
             personne. (8)
Il n'est plus là. (8)
Elle n'est pas encore partie. (8)
Ils n'ont jamais répondu à ma lettre. (8)

Expressing feelings
Je regrette que (de)... (9)
Je suis triste que (de)... (9)
Je suis navré(e) que (de)... (9)
Je suis désolé(e) que (de)... (9)
Il est dommage que... (9)
Je suis content(e) que (de)... (9)
Je suis heureux(-se) que (de)... (9)
Je suis ravi(e) que (de)... (9)
Je suis surpris(e) que (de)... (9)
Je suis étonné(e) que (de)... (9)
Je suis fâché(e) que (de)... (9)
Je suis furieux(-se) que (de)... (9)

Eating/asking for information in a restaurant
J'ai   grand faim. (10)
       très faim. (10)
       une faim de loup. (10)
Qu'est-ce que j'ai faim! (10)
Une table pour... personnes, s'il vous plaît! (10)
Qu'est-ce que vous (tu)
    { désirez (désires)? (10)
    { prenez (prends) comme   hors-d'œuvre? (10)
                             { plat principal? (10)
                             { dessert? (10)
                               boisson? (10)
J'ai envie de manger... (Je n'ai pas envie de
    manger...) (10)
Je voudrais quelque chose de... (10)
J'aime beaucoup la cuisine... (10)
Je voudrais... (10)
Je vais prendre... (10)
Qu'est-ce que c'est que... ? (10)
C'est un plat fait avec du (de la, des)... (10)

Comment est… ? (10)
C'est sucré (épicé, fade, lourd, léger). (10)
Ça pique. (10)
L'addition, s'il vous plaît. (10)
Est-ce que vous pourriez nous apporter l'addition,
   s'il vous plaît? (10)

Making a phone call

Qui est-ce? (11)   Allô. (11)
Qui est à l'appareil? (11)   Ici… (11)
Ne quittez pas. (11)
Je vous (te) le (la) passe. (11)
C'est de la part de qui? (11)

Inviting

Est-ce que vous pourriez… ? (11)
Je voudrais vous inviter à… (11)
Je t'invite à… (11)
Vous voudriez? (11)
Tu es libre… ? (11)
Tu veux… ? (11)

Accepting an invitation

Avec plaisir. (11)   Pourquoi pas? (11)
Je voudrais bien. (11)   Je veux bien. (11)
Oh, c'est gentil. (11)

Refusing an invitation

C'est dommage, mais ce n'est pas possible. (11)
Je suis désolé(e), mais he ne suis pas libre. (11)
Je voudrais bien, mais je ne suis pas libre. (11)
Merci, mai j'ai déjà fait des projets. (11)
Oh, je regrette. Je ne peux pas. (11)

Asking for someone to help you

Voudriez-vous… ? (11)
Pourriez-vous… ? (11)
Tu veux… ? (11)
Tu voudrais… ? (11)
Tu pourras… ? (11)
Tu as le temps de m'aider? (11)
                 me donner un coup
                 de main? (11)

Accepting or refusing help

Avec plaisir. (11)   Bien sûr. (11)
Pas de problème. (11)   D'accord. (11)
Je regrette, mais ce n'est pas possible. (11)

Je suis désolé(e), mais je ne peux pas. (11)
Je voudrais bien, mais il faut que… (11)
Ça dépend. (11)
Je ne sais pas… (11)

Thanking someone

Merci beaucoup, Monsieur (Madame,
   Mademoiselle). (12)
Merci bien, Monsieur (Madame, Mademoiselle).
   (12)
Je vous remercie beaucoup. (12)
Je ne sais pas comment vous remercier. (12)
Merci, hein? (12)
Tu es très gentil(le)! (12)
Merci mille fois! (12)

Responding to thank yous

Je vous en prie. (12)
De rien. (12)
Ce n'est rien. (12)
Il n'y a pas de quoi. (12)

Thanking someone in writing

Je tiens à vous exprimer le plaisir que j'ai eu à…
   (12)
Je voudrais vous remercier de… (12)
C'était vraiment très gentil de votre part de…
   (12)

Opening a letter

Monsieur (Madame, Mademoiselle) (12)
Cher Monsieur (Chère Madame, Chère
   Mademoiselle) (12)
Cher ami (Chère amie) (12)
Cher… (Chère…) (12)

Closing a letter

Veuillez agréer l'expression de… (12)
Je vous prie de croire à… (12)
Veuillez croire, cher (chère)…, à… (12)
Soyez assuré(e), cher (chère)…, de mes
   sentiments   les meilleurs. (12)
                     dévoués. (12)
                     cordiaux. (12)
                     très amicaux. (12)
Amicalement (Amitiés) (12)
A bientôt. (12)
Je t'embrasse. (12)

French-English Glossary

The numbers in parentheses refer to the chapter in which the word or phrase is introduced. Entries without chapter numbers were presented in Books 1 and 2.

A

à in, at, to
  à bientôt see you soon
  à caissons coffered ceiling (IC)
  à cause de because of
  à côté de next to
  à deux pas next door
  à donner ce soir à souper to have people to supper (12)
  à fond (+ color) background (3)
  à gorge déployée heartily (IC)
  à l'heure on time
  à l'orée at the edge
  à la belle étoile under the stars
  à la colonie de vacances at summer camp
  à la fois at the same time
  à la fortune du pot potluck (12)
  à la revoyure *(joual)* see you later (9)
  à la rigueur if worse comes to worst
  à mesure que as
  à moins de porter unless one has (9)
  à moitié half

à mon avis in my opinion
à part besides; separate (9)
à pas pesants with heavy steps (IC)
à peu près about
à pied on (by) foot
à plein cintre semicircular (IC)
à pois polka dots (3)
à quelle heure? (at) what time?
à rayures striped (3)
À samedi. See you Saturday.
à son propre compte in his own right (7)
à tour de rôle in rotation (4)
À tout à l'heure. See you in a while.
à vélo by bicycle
à vol d'oiseau a bird's-eye view
à vrai dire to tell the truth
a point perdu has not lost (IC)
abjurant renouncing (IC)
aboutir to end up (IC)
abricot *m.* apricot
abriter to house
accablé(e) overcome (IC)
accroire to believe (IC)
Accueil de France *m.* French welcome service
accueillir to welcome, greet (10)
achat *m.* purchase
acheter to buy
achevé completed
acier *m.* steel
acrylique acrylic (3)
acteur(-trice) *m. (f.)* actor (actress)

actif(-ve) active
actuel(le) present day
addition *f.* check (10)
adorer to love
adresse *f.* address
aérogramme *f.* air letter (12)
aéroport *m.* airport
affairé(e) bustling
affaires *f. pl.* business, things
  femme (homme) d'affaires *f. (m.)* business woman (man)
affluent *m.* tributary
afin de *(+ infinitive)* in order that
Afrique du Sud *f.* South Africa (4)
âge *m.* age
âgé(e) elderly, old
agent de voyages *m.* travel agent (1)
agent immobilier *m.* real estate agent (1)
agir en habile homme to act as a clever man (12)
agriculteur(-trice) *m. (f.)* farmer
aide *f.* help
aïeux *m. pl.* ancestors (IC)
aile *f.* wing
d'ailleurs besides, in addition
aimer to like
  aimer (le) mieux to like the best, prefer
  aimer mieux (que) to prefer (that) (2), (10)
  aimeraient (they) would like
  aimerais (I) would like
aîné(e) oldest; older
aïoli garlic mayonnaise

Air France French international airline (6)

Air Inter French domestic airline (6)

aire de repos *f.* rest stop (6)

aisé(e) easy, effortless (12)

ajouter to add (11)

Alger Algiers (7)

Algérie *f.* Algeria (4)

alimentation *f.* foods

alizés *m. pl.* trade winds (8)

alléché(e) tempted (IC)

allée *f.* country lane, path

alléger to lighten (IC)

Allemagne *f.* Germany (4)

allemand(e) German

aller to go

  aller à la pêche to go fishing

  aller chcz le médecin to go to the doctor

  aller en classe to go to class

  aller en ville to go into town

aller-retour *m.* round-trip ticket (5)

aller-simple *m.* one-way ticket (5)

allez-y go on and do it

allier to join (IC)

Allons... ! Let's go!

Allons-y! Let's go!

allure *f.* speed, pace (IC)

alors then

alsacien(ne) from Alsace

amande *f.* almond

  aux amandes with almonds

ambitieux(-se) ambitious

améliorer to improve

aménagé(e) outfitted

aménager to lay out, arrange

amener to take; to lead; to bring (people)

américain(e) American

amertume *f.* bitterness (IC)

ami(e) *m. (f.)* friend

  nouvel(le) ami(e) *m. (f.)* new friend

  petit(e) ami(e) *m. (f.)* boy (girl) friend

amollir to soften (IC)

amoureux lovers

amusant(e) amusing

s'amuser to have a good time

an year *m.*

  tous les ans every year

ancien(ne) former

ange *m.* angel

angevine of Anjou (IC)

anglais(e) English

Angleterre *f.* England (4)

angoisse *f.* anxiety (1)

angoissé(e) anxious, distressed (1)

animal(-aux) *m.* animal

année *f.* year

  cette année this year

  l'année prochaine next year

années quarante *f.* the forties ('40s) (3)

années quatre-vingts *f.* the eighties ('80s) (3)

années vingt *f.* the twenties ('20s) (3)

anniversaire *m.* birthday

annuaire *m.* telephone book (11)

anorak *m.* ski jacket; parka (3)

antan *m.* yesteryear (8)

anti-histamines *f. pl.* antihistamines

antiquités *f. pl.* relics

août *m.* August

s'apercevoir (les uns les autres) to see each other

d'apparat ceremonial

appareil *m.* telephone receiver (11)

appareil de gymnastique *m.* exercise machine

appareil-photo *m.* camera

appartement *m.* apartment

appartenir to belong

appeler to call; to name

  comment s'appelle... ? what is the name of ... ?

  je m'appelle... my name is ...

  s'appeler to be named

apporter to bring (things)

apprendre to learn

appuyant leaning (IC)

après after

après les classes after school

d'après according to

après-midi *m.* afternoon

  cet après-midi this afternoon

  de l'après-midi P.M.

  l'après-midi afternoons

aquilon *m.* north wind (IC)

arachide *f.* peanut (11)

arbre *m.* tree

  arbre généalogique *m.* family tree

arc *m.* bow (IC)

  arc-boutant *m.* flying buttress, supporting arch

arche *m.* arc (IC)

architecte *m. or f.* architect

ardoise *f.* slate

arête *f.* fish-bone (IC)

argent *m.* money; silver (12)

Argentine *f.* Argentina (4)

armature *f.* frame (7)

armoire *f.* closet

arracher to pull out

  arrachant les pieux pulling out the stakes (IC)

arrêt *m.* stop (5)

arrivée *f.* arrival

arriver to arrive

arrondissement *m.* administrative division of Paris, neighborhood

arrosé(e) irrigated

arroser to baste (11)

art *m.* art

artisan(e) *m. (f.)* craftsman (1), (7)

artisanat *m.* crafts industry (IC)

artiste *m. or f.* artist

ascenseur *m.* elevator

asperge *f.* asparagus

aspirine *f.* aspirin

assaillant *m.* attacker

s'asseoir to sit down

assez (de) enough

  assez bien all right

  assez petit(e) quite small

  assez souvent fairly often

  pas assez de not enough

assiette *f.* plate; main dish (12); posture (12)
assis(e) seated (5), (11)
assorti(e) matching (12)
assouvir to satisfy (IC)
Astrée Roman goddess of justice (IC)
astronaute *m. or f.* astronaut
atelier *m.* workshop, studio (7)
atout *m.* feature (8)
attardé delayed (7)
atteint(e) affected (7)
attendre to wait (for)
  en attendant à l'aéroport waiting at the airport
Attention! Watch out!
attirer to attract
attrayant attractive (2), (8)
au to (at) the
  au bord de on the banks of
  au bord de la mer to the seashore
  au bout de at the end of
  au coin de at the corner of
  Au contraire! On the contrary!
  au fond at the bottom
  au frais in the fresh air
  au lait with milk
  au milieu de in the middle of
  au moins at least
  au plus sacrant *(joual)* as fast as possible (9)
  au réveil upon waking
  au revoir goodbye
aucune no
au-delà beyond
au-dessus de above
aujourd'hui today
auprès de in the service of
ausculter to listen to the heart and lungs
aussi also; as (7)
  aussi bien que as well as
  aussi... que as ... as (7)
Australie *f.* Australia (4)
autant as much
  autant de... que as much (many) ... as

autant que as much as
auteur *m.* author
auto *f.* car
autobus *m.* bus
autocar *m.* bus
auto-école *f.* driving school
automatisation *f.* automation (1)
automatisé(e) automated (1)
automne *m.* autumn
autoroutes à péage *f.* four-lane, divided highways (6)
autre other
  autre chose something else
autrefois in the past
autrement otherwise
autrichien(-ne) Austrian (3)
autrui others (IC)
auvergnat(e) from Auvergne
aux États-Unis in the United States
avancé(e) advanced (9)
avant before
  avant tout above all
avare stingy
avec with
  avec entrain briskly (9)
  avec plaisir gladly, with pleasure
  avec qui with whom (CP)
aveugle *m.* blind person (IC)
avion *m.* airplane
avions des particuliers *m.* private (air)planes (6)
avis *m.* opinion
  à mon avis in my opinion
avis de réception *m.* notice of receipt (12)
avocat(e) *m. (f.)* lawyer
avoir to have
  avoir... ans to be ... years old
  n'avoir aucun rapport to have nothing to do
  n'avoir aucune peine à reconnaître to have no trouble recognizing
  avoir besoin de to need
  avoir bonne mine to look good

avoir des bornes to be limited by (IC)
avoir de la chance to be lucky
avoir des allergies to have allergies
avoir envie de to feel like
avoir faim to be hungry
avoir horreur (de) to hate
avoir l'air to seem
avoir l'air bien to sound great
avoir l'intention de to intend to
avoir le cafard to be depressed (1), (8)
avoir le moral à zéro to be completely demoralized (1)
avoir le vertige to be dizzy
avoir lieu to take place
avoir mal à to feel sick
avoir mal au cœur to feel sick to one's stomach
avoir mal partout to hurt everywhere
avoir raison to be right (2)
avoir rendez-vous avec to have a meeting with
avoir soif to be thirsty
avoir soin to be careful, take care
avoir tort to be wrong
avoir un accident to have an accident
avoir une faim de loup to be ravenously hungry (10)
avoir un rhume to have a cold
avoir vu to have seen
avouer to admit; to acknowledge (12)
avril *m.* April

B ▬▬▬▬▬▬▬

bague *f.* ring
baguette *f.* long loaf of bread
baigné(e) bathed (8)

bains *m.* bath
  bains remous *m. pl.*
    whirlpool baths
  salle de bains *f.* bathroom
bal *m.* dance
se balader to go for a stroll
balcon *m.* balcony
balle de tennis *f.* tennis ball
ballon *m.* ball
  ballon de foot *m.* soccer ball
balustre *m.* railing (IC)
banane *f.* banana
bancs de neige *m. pl.* snow
  banks (9)
bande *f.* border (IC)
bande magnetique *f.* audio
  tape
banlieue *f.* suburb(s)
banque *f.* bank
banquier(-ère) *m. (f.)*
  banker (1)
barbe *f.* beard
barreaux *m. pl.* bars
barrer to steer
en bas below
bas-bleu *m.* blue
  stocking–literary woman (IC)
basket *m.* basketball
basse-cour *f.* poultry yard
bâtard illegitimate (IC)
bateau *m.* boat
  bateau à roues happé *m.*
    steamboat (9)
bâti(e) built
bâtiment *m.* building
bâtir to build
batterie *f.* drum
battre to beat
battu(e) beaten
bazou *m.* jalopy (9)
beau (belle) beautiful
beau-père *m.* step-father (CP)
beaucoup a lot, very much
  beaucoup de a lot of
  beaucoup de monde many
    people (6)
  pas beaucoup de not many,
    not much
bébé *m.* baby
bec *m.* beak (IC)

bêler to bleat (IC)
belge Belgian
Belgique *f.* Belgium
belle-mère *f.* step-mother (CP)
Ben... Well ... (1)
berceau *m.* cradle
berger(ère) *m. (f.)*
  shepherd(ess)
bermuda *m.* pair of shorts (3)
besogne *f.* task (15)
bête *m.* creature (3)
bête stupid (10)
bêtises anything foolish (5)
béton *m.* concrete (IC)
beurre *m.* butter
  beurre blanc *m.* butter,
    onions, and white wine (10)
  beurre des arachides *m.*
    peanut butter (12)
bibliothèque *f.* library
bien *m.* wealth
bien well
  bien-être *m.* well being,
    material comfort
  bien sûr certainly, of course
bifteck *m.* steak
bijouterie *f.* jewelry store
billet *m.* ticket; paper money
  billet de seconde *m.* second-
    class ticket
  billet de tourisme *m.* tourist
    pass for subway
  billet de 20 20-franc bill
billevesée *f.* nonsense (IC)
bisque *f.* creamed soup (10)
  bisque de homard *f.* creamy
    lobster soup (10)
bizarre strange
blague *f.* joke
blanc(-he) white
blé *m.* wheat (IC)
blême pale (IC)
blessé(e) wounded
se blesser (à) to hurt oneself
bleu(e) blue
blouson *m.* windbreaker (3)
bœuf *m.* beef
boire to drink
bois *m.* wood(s)
boisselier *m.* woodcarver (7)

boisson *f.* drink
boîte *f.* can
  boîte aux lettres *f.* mailbox
    (12)
  boîte de conserves *f.* canned
    goods
boiteux *m. or f.* lame person (IC)
bol *m.* bowl (11)
bon(ne) good
  Ah, bon. Fine.
  Bon alors Well then (1)
  bon marché inexpensive
  bon sens *m.* common
    sense (1)
  bonne idée good idea
  bonne journée have a good
    day
  de bonne heure early
bonbon *m.* candy
bond *m.* leap
bonheur *m.* happiness (9)
bonjour hello
bord *m.* riverbank
  au bord de on the banks of
bordé(e) bordered (8)
bordées de neige *f. pl.* snow
  banks (9)
Bordelais Bordeaux region
bordelais(e) cooked in Bordeaux
  wine (10)
en bordure to the edge
borne *f.* limit (IC)
se borner to limit oneself
botte *f.* bunch
bouche *f.* mouth
  bouche de métro *f.* metro
    entrance
boucher(-ère) *m. (f.)* butcher
boucherie *f.* butcher shop
boucles d'oreilles *f. pl.*
  earrings
bouger to move
bouillabaisse *f.* Provençal fish
  soup with clear broth
boulanger(-ère) *m. (f.)* baker
boulangerie *f.* bakery that sells
  bread and rolls
boules *f. pl.* game played with
  metal and wooden balls
bouleversé(e) overwhelmed (IC)

boulon *m.* bolt

boulot *m.* work (1)

Le Bourget airport near Paris reserved for private planes and air shows (6)

Bourgogne *f.* Burgundy

bourguignon(ne) from Bourgogne (Burgundy); cooked in Burgundy wine (10)

bout *m.* end; piece

  au bout de at the end of

bouteille *f.* bottle

boutique sous-douane *f.* duty-free shop (6)

bras *m.* arm

Brésil *m.* Brazil

Bretagne *f.* Brittany

breton(ne) from Bretagne (Brittany)

brevets d'affaires *m. pl.* officers of the court (IC)

brie *m.* Brie cheese

briller to shine (IC)

brioche *f.* light sweet bun raised with yeast and eggs

briocherie *f.* bakery that sells brioche and other hot snacks

brisé(e) tired (IC)

bronzage UVA *m.* tanning sessions

bronzé(e) tan

se brosser les cheveux to brush one's hair

se brosser les dents to brush one's teeth

brouillard *m.* fog

brouillé(e) blurry (IC)

brûler to burn (8)

brûlé(e) burned (IC)

brume *f.* mist, fog (9)

brun(e) brown

Bruxelles Brussels (4)

bruyère *f.* health (IC)

bûcheron *m.* woodcutter (IC)

bureau *m.* desk (5)

  au bureau at the office

  bureau de poste *m.* post office

  bureau de tabac *m.* tobacco store that also sells stamps and newspapers

Bus Air France motor-coach from Paris to Charles de Gaulle airport (6)

Bus... RATP bus between Paris and Charles de Gaulle airport in Roissy (6)

bustier *m.* brassière (3)

buté(e) obstinate, stubborn (IC)

butte *f.* hill

C

c'est à dire that is to say

C'est à toi, ça? Is that yours?

c'est ça that's right

C'est convenu? Agreed?

C'est d'accord. It's agreed. (2)

C'est décidé. It's settled.

C'est de la part de qui? Who's calling? (11)

C'est (bien) dommage! It's (really) too bad! (9)

C'est vachement bien! It's great! (3)

ça c'est... that's ...

Ça fait quinze jours. It's been two weeks.

Ça ne m'intéresse pas (du tout)! That doesn't interest me (at all)! (3)

Ça ne me tente pas. That doesn't tempt me. (2)

Ça pique. It's hot. (10)

Ça se peut bien. That's possible.

Ça suffit? Is that enough?

Ça va? (Ça va.) Is that OK? (All right. Okay.)

cabine publique *f.* telephone booth (11)

cabine téléphonique *f.* phone booth

cabinet de toilette *m.* half bath (toilet and sink only)

cacher to hide

cachet *m.* pill

cachot *m.* prison cell; dungeon (IC)

cadeau *m.* gift

cadeaux d'anniversaire *m. pl.* birthday gifts

cadran *m.* dial (11)

cadre *m.* setting

cafard *m.* the blues (8)

café *m.* coffee; café

  café au lait *m.* coffee with milk

  café crème *m.* coffee with cream

  café du coin *m.* neighborhood café

cahier *m.* notebook

le Caire Cairo (4)

calculatrice *f.* calculator

calendrier *m.* calendar

  calendrier des trains *m.* train schedule (5)

Calme-toi. Take it easy.

se calmer to calm down

calviniste Protestant (IC)

Cambodge *m.* Cambodia (7)

cambrioler to rob (2)

cambrioleur *m.* robber (2)

camembert *m.* Camembert cheese

Cameroun *m.* Cameroon (7)

Camerounais Cameroonian (7)

camion *m.* truck

campagne *f.* field

camping *m.* camping, campground

canadien(ne) Canadian

canaliser to channel

canapé *m.* sofa

canard *m.* duck

  canard à l'orange *m.* duck with orange sauce (10)

canoë *m.* Canadian canoe

La Cantatrice chauve *f.* the Bald Soprano (7)

cantine *f.* cafeteria

canton *m.* district

capitale *f.* capital

car because

Caraïbe *m.* Carib Indian (8)

caravane *f.* camper

caravelle *f.* small ship (9)

carnet *m.* small notebook; book of metro tickets

carotte *f.* carrot
carré(e) square
carreau *m.* place to kneel (IC)
carrière *f.* career (1)
carte *f.* card; menu (10)
  carte d'anniversaire *f.* birthday card
  carte de crédit *f.* credit card
  carte de Noël *f.* Christmas card
  carte orange *f.* monthly subway pass
  carte postale *f.* post card (12)
  carte pour le Nouvel An *f.* New Year's card
  carte routière *f.* road map (6)
carton *m.* cardboard box
casaque *f.* hat (12)
Casino supermarket corporation that operates the Le Quick fast-food restaurant chain
se casser to break
cassette *f.* audio cassette
  cassette vierge *f.* blank cassette
caissier(-ère) *m. (f.)* cashier, teller (1)
cathédrale *f.* cathedral
cauchemar *m.* nightmare
causer to chat
cave *f.* (wine)cellar
ce (cet, cette) this
  ce matin *m.* this morning
  ce n'est pas ça that's not right
  ce soir *m.* tonight
  cet après-midi *m.* this afternoon
  cette année *f.* this year
  cette semaine *f.* this week
ce que what
  ce qu'il leur faut what they need
  ce que j'ai avec moi aujourd'hui what I have with me today
  ce que j'ai chez moi what I have at my house

ce qui which
cèdre m. cedar (7)
ceinture f. belt (3)
  ceinture de sécurité f. seat belt (6)
Cela s'entend. That's understood. (12)
célèbre famous
célébrité f. celebrity
célibataire single
cellules f. pl. cells
celui-là that one
cent one hundred
centimes m. pl. coin divisions of the French franc
centre commercial m. shopping mall
centre hospitalier m. hospital, medical center
céréales f. pl. cereal, grains
cerise f. cherry
cervidés m. pl. deer family
ces these
ceux m. pl. those
chacun(e) each one
chaîne f. neck chain
chaîne stereo f. stereo system
chaise f. chair
chaleur f. heat
chamaux m. pl. camels (IC)
chambellan m. chamberlain (IC)
chambre f. bedroom
  chambre à coucher f. bedroom
chambrette f. little room; nobles with special privileges at the court of Louis XIV (IC)
champignon m. mushroom
champs m. pl. fields
chance f. luck
chandail m. sweater (3)
changer to change
  changer la roue to change a tire (6)
chanson f. song
chansonneur(-se) m. (f.) singer, entertainer (9)

chanter to sing
  chanter faux to sing off-key
chanteur(-se) m. (f.) singer (1)
chapelure f. bread crumbs (11)
chaque each
charcuterie f. delicatessen; cold cuts
charcutier(-ère) m. (f.) deli owner
chargé(e) full (3)
chargement m. loading (4)
charges comprises f. pl. utilities included
chariot m. shopping cart
charrue f. cart (9)
chasse f. hunting
chasser to chase away
chasseur(-se) m. (f.) hunter
château castle m.
  château fort m. medieval citadel
châteaubriand m. large grilled steak (10)
chat(te) m. (f.) cat
châtré castrated (IC)
chaud(e) hot
chauffage m. heat, heating
chauffeur m. driver
chaumière f. hut (IC)
chaumine enfumée thatched cottage with smoke coming from the chimney (IC)
se chausser to put on one's shoes (IC)
chaussette f. sock (3)
chausson aux pommes m. a puff pastry filled with cooked apple slices
chaussures f. pl. shoes
chauvre bald
chef d'œuvre m. masterpiece
chef-lieu m. county seat
chemins de fer m. pl. railroads (4)
chemise f. shirt
chemisette f. short-sleeved shirt (3)
chemisier m. blouse (3)

chêne *m.* oak (7)

chèque de voyage *m.* travelers check

cher(-ère) expensive
  moins cher less expensive

chercher to look for

chevalerie *f.* chivalry (IC)

chevet du lit *m.* bedside (IC)

cheveux *m. pl.* hair

cheville *f.* ankle

chèvre *f.* goat

chez... at ... house
  chez eux at their house
  chez moi (nous) at my (our) house

chien(ne) *m. (f.)* dog

chiffre *m.* number, digit

Chine *f.* China

chinois(e) Chinese

chirurgien(ne) *m.* (f.) surgeon (IC)

choc *m.* collision

chocolat *m.* hot chocolate

choisir to choose

choquer to shock, offend (8)

chose *f.* thing

chou *m.* cabbage

chouette nice, fine; great
  C'est chouette, ça. That's great (neat).
  Chouette! Great! (3)

chute *f.* fall (IC)

-ci this, these

cieux *m. pl.* heavens (9)

cime dépouillée *f.* bare tops (IC)

cinéaste *m. (f.)* film producer

cinéma *m.* movies; movie theater

cinq five

cinquante fifty

cinquième fifth

cintre *m.* curve of an arch (IC)
  à plein cintre semicircular (IC)

cipâtes meat pies (9)

circuler to move around

ciseau *m.* scissors (7)

citadin(e) of the city (IC)

citoyen *m.* citizen

citron *m.* lemon
  citron pressé *m.* lemonade
  thé citron *m.* tea with lemon

clairon *m.* bugle (IC)

clarinette *f.* clarinet

classe touriste *f.* coach

classer to classify

classes *f. pl.* school-time
  après les classes after school
  classes libres *f. pl.* study hall

classique classical

claveciniste *m.* harpsichordist (IC)

clé *f.* key

clerc *m.* cleric (IC)

clocher *m.* church steeple

cloître *m.* cloister

clos *m.* garden (IC)

Coca *m.* Coca-Cola

cocher *m.* coachman (12)

cochon *m.* pig

cocotte *f.* casserole, pot (9)

cœur *m.* heart

coffre *m.* trunk (7)

coiffeur *m.* hair salon; **(-euse)** *m. (f.)* male (female) hair stylist

coin *m.* corner
  au coin de at the corner of

colère *f.* anger (9)

coléreux *m. pl.* angry young men

colis *m.* package (12)

colline *f.* hill

Colombie *f.* Colombia (4)

colonisation *f.* colonization (8)

combien (de) how many
  combien de fois par mois... ? how many times per month ... ?
  combien de temps? how long?
  Combien est-ce que je vous dois? How much do I owe you?

comblant le fossé filling in the ditches (IC)

comédie *f.* comedy

comique comic

Comme vous voudrez. As you wish.

commencer to begin

comment how
  Comment? What did you say?
  Comment allez-vous? How are you?
  Comment ça va? How are you doing?
  Comment dit-on... ? How do you say ... ?
  Comment le trouvez-vous? What do you think of him?
  Comment s'appelle... ? What is the name of ... ?

commérages *m. pl.* gossip (8)

commerçant(e) *m. (f.)* merchant, shopkeeper (1)

commercial *m.* travelling salesperson (1)

commissariat de police *m.* police station

commode *f.* chest of drawers, dresser

commode convenient

commodités *f. pl.* conveniences

complaisance *f.* self-aggrandizement (9)

complet *m.* man's suit of clothes (3)

comporter to allow (IC)

composer le numéro to dial the number (11)

composter to validate (5)

comprenant including

comprendre to understand; to include

comprimé *m.* pill

compris(e) included

comptable *m. or f.* accountant

compte d'épargne *m.* savings account (12)

compter to count
  sans compter without counting

comte *m.* count

concessionnaire *m. (f.)* car dealer (1)

concombre *m.* cucumber

concours *m.* contest; cooperation (IC)

conçu(e) conceived

conduire to drive, to lead

conférencier *m.* leather case for paper and pen

confiture *f.* jelly

congélateur *m.* refrigerator (12)

congrès mondial *m.* international meeting (4)

connaissance *f.* acquaintance, knowledge

  faire connaissance to get to know

connaître to know, meet (people or places)

conseil *m.* advice

conserves *f. pl.* canned goods

consommé *m.* clear soup (10)

contraire *m.* opposite

  dialogue de contraires dialogue of opposites

contrefort *m.* buttress (IC)

contrôle des passeports *m.* passport check, immigration (6)

contrôleur *m.* ticket-taker (5)

convenir to suit

convive *f.* guest (12)

Copenhague Copenhagen (4)

copain (copine) *m. (f.)* friend, pal

coq au vin *m.* poultry cooked in wine (10)

coquillage *m.* shells (IC)

coquille *f.* scallop (10)

corallien(ne) of coral (8)

corbeau *m.* crow (IC)

corps *m.* body

correspondance *f.* change of train lines

Corse *f.* Corsica

cortège *m.* procession (IC)

corvée *f.* forced labor (IC)

costaud sturdy

côté *m.* side

  à côté de next to

  du côté de votre mère (père) on your mother's (father's) side

côte à côte side-by-side (IC)

Côte-d'Ivoire *f.* Ivory Coast (4)

coton *m.* cotton (3)

cou *m.* neck

coucher to sleep

  se coucher to go to bed

coude *m.* elbow

coudre to sew (IC)

couler to flow

couloir *m.* hallway

coup d'état *m.* overthrow of a government (IC)

coup d'œil *m.* glance

coup de coude *m.* (elbow) nudge (IC)

coup de fil *m.* phone call (11)

coup de sifflet *m.* whistle (5)

coup de soleil *m.* sunburn

couper to cut (11)

  se couper to cut

cour *f.* court

courage *m.* courage

courageux(-se) courageous

courbatures *f. pl.* chills

courbé(e) bent over (IC)

courgette *f.* squash

courir to run (IC)

courrier *m.* mail (12)

course *f.* errand; race

cousin(e) *m. (f.)* cousin

couteau *m.* knife

coûter to cost

coutume *f.* custom

couturier(-ère) *m. (f.)* fashion designer (1)

couvert *m.* place setting (12)

cracher to spit (IC)

cravate *f.* tie (3)

crayon *m.* pencil

créancier *m.* creditor (IC)

crème *f.* cream

créneau *m.* battlement (IC)

crêpe *f.* filled pancake

creusé(e) carved (7)

creuset *m.* melting pot

crevé(e) exhausted

crever to burst, puncture (6)

crevette *f.* shrimp (10)

croiser to cross (IC)

croissant *m.* croissant

  croissant aux amandes *m.* croissant with almonds

croître to grow (IC)

croix *f.* cross

croque-madame *m.* open-faced grilled ham and cheese with egg

croque-monsieur *m.* open-faced grilled ham and cheese

crudités *f. pl.* raw vegetables (10)

cruel(le) cruel

cueillez gather (IC)

cuillère *f.* spoon

cuillerée à café *f.* teaspoonful (11)

cuillerée à soupe *f.* tablespoonful, ladleful (11)

cuir leather (6)

cuire to cook (11)

cuisine *f.* kitchen

cuisinière *f.* stove

cuisse *f.* thigh

cure-dents *m. pl.* toothpicks (12)

cyclomoteur *m.* moped

cynégétique *f.* hunting

D

d'abord first

d'acc. (d'accord) agreed (2); OK

d'autres *m. pl.* others

D'où viens-tu? Where are you from?

d'un seul jet all at once

dactylo *f.* typist (1)

Danemark *m.* Denmark (4)

dans in

  dans les montagnes to the mountains

danser to dance

danses folkloriques *f. pl.* folk dancing

daurade *f.* gilt-head fish (10)

davantage more

de of, from; some, any

  de bonne heure early

de l'après-midi in the afternoon; P.M.

de nos jours nowadays

De quelle couleur est... ? What color is … ?

de quoi what

de retour back home

de temps en temps from time to time

de toute façon in any case

de la (de l', du, des) some, any

déballer to unpack

débardeur *m.* halter-top (3)

débarrasser to clear

débarrasser la table to clear the table

debout upright; standing up (9)

début *m.* beginning

deça, delà here and there (IC)

décembre *m.* December

décevant(e) disappointing (1)

déchéance *f.* decline (IC)

déchoir to demean oneself (IC)

déclose opened (IC)

décolonisation *f.* decolonization (8)

découpé(e) cut out

découper to cut up (11)

découvert(e) discovered (IC)

découverte *f.* discovery

décrié(e) criticized (IC)

décrire to describe

décrocher to pick up the (telephone) receiver (11)

déçu(e) disappointed (1)

défavorable unfavorable (1)

défilé *m.* parade

défonceur *m.* person who breaks down (9)

dégustation *f.* food tasting

déjà already

déjeuner *m.* lunch

déjeuner to breakfast; to lunch

délégué(e) *m. (f.)* delegate

délicat(e) fastidious

délices *f. pl.* delights, pleasures (IC)

délicieux(-se) delicious

demain tomorrow

demain matin *m.* tomorrow morning

demander to ask

demande à Marie si elle a... ask Marie if she has …

demande aux autres ask the others

démanteler to dismantle

déménager to remove, move out

demeure *f.* residence (IC)

demeure de plaisance *f.* pleasure retreat

demeurer to live; to remain (9)

demi half

demi-frère *m.* step-brother (CP)

demi-heure *f.* half hour

demi-kilo *m.* half a kilogram

demi-sœur *f.* step-sister (CP)

densité *f.* density (7)

dentelle *f.* lace

dentiste *m. or f.* dentist

dents *f. pl.* teeth

départ *m.* departure

département *m.* administrative division of France

se dépêcher to hurry

dépenser to spend (1)

déplacement *m.* movement

se déplacer to travel

pour se déplacer en ville to get around town

dépliant *m.* brochure

déprimant(e) depressing (1)

déprimé(e) depressed (1)

depuis since, for

depuis combien de temps? (for) how long?

depuis longtemps for a long time

depuis quand since when, how long

dernier(-ère) last

derrière behind

des some, any

dès son avènement as soon as he became king

descendre to get off; to go down (8), to stay (IC)

désespoir *m.* despair (IC)

désirer to want

désirer que to desire that (10)

Désolé(e)! Sorry!

dessin *m.* drawing

dessiner to draw

dessus on (IC)

détaillant *m.* retailer (1)

dételer to unhitch (9)

se détendre to relax

détester to hate

deux two

deuxième second

devant in front of

devenir to become

deviner to guess

Devinons! Let's guess!

devise *f.* motto (7)

devoir *m.* duty

devoir to have to; to owe

je dois I have to

Nous leur devons beaucoup d'argent. We owe them a lot of money.

dévoué(e) dedicated (1)

d'habitude usually

diabolo citron *m.* soft drink with lemon-flavored syrup

diabolo fraise *m.* soft drink with strawberry-flavored syrup

diabolo menthe *m.* soft drink with mint-flavored syrup

dialogue de contraires dialogue of opposites

diapositive *f.* (photographic) slide

dieu *m.* god (9)

différend *m.* disagreement (10)

difficile difficult

digérer mal to digest poorly

digne d'envie worthy of envy (IC)

dimanche Sunday

le dimanche on Sundays

dîner to dine

dire to say, tell

dire bonjour (au revoir) à to say hello (good-bye) to

dire oui (non) to say yes (no)
directions *f. pl.* stations at the end of Paris subway lines
dis say
  Dis (Dites) donc! Wait a minute! Say!
discothèque *f.* disco (7)
discret(-ète) discreet
se disputer to argue, have an argument
disque *m.* record
  disque compact *m.* compact disc
dit (he, she) says
dites à... tell …
dix ten
dix-huit eighteen
dix-huitième eighteenth
dix-neuf nineteen
dix-neuvième nineteenth
dix-sept seventeen
dix-septième seventeenth
dixième tenth
dodu(e) plump, fat (IC)
doigt de pied *m.* toe
doigts *m. pl.* fingers
donjon *m.* dungeon
Donne-le-lui! Give it to him! (2)
donner to give
  donner un coup de fil to make a phone call (11)
  donner la main à to shake hands with
dont about (4); whose
dorer to glaze (9)
dormir to sleep
dorures *f. pl.* gilding
dos *m.* back
se doser to complement
douane *f.* customs (IC)
doucement softly, quietly
douche *f.* shower-bath
douleur *f.* pain (8)
douter que to doubt that (5)
douzaine *f.* dozen
douze twelve
douzième twelfth
drame psychologique *m.* drama
dresser to raise

se dresser to rise
droit divin *m.* divine right (IC)
droite *f.* right
du matin A.M.
du moins at least
du soir P.M.
dur(e) hard (1)
durée *f.* duration
durer to last
dynamique dynamic

E

eau bénite *f.* holy water (IC)
éblouissant(e) splendid
éboueur *m.* garbage collector (1)
ébranler to shake (IC)
écartant spreading (IC)
écarter to separate out (IC)
écarté(e) isolated (IC)
échafaud *m.* scaffold (IC)
échalotes *f. pl.* shallots (11)
écharpe *f.* scarf (3)
échecs *m. pl.* chess
échelle *f.* ladder
échouer to fail
éclabousser to splash (IC)
éclair *m.* flash; eclair
  éclair l'eût en vain foudroyée lightning would have tried in vain to strike it down (IC)
éclatant(e) dazzling (IC)
école *f.* school (general or elementary)
  école maternelle *f.* nursery school (4)
  école privée *f.* private school
économique economical
écouter to listen to
  écoute, tu as... ? listen, do you have … ?
  écoutez bien listen carefully
écran *m.* screen
écrevisse *f.* crayfish (10)
écrire to write
  Écris-nous. Write to us.

écrivain *m. (f.)* writer
écrivez write
écroulé(e) collapsed
écu crown (money) (IC)
effacer to erase
s'efforcer to make an effort (IC)
s'égarer to wander off (IC)
égaux *m. pl.* equals (12)
église *f.* church
égoïste egotistical
Égypte *f.* Egypt
égyptien(ne) Egyptian
Eh bien... Oh, well…, Well…, (1)
élaborer to develop (IC)
s'élancer to reach up (IC)
s'élargir to enlarge, get wider (IC)
élégant(e) elegant
élevage *m.* breeding of cattle
élevé(e) high (9)
élever to raise
  s'élever to rise (8)
élève *m. or f.* pupil
elle she, it
  elle est comprise... it is located …
elles they (two or more females)
émaner to issue from (IC)
embarras *m.* congestion (IC)
embarras du choix *m.* difficulty of choosing
émission *f.* broadcast, television program
émouvant(e) moving
empire *m.* dominion (8)
emploi *f.* job (1)
emploi du temps *m.* schedule, timetable
employé(e) de bureau *m. (f.)* office worker (1)
employé(e) de maison *m. (f.)* housekeeper (1)
emporter to bring (4)
emprunter to borrow (8)
en arrivant upon arriving (6)
en attendant while visiting (6)
en in, to
  en autobus by bus
  en avance early
  en bas below

en bordure to the edge
en croisière of cruising
en écoutant while listening (10)
en espèces in cash
en face de across from
en feu on fire (8)
en filant leur quenouille spinning their thread (IC)
en forme in shape
en métro by subway
en moyenne on average
en outre further, besides
en passe in the process (8)
en plein air open-air
en plein centre de in the very center of
en plus in addition
en provenance de originating from (6)
en quelle matière? of what material? (6)
en retard late
en semaine during the week
en solde on sale (7)
en taxi by taxi
en témoignent are witnesses to it
en tout in all
en train de in the process of
en train de s'achever in the process of ending (IC)
en ville to town, downtown
en voiture by car
encadrement *m.* environment
enceinte *f.* enclosure
enchanté(e) delighted (to meet you)
encore more; still; again
　encore des questions some more questions
　Encore une fois! Again!, One more time!
encore de some more (12)
endroit *m.* place
enduire to coat (11)
énergique energetic
s'énerver to get annoyed
enfant *m. or f.* child
enfer *m.* hell

s'enfermer dans to lock oneself in
enfin finally
enjambant spanning (8)
enjamber to span
enlèvement pick-up (4)
enluminé(e) illuminated (IC)
ennuis *m. pl.* problems, worries (1)
s'ennuyer to be bored
ennuyeux(-se) boring
enquête *f.* survey
enracinement taking root
enregistrer to check (4)
enregistreur à cassette *m.* cassette recorder
ensemble together
ensoleillé(e) sunny
ensuite then, next
entendre to hear
　entendre dire to hear secondhand (8)
　entendre parler de to hear about
entendu agreed, understood
entouré(e) surrounded
(s')entourer to surround (oneself) (IC)
s'entraîner to work out
entre between
entrecôte *f.* steak (10)
entremets *m.* sweet or vegetable course between main dishes (12)
entreprendre to undertake (IC)
　entreprit undertook
entrer (dans) to go into, to enter
entretenir to maintain
entretien *m.* maintenance, upkeep
envahir to invade (IC)
envahisseur(-se) *m. (f.)* invader (IC)
enveloppe *f.* envelope
environ about (6)
environné(e) surrounded (IC)
environs *m. pl.* surroundings

envoi *m.* sending (12)
envoyer to send (12)
épaisseur *f.* thickness (9)
épargner to spare (IC)
éparpillé(e) scattered (8)
épater to amaze, dumbfound
épaules *f. pl.* shoulders
éperdument madly (IC)
éperon *m.* spur
épicé(e) spicy (10)
épicerie *f.* neighborhood grocery store
épices *f. pl.* spices (7)
épinards *m. pl.* spinach greens
épine *f.* quill (IC)
éplucher to clean; to peel (11)
épouvante *f.* horror
équestre on horseback (IC)
équipé(e) furnished
équitation *f.* horseback riding
ère *f.* era
escalade *f.* wall-climbing
escalier *m.* stairs; escalator
escargots *m. pl.* snails (10)
Espagne *f.* Spain
Espagnol(e) *m.* Spaniard
espagnol(e) Spanish
espérer to hope
esprit *m.* mind
essayer to try (3)
essence *f.* gas
essuyer to wipe (12)
est *m.* east
est-ce qu'il y a une... ? is there a ... ?
Est-ce que tu es jamais allé(e)... ? Have you ever gone ... ?
estomac *m.* stomach
estragon *m.* tarragon (11)
et and
étage *m.* floor
étagère *f.* shelf
étang *m.* pond (IC)
étapes-clés *f.* key stages (IC)
États-Unis *m. pl.* United States
été *m.* summer
étendre to stretch (IC)
　s'étendre to extend oneself; to stretch out

éternuement *m.* sneezing
éternuer to sneeze
étiquette *f.* label, tag (6)
s'étonner to be surprised (IC)
étourdissant(e) stunning (IC)
étranger(-ère) strange, foreign;
   m. (f.) stranger, foreigner (6)
être to be
  être allergique à to be
    allergic
  être certain(e) que to be
    certain that (5)
  être content(e) que to be
    glad that (9)
  être convaincu(e) to be
    convinced (2)
  être d'accord to agree
  être désolé(e) que to be sorry
    that (9)
  être doué(e) to be talented in
    (1)
  être en avance to be early
  être enrhumé(e) to have a
    cold
  être étonné(e) que to be
    amazed that(9)
  être fâché(e) que to be angry
    that (9)
  être furieux(-se) que to be
    furious that (9)
  être heureux(-se) que to be
    happy that (9)
  être navré(e) que to be
    distressed that (9)
  être ravi(e) que to be
    delighted that (9)
  être surpris(e) que to be
    surprised that (9)
  être sûr(e) que to be sure
    that (5)
  être triste que to be sad that
    (9)
étudiant(e) *m. (f.)* student
étudier to study
Euh... Umm ... (1)
eux-mêmes themselves
événement *m.* event
éventail *m.* variety (8)
évidemment obviously
évier *m.* sink (7)

éviter to avoid (3)
examen *m.* test
examen de classement *m.* test
  that ranks students in a class (7)
excursion *f.* trip
s'excuser to apologize
exiger (que) to require (that) (10)
expédier to send off
exploiter to cultivate
s'exprimer to express oneself
express *m.* espresso
extra (extraordinaire)
  extraordinary
Extrême-Orient *m.* Far East

F

fabricant(e) *m. (f.)*
  manufacturer (1)
facile easy
façon *f.* way, manner
facteur *m.* mail carrier (12)
facture *f.* bill (12)
fade bland (10)
faible weak
faiblesse *f.* weakness
faire to do; to make
  faire attention to be careful
  faire connaissance to get to
    know
  faire crever to kill, make die (12)
  faire de l'aérobic to do
    aerobics
  faire de l'alpinisme to go
    mountain climbing
  faire de l'équitation to go
    horseback riding
  faire de la gym to go to the
    gym
  faire de la moto to go biking
    (motorcycling)
  faire de la musculation to do
    weight lifting
  faire de la planche à voile to
    go windsurfing, sailboarding
  faire de la voile to go sailing
  faire des randonnées to go
    hiking

faire des achats to go
  shopping
faire des calculs to do some
  math
faire des sommes to add, do
  addition
se faire des soucis to worry (1)
faire du camping to go
  camping
faire du jogging to go
  jogging
faire du lèche-vitrine to go
  window shopping
faire du ski to go skiing
faire du ski nautique to go
  waterskiing
faire du sport to participate
  in sports
faire du tennis to play tennis
faire du vélo to go bike riding
faire du yoga to do yoga
faire édifier to have built
faire face à to cope with (1)
faire fondre to melt (11)
faire graver to have engraved
faire la cuisine to do the
  cooking
faire la grasse matinée to
  sleep late
faire la lessive to do the
  wash
faire la moue to pout (IC)
faire la queue to wait in line
faire la sieste to take a nap
faire la toilette to get ready
  (wash, comb hair, etc.); to
  clean up
faire la vaisselle to do the
  dishes
faire la valise to pack (the
  suitcase)
faire le plein (d'essence) to
  fill up (with gas) (6)
faire le trajet to make the
  trip
se faire mal à to hurt oneself
faire peur to frighten
faire semblant to pretend (9)
faire ses preuves to prove
  one's capacity

faire un cauchemar to have a nightmare

faire un demi-tour turn around backwards (IC)

faire un tour to go for a ride

faire un voyage to take a trip

faire une course to do an errand; to go shopping

faire une cure to go to a spa

faire une promenade to take a walk

fait à ce train used to this rhythm (IC)

fait un mètre soixante-dix is 1m70 tall

faix du fagot weight of his load of sticks (IC)

famille *f.* family

fantastique fantastic

farine *f.* flour

farouche fierce

fast-food *m.* fast-food restaurant

fatigué(e) tired

faute *f.* fault

faute de for want of

faute d'entretien for lack of maintenance

fauteuil *m.* armchair

fautive at fault

faux (fausse) false; off-key

féérique magical (8)

femme *f.* woman, wife

femme d'affaires *f.* business woman

femme écrivain *f.* writer (1)

femme pompier *f.* woman firefighter (1)

fente *f.* slot (11)

féodale feudal

féodalité *f.* feudalism (IC)

fer *m.* iron

feras-tu bonne chère? will you put on a good meal? (12)

ferme *f.* farm

ferroviaire rail (4)

fesse *f.* buttock

festival *m.* festival

fête nationale américaine *f.* Fourth of July (12)

fêter to celebrate (12)

feu *m.* fire

feuillage *m.* leaves, foliage

feutre *m.* felt-tip pen

feux d'artifice *m. pl.* fireworks

février *m.* February

fiche *f.* form

fièvre *f.* fever

se figurer to imagine (IC)

filet *m.* net bag for shopping

fille *f.* daughter; girl

film d'épouvante *m.* horror film

film de science fiction *m.* sci fi film

film fantastique *m.* fantasy film

le film passe the film is showing

film policier *m.* mystery movie

fils *m.* son

fin *f.* end

fin(e) thin

fines herbes *f. pl.* mixed herbs

finir to finish

flambé(e) flamed (10)

flèche *f.* arrow; spire (IC)

fleur *f.* flower

fleuronner to flourish (IC)

fleuve *m.* river

flipper *m.* pinball

flûte *f.* flute

fluvial *adj.* river

Fnac chain of French discount stores specializing in audio, video, and reading material

foi *f.* faith

foire *f.* fair

fois *f. pl.* times

combien de fois par mois... ? how many times a month ... ?

foisonner to abound (12)

foncé dark, deep (color) (3)

fond *m.* depths (7)

(à) fond (+ color) background (3)

fondre to melt (IC)

fondu melted (11)

foot (football) *m.* soccer

football américain *m.* football

forêt *f.* forest

fort(e) strong

forteresse *f.* fortress

fossé *m.* moat

fou (folle) crazy

fouet *m.* whisk (11)

foufou *m.* boiled corn or casava in Cameroon (7)

fougère *f.* fern (8)

foulard *m.* silk neckerchief (3)

se fouler la cheville to sprain one's ankle

four *m.* oven

four à micro-ondes *m.* microwave oven

fourchette *f.* fork

fourgon *m.* baggage car (4)

fournir to provide

foyer *m.* home (IC)

frais (fraîche) fresh

fraise *f.* strawberry

framboise *f.* raspberry

franc *m.* French monetary unit

franc-comtois(e) from Franche-Comté

français(e) French

franchir to pass through (7)

Franco-ontarien(ne) *m. (f.)* French-speaking man (woman) from Ontario (9)

francophone *m. or f.* French-speaking person

Francophonie *f.* French-speaking regions (7)

franglais American English words that are part of the French language

frapper to knock (9)

frêle fragile (IC)

fréquemment frequently

fréquenter to visit

frère *m.* brother

frigo *m.* refrigerator

frimas *m.* wintry weather (IC)
frire to fry (8)
frisé(e) curly
frites *f. pl.* French fries
frivole frivolous
froid *m.* cold
frôlé(e) brushed (IC)
frôlement *m.* rustling (IC)
fromage *m.* cheese
frondaison *f.* foliage
frondeur *m.* rebel, critic (IC)
front *m.* façade, forehead (IC)
frontière *f.* border
frotter to rub (IC)
fumé(e) smoked (10)
fumeur smoking (5)
funiculaire *m.* rail cars

G

gagner to earn (money); to win
gants *m. pl.* gloves
  gants de toilette *m. pl.* washcloths
garçon *m.* boy, waiter
garder to keep
  garder sa ligne to keep one's figure
  gardez la monnaie keep the change
gare *f.* train station
gargouille *f.* gargoyle
garni(e) garnished (10)
gâté(e) spoiled
gâteau *m.* cake
gauche left
gélule *f.* capsule
gémissant moaning (IC)
généalogique genealogical
  arbre généalogique *m.* family tree
généreux(-se) generous
Genève Geneva (4)
genou *m.* knee
gentil(le) nice, kind (6)
géographie *f.* geography
gérant(e) *m. (f.)* manager (1)
gérer to administer, manage (IC)
germer to sprout (IC)

Ghâna *m.* Ghana (7)
gibier *m.* game (IC)
gigot *m.* leg of lamb
gilet *m.* vest, cardigan (3)
gitane *f.* gypsy (IC)
glace *f.* ice cream
se glisser to slip (9)
gobelet *m.* goblet (7)
gomme *f.* eraser
gorge *f.* throat
gorgée *f.* mouthful (IC)
gouge *f.* chisel (7)
goût *m.* taste
goutte *f.* drop
grâce à thanks to (IC)
gramme *m.* gram
grand(e) big, tall, great
grand magasin *m.* department store
grand-mère *f.* grandmother
grand-père *m.* grandfather
Grande-Bretagne *f.* Great Britain (CP)
grandir to grow
gras(se) fat
grasse matinée *f.* sleeping late
gratiné(e) sprinkled with bread crumbs or cheese and browned (10)
gratté(e) scratched (9)
gratter to scratch (IC)
gratuit(e) free
gratuitement free (4)
grave serious
Grèce *f.* Greece (4)
grenouille *f.* frog (8)
grief *m.* grievance (IC)
grille-pain *m.* toaster
griot *m.* poet, musician, and geneologist of an African people (7)
grippe *f.* flu
gris(e) gray
grisé(e) intoxicated (IC)
gros rhume *m.* bad cold
grossir to gain weight; to enlarge, grow bigger
grossiste *m. (f.)* wholesaler (1)
gruyère *m.* Gruyère cheese
  Guadeloupéen resident of Guadeloupe (8)

guère hardly (12)
guérir to heal; to cure (6)
guerre *f.* war
guerrier *m.* warrior
guichet *m.* counter; ticket window
guitare *f.* guitar

H

habile clever (IC)
s'habiller to get dressed
habitant(e) *m. (f.)* inhabitant
habiter to live
d'habitude normally
haies de balisers *f. pl.* flowering hedges (8)
haine *f.* hatred
haïtien(ne) Haitian
hammam *m.* Turkish bath
haricot bien gras *m.* lamb stew with beans (12)
haricot vert *m.* green bean
haut(e) high, tall
hauteur *f.* height
héberger to lodge (6)
hectare French unit of land measure: 1 hectare = 2.47 acres
herbe *f.* grass
heure *f.* time, hour
  à quelle heure? (at) what time?
  de bonne heure early
  heure officielle *f.* official time
  heures de pointe *f. pl.* rush hour
heureux(-se) happy
heureusement fortunately
heurter to hit
hier yesterday
historique historic
hiver *m.* winter
homard *m.* lobster (10)
homme *m.* man
  homme d'affaires *m.* business man

honnête honest
honteux(-se) ashamed (IC)
hôpital *m.* hospital
horaire *m.* timetable
horloge *f.* clock
hôtel *m.* hotel
   hôtel de ville *m.* town hall
huée *f.* boo (IC)
huile *f.* oil
huit eight
huitième eighth
huîtres *f. pl.* oysters (10)
humeur *f.* mood (IC)

ici here
idéaliste idealistic
idée *f.* idea
idem same thing
ignoré(e) unknown (IC)
il he, it
   Il (Elle) a l'air bien, sensationnel. It sounds great, sensational.
   Il a le cafard. He's very depressed. (8)
   il est clair que it's clear that (5)
   il est dommage que it's too bad that (9)
   il est essentiel de (que) it's essential (that) (1)
   il est évident que it's evident that (5)
   il est important de (que) it's important (that) (1)
   il est impossible que it's impossible that (5)
   Il (Elle) est là. It is there.
   il est nécessaire de (que) it's necessary (that) (1)
   il est peu probable que it's hardly likely that (5)
   il est préférable de (que) it's preferable (that) (1)
   il est probable que it's probable that (5)

il est vrai que it's true that (5)
Il fait du soleil. The sun is shining.
il fallut it took
il faudrait autant you might just as well (IC)
Il l'ausculte. He listens to her heart and lungs.
il (n')est (pas) possible que it's (not) possible that (5)
Il ne doit guère vous rester de temps pour vous soigner. There must be hardly any time left for taking care of yourself.
il faut it takes; it is necessary
Il faut combien de temps pour y aller? How long does it take to get there?
il me faut I need
il vaut mieux (que) it is better (that)
il y a ago; there is, there are
   Il n'y a pauvre esprit qui n'en fît bien autant. Any poor fool could do as much. (12)
île *f.* island
ils they (two or more males or a group of males and females)
immeuble *m.* real estate; office or apartment building
immonde base, vile (IC)
impatient(e) impatient
impair(e) odd
   nombres impairs *m. pl.* odd numbers
impôts *m. pl.* taxes
impressionnant(e) impressive
imprévu(e) unforeseen, unexpected
imprimé(e) print (3)
incertitude *f.* uncertainty (1)
incongru unseemly (IC)
inconnu unknown
inconvénient disadvantage (1)
Incroyable! Unbelievable! (2)
Inde f. India (4)
indépendant(e) independent

indicatif *m.* area code (11)
indiscret(-ète) indiscreet
inépuisable inexhaustible (IC)
infirmier(-ère) *m. (f.)* nurse (1)
informatique *f.* computer science (1)
ingénieur *m.* engineer
innombrable innumerable
inoubliable unforgettable
inouï(e) unheard of (IC)
inquiété harassed, bothered (IC)
s'inquiéter to worry
inscrit(e) inscribed
insister pour (que) to insist on (10)
installé(e) settled
s'installer to move in
instaurer to inaugurate, begin (IC)
insuffisamment qualifié(e) insufficiently qualified (1)
intellectuel(le) intellectual
intelligent(e) intelligent
interdire to prohibit
interdit aux moins de 13 ans children under 13 not permitted
intéressant(e) interesting
interphone *m.* intercom
Israël *m.* Israel (4)
Italie *f.* Italy
italien(ne) Italian
Italien(ne) *m. (f.)* Italian person

j'ai I have
   j'ai besoin de I need
   J'ai des ennuis. I have problems (1)
   J'ai du mal à dormir. I can't sleep.
   J'ai mal partout. I hurt everywhere.
   J'ai pris un coup de soleil. I'm sunburned.
   J'ai vu un film. I saw a film.

j'avais fait dix lieues I've traveled 10 leagues (30 miles) (IC)

j'en aurai moins de peine that will be less work for me (12)

jalousie *f.* jealousy

Jamais de la vie! Not on your life! (3)

jambe *f.* leg

jambon *m.* ham

janvier *m.* January

Japon *m.* Japan

japonais Japanese

jardin *m.* garden

jardinier(-ère) *m. (f.)* gardener

jaune yellow

jazz *m.* jazz

je I

  je dois I have to

  Je l'ai déjà fait! I've already done it!

  Je le lui ai donné. I gave it to him. (2)

  Je m'ennuie. I'm bored. (3)

  Je me sens assez bien. I feel all right.

  je n'ai eu à peine que le temps I had barely enough time (IC)

  Je n'y manquerai pas. I won't fail. (12)

  je ne me plains pas I'm not complaining (9)

  Je ne me souviens pas. I don't remember.

  je ne peux pas I can't

  Je ne sais pas. I don't know.

  Je ne t'ai pas entendu. I didn't hear you.

  je pense que I think that

  Je regrette de partir. I'm sorry that I'm leaving. (9)

  Je regrette que vous partiez. I'm sorry that you're leaving. (9)

  Je tiens (tenais) à... I insist(ed) on ... (3)

  je vais prendre I'll have

  je vais très bien I am very well

je vais te retrouver... I'll meet you ... (6)

Je viens d'acheter... I just bought ...

je voudrais I would like

Je vous dois combien? How much do I owe you?

je vous en prie you're welcome

Je vous plains. I feel sorry for you.

Je vous remercie de tout mon cœur. I thank you with all my heart.

jean *m.* blue jeans (3)

jeter to throw (8)

Jetez-vous votre langue aux chiens? Do you give up? (IC)

jeu vidéo *m.* video game

jeudi *m.* Thursday

jeune fille *f.* girl

jogging *m.* running suit (3)

joli(e) pretty

jonc flétri *m.* withered bulrush (IC)

joual *m.* québecois dialect (9)

joue(s) *f.* cheek(s)

jouer to play

  jouer au golf to play golf

  jouer au tennis to play tennis

  jouer au volley to play volleyball

  jouer un tour (à) to play a trick (on)

jouet *m.* toy

jouir to enjoy (IC)

jouissance *f.* enjoyment (IC)

jour *m.* day

  de nos jours nowadays

  jour de congé day off from school

  un jour someday

journal *m.* newspaper

journaliste *m. or f.* journalist

journée *f.* day

  bonne journée have a good day

jouxte adjoining (10)

joyeux(-se) happy

juillet *m.* July

juin *m.* June

jupe *f.* skirt (3)

jurer to swear (IC)

jus *m.* juice

  jus d'orange *m.* orange juice

  jus de pomme *m.* apple juice

jusqu'à to, until

justement as a matter of fact

K

ketchup *m.* catsup

kilo *m.* kilogram

koki ground bean cakes steamed in banana leaves and seasoned with spices (7)

L

là there

  il (elle) est là it is there

  là-bas over there

-là that, those

La Baule resort town in southern Brittany on the Atlantic coast

laid(e) ugly

laine *f.* wool

laisser tomber to drop (IC)

laissé choir let fall (IC)

laïques *pl.* laity (IC)

lait *m.* milk

  au lait with milk

  lait fraise *m.* milk with strawberry syrup

laitier(-ère) dairy

lambris polychromes *m. pl.* multicolored paneling

lampe *f.* lamp

langoustine *f.* crayfish (10)

langue *f.* tongue

  langue d'oc dialect spoken south of the Loire

  langue d'oïl dialect spoken north of the Loire

  langue maternelle *f.* native tongue (language) (7)

  Tirez la langue. Stick out your tongue.

langues *f. pl.* languages
lapin *m.* rabbit
large de with a width of
Las! Alas! (IC)
lavabo *m.* sink
se laver la tête to wash one's hair
le long de along
le lundi (le mardi,...) Mondays (Tuesdays, ...)
le matin mornings
leçons particulières private tutoring (3)
lecture *f.* reading
légende *f.* caption
léger(-ère) light
legs *m.* legacy (IC)
légume *m.* vegetable
lendemain *m.* the next day
  lendemain matin *m.* next morning (4)
lentement slowly
lenteur *f.* slowness
lequel (laquelle) which one
les uns les autres one from the other
lessive *f.* wash
lettre de candidature *f.* job application (2)
lettre de remerciement *f.* thank-you note (12)
lever to raise
se lever to get up
lèvres *f. pl.* lips (IC)
librairie *f.* bookstore
Libye *f.* Libya (4)
lier to tie together (7)
lieux de séjour *m. pl.* pleasure sites (IC)
ligne *f.* figure
  garder sa ligne to keep one's figure
ligne aérienne *f.* airline (6)
limonade *f.* sweet carbonated soft drink
linge *m.* linen (12)
linge sale *m.* dirty laundry
lire to read (9)
lis *m.* lily (IC)

lit *m.* bed
litre *m.* liter
littérature *f.* literature
littoral *m.* coast (8)
livraison *f.* delivery (4)
livraison des bagages *f.* baggage claim (6)
livre *m.* book
livre *f.* (French) pound
(se) livrer to indulge in (IC)
location *f.* rental (4)
locuteur *m.* speaker (7)
loin de far from
Londres London (4)
lorrain(e) from Lorraine
lors de at the time of
lorsque when
louange *f.* praise (10)
louer to rent
Louisiane *f.* Louisiana (7)
lourd(e) heavy
loyer *m.* rent
lucarne *f.* dormer window (IC)
lui him
  lui tint à peu près ce langage spoke to him more or less in this manner (IC)
luisant shining (IC)
lumière *f.* light
lundi *m.* Monday
la lune sillonner les nuages amoncelés the moon cut across the banks of clouds (IC)
lunettes *f. pl.* glasses
  lunettes de soleil *f. pl.* sunglasses (3)
luxe *m.* luxury (IC)
Luxembourg *m.* Luxemburg
lycée *m.* high school
lycéen(ne) *m. (f.)* high school student

M

M. Mr.
ma my

ma foi! my goodness! (IC)
maallem boss (7)
machine à écrire *f.* typewriter
machine à laver *f.* washing machine
mâchoire(s) *f.* jaw(s) (IC)
Macdo McDonald's
madame *f.* madam, Mrs.
mademoiselle *f.* miss
magasin *m.* store
  grand magasin *m.* department store
  magasin d'antiquités *m.* antique store
  magasin de jouets *m.* toy store
  magasin de sport *m.* sporting goods store
Maghreb *m.* area of Morocco, Algeria, and Tunisia (7)
Magnaga mi longe the wonders of life (7)
magnétophone *m.* tape recorder
magnétoscope *m.* video player
mai *m.* May
maigrir to lose weight
maillot de corps *m.* body suit
maillot de bain *m.* bathing suite (3)
maillot de surf *m.* swim suit (3)
main *f.* hand
  donner la main à to shake hands with
maintenant now
mais but
  mais non (oui) no (yes) (emphatic)
maison *f.* house
  la maison de mes rêves my dream house
maîtriser to master
Makossa music and dance of Douala region of Cameroon (7)
mal poorly
  mal à l'estomac stomach ache
  mal à la gorge sore throat
  mal à la tête headache

mal de l'air airsickness
mal de mer seasickness
mal du pays homesickness (7)
mal payé(e) poorly paid (1)
malade sick
Malaga wa No kidding, I'm telling you (7)
malgré despite
malheur *m.* unhappiness (IC)
malheureusement unfortunately
malhonnête dishonest
mammifères *m. pl.* mammals
mandat *m.* money order (12)
mander to inform (IC)
manger to eat
Manille Manila (4)
manoir *m.* manor
le manque de the lack of (1)
manquer to miss; to lack
manteau *m.* topcoat
se maquiller to put on makeup
marais *m.* marsh, swamp
marâtre *f.* stepmother; harsh mother (IC)
marche *f.* step
marché en plein air *m.* open-air market
marcher to run; to work
mardi *m.* Tuesday
marécage *m.* swamp, marsh (9)
mari *m.* husband
marié(e) married
marin(e) sea (IC)
marinière *f.* sailor blouse (3)
Maroc *m.* Morocco (4)
Marocain Moroccan person (7)
marque *f.* make, brand
marron(ne) maroon
mars *m.* March
Martiniquais resident of Martinique (8)
mathématiques *f. pl.* mathematics
matières grasses *f. pl.* fats
matin *m.* morning
  ce matin this morning
  demain matin tomorrow morning

du matin in the morning, A.M.
le matin mornings
Mauritanie *f.* Mauritania (7)
mauvais(e) bad
maux *m. pl.* illnesses (IC)
mayonnaise *m.* mayonnaise
mbang language spoken in Nkonzock, Cameroon (7)
me (m', moi) me, to me
mécanicien(ne) *m. (f.)* mechanic
mecocoulier *m.* nettle (7)
médecin *m.* doctor
médicament *m.* medication
méditerranéen(ne) Mediterranean
meilleur(e)(s)... que better than (7)
mélangé(e) blended (9)
mélanger to mix
mêlant mixing (IC)
melon *m.* melon
même even
mémoire *f.* memory
menace du chômage *f.* threat of unemployment (1)
mener to lead
menthe à l'eau *f.* water with mint-flavored syrup
menuisier *m.* carpenter (7)
mépris *m.* scorn (IC)
merci thank you
  merci encore pour thank you again for
  merci mille fois thank you a thousand times
mercredi *m.* Wednesday
mère *f.* mother
messe *f.* Mass (IC)
météo *f.* weather report
métier *m.* trade, occupation (1)
métro *m.* subway
  bouche de métro *f.* subway entrance
  plan de métro *m.* subway map
  station de métro *f.* subway stop
mes *m. pl. or f. pl.* my
metteur en scène *m.* director (IC)

mettre to put
  mettre la table to set the table
  mettre le couvert to set the table
  se mettre d'accord to agree (4)
  se mettre debout to stand up
meublé(e) furnished
meubles *m. pl.* furniture
meunière dipped in flour and cooked in butter (10)
mexicain(e) Mexican
Mexique *m.* Mexico (4)
microbes *m. pl.* germs
midi *m.* noon
miette *f.* crumb (IC)
mieux... que better than (7)
mignonne *f.* sweetheart (IC)
migraine *f.* migrain
mille one thousand
mille-feuille *m.* napoleon (pastry)
mille-pattes *m.* millipede (IC)
millénaire thousand-year-old (8)
millions *m. pl.* millions
mince thin
miner to undermine (IC)
minuit *m.* midnight
miroir *m.* mirror
Mlle Miss
Mme Mrs.
mobilier *m.* set of furniture
moche ugly
moderne modern
mœurs *f. pl.* manners, customs (IC)
moi me
moindre slightest (IC)
moins less
  moins de... que less (fewer) ... than
mois *m.* month
moissons *f. pl.* crops (IC)
mollesse *f.* indolence (IC)
mon my
  mon ami *m. or f.* my friend
monde *m.* world; people
monnaie *f.* change
  gardez la monnaie keep the change

pièce de monnaie coin
monopoly *m.* Monopoly (board game)
Monseigneur the dauphin, heir to the throne of Louis XIV (IC)
monsieur *m.* mister
Monsieur brother of Louis XIV (IC)
montagne *f.* mountain
monter to climb; to go up
 monter dans to get in
montre *f.* watch
morceau *m.* piece
morne(s) bleak (8), gloomy (IC)
mort *f.* death (IC)
mort(e) dead
Moscou Moscow (4)
mot *m.* word
 mot aparenté *m.* cognate
moto *f.* motorcycle
motocyclette *f.* motorcycle
mouche *f.* fly
mouillé(e) damp, wet (IC)
mouiller to moisten (11)
moulé(e) molded (IC)
moules *f. pl.* mussels (10)
mourir to die
mousse *f.* whipped cream (10); moss (IC)
moustache moustache
moutarde *f.* mustard
mouton *m.* lamb
moyen(ne) average
Moyen Âge *m.* Middle Ages
Moyen-Orient *m.* Middle East (4)
se munir to provide oneself (12)
mur *m.* wall
 au mur on the wall
 mur d'enceinte outer wall (IC)
musculation *f.* weight lifting
musée *m.* museum
musique *f.* music
 musique classique *f.* classical music
musulman(e) *m. (f.)* Muslim (7)

N

nager to swim
naïf(-ve) naive
naissance *f.* birth
naître to be born (9); to come from, originate (IC)
nappe *f.* tablecloth (12)
natation *f.* swimming
navette *f.* shuttle bus (6)
ndole meat or dried fish stew (7)
n'est-ce pas isn't that so?
né(e) born
ne... jamais never
ne... pas encore not yet (8)
ne pas penser que to think not (5)
ne pas pouvoir to be unable
ne... personne no one (8)
ne... plus no longer (8)
ne... que only (10)
Ne quittez pas. Don't hang up. (11)
ne... rien nothing
Ne t'énerve pas! Don't get excited!
neige *f.* snow
neiger to snow
 il neige it is snowing
nettement clearly
nettoyer to clean (1)
neuf nine
neuf(-ve) brand new
neuvième ninth
nez *m.* nose
 nez bouché *m.* stuffy nose
 nez pris *m.* stuffy nose
ni nor (2)
nid *m.* nest (IC)
Nkonzock kingdom of elephants— village in Cameroon (7)
noir(e) black
nom *m.* name
 nom de famille *m.* last name
nombre *m.* number
 nombres impairs *m. pl.* odd numbers
 nombres pairs *m. pl.* even numbers

nombreux(-euse) numerous, big
 J'ai une famille nombreuse. I have a big family.
non-fumeur nonsmoking (5)
non meublés unfurnished
non plus either
nord *m.* north
 nord-est *m.* northeast
 nord-ouest *m.* northwest
normand(e) from Normandy; cooked with cream and apples (10)
nos our
note *f.* bill; mark
 quelle note? what mark?
notre our
nourrice *f.* nurse, nanny
se nourrir to keep oneself
nourriture *f.* food
nous us, to us; we
 Nous leur devons beaucoup d'argent. We owe them a lot of money.
 Nous ne sommes jamais d'accord. We never agree.
 Nous pouvons tout faire! We can do everything! (5)
 nous voudrions voir we would like to see
nouveau (-vel / -velle) new, changed
nouveau-né *m.* newborn (12)
nouvelle *f.* news
Nouvelle-Angleterre *f.* New England (7)
Nouvelle-Calédonie *f.* New Caledonia (7)
Nouvelle-Écosse *f.* Nova Scotia (7)
Nouvelle-Orléans *f.* New Orleans (4)
Nouvelle-Zélande *f.* New Zealand (4)
novembre *m.* November
noyer *m.* walnut (7)
nuire to harm (IC)
nuit *f.* night

O

obéir (à + *noun*) to obey (someone or something)
occidental(e) western
s'occuper to take care of
octobre *m.* October
odorant fragrant (8)
œil *m.* eye
œillet *m.* carnation
œuf *m.* egg
  œufs mayonnaise *m. pl.* hard-boiled eggs with mayonnaise (10)
œuvre *m.* work
office du Saint-Esprit *m.* service of the Holy Spirit (IC)
offrir to offer
oignon *m.* onion
oiseau *m.* bird
ombrage *m.* shade
ombragé(e) shaded (9)
ombre *m.* shade
omelette *f.* omelet
omnibus *m.* bus; slow train (5)
on people in general
  On change d'avis. We change our minds.
  on prend congé saying goodbye
  on fait la queue we wait in line
  On va voir. We'll see.
oncle *m.* uncle
onze eleven
onzième eleventh
optimiste optimist
orage *m.* storm
orange *f.* orange
  orange pressée *f.* orangeade
Orangina *m.* orange-flavored soft drink
ordinateur *m.* computer
ordonner to command
  s'ordonner to organize (IC)
orée *f.* edge
oreille *f.* ear
orgue *m.* organ
Orly-Ouest airport near Paris

that handles domestic flights (6)
Orly-Sud airport near Paris that handles flights from Africa and Asia (6)
orthographe *f.* spelling (IC)
os *m. pl.* bones
ossuaire *m.* gravesite
où where
  où est where is
  Où est-ce que tu l'as acheté? Where did you buy it?
  Où est-ce qu'on va d'abord? Where are we going first?
  où se trouve where is
oublier to forget
ouest *m.* west
outre-mer overseas
ouvert(e) open
ouvrier(ère) *m. (f.)* worker (7)
ouvrier(ère) à la chaîne *m. (f.)* assembly-line worker (1)
ouvrir to open

P

P et T Postes et Télécommunications (12)
pain *m.* bread
  du pain some bread
  en pain a loaf of bread
  le pain bread (in general)
  pain au chocolat *m.* roll with a piece of chocolate in the middle
  pain aux raisins *m.* roll with raisins
  pain de campagne *m.* round loaf of bread
  pain grillé *m.* toast
pair even
  nombres pairs *m.* even numbers
paix *f.* peace
palais *m.* palace; palate (IC)
palmarès *m.* list of honors
palourdes *f. pl.* clams (10)
palper to feel

paner to bread (11)
panne *f.* breakdown, mishap (6)
panneau *m.* sign (4)
  panneaux peints *m. pl.* painted panels (IC)
pansement *m.* dressing (of wounds)
pantalon *m.* pair of trousers, slacks (3)
papeterie *f.* stationery store
papier à écrire *m.* stationery
papillon *m.* butterfly (8)
par contre on the other hand
par mois per month
par rapport à by comparison to (9)
par-dessus above
paraître to seem (2)
parc *m.* park
parce que because
parcourir to cross (9)
pardessus *m.* overcoat (3)
Pardon? Excuse me.
pareil(le) the same
parent(e) *m. (f.)* relative (CP)
se parer to deck oneself out (IC)
paresseux(-se) lazy
parfum *m.* perfume
Pariscope weekly entertainment magazine in Paris listing all events for the coming week
parisien(ne) from Paris; cooked in sauce of flour, butter, and egg yolks (10)
parking *m.* parking place
parler to speak
part *f.* piece
  part de pizza *f.* slice of pizza
partager to share
partir to leave
  partir pour to leave for
  partir de to leave from
partout everywhere
parvenir to come (IC)
pas not
  pas assez de not enough
  pas beaucoup de not many
  pas du tout not at all
  pas encore not yet

pas mal de quite a bit of
passer to take place
  passer le temps à to spend time
  passer les vacances to spend a vacation
  passer un examen to take a test
  passer un film to show a movie
pastilles *f. pl.* lozenges
pâté *m.* meat spread
pâtes *f. pl.* pasta
pâtisserie *f.* bakery that sells pastry
patois *m.* local accent, dialect (8)
patrie *f.* homeland (nation)
patron(ne) *m. (f.)* boss (7); owner (10)
pays *m.* country
Pays-Bas *m. pl.* Netherlands (4)
paysage *m.* landscape
paysans *m. pl.* peasants (IC)
peau *f.* skin (9)
pêche *f.* peach
pêcher to fish (for)
peindre to paint
peinture *f.* painting; paint
  peinture achevée *f.* very portrait (IC)
pelle *f.* shovel (9)
pelleter to shovel (9)
pencher to lean (12)
pendant during, for
pendentif *m.* pendant
penser (que) to think (that) (5)
pension *f.* boarding house
  pension complète *f.* room with three meals a day (CP)
perdre to lose (8)
père *m.* father
permis de conduire *m.* driver's license
Pérou *m.* Peru (4)
Persans *m. pl.* Persians (IC)
persil *m.* parsley (11)
peser to weigh

pessimiste pessimistic
pétanque *f.* game played with metal and wooden balls
petit(e) small; short
  petit(e) ami(e) *m. (f.)* boy(girl)friend
  petites announces *f. pl.* classified ads
  petit déjeuner *m.* breakfast
  petit pain *m.* small breakfast roll
  petit pois *m.* pea
Petite Bretagne *f.* Brittany (CP)
petite-fille *f.* granddaughter
peu little, few
  peu à peu little by little
  très peu de very few
peut-être perhaps
  peut-être que oui, peut-être que non maybe yes, maybe no (6)
peut-on… ? can one (we) … ?
pharmacie *f.* drugstore
pharmacien(ne) *m. (f.)* pharmacist
phénix des hôtes *m.* most perfect inhabitant (IC)
Phosphore magazine for young people in France
piano *m.* piano
pick-up *m.* record player
pièce *f.* room
pièce de théatre *f.* play
pièce de monnaie *f.* coin
pied *m.* foot
pierre *f.* stone
piéton *m.* pedestrian
pieux(-se) pious (IC)
pinceau *m.* brush
piqûre *f.* shot (12)
le pire est… what's worse … (3)
pirogue *f.* dugout canoe (9)
piscine *f.* swimming pool
pistolet *m.* pistol
pittoresque *m.* picturesqueness
placard *m.* closet
place *f.* square
plafond *m.* ceiling (IC)

plafond à poutres apparantes *m.* ceiling with exposed beams (IC)
plage *f.* beach
se plaindre to complain
plainte *f.* complaint
plaisir *m.* pleasure
  avec plaisir gladly, with pleasure
plaît (he, she, it) pleases (IC)
plan *m.* map
  plan de métro metro map
planche *f.* plate, illustration
plancher *m.* floor (9)
plante verte *f.* green plant
plaque d'immatriculation *f.* license plate
plat *m.* dish, plate
plat(e) flat (8)
plein(e) full
pleuvoir to rain
pli *m.* fold (IC)
plomb *m.* lead (IC)
pluie *f.* rain
plumage *m.* feathers (IC)
plume *f.* feather
la plupart des most of the
plus more
  plus aucun(e) no longer any
  plus de… que more … than
plus grand nombre *m.* most
plusieurs several
plutôt rather (IC)
pneu *m.* tire (6)
  pneu crevé *m.* flat tire (6)
poêle *f.* frying pan (11)
poignet *m.* wrist
point no (IC)
poire *f.* pear
poireau m. leek (11)
(à) pois polka dots (3)
poisson *m.* fish
poitrine *f.* chest
poivre *m.* pepper
poivrer to pepper (11)
poivrons *m. pl.* peppers (10)
policé(e) governed (IC)
policier *adj.* mystery, detective
politique *f.* politics

polo *m.* polo shirt (3)

Pologne *f.* Poland

Polonais(e) *m. (f.)* Pole

pomme *f.* apple

pomme de terre *f.* potato

pommes frites *f. pl.* French fries

pompier *m.* firefighter (1)

pont *m.* bridge

pont-levis *m.* drawbridge (IC)

populaire popular

porc *m.* pork

porte *f.* door, gate (6)

portefeuille *m.* wallet

porter to carry, to wear

porter des lunettes to wear glasses

portugais(e) Portuguese

poser des questions to ask questions

poste *m.* job (1)

poste aérienne *f.* air mail (12)

postier(-ère) *m. (f.)* postal worker (1)

pot de fleurs *m.* flower pot

potage *m.* thick soup (10)

poteau fanal *m.* streetlight (9)

poteaux *m. pl.* pillars

poulaille *f.* brood of chicks

poulailler *m.* hen house

poule *f.* hen

poulet *m.* chicken

poupée *f.* doll

pour in order to

Pour quoi faire? In order to do what?

pour se déplacer en ville to get around town

pourboire *m.* tip

pourquoi why

Pourquoi est-ce que vous vous plaignez? Why are you complaining?

Pourquoi pas? Why not?

Pourriez-vous... ? Could you ... ?

pourtant however

poussé(e) advanced (IC)

pousser to push

poussière *f.* dust (7)

pouvoir *m.* power

pouvoir to be able; to have permission to

pratique practical

préalablement previously, first (12)

précaire precarious (1)

préciser to give more details; to specify

préférence *f.* preference

préférer (que) to prefer (that) (2)

préjudiciable harmful (12)

préjugés *m. pl.* prejudices (IC)

premier(-ière) first

premièrement first

prendre to have; to take

prendre congé to take one's leave

prendre de l'essence to get gas (6)

prendre des cours de danse to take a dance class

prendre du soleil to sunbathe

prendre son (plein) essor to take off, develop fully, expand rapidly (IC)

prendre une correspondance to change trains

prendre une douche to take a shower

prénom *m.* first name

se préparer to get ready

près de near

présentation *f.* introduction

présenter to introduce

prêter to lend (2)

preuve *f.* proof (IC)

preux *m.* brave (IC)

prier to request; pray to (IC)

printemps *m.* spring

privé(e) private

probablement probably

prochain(e) next

produit *m.* product

produits laitiers *m. pl.* dairy products

profane secular (IC)

professeur *m.* teacher

profil *m.* profile (7)

programmeur(-se) *m. (f.)* computer programmer (1)

proie *f.* prey (IC)

projet *m.* plan

se promener to take a walk

promulgant proclaiming (IC)

pronoms accentués stress pronouns (11)

se prononcer to speak out

propreté *f.* elegance (IC)

protéines *f. pl.* proteins

provençal(e) from Provence; cooked with tomatoes, onions, garlic, and olive oil (10)

provisoire provisional, temporary (IC)

PTT Postes, Télégraphes, Téléphones (12)

puis then, next

puissant(e) powerful

pull-over (pull) *m.* pullover; crewneck sweater (3)

pulluler to swarm (9)

Q

qu'est-ce que what

Qu'est-ce qu'il y a? What's the matter?

Qu'est-ce qu'ils ont comme voiture? What kind of car do they have?

Qu'est-ce que c'est? What is it?

Qu'est-ce qui fait ce bruit? What is making that noise? (6)

Qu'est-ce que tu as? What's the matter (with you)?

Qu'est-ce que tu as (vous avez) dit? What did you say?

Qu'est-ce que tu en penses? What do you think of it?

Qu'est-ce que tu prends? What are you having?

Qu'est-ce que tu voudrais? What would you like?

Qu'est-ce qui leur est arrivé? What happened to them?

Qu'est-ce qui ne va pas? What's wrong?

Qu'est-ce que vous en pensez? What do you think about it? (6)

quai *m.* bank (of a river); platform (5)

quand when

quand même anyway

quarante forty

quart d'heure *m.* quarter of an hour

quartier *m.* neighborhood or city section

quatorze fourteen

quatorzième fourteenth

quatre four

quatre-vingt-dix ninety

quatre-vingt-un eighty-one

quatre-vingts eighty

quatrième fourth

que cela foisonne let there be a lot of that (7)

Que voulez-vous (veux-tu) dire? What do you mean?

Québec m. Quebec (7)

québécois *m.* Canadian French (9)

quel(le) what, which

Quel appartement louer? Which apartment should we rent?

Quel jour est-ce aujourd'hui? What day is today?

Quel temps fait-il? How's the weather?

Quelle blague! What a joke!

Quelle date sommes-nous? What is today's date?

quelle diantre de cérémonie what devilish formality (12)

Quelle est la date... ? What is the date ... ?

Quelle note? What mark?

Quelle sorte de... avez-vous? What kind of ... do you have?

quelque chose something

quelque chose de salé (sucré) something salty (sweet)

quelquefois sometimes

quelque part somewhere (4)

quelques some

qui that, who

à qui est... ? whose is ... ?

Qui a écrit cet article? Who wrote this article?

qui est-ce? who is it?

qui les attend who is waiting for them

qui y aille that goes there

quiche *f.* an open-faced pie filled with an egg and cheese mixture

(Le) Quick major fast-food restaurant chain in France

quinze fifteen

quinzième fifteenth

quitter to leave

quoi what

De quoi parlent-ils? What are they talking about?

quoi d'autre what else

quotidien(ne) daily, every day (7)

R

raccrocher to hang up (the telephone) (11)

radio-cassette *f.* cassette recorder with radio

radio-réveil *m.* radio alarm clock

radis *m.* radish

raffiné(e) refined

rainuré(e) grooved (IC)

ramage *m.* singing voice (IC)

ramée leafy boughs (IC)

ramener to bring back (10)

randonnée *f.* hike

rangé(e) arranged

ranger to put in order

rappeler to recall; to call again (11)

se rappeler to remember, recall (7)

se rapporter à to correspond with (IC)

raquette *f.* racket

raquette de tennis *f.* tennis racket

rarement rarely

rasant(e) *(slang)* boring (1)

se raser to shave

rassasier to fill up (12)

se ratrapper to catch up

se raviser to change one's mind (IC)

rayé(e) striped (3)

rayon *m.* shelf, section of a supermarket

rayonnement m. influence (IC)

rayure *f.* stripe (3)

RER train line that runs between Paris and its suburbs

réaliste realistic

rébarbative forbidding, daunting (IC)

réception *f.* front desk

recette *f.* recipe (11)

recevoir to receive (12)

recharger to load again (IC)

réchauffer to reheat (11)

recommandé(e) registered (12)

reconnaissant(e) grateful

reconnaître to recognize

récriminer to complain bitterly (IC)

reçu(e) received (10)

reculer to draw back

rédacteur(-trice) *m. (f.)* editor (1)

réfléchir à + *noun* to think, reflect (about something)

regarder to look at; to watch

région *f.* region, area

réglé(e) ruled (IC)

régler to regulate

règne *m.* reign (IC)

regretter (que) to regret (that) (9)

reine *f.* queen

rein *m.* kidney
réjouir to delight
relié(e) connected; tied together (8)
religieuse *f.* pastry filled with chocolate or coffee filling
remerciements *m. pl.* thank you
remercier to thank (12)
remettre to hand over (4)
rempli(c) filled
remuer to stir (11)
renard *m.* fox (IC)
se rencontrer to meet (each other)
rendez-vous *m.* meeting
   rendez-vous à... meet at ...
rendre to make; to return (something) (8)
   se rendre compte de to realize
   rendre visite à visit
rendu(e) made
renfermer to enclose (7)
renouveau *m.* renewal (IC)
renseignement *m.* (piece of) information
se renseigner to get information
rentrer to go back
renverser to knock down
répandu widespread (IC)
répartir to divide up (11)
repas *m.* meal
repérer to locate (5)
répondre à to answer (8)
reportage *m.* reporting
se reposer to relax
repousser to push back (9)
reprendre to start again; to return to
réputé(e) well-known
réseau *m.* network (4)
   réseau routier *m.* road system (6)
résidence university dormitory
se résoudre to resolve, determine, bring oneself to (IC)
respirer to breathe
rester to remain (14); to stay

rester au lit to stay in bed
résultat *m.* result
retourner to go back, return
retraite *f.* retirement
   en retraite retired
retrouver to meet (arranged in advance)
   se retrouver to meet
réunir to bring together, unite
   se réunir to meet
réussir to succeed
   réussir à un examen to pass a test
rêve *m.* dream
se réveiller to wake up
revendiquer to claim (9)
revenir to come back, return (CP)
rêver to dream
reverrai-je will I see (IC)
reviens are coming back
rêvons let's dream
rez-de-chaussée *m.* ground floor
rhume *m.* cold
   rhume des foins *m.* hay fever
rideau *m.* curtain
ridicule ridiculous
rien nothing
rive droite *f.* right bank of the Seine
rive gauche *f.* left bank of the Seine
rivière *f.* tributary
riz *m.* rice
rizière *f.* rice paddy
robe *f.* dress
roche *f.* rock (IC)
rocher *m.* rock
rock *m.* rock music
roi *m.* king
   roi-bâtisseur *m.* king who built
Roissy Rail train between Paris and Charles de Gaulle airport in Roissy (6)
roman *m.* novel
Ronde *f.* amusement park in Montréal

ronfler to snore
rose pink; *m.* pink color
rôti *m.* roast
   rôti de porc *m.* roast pork
rouge red
rouille *f.* rust (IC)
route départmentale *f.* secondary road (6)
route nationale *f.* main highway (6)
roux red (hair)
royaume *m.* kingdom (7)
Royaume Uni *m.* United Kingdom (11)
rue *f.* street
ruelle *f.* space between bedside and wall (IC)
russe Russian
Russe *m. or f.* Russian person
Russie *f.* Russia (4)

S

s'il vous plaît please
sable *m.* sand (8)
sac *m.* bag
   sac à dos *m.* backpack
   sac à main *m.* pocketbook
   sac de voyage *m.* travel bag (6)
saccage *m.* havoc (9)
sacrer to crown (IC)
sagesse *f.* wisdom (7)
sains healthy (IC)
Saint-Esprit *m.* Holy Spirit (IC)
saint(e) holy
salade *f.* salad, lettuce
sale dirty
salé(e) salty
saler to salt (11)
salle *f.* room
   salle à manger *f.* dining room
   salle de bains *f.* bathroom
   salle de séjour *f.* living room
salon d'automobile *m.* automobile showroom
salopette *f.* overalls, dungarees (3)

salut hi!

salutation *f.* greeting

samedi *m.* Saturday

  le samedi on Saturdays

sang *m.* blood (9)

sanglier *m.* wild boar

sanglot *m.* sob (IC)

sans without

  sans arrêt nonstop

  sans avenir without a future (1)

  sans compter without counting

  sans façons informal (12)

  sans mentir no lie (IC)

  sans tarder without delay (IC)

santé *f.* health

sapeurs-pompiers *m. pl.* firemen

sauce béchamel *f.* white cream sauce

saucisse *f.* sausage

saucisson *m.* salami

sauf unless (12)

sauté(e) fried (10)

sauvage wild

sauvegarde *f.* safeguarding (7)

sauvegarder to safeguard, protect (9)

sauver to run away (12)

savant *m.* scholar (IC)

savoir to know; to find out

savoir *m.* knowledge (7)

  savoir livresque *m.* book learning (IC)

savon *m.* soap

saxophone *m.* saxophone

sciences *f. pl.* science

seau *m.* bucket (7)

sec (sèche) dry

secrétaire *m. or f.* secretary

seigneur *m.* lord (IC)

seize sixteen

seizième sixteenth

séjour *m.* stay

sel *m.* salt

semaine *f.* week

  cette semaine *f.* this week

en semaine during the week

  la semaine prochaine *f.* next week

sembler to seem

Sénégal *m.* Senegal (4)

sénégalais Senegalese

Sensass! (Sensationnel!) Sensational! (3)

sensationnel(le) sensational

sentence *f.* saying (12)

(se) sentir to feel

  se sentir bien (mal) to feel well (ill)

sept seven

septembre *m.* September

septième seventh

sera (he/she/it) will be

sérieusement seriously (9)

sérieux(-se) serious

serveuse *f.* waitress

service *m.* tip; set of utensils

service de dépannage *m.* road service (6)

serviette *f.* towel; napkin (12)

le seul parti the only match (IC)

seul(e) alone, single

seulement only, but

sévère severe

short *m.* pair of short-shorts (3)

Si on allait... ? What if we went ... ? (4)

siècle *m.* century

  Siècle des lumières *m.* the Enlightenment (IC)

siège *m.* seat (6)

  siège arrière *m.* back seat (6)

  siège avant *m.* front seat (6)

siéger to reside

sifflant whistling (IC)

signer to sign (one's name)

sincère sincere

sirène *f.* siren (mermaid) (IC)

sitôt as soon as (9)

six six

sixième sixth

ski nautique *m.* waterskiing

SNCF Société Nationale des Chemins de Fer Français (4)

société *f.* company

sociologie *f.* sociology (8)

sœur *f.* sister

  sœur aînée *f.* older sister

soie *f.* silk (3)

soin *m.* care

soir *m.* evening

  ce soir tonight

  du soir P.M.

  le soir evenings; in the evening

soirée *f.* evening, party

soit que whether (IC)

soixante sixty

soixante-dix seventy

sol *m.* soil (9)

Somalie *f.* Somalia (7)

sommeil *m.* sleep

somnoler to doze

son *m.* sound

sondage *m.* poll

songer to think (IC)

sonner to ring

sorbet *m.* sherbet (10)

sorcière *f.* witch (IC)

sortir to go out; to leave; to take out (12)

Soudan *m.* Sudan (7)

souffle *m.* wind (IC)

soulever to lift

souligner to underline

soupçonner to suspect (8)

soupirant(e) sighing

sourire to smile (IC)

souris *f.* mouse

sous une tente under a tent

sous-douane duty-free (6)

sous-sol *m.* basement

soutenir to wage (IC)

souterrain(e) underground

se souvenir de to remember

souvent often

  assez souvent fairly often

souveraineté *f.* sovereignty (IC)

Soyez raisonable! Be reasonable!

spécialisation *f.* specialty

spécialité *f.* specialty

spectacle *m.* show
spectacle son et lumière *m.* Sound and Light show
spéléo *f.* spelunking
sportif(-ve) athletic
squelette *m.* skeleton
stade *m.* stadium (sports complex)
station de métro *f.* subway stop
station-service *f.* service station (6)
stylo *m.* ballpoint pen
subit cette peine underwent this punishment (IC)
sucre *m.* sugar
sucré(e) sweet
sucré(e) ou salé(e) sweet or salty
sud south; *m.* south
sud-est *m.* southeast
sud-ouest *m.* southwest
Suède *f.* Sweden (4)
suer to sweat (IC)
Suisse *f.* Switzerland
suisse Swiss
suite *f.* continuation (6)
suite in response (2)
suivant following
suivre to follow
suivre un régime to be on a diet
suivre votre pensée to follow your thinking (IC)
superficie *f.* surface area
supermarché *m.* supermarket
sur on, out of
sur la plage at the beach
sûreté *f.* security (IC)
surgelé(e) frozen
surveiller to overlook
svelte thin
sweat *m.* sweatshirt (3)
sybarite *m.* person living an easy life (IC)
sympa(thique) nice, agreeable
synagogue *f.* synagogue
Syrie *f.* Syria (4)

T

T-shirt *m.* tee shirt
ta *f.* your
table de nuit *f.* nightstand
tableau *m.* painting
tableau général des trains *m.* train table (5)
tabouret *m.* stool (IC)
tâcher to try (IC)
taille-crayon *m.* pencil sharpener
tailler to carve out (IC)
tailleur *m.* tailor-made costume (3)
tailleur de pierre *m.* stonecutter (7)
se taire to hold one's tongue (7)
Taisez-vous! Be quiet! (12)
tandis que while
tant so many
Tant mieux. So much the better.
tant... que as much ... as
tante *f.* aunt
tantôt... tantôt at one time ... at another time
Tanzanie *f.* Tanzania (7)
tapis *m.* rug
tapissés filled with tapestries
tarif *m.* fare (5)
tarte *f.* pie
tarte a l'oignon *f.* a kind of quiche made with onions
tarte aux fraises *f.* strawberry pie
tarte aux pommes *f.* apple pie
tartelette *f.* a small open-faced pie in various flavors
tasse *f.* cup
taureau *m.* bull
taux dechômage *m.* unemployment rate (1)
Tchad *m.* Chad (7)
te (t') you, to you
teint au vôtre pareil complexion similar to yours (IC)

tel(le) such (9)
se téléphoner to call one another
télévision *f.* television
tellement so much, too much
témoin *m.* witness
température *f.* temperature
temps jadis former times (IC)
tenir to insist (9)
tennis *m.* tennis
tenter votre chance to trust to luck (12)
tenu hold (IC)
terminer to finish
ternir to tarnish (IC)
terrasse *f.* sidewalk in front of a café
terrine *f.* paté (10)
télécarte *f.* telecard: pay phone credit card (11)
télégramme *m.* telegram (12)
témoin *m.* witness (2)
ténébreux(-se) dark (IC)
tes *m. or f. pl.* your
tête *f.* head
se laver la tête to wash one's hair
têtes de morts *f. pl.* skulls
TGV train à grande vitesse (4)
thé *m.* tea
thé au lait *m.* tea with milk
thé citron *m.* tea with lemon
thé nature *m.* regular tea
théâtre *m.* theater
thon *m.* tuna
Tibre *m.* Tiber River (IC)
Tiens! What do you know!; See!
Tiers État *m.* Third Estate (IC)
timbre *m.* stamp (8)
timide shy
tir *m.* shooting (IC)
tir à l'arc *m.* archery
tirer to take
tirer à couvert to shoot from cover (IC)
tirer mieux parti to make better use of (IC)
Tirez la langue. Stick out your tongue.
tiroir *m.* drawer

tissu *m.* fabric (3)
toi you
  à toi yours
  C'est à toi? Is that yours?
toile *f.* canvas; sailcloth (3)
Toison *f.* Golden Fleece (IC)
toit *m.* roof
  toit d'ardoise *m.* slate roof
  toit de taule *m.* tin roof (7)
tomate *f.* tomato
tomber to fall
  tomber en panne to break
    down (6)
  tomber en syncope to black
    out (IC)
  tomber malade to get sick
ton *m.* your
tonalité *f.* tone (11)
tonneaux *m. pl.* casks (7)
tonnelier *m.* cooper (7)
tôt early; soon (4)
toujours always, still (8)
tour à tour in turn
tour de l'horloge *f.* clock tower
tourelle *f.* turret (IC)
tourner to turn
tourtière *f.* meat pie (9)
tous deux both
tousser to cough
tout en riant while laughing (9)
tout neuf brand new (5)
tout(e) completely, very;
  everything
  tout ce qu'on veut everything
    you could want
  tout d'un coup all of a sudden
  tout de même all the same
  tout droit straight ahead
  tout entier completely
  tout le monde everybody
  tout(e) seul(e) all alone, all
    by yourself
  tout un mois a whole month
  **tout (toute, tous, toutes) + le
    (la, l', les)** every
  tous les ans every year
  tous les jours every day
  tous les matins every
    morning

toutes les semaines every
  week
tout-puissant all powerful (IC)
toux *f.* cough
train électrique *m.* electric
  train
traîner to drag on
traître treacherous, traitorous
  (IC)
trajet moyen *m.* average trip
  (6)
tranche *f.* slice
travail *m.* work, task (1)
travailler to work
travailleur *m.* worker
traverser to cross
  traversez la place cross the
    square
treize thirteen
treizième thirteenth
trente thirty
trépas *m.* death (IC)
très very
  très peu de very few
tressaillir to shudder (IC)
triste sad
trois three
  trois quarts d'heure three-
    quarters of an hour
troisième third
se tromper to be mistaken,
  make a mistake
  se tromper de quai to go to
    wrong platform (5)
trompette *f.* trumpet
trône *m.* throne
trop de too much
troupeau m. flock (IC)
trouver to find
  se trouver to be located
truite *f.* trout (10)
tu *sing.* you (familiar)
  Tu as de la chance. You are
    lucky.
  Tu as eu un accident? Did
    you have an accident?
  tu devrais you should
  Tu es en forme? Are you in
    shape?

Tu l'as fait? Did you do it?
**Tu n'as pas bonne mine
  aujourd'hui.** You don't look
  very good today.
Tu n'as pas mal à la tête?
  Don't you have a headache?
tu ne tarderas guère you
  won't be long in coming (IC)
Tu t'es fait mal? Did you hurt
  yourself?
Tu te sens bien? Are you
  feeling well?
tu voudrais you would like
tueur *m.* killer
Tunisie *f.* Tunisia (4)
tuyaux *m. pl.* pipes

U

UTA Union des Transports
  Aériens
un(e) one
une fois once
  une fois par jour once a day
  une fois par semaine once a
    week
  une fois rentré(e) once I'm
    home
uni(e) solid-colored (3)
université *f.* university
les uns des autres one from the
  other
usage m. experience (IC)
usine *f.* factory

V

vacances *f. pl.* vacation
vache *f.* cow
vague *f.* wave
vaincu defeated (IC)
vaisselle *f.* dishes
valable valid, good
  valable pour la vie valid for
    life
valise *f.* suitcase
vanille *f.* vanilla
vanté(e) praised (9)

vanter to praise (9)
veau *m.* calf
vécut he (she, it) lived
vedette *f.* movie star (1)
veille *f.* eve
vélo *m.* bicycle
vélomoteur *m.* moped
vendre to sell (8)
vendredi *m.* Friday
Vénézuéla *m.* Venezuela (4)
venir to come
venir de to have just
  venir d'arriver to have just
  arrived
vent *m.* wind
ventre *m.* belly, abdomen
venu(e) arrived, arriving
vêprée *f.* vespers, time for
  evening prayers (IC)
verglas *m.* thin coat of ice
vérité *f.* truth
vermoulu(e) worm-eaten (9)
verre *m.* glass
vers around toward
vert(e) green
vertige *m.* dizziness
veste *f.* jacket (3)
vêtements *m. pl.* clothes (1)
vêtu en cuisinier dressed as a
  cook (12)
veuillez agréer be pleased to
  accept (12)
viande *f.* meat
vidéo *f.* videotape
  vidéo vierge *f.* blank video
  vidéo-clip *m.* music video
vie *f.* life
vieillir to age
vierge blank
vierge *f.* virgin (9)
Viêt-nam *m.* Vietnam (4)
vietnamien(ne) Vietnamese

vieux (vieille) old
vif(-ve) colorful, lively (8)
vignobles *m. pl.* vineyards
ville *f.* city, town
  en ville downtown, into town
vingt twenty
vingtième twentieth
vinicole wine-producing
violet(te) violet
violon *m.* violin
visage *m.* face; look
visite-éclair *f.* lightning-fast
  visit
vitamines *f. pl.* vitamins
vite quickly
vitesse *f.* speed
vitraux *m. pl.* stained-glass
  windows (IC)
vivant(e) living
vivre to live
voici here is
voie *f.* path(way); way, route;
  track (5)
  voie(s) ferrée(s) *f. pl.*
  track(s), railways (4)
voilà that's it; there is, there are
voilà pour traiter enough to
  cater for (12)
voir to see
voisin(e) *m. (f.)* neighbor
voiture *f.* car; subway cars
  **voiture de première
  (seconde)** *f.* first (second)
  class train or subway car
voix *f.* voice(s)
vol *m.* flight
volé(e) stolen (12)
voler to fly
voleur(-se) *m. (f.)* robber
volley *m.* volleyball
volontiers willingly
vos your

votre your
vouloir to wish; to want
  vouloir bien OK, gladly, with
  pleasure
  vouloir dire to mean
  vouloir (que) to wish (that)
  (10)
vous *sing.* you (formal); *pl.*
  you, to you
  vous devez you must
  Vous me manquez! I miss
  you!
  vous ne sauriez que you
  need only (IC)
  **Vous vous rendez compte de
  votre état?** Are you aware of
  your condition?
(un) voyage inoubliable *m.* an
  unforgettable trip (6)
voyager to travel
voyons come on; let's see
vrai true

W

walk-man *m.* personal stereo
W.C. *m. pl.* water closet (toilet)

Y

y there
yaourt *m.* yogurt
yeux *m. pl.* eyes

Z

Zaïre *m.* Zaire (4)
Zambie *f.* Zambia (7)
zéro *m.* zero

English-French Glossary

The numbers in parentheses refer to the chapter in which the word or phrase is introduced. Entries without chapter numbers were presented in Books 1 and 2.

A

a lot (of) beaucoup (de) (10)
A.M. du matin
abdomen ventre *m.*
(to be) able pouvoir
(to) abound foisonner (12)
about à peu près; environ (6)
above par-dessus; au-dessus de
  above all avant tout
according to d'après
accountant comptable *m. or f.*
(to) acknowledge avouer (12)
across from en face de
acquaintance connaissance *f.*
  get acquainted faire connaissance
(to) act as a clever man agir en habile homme (12)
active actif(-ve)
actor (actress) acteur(-trice) *m. (f.)*
(to) add ajouter (11)
  (to) do addition faire des sommes
address adresse *f.*
adjoining jouxte (10)
(to) administer gérer (IC)
(to) admit avouer
advanced avancé(e) (9); poussé(e) (IC)
advice conseil *m.*

affected atteint(e) (7)
after après
afternoon après-midi *m.*
  in the afternoon de l'après-midi
  this afternoon cet après-midi *m.*
afternoons l'après-midi
again encore
  Again! Encore une fois!
age âge *m.*
(to) age vieillir
ago il y a
(to) agree être d'accord; se mettre d'accord (4)
agreeable sympa(tique); gentil(le)
agreed entendu; d'accord, d'acc., OK, c'est d'accord (2)
Agreed? C'est convenu?
air letter aérogramme *f.* (12)
air mail poste aérienne *f.* (12)
airline ligne aérienne *f.* (6)
airplane avion *m.*
airport aéroport *m.*
airsickness mal de l'air *m.*
Alas! Las! (IC)
Algeria Algérie *f.* (4)
Algiers Alger (7)
all tout
  all alone tout(e) seul(e)
  all at once d'un seul jet
  all of a sudden tout d'un coup
  all by yourselves toutes seules
  all right assez bien
  All right. Ça va.
  all the same tout de même
all-powerful tout-puissant (IC)

(to be) allergic être allergique à
allergies allergies *f. pl.*
(to) allow comporter (IC)
almond amande *f.*
  (with) almonds (aux) amandes *f. pl.*
alone seul(e)
  all alone tout(e) seul(e)
along le long de
already déjà
(from) Alsace alsacien(ne)
also aussi
always toujours
(to) amaze épater
ambitious ambitieux(-se)
American américain(e)
amusing amusant(e)
ancestors aïeux *m. pl.* (IC)
angel ange *m.*
anger colère *f.* (9)
angry young men coléreux *m. pl.*
animal animal(-maux) *m.*
ankle cheville *f.*
(to) answer répondre à (8)
antihistamines anti-histamines *f. pl.*
antique store magasin d'antiquités *m.*
anxiety angoisse *f.* (1)
anxious angoissé(e) (1)
any poor fool could do as much il n'y a pauvre esprit qui n'en fît bien autant (12)
any, some de, de la, del', du, des
anything foolish bêtises *f. pl.*
anyway quand même
apartment appartement *m.*
(to) apologize s'excuser
apple pomme *f.*

apple juice jus de pomme *m.*
apple pie tarte aux pommes *f.*
apricot abricot *m.*
April avril *m.*
arc arche *m.* (IC)
archery tir à l'arc *m.*
architect architecte *m. or f.*
Are you aware of your condition? Vous vous rendez compte de votre état?
Are you feeling well? Tu te sens bien?
Are you in shape? Tu es en forme?
area superficie *f.*; région *f.*
area code indicatif *m.* (11)
Argentina Argentine *f.* (4)
(to) argue, have an argument se disputer
arm bras *m.*
armchair fauteuil *m.* (5)
around vers
(to) arrange aménager
arranged rangé(e)
arrival arrivée *f.*
(to) arrive arriver
arrived, arriving venu(e)
arrow flèche *f.*
artiste *m. or f.* artist
as à mesure que; aussi (7)
as a matter of fact justement
as many autant de (7)
as much autant
  as much as autant que
  as much … as tant… que; autant de… que
as soon as sitôt (9)
as well as aussi bien que
As you wish. Comme vous voudrez.
ashamed honteux(-se) (IC)
(to) ask demander
  ask Marie if she has … demande à Marie si elle a…
  (to) ask questions poser des questions
  ask the others demande aux autres
asparagus asperge *f.*
aspirin aspirine *f.*

assembly-line worker ouvrier(ère) *m. (f.)* à la chaîne (1)
astronaut astronaute *m. or f.*
at à
  at fault fautif(-ve)
  at least au moins; du moins
  at my (our) house chez moi (nous)
  at one time … at another time tantôt… tantôt
  at summer camp à la colonie de vacances
  at the bottom au fond
  at the corner of au coin de
  at the edge à l'orée
  at the end of au bout de
  at the office au bureau
  at the time of lors de
  at their house chez eux
  (at) what time? à quelle heure?
athletic sportif(-ve)
attacker assaillant *m.* (IC)
(to) attract attirer
attractive attrayant(e) (2)
audio cassette cassette *f.*
audio tape bande magnétique *f.*
August août *m.*
aunt tante *f.*
Australia Australie *f.* (4)
Austrian autrichien(-ne) (3)
author *m.* auteur
automated automatisé(e) (1)
automation automatisation *f.* (1)
automobile showroom salon d'automobile *m.*
autumn automne *m.*
(from) Auvergne auvergnat(e)
average moyen(ne)
average trip trajet moyen *m.* (6)
(to) avoid éviter (3)

B

baby bébé *m.*
back dos *m.*
back home de retour

back seat siège arrière *m.* (6)
background à fond (+ color) (3)
backpack sac à dos *m.*
bacon bacon *m.*
bad mauvais(e)
bad cold gros rhume *m.*
bag sac *m.*
baggage car fourgon *m.* (4)
baggage claim livraison des bagages *f.* (6)
baker boulanger(-ère) *m. (f.)*
bakery that sells bread and rolls boulangerie *f.*
bakery that sells brioche and other hot snacks briocherie *f.*
bakery that sells pastry pâtisserie *f.*
balcony balcon *m.*
bald chauve
(the) Bald Soprano La Cantatrice chauve (6)
ball ballon *m.*
ballpoint pen stylo *m.*
banana banane *f.*
bank banque *f.*
bank (of a river) quai *m.*; bord *m.*
  on the banks of au bord de
banker banquier(-ère) *m. (f.)* (1)
bare tops cime dépouillée (IC)
bars barreaux *m. pl.*
base (vile) immonde (IC)
baseball base-ball *m.*
basement sous-sol *m.*
basketball basket *m.*
(to) baste arroser (11)
bathed baigné(e) (8)
bathing suit maillot de bain, maillot de surf (3)
bathroom salle de bains *f.*
battlement créneau *m.* (IC)
Be quiet! Taisez-vous! (12)
be pleased to accept veuillez agréer (12)
Be reasonable! Soyez raisonnable!
(to) be être
  (to) be able pouvoir

(to) be allergic être allergique à

(to) be amazed that être étonné(e) que (9)

(to) be angry that être fâché(e) que (9)

(to) be certain être certain que (5)

(to) be delighted that être ravi(e) que (9)

(to) be distressed that être navré(e) que (9)

(to) be dizzy avoir le vertige

(to) be early être en avance

(to) be furious that être furieux(-se) que (9)

(to) be glad that être content(e) que (9)

(to) be happy that être heureux(-se) que (9)

(to) be limited by avoir des bornes (IC)

(to) be lucky avoir de la chance

(to) be named s'appeler

(to) be on a diet suivre un régime

(to) be ravenously hungry avoir une faim de loup (10)

(to) be right avoir raison

(to) be sad that être triste que (9)

(to) be sorry that être desolé(e) que (9)

(to) be sure that être sûr(e) que (5)

(to) be surprised that être surpris(e) que (9)

(to) be unable ne pas pouvoir

beach plage *f.*

beak bec *m.* (IC)

beard barbe *f.*

(to) beat battre (11)

beaten battu(e)

beautiful beau (belle)

because à cause de; parce que, car

(to) become devenir

bed lit *m.*

bedroom chambre (à coucher) *f.*

bedside chevet du lit *m.* (IC)

beef bœuf *m.*

before avant

(to) begin commencer

beginning début *m.*

behind derrière

Belgian belge

Belgium Belgique *f.*

(to) believe accroire (IC)

belly ventre *m.*

(to) belong appartenir

below en bas

belt ceinture *f.* (3)

bent over courbé(e) (IC)

besides d'ailleurs; à part; en outre

better mieux

better than meilleur(e)(s)... que, mieux... que (7)

it is better il vaut mieux

between entre

beyond au-delà

bicycle vélo *m.*

(to go) bicycle riding faire du vélo

big grand(e); nombreux(-euse)

I have a big family. J'ai une famille nombreuse.

(to go) biking

(on bicycle) faire du vélo

(on motorcycle) faire de la moto

bill (currency) billet *m.*; **(invoice)** note *f.*; facture *f.* (12)

20-franc bill billet de 20

bird oiseau *m.*

bird's-eye view à vol d'oiseau

birth naissance *f.*

birthday anniversaire *m.*

birthday card carte d'anniversaire *f.*

birthday gifts cadeaux d'anniversaire *m. pl.*

bitterness amertume *f.* (IC)

black noir(e)

(to) black out tomber en syncope (IC)

bland fade (10)

blank vierge

blank cassette cassette vierge *f.*

blank video vidéo vierge *f.*

bleak morne (8)

(to) bleat bêler (IC)

blended mélangé(e) (9)

blind person aveugle *m.* (IC)

blood sang *m.* (9)

blouse chemisier *m.* (3)

blue bleu(e)

blue stocking bas-bleu *m.* (IC)

(the) blues cafard *m.* (8)

blurry brouillé(e) (IC)

(wild) boar sanglier *m.*

boarding house pension *f.*

boat bateau *m.*

body corps *m.*

body suit maillot de corps *m.*

bolt boulon *m.*

bones os *m. pl.*

boo huée *f.* (IC)

book livre *m.*

book learning savoir livresque *m.* (IC)

book of metro tickets carnet *m.*

bookstore librairie *f.*

Bordeaux (region) Bordelais

border frontière *f.;* bande *f.* (IC)

bordered bordé(e) (8)

(to be) bored s'ennuyer

boring ennuyeux(-se); *(slang)* rasant(e) (1)

born né(e)

(to be) born naître (9)

(to) borrow emprunter (8)

boss patron(ne) *m. (f.)* (7)

both tous deux

bothered inquiété (IC)

bottle bouteille *f.*

bow arc *m.* (IC)

bowl bol *m.* (11)

boy *m.* garçon

boy(girl)friend petit(e) ami(e) *m. (f.)*

brand marque *f.*

brand new tout(e) neuf(-ve) (5)

Brazil Brésil *m.*

bread pain *m.*
(to) bread paner (11)
bread crumbs chapelure *f.* (11)
(to) break se casser
(to) break down tomber en panne (6)
breakdown panne *f.* (6)
breakfast petit déjeuner *m.*
(to) breakfast déjeuner
(to) breathe respirer
breeding of cattle élevage *m.*
(from) Bretagne breton(ne
bridge pont *m.*
Brie cheese brie *m.*
(to) bring emporter (4), ramener (12)
(to) bring back ramener (10)
(to) bring together réunir
(to) bring (people) amener
(to) bring (things) apporter
briskly avec entrain (9)
Brittany Bretagne *f.;* Petite Bretagne *f.* (CP)
(from) Brittany breton(ne)
broadcast émission *f.*
brochure dépliant *m.*
brother frère *m.*
brown brun(e)
brush pinceau *m.*
(to) brush one's hair se brosser les cheveux
(to) brush one's teeth se brosser les dents
brushed frôlé(e) (IC)
Brussels Bruxelles *f.* (4)
bucket seau *m.* (7)
bugle clairon *m.* (IC)
(to) build bâtir
building bâtiment *m.*
　(office or apartment) building immeuble *m.*
built bâti(e)
bull taureau *m.*
bunch botte *f.*
Burgundy Bourgogne *f.*
(from) Burgundy bourguignon(ne)
(to) burn brûler (8)
burned brûlé(e) (IC)
(to) burst crever (6)

bus autocar *m.*; autobus *m.*
business affaires *f. pl.*
　business man (woman) homme (femme) d'affaires *m. (f.)*
bustling affairé(e)
but mais; seulement (4)
butcher boucher(-ère) *m.*
butcher shop boucherie *f.*
butter beurre *m.*
butterfly papillon *m.* (8)
buttock fesse *f.*
buttress contrefort *m.* (IC)
(to) buy acheter
by bicycle à vélo
by bus en autobus
by car en voiture
by comparison to par rapport à (9)
by subway en métro
by taxi en taxi

C

cabbage chou *m.*
café café *m.*
　neighborhood café café du coin *m.*
cafeteria cantine *f.*
Cairo le Caire (4)
cake gâteau *m.*
calculator calculatrice *f.*
calendar calendrier *m.*
calf veau *m.*
(to) call appeler
(to) call again rappeler (11)
(to) call one another se téléphoner
(to) calm down se calmer
Cambodia Cambodge (Kampuchea) *m.* (7)
camels chameaux *m. pl.* (IC)
Camembert cheese camembert *m.*
camera appareil-photo *m.*
Cameroon Cameroun (7)
Cameroonian Camerounais (7)
camper caravane *f.*
campgrounds campings *m. pl.*
camping camping *m.*

can boîte *f.*
can one … ? peut-on… ?
Canada Canada *m.*
Canadian canadien(ne)
Canadian French québécois *m.* (9)
candy bonbon *m.*
canned goods boîte de conserves *f.*
canoe canoë *m.*
canvas toile *f.*
capital capitale *f.*
capsule gélule *f.*
caption légende *f.*
car voiture *f.*; auto *f.*
car dealer concessionnaire *m. (f.)* (1)
card carte *f.*
cardboard box carton *m.*
care soin *m.*
career carrière *m.* (1)
(to be) careful avoir soin; faire attention
carnation œillet *m.*
carpenter menuisier *m.* (7)
carrot carotte *f.*
cart charue *f.* (9)
(to) carve out tailler (IC)
carved creusé(e) (7)
(in) cash en espèces
cashier caissier(-ère) *m. (f.)* (1)
casks tonneaux *m. pl.* (7)
casserole cocotte *f.* (9)
cassette recorder enregistreur à cassette *m.*
cassette recorder with radio radio-cassette *f.*
castle château *m.*
castrated châtré (IC)
cat chat *m.*
cathedral cathédrale *f.*
catsup ketchup *m.*
cedar cèdre *m.* (7)
ceiling plafond *m.* (IC)
ceiling with exposed beams plafond à poutres apparentes *m.* (IC)
(to) celebrate fêter (12)
celebrity célébrité *f.*
cells cellules *f. pl.*

(wine) cellar cave *f.*
century siècle *m.*
cereal céréales *f. pl.*
ceremonial d'apparat
certainly bien sûr
Chad Tchad *m.* (7)
(neck) chain chaîne *f.*
chair chaise *f.*
chamberlain chambellan *m.* (IC)
change monnaie *f.*
  Keep the change. Gardez la monnaie.
(to) change changer
  (to) change a tire changer la roue (6)
  (to) change one's mind se raviser (IC)
change of train line correspondance *f.*
  (to) change trains prendre une correspondance
(to) channel canaliser
(to) chase away chasser
(to) chat causer
check addition *f.* (10)
(to) check enregistrer (4)
cheek(s) joue(s) *f.*
cheese fromage *m.*
cherry cerise *f.*
chess échecs *m. pl.*
chest poitrine *f.*
chest of drawers commode *f.*
chicken poulet *m.*
(brood of) chicks poulaille *f.*
child enfant *m. or f.*
chills courbatures *f. pl.*
China Chine *f.*
Chinese chinois(e)
chisel gauge *f.* (7)
chivalry chevalerie *f.* (IC)
(hot) chocolate chocolat *m.*
(to) choose choisir
Christmas card carte de Noël *f.*
church église *f.*
church steeple clocher *m.*
citadel château fort *m.*
citizen citoyen *m.*
city ville *f.*

(of the) city citadin(e) (IC)
(to) claim revendiquer (9)
clams palourdes *f. pl.* (10)
clarinet clarinette *f.*
classical classique
  classical music musique classique *f.*
classified ads petites annonces *f. pl.*
(to) classify classer
(to) clean nettoyer (1); éplucher (11)
(to) clean up faire la toilette
(it's) clear il est clair que (5)
(to) clear débarrasser
  (to) clear the table débarrasser la table
clearly nettement
cleric clerc *m.* (IC)
clever habile (IC)
(to) climb monter
clock horloge *f.*
  clock radio radio-réveil *m.*
  clock tower tour de l'horloge *f.*
cloister cloître *m.*
close to près de
closet armoire *f.*, placard *m.*
clothes vêtements *m. pl.* (1)
clothing vêtements *m. pl.*
coach (class) classe touriste *f.*
coachman cocher *m.* (12)
coast littoral *m.* (8)
coat manteau *m.*
(to) coat enduire (11)
Coca-Cola Coca *m.*
coffee café *m.*
  with cream café crème *m.*
  with milk café au lait *m.*
coffered ceiling à caissons (IC)
cognate mot apparenté
coin(s) pièce(s) de monnaie *f.*
cold (temperature) froid *m.*; **(illness)** rhume *m.*
  bad cold gros rhume *m.*
cold cuts charcuterie *f.*
collapsed écroulé(e)
collision choc *m.*
Colombia Colombie *f.* (4)
colonization colonisation *f.* (8)

colorful vif(-ve) (8)
(to) come venir; parvenir (IC)
(to) come back revenir
(to) come from naître (IC)
Come on! Voyons!
comedy comédie *f.*
comic comique
(to) command ordonner
common sense bon sens *m.* (1)
compact disc disque compact *m.*
company société *f.*
comparison comparaison *f.*
(to) complain se plaindre
(to) complain bitterly récriminer (IC)
complaint plainte *f.*
(to) complement se doser
completed achevé(e)
completely tout(e), tout entier
complexion similar to yours teint au vôtre pareil (IC)
computer ordinateur *m.*
computer programmer programmeur(-se) *m. (f.)* (1)
computer science informatique *f.* (1)
conceived conçu(e)
concert concert *m.*
concrete béton *m.* (IC)
congestion embarras *m.* (IC)
connected relié(e)
contest concours *m.*
continuation suite *f.* (6)
(on the) contrary au contraire
conveniences commodités *f. pl.*
convenient commode
(to) convince convaincre (2)
  (to be) convinced être convaincu(e) (2)
(to) cook cuire (11)
cooper tonnelier *m.* (7)
cooperation concours *m.* (IC)
(to) cope with faire face à (1)
Copenhagen Copenhague (4)
(of) coral corallien(ne) (8)
corner coin *m.*
  at the corner of au coin de
(to) correspond with se rapporter à (IC)

Corsica Corse *f.*
(to) cost coûter
cotton coton *m.* (3)
cough toux *f.*
(to) cough tousser
Could you … ? Pourriez-vous… ?
count comte *m.*
(to) count compter
counter guichet *m.*
country pays *m.*
country lane allée *f.*
county seat chef-lieu *m.*
courage courage *m.*
courageous courageux(-se)
court cour *f.*
cousin cousin(e) *m. (f.)*
cow vache *f.*
cradle berceau *m.*
crafts industry artisanat *m.* (IC)
craftsman artisan(e) *m. (f.)* (1)
crayfish langoustine écrevisse *f.* (10)
crazy fou (folle)
cream crème *f.*
creature bête *m.*
credit card carte de crédit *f.*
creditor créancier *m.* (IC)
crewneck sweater pull-over, pull *m.* (3)
critic frondeur *m.* (IC)
criticized décrié(e) (IC)
croissant croissant *m.*
   croissant with almonds croissant aux amandes *m.*
crops moissons (IC)
cross croix *f.*
(to) cross traverser; parcourir (9), croiser (IC)
   cross the square traversez la place
crow corbeau *m.* (IC)
crown (money) écu (IC)
(to) crown sacrer (IC)
cruel cruel(le)
(of) cruising en croisière
crumb miette *f.* (IC)
cucumber concombre *m.*
(to) cultivate exploiter
cup tasse *f.*

(to) cure guérir (6)
curly frisé(e)
curtain rideau *m.*
custom coutume *f.*
customs(-duty) douane *f.* (6)
customs mœurs *f. pl.* (IC)
(to) cut couper (11)
cut out découpé(e)
(to) cut out (up) découper

D

daily quotidien(ne)
dairy laitier(-ère)
   dairy products produits laitiers *m. pl.*
damp mouillé(e) (IC)
dance bal *m.*
(to) dance danser
dark ténébreux(-se) (IC)
dark, deep color foncé (3)
daughter fille *f.*
daunting rébarbative (IC)
day jour *m.*; journée *f.*
   day off from school jour de congé *m.*
dazzling éclatant(e) (IC)
dead mort(e)
death mort *f.*; trépas *m.* (IC)
December décembre *m.*
(it's) decided c'est décidé (2)
(to) deck oneself out se parer (IC)
decline déchéance *f.* (IC)
dedicated dévoué(e) (1)
deer family cervidés
defeated vaincu (IC)
delayed attardé(e) (7)
delegate délégué(e) *m. (f.)*
deli owner charcutier(-ère) *m. (f.)*
delicatessen charcuterie *f.*
delicious délicieux(-se)
(to) delight réjouir
delighted (to meet you) enchanté(e)
delights délices *f. pl.* (IC)
delivery livraison *f.* (4)

(to) demean oneself déchoir (IC)
(to be) demoralized completely avoir le moral à zéro (1)
Denmark Danemark *m.* (4)
density densité *f.* (7)
dentist dentiste *m. or f.*
department store grand magasin *m.*
departure départ *m.*
depressed déprimé(e) (1)
(to be) depressed avoir le cafard (1)
depressing déprimant(e) (1)
depths fond *m.* (7)
(to) describe décrire
(to) desire that désirer que (10)
desk bureau *m.*
despair désespoir *m.* (IC)
despite malgré
(to) detail préciser
   let's give more details précisons
detective policier
(to) develop élaborer (IC)
(to) develop fully prendre son plein essor (IC)
dial cadran *m.* (11)
(to) dial the number composer le numéro (11)
dialogue of opposites dialogue de contraires
Did you do it? Tu l'as fait?
Did you have an accident? Tu as eu un accident?
Did you hurt yourself? Tu t'es fait mal?
(to) die mourir
difficult difficile
(to) digest poorly digérer mal
digit chiffre *m.* (11)
(to) dine dîner
dining room salle à manger *f.*
director metteur en scène *m.* (IC)
dirty sale (5)
   dirty laundry linge sale *m.*
disadvantage inconvénient *m.* (1)
disagreement différend *m.* (10)
disappointed déçu(e) (1)

disappointing décevant(e) (1)
disco discothèque *f.*
discovery découverte *f.*
discreet discret(-ète)
dish plat *m.*; assiette *f.* (12)
dishes vaisselle *f.*
dishonest malhonnête
(to) dismantle démanteler
distance distance *f.*
distressed angoissé(e) (1)
district canton *m.*
(to) divide up repartir (11)
divided highways autoroutes à
 péage *f. pl.* (6)
divine right droit divin *m.* (IC)
dizziness vertige *m.*
(to be) dizzy avoir le vertige
Do you give up? Jetez-vous
 votre langue aux chiens? (IC)
(to) do faire
  (to) do aerobics faire de
   l'aérobic
  (to) do an errand faire une
   course
  (to) do some math faire des
   calculs
  (to) do the cooking faire la
   cuisine
  (to) do the dishes faire la
   vaisselle
  (to) do the wash faire la
   lessive
  (to) do weight lifting faire de
   la musculation
  (to) do yoga faire du yoga
doctor médecin *m.*
dog chien(ne) *m. (f.)*
doll poupée *f.*
dollar dollar *m.*
dominion empire *m.* (8)
Don't get excited! Ne t'énerve
 pas!
Don't hang up. Ne quittez pas. (11)
Don't you have a headache?
 Tu n'as pas mal à la tête?
door porte *f.* (6)
dormer window lucarne *f.* (IC)
(to) doubt that douter que (5)

downtown en ville
(to) doze somnoler
dozen douzaine *f.*
(to) drag on traîner
drama drame psychologique *m.*
(to) draw dessiner
(to) draw back reculer
drawbridge pont-levis *m.* (IC)
drawer tiroir *m.*
drawing dessin *m.*
dream rêve *m.*
(to) dream rêver
  let's dream rêvons
dress robe *f.*
(to) dress s'habiller
dressed as a cook vêtu en
 cuisinier (12)
dresser commode *f.*
dressing (of wounds)
 pansement *m.*
drink boisson *f.*
(to) drink boire
(to) drive conduire
driver chauffeur *m.*
driver's license permis de
 conduire *m.*
driving school auto-école *f.*
drop goutte *f.*
(to) drop laisser tomber (IC)
drugstore pharmacie *f.*
drums batterie *f.*
dry sec (sèche)
duck canard *m.*
  duck with orange sauce
   canard à l'orange *m.* (10)
dugout canoe pirogue *f.* (9)
(to) dumbfound épater
dungeon donjon *m.*; cachot *m.*
 (IC)
duration durée *f.*
during pendant
during the week en semaine
dust poussière *f.* (7)
duty devoir *m.*
duty-free shop boutique sous-
 douane *f.* (6)
duty-free sous-douane (6)
dynamic dynamique

E

each chaque
  each one chacun(e)
ear oreille *f.*
early en avance; de bonne
 heure; tôt
(to) earn (money) gagner
earrings boucles d'oreilles *f. pl.*
east est *m.*
easy facile, **(effortless)** aisé(e)
 (12)
(to) eat manger
eclair éclair *m.*
economical économique
edge orée *f.*
(to the) edge en bordure
editor rédacteur(-trice) *m. (f.)* (1)
egg œuf *m.*
egotistical égoïste
Egypt Égypte *f.* (4)
Egyptian égyptien(ne)
eight huit
eighteen dix-huit
eighteenth dix-huitième
eighth huitième
(the) eighties les années
 quatre-vingts *f. pl.* (3)
eighty quatre-vingts
eighty-one quatre-vingt-un
elbow coude *m.*
elderly âgé(e)
electric train train
 électrique *m.*
elegance propreté *f.* (IC)
elegant élégant(e)
elevator ascenseur *m.*
eleven onze
eleventh onzième
(to) enclose renfermer (7)
enclosure enceinte *f.*
end fin *f.*
  at the end of au bout de
(to) end up aboutir (IC)
energetic énergique
engineer ingenieur *m.*
England Angleterre *f.* (4)
English anglais(e)

(to) enjoy jouir (IC)

enjoyment jouissance *f.* (IC)

(to) enlarge grossir; s'élargir (IC)

Enlightenment Siècle des lumières *m.* (IC)

enough assez, assez de

enough to cater for voilà pour traiter (12)

(to) enter entrer (dans)

envelope enveloppe *f.*

environment encadrement *m.*

equals égaux *m. pl.* (12)

era ère *f.*

(to) erase effacer

eraser gomme *f.*

errand course *f.*

escalator escalier *m.*

espresso express *m.*

eve veille *f.*

even même; pair

even numbers nombres pairs

evening soirée *f.*; soir *m.*

evenings le soir

in the evening le soir

event événement *m.*

every tout (toute, tous, toutes) + le (la, l', les)

every day tous les jours

every week toutes les semaines

every year tous les ans

everybody tout le monde

everything tout

everything you could want tout ce qu'on veut

everywhere partout

(it's) evident that il est évident que (4)

Excuse me? Pardon?

exercise machine appareil de gymnastique *m.*

exhausted crevé(e)

expensive cher(-ère)

less expensive moins cher

experience usage *m.* (IC)

(to) express oneself s'exprimer

(to) extend s'étendre

extraordinary extra, extraordinaire

eye œil *m.*

eyes yeux *m. pl.*

F

fabric tissu *m.* (3)

façade front *m.* (IC)

face visage *m.*

factory usine *f.*

(to) fail échouer

fair foire *f.*

fairly often assez souvent

faith foi *f.*

fall chute *f.* (IC)

(to) fall tomber

(to) fall ill tomber malade

false faux (fausse)

family famille *f.*

I have a big family. J'ai une famille nombreuse.

family tree arbre généalogique *m.*

famous célèbre

fantastic fantastique

fantasy film film fantastique *m.*

Far East Extrême-Orient *m.*

far from loin de

fare tarif *m.* (5)

farm ferme *f.*

farmer agriculteur(-trice) *m. (f.)*

fashion designer couturier (-ère) *m. (f.)* (1)

fast-food restaurant fast-food *m.*

fastidious délicat(e)

fat gras(se); dodu(e) (IC)

father père *m.*

fats matières grasses *f. pl.*

fault faute *f.*

feather plume *f.*

feathers plumage *m.* (IC)

feature atout *m.* (8)

February février *m.*

(to) feel palper, se sentir

(to) feel like avoir envie de

(to) feel sick avoir mal à

(to) feel sick to one's stomach avoir mal au cœur

(to) feel well (ill) se sentir bien (mal)

felt-tip pen feutre *m.*

fern fougère *f.* (8)

festival festival *m.*

feudal féodal(e)

feudalism féodalité *f.* (IC)

fever fièvre *f.*

few peu

very few très peu

fewer than moins de... que

field campagne *f.*

fields champs *m. pl.*

fierce farouche

fifteen quinze

fifteenth quinzième

fifth cinquième

fifty cinquante

figure ligne *f.*

(to) fill rassasier (12)

(to) fill up (with gas) faire le plein (d'essence) (6)

filled rempli(e)

filling in the ditches comblant le fossé (IC)

(The) film is showing. Le film passe.

filmmaker cinéaste *m. (f.)*

finally enfin

(to) find trouver

(to) find out savoir (CP)

fingers doigts *m. pl.*

(to) finish finir; terminer

fire feu *m.*

en feu on fire (8)

firefighter pompier *m.* (1); sapeurs-pompiers *m. pl.*

fireworks feux d'artifice *m. pl.*

first premier(-ère); d'abord, premièrement

first-class train or subway car voiture de première *f.*

first name prénom *m.*

fish poisson *m.*

(to) fish (for) pêcher

fish-bone arête *f.* (IC)

(to go) fishing aller à la pêche

five cinq

flamed flambé(e) (10)

flash éclair *m.*

flat plat(e) (8)
flat tire pneu crevé *m.* (6)
flight vol *m.*
flock troupeau *m.* (IC)
floor étage *m.*; plancher *m.* (9)
flour farine *f.*
(is) flourishing fleuronne (IC)
(to) flow couler
flower fleur *f.*
  flower pot pot de fleurs *m.*
flowering hedges haies de
  balisiers *f. pl.* (8)
flu grippe *f.*
flute flûte *f.*
(to) fly voler
flying buttress(es) arc-
  boutant(s) *m.*
fog brouillard *m.*; brume *f.* (9)
fold pli *m.* (IC)
foliage feuillage *m.*,
  frondaison *f.*
folk dancing danses
  folkloriques *f. pl.*
(to) follow suivre
  (to) follow your thinking
    suivre votre pensée (IC)
following suivant
food nourriture *f.*
food tasting dégustation *f.*
foods aliments *m. pl.*
foot pied *m.*
football football américain *m.*
for pendant
for a long time depuis
  longtemps
for lack (want) of faute de
forbidding rébarbative (IC)
forced labor corvée *f.* (IC)
forehead front *m.* (IC)
foreign(er) (stranger)
  étranger(-ère) *m. (f.)*
forest forêt *m.*
(to) forget oublier
fork fourchette *f.*
form fiche *f.*
former ancien(ne)
former times temps jadis (IC)
(the) forties les années
  quarante *f. pl.* (3)

fortress forteresse *f.*
fortunately heureusement
forty quarante
four quatre
fourteen quatorze
fourteenth quatorzième
fourth quatrième
Fourth of July fête nationale
  américaine *f.* (12)
fox renard *m.* (IC)
fragile frêle (IC)
fragrant odorant (8)
frame armature *f.* (7)
(from) Franche-Comté franc-
  comtois(e)
free gratuit(e); gratuitement (4)
French français(e)
French fries (pommes) frites
  f. pl.
French monetary unit
  franc *m.*
French-speaking francophone
  m. or f.
frequently fréquemment
fresh frais (fraîche)
(in the) fresh air au frais
Friday vendredi *m.*
fried sauté(e) (10)
friend copain (copine) *m. (f.)*;
  ami(e) *m. (f.)*
(to) frighten faire peur
frivolous frivole
frog grenouille *f.* (8)
from de
  from time to time de temps
    en temps
front desk réception *f.*
front seat siège avant *m.* (6)
(in) front of devant
frozen surgelé(e)
(to) fry frire (8)
frying pan poêle *f.* (11)
full plein(e); chargé(e) (3)
furnished équipé(e), meublé(e)
furniture meubles *m. pl.*; (set
  of) mobilier *m.*
further en outre

G

(to) gain weight grossir
game gibier *m.* (IC)
garage garage *m.*
garbage collector éboueur *m.* (1)
garden jardin *m.*; clos *m.* (IC)
gardener jardinier(-ère) *m.*
gargoyle gargouille *f.*
garlic mayonnaise aïoli
garnished garni(e) (10)
gas essence *f.*
gate porte *f.* (6)
gather cueillez (IC)
generous généreux(-se)
Geneva Genève *f.* (4)
geography géographie *f.*
germs microbes *m. pl.*
German allemand(e)
Germany Allemagne *f.*
(to) get annoyed s'énerver
(to) get around se déplacer
  to get around town pour se
    déplacer en ville
(to) get gas prendre de l'essence
  (6)
(to) get in monter dans
(to) get information se
  renseigner
(to) get off descendre
(to) get ready se préparer, faire
  sa toilette
(to) get sick tomber malade
(to) get to know faire
  connaissance
  **let's get to know each
    other** faisons connaissance
  **let's get to know the
    city** faisons connaissance de
    la ville
  **let's get to know one
    another** on fait
    connaissance
(to) get up se lever
Ghana Ghâna *m.* (7)
gift cadeau *m.*
gilding dorures *f. pl.*
gilt-head fish daurade *f.* (10)

girl jeune fille *f.*
Give it to him! Donne-le-lui! (2)
(to) give (away) donner
gladly avec plaisir, vouloir bien
glance coup d'œil *m.*
glass verre *m.*
glasses lunettes *f. pl.*
(to) glaze dorer (9)
gloomy morne (IC)
gloves gants *m. pl.*
(to) go aller
  (to) go back rentrer, retourner
  (to) go camping faire du camping
  (to) go down descendre (8)
  (to) go fishing aller à la pêche
  (to) go for a ride faire un tour
  (to) go for a stroll se balader
  (to) go for a walk se promener
  (to) go hiking faire des randonnées
  (to) go horeback riding faire de l'équitation
  (to) go into town aller en ville
  (to) go out sortir
  (to) go sailing faire de la voile
  (to) go shopping faire des achats
  (to) go skiing faire du ski
  (to) go to a spa faire une cure
  (to) go to bed se coucher
  (to) go to the doctor aller chez le médecin
  (to) go to the gym faire de la gym
  (to) go to the wrong platform se tromper de quai (5)
  (to) go up monter
  (to) go windsurfing faire de la planche à voile
  (to) go window shopping faire du lèche-vitrine

(to be) going to aller...
go on and do it allez-y
goat chèvre *f.*
goblet gobelet *m.* (7)
god dieu *m.* (9)
Golden Fleece Toison *f.* (IC)
good bon(ne); valable
  good day bonne journée
goodbye au revoir
gossip commérages *m.* (8)
governed policé(e) (IC)
grade note *f.* (7)
grains céréales *f. pl.*
gram gramme *m.*
granddaughter petite-fille *f.*
grandfather grand-père *m.*
grandmother grand-mère *f.*
grass herbe *f.*
grateful reconnaissant(e)
gravesite ossuaire *m.*
gray gris(e)
great chouette, grand(e)
Great Britain Grande Bretagne *f.* (PC)
Greece Grèce *f.* (4)
green vert(e)
green bean haricot vert *m.*
(to) greet accueillir (10)
greeting salutation *f.*
grievance grief *m.* (IC)
(open-faced) grilled ham and cheese croque-monsieur *m.*
(open-faced) grilled ham and cheese with egg croque-madame *m.*
grocery store épicerie *f.*
grooved rainurée (IC)
ground floor rez-de-chaussée *m.*
(to) grow grandir; croître (IC)
(to) grow bigger grossir
Gruyère cheese gruyère *m.*
(to) guess deviner
  guess! devinez!
guest convive *f.* (12)
guitar guitare *f.*
gypsy gitane *f.* (IC)

(he) had fit
hair cheveux *m. pl.*
  hair salon coiffeur *m.*
  hair stylist coiffeur(-euse) *m. (f.)*
Haitian haïtien(ne)
half à moitié
half a kilogram demi-kilo *m.*
half bath (toilet and sink only) cabinet de toilette *m.*
half hour demi-heure *f.*
hallway couloir *m.*
haltertop débardeur *m.* (3)
ham jambon *m.*
hand main *f.*
(to) hand over remettre (4)
handbag sac à main *m.* (6)
(to) hang up (the telephone) raccrocher (11)
happiness bonheur *m.* (9)
happy joyeux(-se), heureux(-se)
harassed inquiété (IC)
hard dur(e) (1)
hard-boiled eggs with mayonnaise œufs mayonnaise *m. pl.* (10)
hardly guère (12)
(to) harm nuire (IC)
harmful préjudiciable (12)
harpsichordist claveciniste *m.* (IC)
harsh mother marâtre (IC)
has not lost a point perdu (IC)
hat casaque *f.* (12)
(to) hate avoir horreur de, détester
hatred haine *f.*
Have you ever gone ... ? Est-ce que tu es jamais allé(e)... ?
(to) have avoir; prendre
  I have j'ai
  (to) have a cold avoir un rhume, être enrhumé(e)

(to) have a good time
s'amuser bien

(to) have a meeting with
avoir rendez-vous avec

(to) have a nightmare faire
un cauchemar

(to) have allergies avoir des
allergies

(to) have an accident avoir
un accident

(to) have built faire édifier

(to) have engraved faire
graver (12)

**(to) have no trouble
recognizing** n'avoir aucune
peine à reconnaître

(to) have nothing to do
n'avoir aucun rapport;
n'avoir rien à faire

(to) have people to supper à
donner ce soir à souper (12)

(to) have seen avoir vu

(to) have to devoir

(to) have just arrived venir
d'arriver

havoc saccage *m.* (9)

hay fever rhume des foins *m.*

he il

He's very depressed. Il a le
cafard. (8)

head tête *f.*

headache mal à la tête *m.*

(to) heal guérir

health santé *f.*

healthy sains (IC)

(to) hear entendre

   (to) hear about entendre
parler de (8)

   (to) hear secondhand
entendre dire (8)

heart cœur *m.*

heartily à gorge déployée (IC)

heat chaleur *f.*, chauffage *m.*

heath bruyère *f.* (IC)

heavens cieux *m. pl.* (9)

heavy lourd(e)

(with) heavy steps à pas
pesants (IC)

height hauteur *f.*

held tenu(e) (IC)

hell enfer *m.*

hello bonjour

help aide *f.* (11)

hen poulet *f.*

hen house poulailler *m.*

here ici

   here and there deça, delà (IC)

   near here près d'ici

here is, here are voici

hi! salut

(to) hide cacher

high élevé (9)

high school lycée *m.*

high school student lycén(ne)
m. (f.)

high haut(e)

hike randonnée *f.*

hill colline *f.*, butte *f.*

him lui

historic historique

(to) hit heurter

(to) hold one's tongue se taire (4)

holy saint(e)

holy water eau bénite *f.* (IC)

Holy Spirit Saint-Esprit *m.* (IC)

home foyer *m.* (IC)

homeland (nation) patrie *f.*

homesickness mal du pays *m.* (7)

honest honnête

honors list palmarès *m.*

(to) hope espérer

horror épouvante *f.*

   horror film film
d'épouvante *m.*

horseback riding équitation *f.*

(on) horseback équestre (IC)

hospital centre hospitalier *m.*;
hôpital *m.*

hot chaud(e)

hotel hôtel *m.*

hour heure *f.*

house maison *f.*

   the house of my dreams la
maison de mes rêves *f.*

(at the) house (of) chez

   at my (our) house chez moi
(nous)

(to) house abriter

housekeeper employé(e) de
maison *m. (f.)* (1)

how comment

   How are things? Ça va?

   How are you? Comment
allez-vous?

   How are you doing?
Comment ça va?

   How do you say … ?
Comment dit-on… ?

   How old are you? Quel âge
avez-vous?

how long combien de temps,
depuis quand

   (for) how long depuis
combien de temps

   **How long does it take to get
there?** Il faut combien de
temps pour y aller?

how many combien

   how many times a month … ?
combien de fois par mois… ?

How much do I owe you? Je
vous dois combien?, Combien
est-ce que je vous dois?

How's the weather? Quel
temps fait-il?

however pourtant

hundred cent

(to be) hungry avoir faim

hunter chasseur *m.*

hunting chasse *f.*,
cynégétique *f.*

(to) hurry se dépêcher

(to) hurt everywhere avoir mal
partout

(to) hurt oneself se blesser (à),
se faire mal (à)

husband mari *m.*

hut chaumière *f.* (IC)

I je

   I am very well. Je vais très
bien.

   I can't sleep. J'ai du mal à
dormir.

I didn't hear you. Je ne t'ai pas entendu.
I don't know. Je ne sais pas.
I don't remember. Je ne me souviens pas.
I feel all right. Je me sens assez bien.
I feel sorry for you. Je vous plains.
I gave it to him. Je le lui ai donné. (2)
I had barely enough time. Je n'ai eu à peine que le temps. (IC)
I had traveled 10 leagues. J'avais fait dix lieues. (IC)
I have problems. J'ai des ennuis. (1)
I have seen j'ai vu
I have to je dois
I hurt everywhere. J'ai mal partout.
I insist(ed) on ... Je tiens (tenais) à... (3)
I just bought ... Je viens d'acheter...
I'll have je vais prendre
I'll meet you ... Je vais te retrouver... (5)
I miss you! Vous me manquez!
I'm bored. Je m'ennuie.
I'm not complaining. Je ne me plains pas. (9)
I'm sorry that I'm leaving. Je regrette de partir. (9)
I'm sorry that you're leaving. Je regrette que vous partiez. (9)
I'm sunburned. J'ai pris un coup de soleil.
I need j'ai besoin de
I saw a film. J'ai vu un film.
I thank you with all my heart. Je vous remercie de tout mon cœur.
I've already done it! Je l'ai déjà fait!
I won't fail. Je n'y manquerai pas. (12)

I would like je voudrais
I would like to spend the weekend at a friend's house. Je voudrais passer le week-end chez un(e) ami(e).
ice cream glace *f.*
idea idée *f.*
idealistic idéaliste
if worse comes to worst à la rigueur
illegitimate bâtard (IC)
illnesses maux *m. pl.* (IC)
illuminated enluminé(e) (IC)
(to) imagine se figurer (IC)
immigration contrôle des passeports *m.* (6)
impatient impatient(e)
impressive impressionnant(e)
(to) improve améliorer
in dans
  in a tent sous une tente
  in addition en plus, d'ailleurs
  in all en tout
  in any case de toute façon
  in front of devant
  in his own right à son propre compte (5)
  in my opinion à mon avis (5)
  in order that afin de
  in order to pour
  in response suite
  in shape en forme
  in the fresh air au frais
  in the middle of au milieu de
  in the past autrefois
  in the process of en train de; en passe (8)
  in the process of ending en train de s'achever (IC)
  in the service of auprès de
  in the very center of en plein centre de
  in turn tour à tour
(to) inaugurate instaurer (IC)
(to) include comprendre
  included compris(e)
  including comprenant
independent indépendant(e)
India Inde *f.* (4)
indiscreet indiscret(-ète)

indolence mollesse *f.* (IC)
(to) indulge in se livrer (IC)
inexhaustible inépuissable (IC)
inexpensive bon marché
influence rayonnement *m.* (IC)
(to) inform mander (IC)
informal sans façons (12)
(piece of) information renseignement *m.*
inhabitant habitant(e) *m. (f.)*
innumerable innombrable (9)
inscribed inscrit(e)
(to) insist tenir (9); insister pour (que) (10)
insufficiently qualified insuffisament qualifié(e) (1)
intellectual intellectuel(le)
intelligent intelligent(e)
(to) intend to avoir l'intention de
intercom interphone *m.*
interesting intéressant(e)
international meeting congrès mondial *m.* (4)
(to go) into entrer (dans)
intoxicated grisé(e) (IC)
(to) introduce présenter
introduction présentation *f.*
(to) invade envahir (IC)
invader envahisseur(-se) *m. (f.)* (IC)
iron fer *m.*
irrigated arrosé(e)
is there a ... ? est-ce qu'il y a... ?
island île *f.*
isolated écarté(e) (IC)
Israel Israël *m.* (4)
(to) issue from émaner (IC)
it is better that il vaut mieux que (1)
it is essential that il est essentiel de (que) (1)
it is important that il est important de (que) (1)
it is located il (elle) est compris(e)
it is necessary that il faut (que); il est nécessaire de (que) (1)
it is (not) possible that il (n')est (pas) possible que (5)

it is preferable that il est préférable de (que) (1)
it is there il (elle) est là
It sounds great, sensational. Il (Elle) a l'air bien, sensationnel(le).
it takes il faut
it took il fallut
It's been two weeks. Ça fait quinze jours.
It's great! C'est vachement bien! (3)
it's hardly probable that il est peu probable que (5)
It's hot. Ça pique. (10)
it's impossible that il est impossible que (5)
it's really too bad c'est bien dommage (9)
it's settled. C'est décidé.
it's too bad that il est dommage que (9)
Italian italien(ne)
Italian person Italien(ne) *m. (f.)*
Italy Italie *f.*
Ivory Coast Côte-d'Ivoire *f.* (4)

J

jacket veste *f.* (3)
jalopy bazou *m.* (9)
jam confiture *f.* (12)
January janvier *m.*
Japan Japon *m.*
Japanese japonais(e)
jaw(s) mâchoire(s) *f.* (IC)
jazz jazz *m.*
jealous jaloux(-se)
jealousy jalousie *f.*
(blue)jeans jean *m.* (3)
jelly confiture *f.*
jewelry store bijouterie *f.*
job emploi *f.;* job *m.;* poste *m.* (1)
job application lettre de candidature *f.* (2)

(to go) jogging faire du jogging
(to) join allier (IC)
joke blague *f.*
journalist journaliste *m. or f.*
juice jus *m.*
July juillet *m.*
June juin *m.*

K

(to) keep garder
  (to) keep one's figure garder sa ligne
  (to) keep oneself se nourrir
  Keep the change. Gardez la monnaie.
key clé *f.*
key stages étapes-clés *f.* (IC)
kidney rein *m.*
(to) kill faire crever (12)
killer tueur *m.*
kilogram kilo *m.*
kind gentil(le) (6)
king roi *m.*
  king who built roi-bâtisseur
kingdom royaume *m.* (7)
kitchen cuisine *f.*
knee genou *m.*
knife couteau *m.*
(to) knock frapper (9)
(to) knock down renverser
(to) know (how) savoir; **(people or places)** connaître
  you know how tu sais
knowledge royaume *m.* (7)

L

lace dentelle *f.*
(to) lack manquer
(the) lack of le manque de (1)
ladder échelle *f.*
ladleful cuilerée à soupe *f.* (10)
lamb mouton *m.*
  lamb stew with beans haricot bien gras *m.* (12)

lame person boiteux *m. (f)* (IC)
lamp lampe *f.*
landscape paysage *m.*
lane allée *f.*
languages langues *f. pl.*
large grand(e)
last dernier(-ère)
(to) last durer
last name nom de famille *m.*
late en retard
latest dernier(-ère)
lawyer avocat(e) *m. (f.)*
(to) lay out aménager
lazy paresseux(-se)
lead plomb *m.* (IC)
(to) lead conduire; mener; amener
(to) lean pencher (12)
leaning appuyant (IC)
leap bond *m.*
(to) learn apprendre
leather cuir *m.*
leaves feuillage *m.*
(to) leave partir, quitter, sortir
  (to) leave for partir pour
  (to) leave from partir de
leek poireau *m.* (11)
left gauche
  on your left sur votre gauche
leg jambe *f.*
  leg of lamb gigot *m.*
lemon citron *m.*
  lemonade citron pressé *m.*
  tea with lemon thé citron *m.*
(to) lend prêter (2)
less moins
  less expensive moins cher
  less ... than moins de... que
let fall laissé choir (IC)
let there be a lot of that que cela foisonne (12)
let's do some math faisons des calculs
let's dream rêvons
let's eat mangeons
let's get to know each other faisons connaissance

let's get to know the city
faisons connaissance de la
ville
let's get to know one
another on fait
connaissance
let's give more
details précisons
Let's go! Allons!; Allons-y!
let's guess devinons
let's respond répondons
Let's see. Voyons.
lettuce salade *f.*
library bibliothèque *f.*
Libya Libye *f.* (4)
license plate plaque
d'immatriculation *f.*
life vie *f.*
to lift soulever
light *adj.* léger
light lumière *f.*
(to) lighten alléger (IC)
lightning would have tried in
vain to strike it down
l'éclair l'eût en vain
foudroyée (IC)
lightning-fast visit visite-éclair
f.
(to) like aimer
I would like aimerais
they would like aimeraient
to like better (best) aimer
(le) mieux
lily lis *m.* (IC)
limit borne *f.* (IC)
linen linge *m.* (12)
lips lèvres *f. pl.* (IC)
(to) listen to écouter
listen carefully écoutez bien
listen, do you have ... ?
écoute, tu as...?
to listen to the heart and
lungs ausculter
liter litre *m.*
literature littérature *f.*
little peu
little by little peu à peu

(to) live demeurer; habiter;
vivre
(he, she) lived vécut
living vivant(e)
living room salle de séjour *f.*
loading chargement (4)
(long) loaf of bread baguette *f.*
lobster homard *m.* (10)
lobster soup bisque de
homard *f.* (10)
(to) locate repérer (5)
(to be) located se trouver
(to) lock oneself in s'enfermer
dans
(to) lodge héberger (6)
London Londres *m.* (4)
look visage *m.*
(to) look at regarder
(to) look for chercher
(to) look good avoir bonne mine
lord seigneur *m.* (IC)
(from) Lorraine lorrain(e)
(to) lose perdre (8)
(to) lose weight maigrir
(a) lot beaucoup
(a) lot of beaucoup de
Louisiana Louisiane *f.* (7)
(to) love adorer
lovers amoureux *m. pl.*
lozenges pastilles *f. pl.*
luck chance *f.*
(to be) lucky avoir de la chance
lunch déjeuner *m.*
(to) lunch déjeuner
Luxemburg Luxembourg *m.*
luxury luxe *m.* (IC)

M

McDonald's Macdo
madam madame *f.*
made rendu(e)
madly éperdument (IC)
magical féérique (8)
mail courrier *m.* (12)
mail carrier facteur *m.* (12)

mailbox boîte aux lettres *f.* (12)
main highway route nationale
f. (6)
(to) maintain entretenir
maintenance entretien *m.*
(to) make rendre; faire
(to) make a phone call donner
un coup de fil (11)
(to) make an effort s'efforcer
(IC)
(to) make better use of tirer
mieux parti (IC)
(to) make die faire crever (12)
(to) make the trip faire le trajet
mammals mammifères *m. pl.*
(to) manage gérer (1)
manager gérant(e) *m. (f.)* (1)
Manila Manille (4)
manner façon *f.*
manners mœurs *f. pl.* (IC)
manor manoir *m.*
manufacturer fabricant(e)
m. (f.) (1)
many people beaucoup de
monde (6)
map plan *m.*
March mars *m.*
mark note *f.*
What mark? Quelle note?
married marié(e)
marsh marais *m.*; marécage *m.* (9)
Mass messe *f.* (IC)
(to) master maîtriser
masterpiece chef-d'œuvre *m.*
matching assorti(e) (12)
mathematics mathématiques
f. pl.
Mauritania Mauritanie *f.* (7)
May mai *m.*
maybe yes, maybe no peut-être
que oui, peut-être que non
(6)
mayonnaise mayonnaise *m.*
me, to me me, (m', moi)
meal(s) repas *m. (pl.)*
(to) mean vouloir dire
meat viande *f.*

meat pies cipâtes, tourtières *f.* (9)
meat spread pâté *m.*
mechanic mécanicien *m.*
medication médicament *m.*
Mediterranean méditerranéen(ne)
meet at ... rendez-vous à...
(to) meet (se) retrouver, se réunir; connaître (CP)
  to meet each other se rencontrer
meeting rendez-vous *m.*
melon melon *m.*
(to) melt faire fondre (11)
melted fondu(e) (11)
melting pot creuset *m.*
memory mémoire *f.*
menu carte *f.;* menu *m.* (10)
merchant commerçant(e) *m. (f.)* (1)
metro entrance bouche de métro *f.*
metro map plan de métro *m.*
Mexican mexicain(e)
Mexico Mexique *m.* (4)
microwave oven four à micro-ondes *m.*
Middle Ages Moyen Âge *m.*
Middle East Moyen-Orient *m.* (4)
midnight minuit *m.*
migraine migraine *f.*
(with) milk lait *m.*
milk with strawberry syrup lait fraise *m.*
millions millions *m. pl.*
millipede mille-pattes *m.* (IC)
mind esprit *m.*
mirror miroir *m.*
mishap panne *f.* (6)
miss mademoiselle, Mlle *f.*
(to) miss manquer
mist brume *f.* (9)
(to be) mistaken, make a mistake se tromper
mister monsieur *m.*
(to) mix mélanger
mixed herbs fines herbes *f. pl.*

mixing mélant (IC)
moaning gémissant (IC)
moat fossé *m.*
modern moderne
(to) moisten mouiller (11)
molded moulé(e) (IC)
Monday lundi *m.*
  Mondays (Tuesdays, ...) le lundi (le mardi, ...)
money argent *m.*
money order mandat *m.* (12)
Monopoly (board game) monopoly *m.*
month mois *m.*
mood humeur *f.* (IC)
(the) moon cut across the banks of clouds la lune sillonner les nuages amoncelés (IC)
moped cyclomoteur *m.;* vélomoteur *m.*
more encore, davantage; plus
  more ... than plus... que
morning matin *m.*
  mornings le matin
  this morning ce matin *m.*
  tomorrow morning demain matin *m.*
Morocco Maroc *m.* (4)
Moroccan resident Marocain(e) *m. (f.)* (7)
Moscow Moscou *m.* (4)
moss mousse *f.* (IC)
most plus grand nombre
most of the la plupart de(s)
most perfect inhabitant phénix des hôtes (IC)
mother mère *f.*
motorcycle moto, motocyclette *f.*
motto devise *f.* (7)
mountain montagne *f.*
  to the mountains dans les montagnes
(to go) mountain climbing faire de l'alpinisme
mouse souris *f.*
moustache moustache *f.*
mouth bouche *f.*

mouthful gorgée *f.* (IC)
(to) move bouger
(to) move around circuler
(to) move in s'installer
(to) move out déménager
movement déplacement *m.*
movie star vedette *f.* (1)
movie theater cinéma *m.*
movies cinéma *m.*
moving émouvant(e)
Mr. M.
Mrs. Mme, madame
multicolored paneling lambris polychromes *m. pl.*
museum musée *m.*
mushroom champignon *m.*
music musique *f.*
  music video vidéo-clip *m.*
Muslim musulman(e) *m. (f.)* (7)
mussels moules *f. pl.* (10)
mustard moutarde *f.*
my mon *m.,* ma *f.,* mes *m. or f. pl.*
  my goodness ma foi
mystery policier *m.*
  mystery movie film policier *m.*

N

naive naïf(-ve)
name nom *m.*
  first name prénom *m.*
  last name nom de famille *m.*
(to) name appeler
  my name is ... je m'appelle...
nanny nourrice *f.* (IC)
napkin serviette *f.* (12)
napoleon (pastry) mille-feuille *m.*
native tongue langue maternelle *f.* (7)
nature nature *f.*
near près de
  near here près d'ici
neck cou *m.*
neckerchief foulard *m.* (3)

(to) need avoir besoin de
neighbor voisin(e) *m. (f.)*
neighborhood café café du coin *m.*
neighborhood arrondissement *m.*, quartier *m.*
neither non plus
nest nid *m.* (IC)
Netherlands Pays-Bas *m. pl.* (4)
nettle mecocoulier *m.* (7)
network réseau *m.* (4)
never ne... jamais
new neuf(-ve), nouveau(-velle)
New Caledonia Nouvelle-Calédonie *f.* (7)
New England Nouvelle-Angleterre *f.* (7)
New Orleans Nouvelle-Orléans *f.* (4)
New Year's card carte pour le Nouvel An *f.*
New Zealand Nouvelle-Zélande *f.* (4)
newborn nouveau-né *m.* (12)
news nouvelle *f.*
newspaper journal *m.*
next prochain(e), ensuite, puis
  next day lendemain *m.*
  next door à deux pas
  next morning lendemain matin *m.* (4)
  next week la semaine prochaine *f.*
  next year l'année prochaine *f.*
next to à côté de
nice sympa(tique); gentil(le) (6)
night nuit *f.*
nightmare cauchemar *m.*
nightstand table de nuit *f.*
nine neuf
nineteen dix-neuf
nineteenth dix-neuvième
ninety quatre-vingt-dix
ninth neuvième
no, not any aucun(e); point (IC)
no lie sans mentir (IC)
no longer ne... plus (8)
no longer any plus aucun(e)

no one ne... personne (8)
nonsense billevesée *f.* (IC)
nonstop sans arrêt
noon midi *m.*
nor ni (2)
normally d'habitude
(from) Normandy normand(e)
north nord *m.*
north wind aquilon *m.* (IC)
northeast nord-est *m.*
northwest nord-ouest *m.*
nose nez *m.*
not at all pas du tout
not enough pas assez de
not many pas beaucoup de
Not on your life! Jamais de la vie! (3)
not yet ne... pas encore
notebook cahier *m.*
  (small) notebook carnet *m.*
notice of receipt avis de réception *m.* (12)
nothing ne... rien
Nova Scotia Nouvelle-Écosse *f.* (7)
novel roman *m.*
November novembre *m.*
now maintenant
nowadays de nos jours
nudge coup de coude *m.* (IC)
number nombre *m.*; **(digit)** chiffre *m.*
  even numbers nombres pairs *m. pl.*
  odd numbers nombres impairs *m. pl.*
numerous nombreux(-euse)
nurse nourrice *f.*; infirmier(-ère) *m. (f.)* (1)
nursery school école maternelle *f.* (4)

O

oak chêne *m.* (7)
(to) obey obéir (à + *noun*)
obstinate buté(e) (IC)

obviously évidemment
occupation métier *m.* (1)
October octobre *m.*
odd impair(e)
  odd numbers nombres impairs *m. pl.*
of course bien sûr
of de
(to) offend choquer (8)
(to) offer offrir
(at the) office au bureau
office worker employé(e) de bureau *m. (f.)* (1)
official time heure officielle *f.*
off-key faux
often souvent
  fairly often assez souvent
Oh, well ... Eh bien... (1)
oil huile *f.*
OK d'accord, ça va, vouloir bien
old âgé(e), vieux (vieille)
older(-est) aîné(e)
  older sister sœur aînée *f.*
omelet omelette *f.*
on sur; dessus (IC)
  on average en moyenne
  on fire en feu (8)
  on (by) foot à pied
  on sale en solde
  on Saturdays (Sundays ...) le samedi (dimanche...)
  on the banks of au bord de
  on the beach sur la plage
  on the corner of au coin de
  on the other hand par contre
  on time à l'heure
once une fois
  once a day une fois par jour
  once a week une fois par semaine
  once I'm home une fois rentré(e)
one un(e)
  one from the other les uns des autres
  one hundred cent
  one thousand mille
one-way ticket aller-simple *m.* (5)

onion oignon *m.*
only seulement; ne... que (10)
  (the) only match le seul parti (IC)
open ouvert(e)
(to) open ouvrir
open-air plein air
  open-air market marché en plein air *m.*
opened déclose (IC)
opinion avis *m.*
  in my opinion à mon avis
opposite contraire *m.*
  dialogue of opposites dialogue de contraires
optimistic optimiste
orange orange *f.*
orange juice jus d'orange *m.*
orange-flavored soft drink Orangina *m.*
orangeade orange pressée *f.*
organ orgue *m.*
  organ concert concert d'orgue *m.*
(to) originate naître (IC)
originating from en provenance de (6)
others d'autres *m. pl.;* autrui (IC)
otherwise autrement
our notre, nos
outer wall mur d'enceinte (IC)
outfitted aménagé(e)
oven four *m.*
over there la-bas
overalls salopette *f.* (3)
overcoat pardessus *m.* (3)
overcome accablé(e) (IC)
(to) overlook surveiller
overseas outre-mer
overthrow of a government coup d'état *m.* (IC)
overwhelmed bouleversé(e) (IC)
(to) owe devoir
  We owe them a lot of money. Nous leur devons beaucoup d'argent.
owner patron(ne) *m. (f.)* (10)
oysters huîtres *f. pl.* (10)

P

P.M. de l'après-midi, du soir
pace allure *f.* (IC)
(to) pack (the suitcase) faire la valise
package colis *m.* (12)
pain douleur *f.* (8)
paint peinture *f.*
(to) paint peindre
painted panels panneaux peints *m. pl.* (IC)
painting peinture *f.;* tableau *m.*
palace palais *m.*
palate palais *m.* (IC)
pale blême (IC)
(filler) pancake crêpe *f.*
paper money billet *m.*
parade défilé *m.*
park parc *m.*
parka anorak *m.* (3)
parking place parking *m.*
parsley persil *m.* (11)
party soirée *f.*
(to) pass a test réussir (à)
(to) pass through franchir (6)
pasta pâtes *f. pl.*
pastry filled with chocolate or coffee filling religieuse *f.*
pâté (meat spread) pâté *m.*
path allée *f.,* voie *f.*
pea petit pois *m.*
peace paix *f.*
peach pêche *f.*
peanut arachide *f.* (11)
  peanut butter beurre des arachides *m.* (12)
pear poire *f.*
peasants paysans *m.pl.* (IC)
pedestrian piéton *m.*
(to) peel éplucher (11)
pen stylo *m.*
pencil crayon *m.*
  pencil sharpener taille-crayon *m.*
pendant pendentif *m.*
people (in general) on
pepper poivre *m.*

(to) pepper poivrer (11)
per month par mois
perfume parfum *m.*
perhaps peut-être
Persians Persans *m. pl.* (IC)
personal stereo walk-man *m.*
Peru Pérou *m.* (4)
pessimistic pessimiste
pharmacist pharmacien(ne) *m. (f.)*
phone booth cabine téléphonique, cabine publique *f.* (11)
phone call coup de fil *m.* (11)
piano piano *m.*
(to) pick up the phone décrocher (11)
pick-up enlèvement (4)
picturesqueness pittoresque *m.*
pie tarte *f.*
piece bout, morceau *m.*
pig cochon *m.*
pill cachet, comprimé *m.*
pillars poteaux *m. pl.*
pinball flipper *m.*
pink rose; **(color)** rose *m.*
pipes tuyaux *m. pl.*
pistol pistolet *m.*
place endroit *m.*
place to kneel carreau *m.* (IC)
place setting couvert *m.* (12)
plan projet *m.*
plant plante verte *f.*
plate assiette *f.,* plat *m.* (10); **(illustration)** planche *f.* (IC)
platform quai *m.* (5)
play pièce de théâtre *f.*
(to) play jouer à
  to play a trick on jouer un tour (à)
  to play golf jouer au golf
  to play tennis jouer au tennis, faire du tennis
  to play volley ball jouer au volley
please s'il vous plaît
pleases plaît
pleasure plaisir *m.*

pleasure retreat demeure de
plaisance *f.*
pleasure sites lieux de séjour
m. pl. (IC)
pocketbook sac à main *m.*
Poland Pologne *f.*
Pole, Polish person Polonais(e)
m. (f.)
police station commissariat de
police *m.*
politics politique *f.*
polka dot à pois (3)
poll sondage *m.*
polo shirt polo *m.* (3)
pond étang *m.* (IC)
poorly mal
poorly paid mal payé(e) (1)
popular populaire
pork porc *m.*
pork roast rôti de porc *m.*
Portuguese portugais(e)
post card carte postale *f.* (12)
post office bureau de poste *m.*
postal worker postier(-ère)
m. (f.) (1)
posture assiette *f.* (12)
potato pomme de terre *f.*
potluck à la fortune du pot (12)
poultry yard basse-cour *f.*
pound livre *f.*
(to) pout faire la moue (IC)
power pouvoir *m.*
powerful puissant(e)
praise louange *f.* (10)
(to) praise vanter (9)
praised vanté(e) (9)
(to) pray to prier (IC)
precarious précaire (1)
(to) prefer (that) aimer mieux
(que), préférer (que)
preference préférence *f.*
prejudices préjugés *m. pl.* (IC)
present day actuel(le)
(to) pretend faire semblant (9)
pretty joli(e)
previously préalablement (12)
prey proie *f.* (IC)
print imprimé (3)
prison cell cachot *m.*
private privé(e)

private planes avions des
particuliers *m. pl.* (5)
private school école privée
private tutoring des leçons
particulières (3)
(it's) probable that il est
probable que (5)
probably probablement
problems ennuis *m. pl.* (1)
procession cortège *m.* (IC)
proclaiming promulgant (IC)
product produit *m.*
profile profil *m.* (7)
proof preuve *f.* (IC)
(to) protect sauvegarder (9)
Protestant calviniste (IC)
(to) provide fournir
(to) provide oneself se munir
(12)
provisional provisoire (IC)
(to) prohibit interdire
proteins protéines *f. pl.*
(from) Provence provençal(e)
(to) prove one's capacity faire
ses preuves
(to) pull out arracher
pulling out the stakes
arrachant les pieux (IC)
pullover pull-over, pull *m.*
(to) puncture crever (6)
pupil élève *m. or f.*
purchase achat *m.*
(to) push pousser
(to) push back repousser (9)
(to) put mettre
(to) put in order ranger
(to) put on makeup se
maquiller

quarter of an hour quart
d'heure *m.*
Quebec Québec *m.* (7)
queen reine *f.*
quickly vite
quietly doucement
quill épine *f.* (IC)
quite a bit of pas mal de

R

rabbit lapin *m.*
race course *f.*
racket raquette *f.*
radio alarm clock radio-réveil
m.
radish radis *m.*
rail ferroviaire (4)
rail cars funiculaire *m.*
railing balustre *m.* (IC)
railroads chemins de fer *m.* (4)
railways voies ferrées *f.* (4)
rain pluie *f.*
(to) rain pleuvoir
(to) raise élever, dresser, lever
rarely rarement
raspberry framboise *f.*
rather plutôt (IC)
raw vegetables crudités *f. pl.*
(10)
(to) reach up s'élancer (IC)
(to) read lire (9)
reading lecture *f.*
real estate immeuble *m.*
real estate agent agent
immobilier *m.* (1)
realistic réaliste
(to) realize se rendre compte de
(to) recall rappeler
(to) receive recevoir (12)
received reçu(e) (10)
recipe recette *f.* (11)
(to) recognize reconnaître
record disque *m.*
record player pick-up *m.*
red rouge
red (hair) roux
refined raffiné(e)
(to) reflect (about something)
réfléchir (à)
refrigerator frigo *m.*;
congélateur *m.* (12)
region région *f.*
registered recommandé(e) (12)
(to) regret that regretter que
(9)
(to) regulate régler
(to) reheat réchauffer (11)

reign règne *m.* (IC)
relative parent(e) *m. (f.)* (PC)
(to) relax se détendre, se reposer
relics antiquités *f. pl.*
(to) remain rester; demeurer (9)
(to) remember se souvenir (de); se rappeler (7)
(to) remove déménager
renewal renouveau *m.* (IC)
renouncing abjurant (IC)
rent loyer *m.*
(to) rent louer
rental location *f.* (4)
reporting reportage *m.*
(to) request prier
(to) require (that) exiger (que) (10)
(to) reside siéger
residence demeure *f.* (IC)
(to) resolve se résoudre (IC)
rest stop aire de repos *f.*(6)
result résultat *m.*
retailer détaillant *m.* (1)
retirement retraite *f.*
(to) return reprendre, retourner, revenir
  (to) return (something) rendre (8)
rice riz *m.*
rice paddy rizière *f.*
ridiculous ridicule
right droite *f.*
(to be) right avoir raison (2)
ring bague *f.*
(to) ring sonner
(to) rise se dresser; s'élever (8)
river fleuve *m.; adj.* fluvial(e)
riverbank bord *m.*
  on the banks of au bord de
road map carte routière *f.* (6)
road service service de dépannage *m.* (6)
road system réseau routier *m.* (6)
roast rôti *m.*
roast pork rôti de porc *m.*
(to) rob cambrioler (2)
robber voleur *m.;* cambrioleur *m.* (2)

robot robot *m.*
rock roche *f.* (IC)
(to) rock rocher
rock concert concert de rock *m.*
rock music rock *m.*
roof toit *m.*
room pièce *f.*
(in) rotation à tour de rôle (4)
round-trip ticket aller-retour *m.* (5)
route voie *f.*
(to) rub frotter (IC)
rug tapis *m.*
ruled réglé(e) (IC)
(to) run courir (IC); marcher
(to) run away sauver (12)
running suit jogging *m.* (3)
runny nose nez qui coule
rush hour heures de pointe *f. pl.*
Russia Russie *f.* (4)
Russian russe
Russian person Russe *m. or f.*
rust rouille *f.* (IC)
rustling frôlement *m.* (IC)

S ▬▬▬▬▬▬▬▬

sad triste
(to) safeguard sauvegarder (9)
safeguarding sauvegarde *f.* (7)
sailcloth toile *f.* (3)
sailor blouse marinière *f.* (3)
salad salade *f.*
salami saucisson *m.*
salt sel *m.*
(to) salt saler (11)
salty salé(e)
(the) same pareils
same thing idem
sand sable *m.* (8)
sandwich sandwich *m.*
(to) satisfy assouvir (IC)
Saturday samedi *m.*
  on Saturdays le samedi
sausage saucisse *f.*
savings account compte d'épargne *m.* (12)

saxophone saxophone *m.*
(to) say dire
  Say! Dis (donc)!
  (to) say hello (good-bye) dire bonjour (au revoir) à
  (to) say yes (no) dire oui (non)
  says dit
(to) say goodbye prendre congé
  saying goodbye on prends congé
saying sentence *f.* (12)
scaffold échafaud *m.* (IC)
scallop coquille *f.* (10)
scarf écharpe *f.* (3)
scattered éparpillé(e) (8)
schedule emploi du temps *m.*
scholar savant *m.* (IC)
school (general or elementary) école *f.*
  after school après les classes
  private school école privée
school-time classes *f. pl.*
science fiction film de science-fiction *m.*
sciences sciences *f. pl.*
scissors ciseau *m.* (7)
scorn mépris *m.* (IC)
(to) scratch gratter (IC)
scratched gratté(e) (9)
screen écran *m.*
sculpture sculpture *f.*
sea marin(e) (IC)
(to the) seashore au bord de la mer
seasickness mal de mer *m.*
seat siège *m.* (6)
seat belt ceinture de sécurité *f.* (6)
seated assis(e) (5)
second deuxième
second-class ticket billet de seconde *m.*
second-class (train or subway) car voiture de seconde *f.*
secondary road route départmentale *f.* (6)
secretary secrétaire *m. or f.*

secular profane (IC)
security sûreté *f.* (IC)
See you in a while. À tout à l'heure.
See you Saturday. À samedi.
See you soon. À bientôt.
See! Tiens!
(to) see voir
  (to) see each other s'apercevoir (les uns les autres)
(to) seem sembler, avoir l'air; paraître (2)
self-aggrandizement complaisance *f.* (9)
(to) sell vendre (8)
semicircular à plein cintre (IC)
(to) send envoyer (12)
(to) send off expédier
sending envoi *m.* (12)
Senegal Sénégal *m.* (4)
Senegalese sénégalais(e)
sensational sensationel(le)
  Sensational! Sensass!, Sensationnel! (3)
separate à part (9)
(to) separate out écarter (IC)
Septemer septembre *m.*
serious sérieux(-se), grave
seriously sérieusement (9)
service station station-service *f.* (6)
set (of utensils) service *m.*
(to) set the table mettre la table, mettre le couvert
setting cadre *m.*
settled installé(e)
seven sept
seventeen dix-sept
seventeenth dix-septième
seventh septième
seventy soixante-dix
several plusieurs
severe sévère
(to) sew coudre (IC)
shade ombrage *m.*
shaded ombragé (9)
(to) shake ébranler (IC)
(to) shake hands with donner la main à

shallots échalotes *f.* (11)
(to) share partager
(to) shave se raser
she elle
shelf étagère *f.*; **(section of a supermarket)** rayon *m.*
shells coquillage (IC)
shepherd(ess) berger(-ère) *m. (f.)* (IC)
sherbet sorbet *m.* (10)
(to) shine briller (IC)
shining luisant (IC)
shirt chemise *f.*
(to) shock choquer (8)
shoes chaussures *f. pl.*
(to put on one's) shoes se chausser (IC)
(to) shoot from cover tirer à couvert (IC)
shooting tir *m.* (IC)
shopkeeper commerçant(e) *m. (f.)* (1)
(to go) shopping faire des achats; faire une course
shopping cart chariot *m.*
shopping mall centre commercial *m.*
short petit(e)
short-shorts short *m.* (3)
short-sleeved shirt chemisette *f.* (3)
shorts bermuda *m.* (3)
shot piqûre *f.* (12)
shoulders épaules *f. pl.*
shovel pelle *f.* (9)
(to) shovel pelleter (9)
show spectacle *m.*
  Sound and Light show spectacle son et lumière *m.*
(to) show a movie passer un film
shower-bath douche *f.*
shrimp crevette *f.* (10)
(to) shudder tressaillir (IC)
shuttle bus navette *f.* (6)
shy timide
sick malade
side côté *m.*
  side-by-side côte à côte (IC)

sighing soupirant(e)
sign panneau *m.* (4)
(to) sign one's name signer
siler argent *m.* (12)
silk soie *f.* (3)
since depuis
sincere sincère
(to) sing chanter
  to sing off-key chanter faux
singer chanteur(-se) *m. (f.)* (1); chansonnier *m.* (9)
singing voice ramage *m.* (IC)
single célibataire, seul(e)
sink lavabo *m.*; évier *m.* (7)
sir monsieur *m.*
siren (mermaid) sirène *f.* (IC)
sister sœur *f.*
(to) sit down s'asseoir
six six
sixteen seize
sixteenth seizième
sixth sixième
sixty soixante
skeleton squelette *m.*
ski jacket anorak *m.*
skin peau *f.* (9)
skirt jupe *f.* (3)
skulls têtes de morts *f. pl.*
slacks pantalon *m.* (3)
slate ardoise *f.*
sleep sommeil *m.*
(to) sleep dormir; coucher (IC)
(to) sleep late faire la grasse matinée
sleeping late grasse matinée
slice tranche *f.*, part *f.*
  slice of pizza part de pizza *f.*
slide (photographic) diapositive *f.*
slightest moindre (IC)
(to) slip se glisser (9)
slot fente *f.* (11)
slowly lentement
slowness lenteur *f.*
small petit(e)
  (quite) small assez petit
small ship caravelle *f.* (9)
(to) smile sourire (IC)
smoked fumé(e) (10)
snail escargot *m.* (10)

(to) sneeze éternuer
sneezing éternuement *m.*
snore ronfler
snow neige *f.*
snow banks bancs de neige *m. pl.* (9); bordées de neige *f. pl.* (9)
(to) snow neiger
  it is snowing il neige
so tellement
  so many tant
  so much tellement
  So much the better. Tant mieux.
soap savon *m.*
sob sanglot *m.* (IC)
soccer foot, football *m.*
  soccer ball ballon de foot *m.*
sociology sociologie *f.* (8)
socks chaussettes *f. pl.* (3)
sofa canapé *m.*, sofa *m.*
soft drink
  with lemon-flavored syrup diabolo citron *m.*
  with mint-flavored syrup diabolo menthe *m.*
  with strawberry-flavored syrup diabolo fraise *m.*
(to) soften amollir (IC)
softly doucement
soil sol *m.* (9)
solid-colored uni(e) (3)
Somalia Somalie *f.* (7)
some des; de, de la, de l', du; quelques
some more encore de (12)
  some more questions encore des questions
someday un jour
something quelque chose
  something else autre chose
  something salty (sweet) quelque chose de salé (sucré)
sometimes quelquefois
somewhere quelque part (4)
son fils *m.*
song chanson *f.*
soon tôt (4)
sore throat mal à la gorge *m.*

Sorry! Désolé(e)!
sound son *m.*
  Sound and Light show spectacle son et lumière
(to) sound great avoir l'air bien
south sud *m.*
South Africa Afrique du Sud *f.* (4)
southeast sud-est *m.*
southwest sud-ouest *m.*
sovereignty souveraineté *f.* (IC)
space between bedside and wall ruelle *f.* (IC)
Spain Espagne *f.*
(to) span enjamber
Spaniard Espagnol(e) *m. (f.)*
Spanish espagnol(e)
spanning enjambant (8)
(to) spare épargner (IC)
(to) speak parler
(to) speak out se prononcer
speaker locuteur *m.* (7)
specialty spécialisation *f.*; spécialité *f.*
(to) specify préciser
speed vitesse *f.*; allure *f.* (IC)
spelling orthographe *f.* (IC)
spelunking spéléo *f.*
(to) spend dépenser (1)
(to) spend a vacation passer les vacances
spices épices *f. pl.* (7)
spicy épicé(e) (10)
spinach greens épinards *m. pl.*
spinning their thread en filant leur quenouille (IC)
spire flèche *f.* (IC)
(to) spit cracher (IC)
(to) splash éclabousser (IC)
splendid éblouissant(e)
spoiled gâté(e)
  so spoiled tellement gâté(e)
spoke to him more or less in this manner lui tint à peu près ce langage (IC)
spoon cuillère *f.*
spoonful cuillerée *f.* (IC)

sporting goods store magasin de sport *m.*
sports sports *m. pl.*
(to) sprain one's ankle se fouler la cheville
spreading écartant (IC)
spring printemps *m.*
(to) sprout germer (IC)
spur éperon *m.*
square carré(e); place *f.*
squash courgette *f.*
stadium (sports complex) stade *m.*
stained-glass windows vitraux *m. pl.* (IC)
stairs escalier *m.*
stamp timbre *m.* (8)
(to) stand up se mettre debout
standing (up) debout (9)
(to) start again reprendre
stationery papier à écrire *m.*
stationery store papeterie *f.*
stay séjour *m.*
(to) stay rester; descendre (6)
  (to) stay in bed rester au lit
steak bifteck *m.*; entrecôte *f.*, chateaubriand *m.* (10)
steamboat bateau à roues happé *m.* (9)
steel acier *m.*
(to) steer barrer
step marche *f.*
stepbrother demi-frère *m.* (PC)
stepfather beau-père *m.* (PC)
stepmother belle-mère *f.* (PC); marâtre *f.* (IC)
stepsister demi-sœur *f.* (PC)
stereo system chaîne stéréo *f.*
sticker étiquette *f.* (6)
still encore; toujours (8)
stingy avare
(to) stir remuer (11)
stolen volé(e) (12)
stomach estomac *m.*
  stomach ache mal à l'estomac *m.*
stone pierre *f.*
stonecutter tailleur de pierre *m.* (7)

stool tabouret *m.* (IC)
stop arrêt *m.* (5)
store magasin *m.*
  antique store magasin
    d'antiquités *m.*
  department store grand
    magasin *m.*
  grocery store épicerie *f.*
  jewelry store bijouterie *f.*
  sporting goods store
    magasin de sport *m.*
  stationery store papeterie *f.*
  tobacco store bureau de
    tabac *m.*
  toy store magasin de
    jouets *m.*
storm orage *m.*
stove cuisinière *f.*
straight ahead tout droit
strange bizarre, étrange
strawberry fraise *f.*
  strawberry pie tarte aux
    fraises *f.*
street rue *f.*
streetlight poteau fanal *m.* (9)
stress pronouns pronoms
  accentués *m. pl.* (11)
(to) stretch out s'étendre
stripe rayure *f.* (3)
striped rayé(e), à rayures (3)
strong fort(e)
stubborn buté(e) (IC)
student étudiant(e) *m. (f.)*
studio atelier *m.* (7)
study hall classes libres *f. pl.*
(to) study étudier
stuffy nose nez pris *m.*, nez
  bouché *m.*
stunning étourdissant(e) (IC)
stupid bête
sturdy costaud
suburb banlieue *f.*
subway métro *m.*
  subway cars voitures *f. pl.*
  subway entrance bouche de
    métro *f.*
  subway map plan de
    métro *m.*
  (monthly) subway pass
    carte orange *f.*

subway stop station de
  métro *f.*
(to) succeed réussir
such tel(le) (9)
Sudan Soudan *m.* (7)
sugar sucre *m.*
suit (of clothes for a man)
  complet *m.* (3)
(to) suit convenir
suitcase valise *f.*
summer été *m.*
(The) sun is shining. Il fait du
  soleil.
(to) sunbathe prendre du soleil
sunburn coup de soleil *m.*
Sunday dimanche *m.*
  on Sundays le dimanche
sunglasses lunettes de soleil
  f. pl. (3)
sunny ensoleillé(e)
supermarket supermarché *m.*
surface area superficie *f.* (7)
surgeon chirurgien(ne) *m. (f.)* (IC)
(to be) surprised s'étonner (IC)
(to) surround oneself
  s'entourer (IC)
surrounded entouré(e);
  environné(e) (IC)
surroundings environs *m. pl.*
survey enquête *f.*
(to) suspect soupçonner (8)
swamp marais *m.* (9);
  marécage *m.* (9)
(to) swarm pulluler (9)
(to) swear jurer (IC)
(to) sweat suer (IC)
sweater chandail *m.* (3)
sweatshirt sweat *m.* (3)
Sweden Suède *f.* (4)
sweet sucré(e)
  sweet or salty sucré(e) ou
    salé(e)
sweetheart mignonne *f.* (IC)
(to) swim nager
swimming natation *f.*
  swimming pool piscine *f.*
Swiss suisse
Switzerland Suisse *f.*
synagogue synagogue *f.*
Syria Syrie *f.* (4)

T

tablecloth nappe *f.* (12)
tablespoonful cuillerée à soupe
  f. (11)
tag étiquette *f.* (6)
tailor-made outfit tailleur *m.*
  (3)
Take it easy. Calme-toi.
(to) take tirer; prendre
  (to) take amener
  (to) take a dance class
    prendre des cours de danse
  (to) take a nap faire la sieste
  (to) take a shower prendre
    une douche
  (to) take a test passer un
    examen
  (to) take a trip faire un
    voyage
  (to) take care of s'occuper de
  (to) take off prendre son plein
    essor (IC)
  (to) take one's leave prendre
    congé
  (to) take out sortir (12)
  (to) take place passer; avoir
    lieu
  (to) take a walk se promener;
    faire une promenade
taking root enracinement
(to be) talented in être doué(e)
  pour (1)
tall grand(e); haut(e)
tam béret *m.* (3)
tan bronzé(e)
tanning sessions bronzage
  UVA *m.*
Tanzania Tanzanie *f.* (7)
tape recorder magnétophone *m.*
(filled with) tapestries
  tapissés
(to) tarnish ternir (IC)
tarragon estragon *m.* (11)
task besogne *f.*; travail *m.* (1)
taste goût *m.*
taxes impôts *m. pl.*
tea thé *m.*
  (black) tea thé nature *m.*

tea with lemon thé citron *m.*
tea with milk thé au lait *m.*
teacher professeur *m.*
teaspoonful cuillerée à café *f.* (11)
tee shirt T-shirt *m.*
teeth dents *f. pl.*
telecard télécarte *f.* (11)
telegram télégramme *f.* (12)
telephone book annuaire *m.* (11)
telephone booth cabine téléphonique, cabine publique *f.* (11)
telephone call coup de fil *m.* (11)
telephone receiver appareil *m.* (11)
television télévision *f.*
television program émission *f.*
(to) tell dire
  tell ... dites à...
  to tell the truth à vrai dire
teller caissier(-ère) *m. (f.)* (1)
ten dix
tennis tennis *m.*
  tennis ball balle de tennis *f.*
  tennis racket raquette de tennis *f.*
tenth dixième
test examen *m.*
(to) thank remercier (12)
thank you remerciements; merci
  thank you a thousand times merci mille fois pour
  thank you again for ... merci encore pour...
thank-you note lettre de remerciement *f.* (12)
thanks to grâce à
that, those -là; qui, que (7)
That doesn't tempt me. Ça ne me tente pas. (2)
that goes there qui y aille
that is to say c'est à dire
that one celui-là
that will be less work for me j'en aurai moins de peine (12)
that's ... ça c'est...
  That's great (neat). C'est chouette, ça.

That's it. Voilà.
That's not right. Ce n'est pas ça.
That's possible. Ça se peut bien.
That's right. C'est ça.
That's understood. Cela s'entend. (12)
theater théâtre *m.*
themselves eux-mêmes
then alors, ensuite, puis
there là y
  it is there il (elle) est là
  there is, there are il y a, voilà
these ces
they elles (two or more females); ils (two or more males or a mixed group)
thickness épaisseur *f.*
thigh cuisse *f.*
thin mince; svelte; fin(e)
thin ice verglas *m.*
thing(s) affaire(s); chose *f.*
(to) think penser; songer (IC)
  (to) think not ne pas penser que (5)
  (to) think that penser que (5)
third troisième
Third Estate Tiers État *m.* (IC)
(to be) thirsty avoir soif
thirteen treize
thirteenth treizième
thirty trente
this ce (cet, cette)
  this afternoon cet après-midi *m.*
  this morning ce matin *m.*
  this week cette semaine *f.*
  this year cette année *f.*
this, these -ci
those ceux *m. pl.*
thousand-year-old millénaire (8)
threat of unemployment la menace du chômage (1)
three trois
three-quarters of an hour trois quarts d'heure

throat gorge *f.*
throne trône *m.*
(to) throw jeter (8)
Thursday jeudi *m.*
Tiber (River) Tibre *m.* (IC)
ticket billet *m.*
  ticket-taker contrôleur *m.* (5)
  ticket window guichet *m.*
tie cravate *f.* (3)
(to) tie together lier (6)
tied together relié(e) (8)
time heure *f.*
  time for evening prayers vêprée *f.* (IC)
  (At) what time? À quelle heure?
times fois *f. pl.*
timetable horaire (des trains) *m.* (5); emploi du temps *m.*
tin roof toit de taule *m.* (7)
tip service *m.*; pourboire *m.*
tire pneu *m.* (6)
  flat tire pneu crevé (6)
tired fatigué(e); brisé(e) (IC)
to jusqu'à
To the contrary! Au contraire! (2)
toast pain grillé *m.*, toast *m.*
toaster grille-pain *m.*
tobacco store bureau de tabac *m.*
today aujourd'hui
toe doigt de pied *m.*
together ensemble
tomato tomate *f.*
tomorrow demain
  tomorrow morning demain matin *m.*
tone tonalité *f.* (11)
tongue langue *f.*
tonight ce soir *m.*
too much trop
toothpicks cure-dents *m. pl.* (12)
topcoat manteau *m.* (3)
toward vers
towel serviette *f.*
town ville *f.*
  downtown, into town en ville

town hall hôtel de ville *m.*
toy jouet *m.*
   toy store magasin de
     jouets *m.*
track voie *f.* (5)
   train track(s) voie(s) ferrée(s)
     f. (4)
trade métier *m.* (1)
trade winds alizés *m. pl.* (8)
train schedule calendrier des
   trains *m.* (5)
train station gare *f.*
train table tableau général des
   trains *m.* (5)
(to) travel voyager
travel agent agent de voyages
   m. (1)
travel bag sac de voyage *m.* (6)
travelers check chèque de
   voyage *m.*
travelling salesperson
   commercial *m.* (1)
treacherous traître (IC)
tree arbre *m.*
tributary rivière *f.*, affluent *m.*
trip excursion *f.*
trousers pantalon *m.* (3)
trout truite *f.* (10)
truck camion *m.*
true vrai
   (it's) true that il est vrai que (5)
trumpet trompette *f.*
trunk coffre *m.* (7)
(to) trust to luck tenter votre
   chance (12)
truth vérité *f.*
(to) try essayer (3); tâcher (IC)
Tuesday mardi *m.*
tuna thon *m.*
Tunisia Tunisie *f.* (4)
Turkish bath hammam *m.*
(to) turn tourner
(to) turn around backwards
   faire un demi-tour (IC)
turret tourelle *f.* (IC)
twelfth douzième
twelve douze
(the) twenties ('20s) années
   vingt *f. pl.* (3)
twentieth vingtième

twenty vingt
20-franc bill billet de 20 *m.*
two deux
typewriter machine à écrire *f.*
typist dactylo *f.* (1)

U

ugly laid(e), moche
Umm ... Euh... (1)
(to be) unable ne pas pouvoir
unbelievable incroyable (3)
uncertainty incertitude *f.* (1)
uncle oncle *m.*
under the stars à la belle étoile
underground souterrain(e)
(to) underline souligner
(to) undermine miner (IC)
(to) understand comprendre
understood entendu
(to) undertake entreprendre (IC)
undertook entreprit
underwent this punishment
   subit cette peine (IC)
unemployment rate taux de
   chômage *m.* (1)
unexpected imprévu(e) (IC)
unfavorable défavorable (1)
unforeseen imprévu(e)
unforgettable inoubliable
   unforgettable trip un voyage
     inoubliable *m.* (6)
unfortunately
   malheureusement
unfurnished non meublés
unhappiness malheur *m.* (IC)
unheard of inouï(e) (IC)
(to) unhitch dételer (9)
(to) unite réunir
United Kingdom Royaume Uni
   m. (11)
United States États-Unis
   m. pl.
university université *f.*
   university dorm résidence *f.*
unknown inconnu(e); ignoré(e)
   (IC)

unless sauf (12)
unless one has à moins de
   porter (9)
(to) unpack déballer
unseemly incongru (IC)
until jusqu'à
upon arriving en arrivant (6)
upon waking au réveil
upright debout
us, to us nous
used to this rhythm fait à ce
   train (IC)
usually d'habitude
utilities included charges
   comprises *f. pl.*

V

vacation vacances *f. pl.*
valid valable
   valid for life valable pour la
     vie
(to) validate composter (5)
vanilla vanille *f.*
variety éventail *m.* (8)
vegetable légume *m.*
Venezuela Vénézuéla *m.* (4)
very tout; très
   very few très peu de
   very much beaucoup
   very portrait peinture
     achevée *f.* (IC)
vest gilet *m.* (3)
video game jeu vidéo *m.*
video player magnétoscope *m.*
videotape vidéo *f.*
Vietnam Viêt-nam *m.* (4)
Vietnamese vietnamien(ne)
vile immonde (IC)
vineyards vignobles *m. pl.*
violet violet(te)
violin violon *m.*
virgin vierge *f.* (9)
visit fréquenter, rendre visite (à)
vitamins vitamines *f. pl.*
voice voix *f.*
volleyball volley *m.*

W

(to) wage soutenir (IC)
(to) wait (for) attendre
  Wait a minute! Dis (Dites) donc!
  (to) wait in line faire la queue
  waiting at the airport en attendant à l'aéroport
  we wait in line on fait la queue
waiter garçon *m.*
waitress serveuse *f.*
(to) wake up se réveiller
wall mur *m.*
wall-climbing escalade *f.*
wallet portefeuille *m.*
walnut noyer *m.* (7)
(to) wander off s'égarer (IC)
(to) want desirer, vouloir
war guerre *f.*
warrior guerrier *m.*
wash lessive *f.*
(to) wash one's hair se laver la tête
washcloths gants de toilette *m. pl.*
washing machine machine à laver *f.*
watch montre *f.*
(to) watch regarder
Watch out! Attention!
water closet W.C. *m. pl.*
water with mint-flavored syrup menthe à l'eau *f.*
(to) water ski faire du ski nautique
water skiing ski nautique *m.*
wave vague *f.*
way façon *f.*; voie *f.*
we nous
  We can do everything! Nous pouvons tout faire! (5)
  We change our minds. on change d'avis.
  We never agree. Nous ne sommes jamais d'accord.

We owe them a lot of money. Nous leur devons beaucoup d'argent.
we would like to see nous voudrions voir
We'll see. On va voir.
weak faible
weakness faiblesse *f.*
wealth bien *m.* (12)
(to) wear porter
  (to) wear glasses porter des lunettes
weather report météo *f.*
Wednesday mercredi *m.*
week semaine *f.*
  next week la semaine prochaine *f.*
  this week cette semaine *f.*
  during the week en semaine
(to) weigh peser
weight lifting musculation *f.*
weight of his load of sticks faix du fagot (IC)
(to) welcome accueillir
  welcomed him l'a accueilli
well bien
  Well ... Ben... , Eh bien... (1)
  well then bon alors (1)
well being bien-être *m.*
well-known réputé(e)
west ouest *m.*
western occidental(e)
what quoi; qu'est-ce que, quel(le), de quoi
  What a joke! Quelle blague!
  What color? De quelle couleur? (6)
  What day is today? Quel jour est-ce aujourd'hui?
  What devilish formality! Quelle diantre de cérémonie! (12)
  What did you say? Comment?; Qu'est-ce que tu as (vous avez) dit?
  What do you know! Tiens!
  What do you mean? Que voulez-vous (veux-tu) dire?

What do you think about it? Qu'est-ce que vous en pensez? (6)
What do you think of him? Comment le trouvez-vous?
What do you think of it? Qu'est-ce que tu en penses?
what else quoi d'autre
What happened to them? Qu'est-ce qui leur est arrivé?
what I have at my house ce que j'ai chez moi
what I have with me ce que j'ai avec moi
What if we went ... Si on allait... (4)
What is it? Qu'est-ce que c'est?
What is making that noise? Qu'est-ce qui fait ce bruit? (6)
What is the date ... ? Quelle est la date... ?
What is the name ... ? Comment s'appelle... ?
What is today's date? Quelle date sommes-nous?
What kind of ... do you have? Quelle sorte de... avez-vous?
What kind of car do they have? Qu'est-ce qu'ils ont comme voiture?
What mark? Quelle note?
What material? En quelle matière? (6)
what they need ce qu'il leur faut
(at) what time? à quelle heure?
What's the matter? Qu'est-ce qu'il y a?
What's the matter (with you)? Qu'est-ce que tu as?
what's worse le pire est (3)
What's wrong? Qu'est-ce qui ne va pas?
wheat blé *m.* (IC)
when lorsque; quand
where où

Where are we going first? Où est-ce qu'on va d'abord?
Where are you from? D'où viens-tu?
Where did you buy it? Où est-ce que tu l'as acheté?
whether soit que (IC)
which ce qui
Which apartment should we rent? Quel appartement louer?
which one lequel (laquelle)
while tandis que
  while laughing tout en riant (9)
  while listening en écoutant (10)
  while waiting en attendant (6)
whipped cream mousse *f.* (10)
whirlpool baths bains remous *m. pl.*
whisk fouet *m.* (11)
whistle coup de sifflet *m.* (5)
whistling sifflant (IC)
who qui
  Who is calling? C'est de la part de qui? (11)
  Who is it? Qui est-ce?
  who is waiting for them qui les attend
  Who wrote this article? Qui a écrit cet article?
wholesaler grossiste *m. (f.)* (1)
(about) whom dont (4)
whose dont
whose is ... ? à qui est... ?
why pourquoi
  Why are you complaining? Pourquoi vous vous plaignez?
  Why not ... ? Pourquoi pas... ?
widespread répandu (IC)
wild sauvage
wild boar sanglier *m.*
will be sera
will I see reverrai-je (IC)
will you put on a good meal feras-tu bonne chère (12)
willingly volontiers
(to) win gagner

wind souffle *m.* (IC)
windbreaker blouson *m.* (3)
wine cellar cave *f.*
wine-producing vinicole
wing aile *f.*
winter hiver *m.*
wintry weather frimas *m.* (IC)
(to) wipe essuyer (12)
wire fil *m.*
wiring fils *m. pl.*
wisdom sagesse *f.* (7)
(to) wish (that) vouloir (que)
witch sorcière *f.* (IC)
with avec
  with pleasure avec plaisir
  with whom avec qui (PC)
withered bulrush jonc flétri (IC)
without sans
  without a future sans avenir (1)
  without counting sans compter
  without delay sans tarder (IC)
witness témoin *m.*
  are witness to it en témoignant
woman femme *f.*
wood bois *m.*
woodcarver boisselier *m.* (7)
woodcutter bûcheron *m.* (IC)
woods bois *m. pl.* (IC)
wool laine *f.*
word mot *m.*
work œuvre *m.*; boulot *m.* (1); travail *m.* (1)
(to) work marcher; travailler
(to) work out s'entraîner
worker travailleur *m.*; ouvrier(ère) *m. (f.)* (7)
workshop atelier *m.* (7)
world monde *m.*
worm-eaten vermoulu(e) (9)
worries ennuis *m. pl.* (1)
(to) worry s'inquiéter; se faire des soucis (1)
worthy of envy digne d'envie (IC)
wounded blessé(e)
wrist poignet *m.*
(to) write écrire

write to us écris-nous
writer écrivain *m.*
(to be) wrong avoir tort; se tromper (5)

Y

year an *m.*, année *f.*
  every year tous les ans
  next year l'année prochaine *f.*
  this year cette année *f.*
yellow jaune
yesterday hier *m.*
yesteryear antan *m.* (8)
yogurt yaourt *m.*
you, to you te (t'); toi; tu *(familiar) sing.;* vous *(formal) sing. or pl.*
  You are lucky. Tu as de la chance.
  You don't look very good today. Tu n'as pas bonne mine aujourd'hui.
  You might just as well Il faudrait autant (IC)
  you must vous devez
  you need only vous ne sauriez que (IC)
  you should tu devrais
  you won't be long in coming tu ne tarderas guère (IC)
  you would like tu voudrais
  you're welcome je vous en prie
your ton, ta, tes, votre, vos
yours à toi
  Is that yours? C'est à toi, ça?

Z

Zaire Zaïre *m.* (4)
Zambia Zambie *f.* (7)
zero zéro *m.*

Index

Photo Credits

Preliminary chapter, all photos are by Stuart Cohen; **pages C1, C2TR,** Giraudon/Art Resource; **C2TL & B, C3,** Granger Collection; **C4,** Julie Marcotte/Stock, Boston; **C5,** Catherine Karnow/Woodfin Camp & Assoc.; **C6,** Steve Vidler/Superstock; **C7, C8,** Culver Pictures; **C9,** Granger Collection; **C10T,** Scala/Art Resource; **C10BL,** Art Resource; **C10BR,** Giraudon/Art Resource;

3-21, Stuart Cohen; **28L,** David Frazier/Photo Researchers, Inc.; **28R,** Liane Enkelis/Stock, Boston; **30C,** Pierre Valette; **30R & L, 31, 32,** Stuart Cohen; **45L,** Ulrike Welsch; **45R,** Russel Dian/Monkmeyer Press Photo; **46T,** Beryl Goldberg; **46B,** Owen Franken/Stock, Boston; **53,** Andrew Brilliant; **57,** Stuart Cohen; **63,** Andrew Brilliant; **67, 71,** Stuart Cohen; **79R,** Claude Guillaumin; **79L,** Yves Denoyelle/L'Etudiant; **86,** Pierre Valette; **89,** Stuart Cohen; **103,** Stuart Cohen/COMSTOCK; **104, 105, 106B,** Stuart Cohen;

C11, Giraudon/Art Resource; **C12T,** David Noble/FPG; **C12B,** Robert Fried/Stock, Boston; **C13,** Bettmann; **C14,** Robert Fried/Stock, Boston; **C15,** Granger Collection; **C17, C18T,** Giraudon/Art Resource; **C18B, C19,** Granger Collection; **C20,** Giraudon/Art Resource; **C22,** Culver Pictures;

106T, Michael Dwyer/Stock, Boston; **108,** Pierre Valette; **128,** Mark Antman/The Image Works; **140L,** Ray Stott/The Image Works; **140BR,** J.J. Gonzales/The Image Works; **140TR & 144,** Mark Antman/The Image Works; **148L & TR,** UPI/Bettmann; **148BR,** Peter Arnold Inc.; **158,** Pierre Valette; **168,** Roberto Gerometta/Photo 20-20; **176, 177,** Stuart Cohen;

C23T, Culver Pictures; **C23B,** Giraudon/Art Resource; **C24T,** Granger Collection; **C24B, C25TL & TR,** Giraudon/Art Resource; **C25B,** Granger Collection; **C27,** Culver Pictures; **C29,** Granger Collection; **C31, C32CR,** Culver Pictures; **C32L,** Giraudon/Art Resource;

178TL, Rabeuf/The Image Works; **178TC,** J. Wishnetsky/COMSTOCK; **178TR,** Margot Granitsas/The Image Works; **178BL & BR,** Mark Antman/The Image Works; **181,** Leo de Wys Inc./Steve Vidler; **185,** Georg Gerster/COMSTOCK; **191,** Jane Schreibman/Photo Researchers Inc.; **195T,** Margot Granitsas/The Image Works; **195B,** Sussman/The Image Works; **196,** L.Girard/Photo Researchers Inc.; **208T,** Rabeuf/The Image Works; **208B,** UPI/Bettmann; **209,** Stuart Cohen/COMSTOCK; **211, 231,** Robert Fried/Stock, Boston; **232,** Mark Antman/The Image Works; **233R,** Ulrike Welsch; **239L,** Art Gingert/COMSTOCK; **259,** Mark Antman/The Image Works; **262, 263,** Stuart Cohen;

C33, Granger Collection; **C34,** American Heritage; **C35,** Scala/Art Resource; **C36TL,** Museum of Fine Arts, Boston, Gift of Edward Jackson Holmes; **C36TR,** Philadelphia Museum of Art, George W. Elkins Collection; **C36B,** Culver Pictures; **C37,** Granger Collection; **C38,** Bettmann; **C39B,** Erich Lessing/Art Resource; **C40TL,** Giraudon/Art Resource; **C40TR,** Erich Lessing/Art Resource; **C40B,** Carol Rosegg/Martha Swope; **C41,** Culver Pictures; **C42,** Granger Collection; **C43,** Giraudon/Art Resource; **C44T,** Fogg Art Museum, Harvard University, Maurice Wertheim Collection; **C44B,** Granger Collection;

264, 266T, Stuart Cohen; **266C,** J. Thierry; **266B,** Phillipe Gontier/The Image Works; **286,** Stuart Cohen; **308TL,** Pierre Valette; **308TR,** Claire Parry/The Image Works; **308BR,** Ray Stott/The Image Works; **318,** David Frazier/Photo Researchers Inc.; **348, 349,** Stuart Cohen;

C45, C46L, Culver Pictures; **C46R,** Tony Savino/Image Works; **C47T,** Courtesy of la Samaritaine; **C47B,** Philippe Gontier/Image Works; **C48L,** Art Institute of Chicago, Mr. and Mrs. Carter H. Harrison Collection; **C48R,** Museum of Modern Art, Lillie P. Bliss Bequest. Oil on canvas, 1907, 96x92", ©1993 ARS, N.Y./SPADEM; **C49T,** Museum of Modern Art, Mrs. Simon Guggenheim Fund. Oil on canvas, 1911, 71x86", ©1993 succession H. Matisse, Paris/ARS, N.Y.; **C49C,** Museum of Modern Art, Lillie P. Bliss Bequest. Oil on canvas, 1911-1912, 46x32", ©1993 ARS, N.Y./ADAGP; **C49B,** Tate Gallery/Art Resource. ©1993 ARS, N.Y./SPADEM; **C50T,** Courtesy of Presses universitaires de France; **C50B, C51,** Granger Collection; **C52,** Bettmann/Hulton; **C54,** Courtesy of Academy of Motion Picture Arts and Sciences; **C55,** Matthieu Jacob/Image Works; **C56,** Reuters/Bettmann.

Text/Realia Credits

We wish to thank the authors, publishers, and holders of copyright for their permission to reprint the following:

8 Hôtel Central, St. Malo and Hôtel Diana, Carnac from *Michelin Guide Rouge;* **11** "La météo" from *Journal Français d'Amérique;* **12** "Bretagne et Bretons" from *La France, j'aime,* Gilbert Quénelle, Hatier, 1985; **26** "Quand les cigognes ne reviennent plus" from *Le Tour de France par deux enfants,* Paris: Tchou, 1978; **60** *L'Express* magazine; **73** *Tennis de France* magazine; **92** *Journal Français d'Amérique;* **109, 118, 131, 139, 140, 167** courtesy of SNCF; **149** map reprinted from *Guide Michelin;* **151** symbols reprinted from *Petit Larousse;* **185, 194, 206** maps reprinted from *Quid,* Editions Robert Laffont; **190** "Qui es tu?" from *Lumière noire,* Francis Bebey; **203** "Artisans de Fès" from Ambassade de France au Maroc, Raymond Collet, Cellule Audio-Visuelle; **225** "Pour Haïti" from *Journal d'un animal marin,* René Depestre Seghers, 1964; **230** "Lectures bilingues graduées créoles-français" from *Vivre au pays,* Ageco; **233** map from *Guide culturel de Québec,* mars 1980; **248** "La Louisiane d'aujourd'hui" by Michel Tauriac, Editions de Jaguar, 1986; **252** "L'homme qui te ressemble" from "Petites gouttes de chant pour créer un homme" by René Philombe, reprinted from *Le Monde,* 8 février 1973; **277** article reprinted from "Restaurants: Une semaine de Paris" in *Pariscope,* 11-17 février 1987; **298** recipe adapted from *Julia Child,* Vol. 1, p. 265; **306** recipe adapted from *Julia Child* and *La Cuisine de Mapie;* **319** article reprinted from *La France, j'aime,* Gilbert Quénelle, Hatier, 1985; **338** recipe from *Les Delices de la Cuisine Louisianaise,* Institut des Etudes Françaises.